Programación cliente/servidor con Microsoft Visual Basic

CONSULTORES EDITORIALES
ÁREA DE INFORMÁTICA Y COMPUTACIÓN

Antonio Vaquero Sánchez
Catedrático de Lenguajes y Sistemas Informáticos
Escuela Superior de Informática
Universidad Complutense de Madrid
ESPAÑA

Gerardo Quiroz Vieyra
Ingeniero en Comunicaciones y Electrónica
por la ESIME del Instituto Politécnico Nacional
Profesor de la Universidad Autónoma Metropolitana
Unidad Xochimilco
MÉXICO

Willy Vega Gálvez
Universidad Nacional de Ingeniería
PERÚ

Programación cliente/servidor con Microsoft Visual Basic

Kenneth L. Spencer
Ken Miller

Traducción
JOSÉ ÁNGEL VALLEJO PINTO
Ingeniero en Telecomunicaciones

Revisión técnica
ANTONIO VAQUERO SÁNCHEZ
Catedrático de Lenguajes y Sistemas Informáticos
Escuela Superior de Informática
Universidad Complutense de Madrid

BALTASAR FERNÁNDEZ MANJÓN
Profesor titular de Lenguajes y Sistemas Informáticos
Departamento de Informática y Automática
Universidad Complutense de Madrid

McGraw-Hill

MADRID • BUENOS AIRES • CARACAS • GUATEMALA • LISBOA • MÉXICO
NUEVA YORK • PANAMÁ • SAN JUAN • SANTAFÉ DE BOGOTÁ • SANTIAGO • SÃO PAULO
AUCKLAND • HAMBURGO • LONDRES • MILÁN • MONTREAL • NUEVA DELHI • PARÍS
SAN FRANCISCO • SIDNEY • SINGAPUR • ST. LOUIS • TOKIO • TORONTO

Programación cliente/servidor con Microsoft Visual Basic

No está permitida la reproducción total o parcial de este libro, ni su tratamiento informático, ni la transmisión de ninguna forma o por cualquier medio, ya sea electrónico, mecánico, por fotocopia, por registro u otros métodos, sin el permiso previo y por escrito de los titulares del Copyright.

DERECHOS RESERVADOS © 1997, respecto a la primera edición en español, por
McGRAW-HILL/INTERAMERICANA DE ESPAÑA, S. A.
Edificio Valrealty, 1.ª planta
Basauri, 17
28023 Aravaca (Madrid)

Traducido de la primera edición en inglés de
Client/Server programming with Microsoft Visual Basic
ISBN: 1-57231-232-7

Copyright © 1996, por Microsoft Corporation
Copyright de la edición original en lengua inglesa © 1996 por Spencer/Miller

Publicado por McGraw-Hill/Interamericana de España por acuerdo con el editor original, Microsoft Corporation. Redmond. Washington. EE. UU.

ISBN: 84-481-0960-0
Depósito legal: M. 8.595-1997

Editor: José Domínguez Alconchel
Compuesto en: FER Fotocomposición, S. A.
Impreso en: LAVEL, S. A.

IMPRESO EN ESPAÑA - PRINTED IN SPAIN

*A mi amada esposa, Trisha Spencer.
Hemos vivido una maravillosa vida juntos
y compartido muchos retos y victorias.
Has sido mi inspiración,
animándome siempre a alcanzar mis sueños.*

*Gracias, querida, por 25 maravillosos años.
Espero que los siguientes sean igual de buenos y apasionantes.
De hecho, el amor mejora con los años.*

Ken Spencer

*A mi esposa, Madaline y a mi hijo Jeffrey.
Las palabras no pueden expresar lo que siento por ambos.*

Ken Miller

CONTENIDO

Agradecimientos xv
Introducción xvii

Capítulo 1. Visual Basic y los sistemas cliente/servidor: Fundamentos 1

¿Qué es un sistema cliente/servidor? 2
¿Cómo funciona un sistema cliente/servidor? 3
Motivos por los que utilizar Visual Basic y SQL Server 6 para un sistema cliente/servidor 6
Trascendencia estratégica 7
Técnicas de acceso a datos en Visual Basic 9
Soluciones multinivel basadas en un modelo de servicios 10
Niveles 11
Servicios 11
Implementación de los servicios en Visual Basic 4 12
Modelos de objetos en el nuevo mundo 13
Características útiles de los sistemas cliente/servidor 14
Procedimientos almacenados y disparadores (triggers) 14
Conjuntos de resultados (Result Set) 16
Cursores 18
Objetos de conjunto de registros (Recordset) 21
Bloqueo de la base de datos 23
Réplica 25
Operaciones asíncronas 27

Capítulo 2. Planificación, diseño y administración de los sistemas cliente/servidor ... 29

Funciones del cliente, de la administración y del desarrollo 30
Asociación con el cliente 30
Función de la administración 31
Análisis de costes/beneficios y administración de proyectos 31
Utilización de los especialistas de la plantilla 33
Responsabilidad del desarrollador 34
¿Dónde encajan los consultores? 34
Planificación y desarrollo concurrentes 35
Formación 36
¿Por qué fallan los métodos tradicionales de diseño? 36
Filosofía de diseño e implementación recomendable 37
Diseño iterativo 37
Diseño evolutivo 38

Diseño ajustado al problema de negocios original	38
Fases del diseño	39
Diseño conceptual	39
Diseño lógico	40
Diseño físico	40
Diseños futuros	40
Utilización conjunta de las fases	40
¿Qué aspecto tiene un documento de especificaciones?	41
Administración del proyecto	42
Programación	44
Control de versiones	44
Algunas consideraciones prácticas	45
Diseño de la interfaz de usuario	47
Conversión de los datos	47
Implicaciones de las bases de datos remotas en el diseño	48
Algunas buenas herramientas	52

Capítulo 3. Técnicas de implementación para Visual Basic ... 55

Técnicas de acceso a bases de datos en Visual Basic 4	55
Los motores de base de datos Jet	57
ODBC	58
VBSQL	59
Origen de datos ODBC	59
Programa de ejemplo: Utilización de una orden para crear o actualizar un origen de datos ODBC en varios clientes	60
Formulario frmRegisterDataSource	60
Automatización del diseño y la generación de formularios	62
Otras herramientas para la generación de formularios	64
Generadores de formularios en el nuevo mundo del desarrollo multinivel	65

Capítulo 4. Consejos generales sobre el desarrollo cliente/servidor ... 67

Qué hacer y qué no hacer en la programación cliente/servidor	67
Consejos generales	68
Consejos sobre la base de datos	68
Normas de desarrollo	70
Convenios de codificación	71
Convenios de asignación de nombres	72
Esfuerzos de optimización	72
Definiciones de variables y propiedades en los procedimientos	74
Seguimiento del archivo MDB	75
Protección frente a errores con «código kevlar»	76

Capítulo 5. Construcción de las primeras aplicaciones cliente/servidor ... 77

Programa de ejemplo: Una sencilla primera aplicación	77
Conexión a una base de datos remota	81

Modos de seguridad en SQL Server	82
Construcción del esquema de base de datos en SQL Server	83
Programa de ejemplo: Carga por lotes de una base de datos de países y estados	87
Formulario frmLoadDatabase	87
Utilización del control StatusBar	91

Capítulo 6. Automatización OLE y Automatización remota 95

Introducción a la automatización OLE	95
Introducción a los servidores OLE con Visual Basic	99
Creación de un servidor OLE	100
Introducción a la Automatización remota	102
Creación de un programa de Automatización remota	103
Ejecución de un servidor de Automatización remota en otro sistema	103
Programa de ejemplo: Trabajo en equipo de automatización OLE y Visio	106
Introducción al funcionamiento de la aplicación	108
Formulario frmSetTable	109
Módulo modTableSetting	115

Capítulo 7. Selección y utilización inteligente de los componentes 127

Controles enlazados	128
Limitaciones de recursos en los clientes	129
Utilización de matrices de control	130
Programa de ejemplo: Adición de una matriz de control en tiempo de ejecución	131
Formulario Form1	132
Temas diversos con las matrices de control	133
Modificación del padre de un control	134
Programa de ejemplo: Desplazamiento de un control a un nuevo contenedor padre	134
Formulario frmMain	135
Temas diversos con la modificación del padre de un control	137
Programa de ejemplo: Desplazamiento de un control en una aplicación real	137
Módulo MoveListSupport	138
Formulario frmMain	138
Formulario frmSecondary	140
Utilidades como componentes	141
Programa de ejemplo: Utilidades cliente/servidor	141
Módulo de clases clsUtilities	141
Programa de ejemplo: Comprobación de los métodos de CSUtilities	154
Formulario frmUtilityTester	154

Capítulo 8. Desarrollo orientado al rendimiento 157

Percepciones del rendimiento – Pantallas de presentación	158
Temporizadores	158
Animaciones y gráficos	159
Consejos adicionales sobre las pantallas de presentación	160
Programa de ejemplo: Utilización de objetos de pantalla de presentación	160

Formulario frmSplash	161
Módulo modSplash	161
Clase clsSplash	162
Programa de ejemplo: Utilización de una pantalla de presentación con una aplicación real	164
Formulario Form1	164
Módulo modSplashTester	166
Cuadros de lista y cuadrículas y bases de datos locales	166
Programa de ejemplo: Administración de listas de información mediante cuadros de lista y cuadrículas	167
Formulario frmListAndGridDemo	168
Módulo modListAndGrid	170
Utilización de transacciones	174
Consultas y cursores	175
Conexiones a la base de datos	175
Seguimiento y ajuste para mejorar el rendimiento	176
Registros del seguimiento ODBC	176
Registros del rendimiento de la aplicación	177
Operaciones asíncronas	179
Programa de ejemplo: Utilización de RDO para ejecutar una consulta asíncrona	180
Formulario frmAsyncStuff	180
Seguimiento de los datos de rendimiento	185
Programa de ejemplo: Envío de los registros al servidor	186
Formulario frmLogStorageAgent	187
Módulo modLogStorage	188
Clase clsLogFileAgent	194
Programa de ejemplo: Supervisor del registro de rendimiento	196
Formulario frmPerformanceLogMonitor	198
Instrucciones preparadas y procedimientos almacenados	209
Programa de ejemplo: Utilización de instrucciones preparadas con RDO	209
Formulario frmMain	209
Módulo modRDOStuff	210
Procedimiento almacenado *dbo.spPerformanceLogStandardQuery*	214

Capítulo 9. Consejos interesantes sobre bases de datos y aplicaciones 215

Objetos de datos inteligentes	216
Programa de ejemplo: Utilización de objetos para encapsular datos y código	216
Formulario frmObjectsAreWild	217
Clase clsPerson	220
Implementación de la metáfora de detalle	221
Programa de ejemplo: Aplicación de detalle	222
Formulario frmPublishersInformation	223
Clase clsPublisherDetails	226
Módulo modMasterCliente	227
Programa de ejemplo: Encapsular la recuperación de datos de una base de datos en un servidor OLE	230

Formulario frmPublisherServer	231
Clase clsPublisher	232
Módulo modMaster	234
Administradores de fondo común (pool) para la Automatización remota	236
Programa de ejemplo: Administración de un fondo común de servidores OLE	237
Módulo PassThruPoolManager	238
Clase clsPassThruPoolManager	240
Clase clsServerDefinition	247
Clase clsServerInstance	250
Formulario frmPassThruPoolManager	250
Programa de ejemplo: Cliente pass pool	250
Formulario frmCliente	251

Capítulo 10. Programa de demostración de alquier de coches de Microsoft 255

Instrucciones de instalación	256
Archivos incluidos	256
Utilización de un origen de datos Jet 3.0	257
Utilización de un origen de datos SQL Server 6	257
Evitar el cuadro de diálogo Orígenes de datos durante el arranque	259
Ejecución local o remota de los objetos de negocios	259
Funcionamiento de la aplicación de alquiler de coches	261
Aplicación Rental Clerk	262
Formulario frmMain	264
Formulario frmCredit	269
Formulario frmProcess	269
Formulario frmSplash	270
Clase CallBackClass	270
Módulo Global	271
Módulo basClerk	272
Aplicación Rental Manager	275
Formulario frmMgr	277
Módulo MgrCode	279
Módulo Global	280
Clase CallBackClass	281
Formulario frmSearch	281
Formulario frmMaint	281
Módulos comunes	283
Aplicación Rental Connection	284
Formulario frmDSN	284
Clase Connection	284
Módulo basRtlMain	285
Aplicación Rental Objects	285
Formulario frmObjectWatch	285
Formularios frmStatus1 y frmStatus2	285
Clase Clerk	286

Clase Manager 295
Módulo basRentalServerMain 295

Capítulo 11. Administración de bases de datos y aplicaciones 297

Instalación de aplicaciones 298
Consejos sobre la administración de bases de datos 298
    Utilización de SQL-DMO para gestionar SQL Server 299
Programa de ejemplo: Utilización de SQL-DMO 303
    Módulo Module1 304
    Formulario Form1 305
    Jet y espacio en disco 314
    Supervisión del rendimiento de SQL Server 314
    Utilidades caseras para la migración 315
    Corrección de los problemas del servidor OLE 317
    Captura de los errores en la aplicación cliente 319
    Simplificación del tratamiento de los errores 319
    Compilación condicional 325
    Utilización de archivos de ayuda 327

Apéndice Información de contacto con el vendedor y herramientas adicionales 333

Información de contacto con el vendedor 333
Herramientas adicionales 334

Índice 335

LOS AUTORES

Kenneth L. Spencer tiene más de 20 años de experiencia con software para computadoras, incluyendo experiencia con bases de datos para grandes computadoras y computadoras personales desde principios de los 80. Empezó desarrollando aplicaciones cliente/servidor y de Visual Basic con Visual Basic 1.0 utilizando el RDB de Digital en el lado del servidor; desde entonces ha pasado a utilizar Microsoft Access, Microsoft SQL Server y numerosas herramientas adicionales para construir soluciones punteras. También ofrece sus servicios de consultoría a empresas para la reingeniería, estando especializado en el desarrollo de soluciones cliente/servidor. Ha realizado numerosas presentaciones y ha escrito artículos y libros, entre los que se incluyen *NT Server: Management and Control* (Prentice Hall, 1995) y *OLE Remote Automation with Visual Basic* (Prentice Hall, 1995). Ken tiene dos hijos y lleva casado 25 años. Le gusta tocar la guitarra, el montañismo y es un consumado buceador.

Ken Miller ha diseñado y construido hardware y software para computadores desde 1975. En los últimos cuatro años se ha concentrado en resolver los problemas cliente/servidor reales para destacadas empresas y para el gobierno de los Estados Unidos. Ken es un instructor de Visual Basic certificado por Microsoft.

AGRADECIMIENTOS

Este libro nunca hubiera visto la luz sin la ayuda de Jon Roskill, director de marketing para Visual Basic en Microsoft. Jon ha apoyado nuestro trabajo con Visual Basic los últimos años en infinidad de formas. Es una de esas pocas personas que consigue hacer su trabajo y hacerlo puntualmente. Jon también es un formidable orador sobre Visual Basic y suele comentar nuestros libros. Gracias, Jon.

Nos gustaría dar las gracias de una manera muy especial a Linda Ebenstein, editor técnico de este proyecto. Linda ejecutó todas y cada una de las líneas de código de cada una de las aplicaciones de ejemplo para asegurarse de que todo funcionaba de la manera prevista. Nosotros somos los únicos responsables del resto de los problemas. Nos quitamos el sombrero ante su tenacidad, que mantuvo a pesar de los interminables días y noches necesarios para cumplir los plazos.

Gracias especiales también para David Clark, Ron Lamb, Averill Curdy, Deborah Long y a todos los demás que permanecen entre bastidores en Microsoft Press. Este libro es el resultado de sus conocimientos y de su trabajo tanto como del nuestro. Nos parece que este trabajo es el mejor que hemos hecho nunca, y ellos son los que marcan la diferencia.

Y ya en casa, nos gustaría dar las gracias a Trisha Spencer, Ken Spencer, Jr., Jeff Spencer, Madaline Miller y Jeffrey Miller. Independientemente del apoyo que reciban los autores, la escritura de un libro siempre supone una importante intromisión en la vida de una familia. Gracias a nuestras esposas e hijos por su apoyo moral y su comprensión.

INTRODUCCIÓN

En los últimos años nos hemos dedicado a desarrollar aplicaciones cliente/servidor con Microsoft Visual Basic. Lo que hace que nuestra experiencia sea distinta a la de muchos otros es el porcentaje de éxito que hemos conseguido. A diferencia de las historias de terror que hemos oído de otros y que leemos en la prensa especializada, nuestras experiencias con las aplicaciones en las que estamos implicados han sido totalmente satisfactorias. Nos gustaría enseñarle la forma de conseguir el mismo éxito.

La mejor forma de aprender un nuevo enfoque consiste en probarlo, y la mejor forma que conocemos de animarle a ello es proporcionándole montones de código de ejemplo. Gran parte del código que está a punto de examinar es nuevo y útil, y por sí sólo justifica el precio de este libro. Pero nos gustaría ofrecerle un valor incluso mayor.

Existe un antiguo dicho: «Dale un pez a un hombre y le alimentarás un día. Enséñale a pescar y le alimentarás toda la vida.» Esperamos hacer las dos cosas. El código de ejemplo es un pez que puede aprovechar de inmediato. La gran variedad de técnicas y metodologías que le presentaremos son una caña, el sedal y el anzuelo. Esperamos sinceramente proporcionarle alimento para el resto de su carrera.

¿A quién va destinado este libro?

Para sacar el máximo provecho a este libro es necesario conocer la sintaxis de Visual Basic y ser capaz de construir aplicaciones con Visual Basic. También es necesario saber cómo crear una base de datos relacional con Microsoft SQL Server. Conviene, además, conocer la automatización OLE, ya que es una de las técnicas que se utilizarán para conseguir implementaciones flexibles.

La facilidad de uso que ofrece Visual Basic, la robusta funcionalidad de Microsoft Office y el gran rendimiento que se consigue con SQL Server se combinan para crear unos cimientos excelentes sobre los que construir las aplicaciones. Le animamos desde aquí a explorar estos productos por separado y junto con este libro y con otros. Se sorprenderá de lo que puede llegar a hacer y de lo fácil que le resulta.

¿Qué contiene este libro?

Plataformas contempladas

Las únicas plataformas de desarrollo que se utilizan en este libro son Microsoft Windows 95, Microsoft Windows NT Workstation y Microsoft Windows NT Server. ¿Por qué hemos escogido sólo estas plataformas?. Todos nuestros clientes que se dedican al desarrollo de aplicaciones serias de bases de datos se están pasando a sistemas operativos de 32 bit, así que nos pareció útil concentrarnos en el área de los 32 bit.

El hecho de concentrarnos en las plataformas de 32 bit nos permite limitar nuestras explicaciones a los temas que afectan a las aplicaciones de 32 bit. No hemos tenido que pelearnos con las montañas de material existente sobre temas como evitar las cuestiones de los recursos, las diferencias entre la API (Aplication Program Interface; Interfaz de los programas de aplicación) Win16 y Win32, etc. Ya existe información suficiente sobre los temas de 16 bit.

Estructura del libro

Este libro contiene montones de información sobre la construcción de soluciones cliente/servidor con Visual Basic. Hemos adoptado un enfoque realista del proceso de desarrollo, lo que nos lleva a áreas como el diseño de bases de datos, el diseño de objetos, la automatización OLE, la utilización de herramientas de terceros fabricantes y mucho más.

Todos los ejemplos se han diseñado de forma que resulten breves y atinados para que resulte sencillo revisarlos. En el Capítulo 1 se incluye la aplicación más complicada del libro. El Capítulo 12 está dedicado a la aplicación Car Rental Demo (demostración de alquiler de coches) que Microsoft utiliza en la mayoría de las demostraciones que hace de Visual Basic. Creemos que le puede resultar útil examinar esta aplicación que se ha demostrado con tanta asiduidad.

¿Qué contiene el disco adjunto?

El CD adjunto contiene el código de todos los ejemplos del libro, junto con una aplicación completamente funcional, que se encuentra en el subdirectorio Atx. (El programa Atx no se trata en este libro, pero se ofrece para demostrar el aspecto que tiene una aplicación completamente funcional.) El código incluido en el CD adjunto se presenta en dos formatos: en los directorios que se describen en el libro, de forma que sea fácil examinar el CD, y en un directorio de instalación especial desde el que instalar los archivos en el disco fijo.

Se incluyen los archivos en estos dos formatos porque los controladores de CD-ROM en modo real bajo Windows 95 truncan los nombres de archivos largos. Si tiene uno de estos controladores, no podrá examinar los directorios o los archivos de este disco. (Deberá ponerse en contacto con el fabricante del controlador de su CD-ROM para conseguir un controlador actualizado para Windows 95.) A pesar de lo anterior, sí que podrá instalar los archivos en su disco fijo.

Para instalar los archivos de los programas en el disco fijo, ejecute Setup.exe, que encontrará en el directorio raíz del CD adjunto y siga las instrucciones que aparecerán en la pantalla.

Para poder ejecutar la mayor parte de los ejemplos incluidos en el CD tendrá que configurar su base de datos tal como se explica en la página 83, «Construcción del esquema de base de datos en SQL Server». Además, algunas aplicaciones dependen de servidores OLE, como nuestro servidor OLE de pantalla de presentación (splash screen). Para utilizar estas aplicaciones, construya el servidor OLE y ejecútelo de forma que quede registrado en el Registro de configuraciones. A continuación, resuelva las referencias al servidor OLE en la aplicación seleccionando Referencias en el menú Herramientas de Visual Basic, construya la aplicación y ejecútela.

Muchos de los ejemplos dependen de nuestro servidor OLE CSUtilities.dll, que se encuentra en el directorio Utilities. Construya este servidor OLE tal como se describe en «Programa de ejemplo: Utilidades cliente/servidor», en la página 141 y regístrelo ejecutando Regserver32.exe con CSUtilities.dll como único parámetro de la línea de órdenes. (Regserver32.exe se encuentra en el subdirectorio clisvr del directorio en el que haya instalado Visual Basic.)

Para ejecutar los ejemplos del CD-ROM necesitará Windows NT Server 3.51 o posterior, SQL Server versión 6, al menos una computadora cliente ejecutando Windows NT 3.51 o Windows 95, Microsoft Visual Basic 4 edición empresarial y Microsoft Access 7 o posterior.

Algunos de los ejemplos necesitan software de otros fabricantes.

Cómo ponerse en contacto con los autores

Si desea ponerse en contacto con los autores puede utilizar las siguientes direcciones:

Ken Spencer
Computer Technologies, Inc.
(910) 632-1430
CompuServe: 71551,2724
MSN: ken_spencer_cti

Ken Miller
Ken Miller, Inc.
(914) 648-2699
CompuServe: 73504,1240
MSN: KenMiller

1

Visual Basic y los sistemas cliente/servidor: Fundamentos

Si examina la estructura actual de su organización y la forma en que las personas llevan a cabo sus trabajos, descubrirá que, en muchos casos, tanto la estructura como los trabajos se diseñaron teniendo en cuenta la tecnología disponible en su momento. La tecnología cliente/servidor trae consigo unas implicaciones tan importantes, que es hora de volver a evaluar la forma en que las organizaciones resuelven una serie de problemas.

En los últimos años, los sistemas cliente/servidor se han convertido en un componente habitual en la computación de empresa. Gracias a los precios cada vez menores del hardware y el software, los sistemas cliente/servidor proporcionan un mayor rendimiento a un menor coste (una combinación inmejorable). No obstante, si nos limitamos a traducir las aplicaciones antiguas de un gran ordenador a un sistema cliente/servidor, podemos conseguir un cierto ahorro en los costes, pero dicho ahorro será limitado. Utilizar así la tecnología es como sustituir un reproductor de vídeo de hace cinco años que funciona perfectamente por el último modelo, y justificar la compra porque el nuevo tiene las funciones más avanzadas. Si para lo único que utiliza su vídeo es para ver una película de alquiler de vez en cuando, habrá derrochado su dinero.

Por el contrario, la organización debe examinar su funcionamiento interno y tener la voluntad de realizar los cambios necesarios, de forma que pueda utilizar la nueva tecnología para conseguir ser más competitiva y aprovechar las nuevas oportunidades. (Suele resultar de gran utilidad que exista un equipo concentrado en la reorganización que colabore intensamente con el personal de desarrollo del sistema cliente/servidor durante el proceso.)

Para pasar a una arquitectura cliente/servidor también es necesario reconsiderar la forma de construir y dar soporte a las aplicaciones. Las modificaciones en las arquitecturas y en las metodologías de desarrollo (que se tratan en profundidad en el Capítulo 2) exigen que se reconsidere casi todo, desde la infraestructura de la red hasta el lenguaje de desarrollo, las herramientas de administración de versiones, las herramientas de base de datos y las utilidades de cosecha propia. Para aprovechar la tecnología en toda su plenitud, no sólo son necesarias las nuevas herramientas de desarrollo, sino que también hace falta que los desarrolladores cambien su mentalidad de trabajo, además de la estructura de la propia organización, para aplicar un estilo de desarrollo distinto y utilizar los resultados de dicho desarrollo.

Siguen surgiendo nuevas tecnologías que hacen que el desarrollo y la distribución de los sistemas cliente/servidor no sólo sea deseable sino también necesario. Las organizaciones que no se decidan a traducir las aplicaciones adecuadas a las plataformas cliente/servidor estarán ignorando los beneficios de una tecnología con un gran potencial que puede ayudarles a seguir siendo competitivas y a mantener un funcionamiento rentable.

Descubrirá que la arquitectura y las metodologías que se recomiendan en este libro ofrecen un gran número de beneficios:

- Ciclos de desarrollos más cortos.
- Ciclos de vida más largos para las aplicaciones.
- Un acceso más sencillo a la información para los usuarios finales por medio de herramientas estándar como Microsoft Office.
- Funciones automáticas basadas en la Automatización remota en Microsoft Visual Basic 4.
- Escalabilidad, como en la migración de Microsoft Access a Microsoft SQL Server.
- Un mejor control del desarrollo gracias al control de las versiones y a las bibliotecas de objetos.
- Aumento del rendimiento gracias a la distribución de los ciclos de CPU y de los datos por varios sistemas.

Este capítulo sirve como introducción a los sistemas cliente/servidor y a las ventajas de utilizar Visual Basic 4 y SQL Server 6.x. En él se explican algunos de los conceptos y modelos que hemos desarrollado y que constituirán las bases de muchas otras explicaciones a lo largo del libro.

¿Qué es un sistema cliente/servidor?

Un sistema cliente/servidor suele ejecutarse en al menos dos sistemas distintos (uno hace de cliente y el otro de servidor). No obstante, es posible que tanto el cliente como el servidor se encuentren en un único sistema. Generalmente un servidor proporciona servicios a varios sistemas clientes, aunque puede haber un único cliente. La función de servidor suele llevarla a cabo un servidor de archivos, excepto cuando se necesita el máximo rendimiento y debe utilizarse un servidor especializado. A menudo el cliente es un sistema de escritorio conectado en red. Siempre que el usuario necesite recuperar o almacenar información, la parte cliente de la aplicación ejecuta una solicitud, que se envía (generalmente por una red) al servidor. El servidor ejecuta entonces la solicitud y devuelve la información al cliente.

Una base de datos no constituye un sistema cliente/servidor, aunque los sistemas cliente/servidor suelen utilizar una base de datos para realizar la actividad del servidor.

Las aplicaciones diseñadas para utilizar Access, Microsoft FoxPro, Paradox de Borland o cualquier otra base de datos de escritorio no son sistemas cliente/servidor, *aunque dichas bases de datos se encuentren en un servidor en red*. Son ejemplos de aplicaciones de base de datos en red porque todo el procesamiento lo realiza el cliente.

¿Cómo funciona un sistema cliente/servidor?

Los sistemas cliente/servidor se desarrollaron inicialmente para conseguir un rendimiento considerablemente superior con un aumento moderado del precio, pasando parte del procesamiento de la parte del cliente al servidor. De esta forma puede mejorar el rendimiento, pero apenas afecta al coste. La forma de conseguir una buena relación rendimiento/precio es la siguiente: en lugar de comprar 11 super-PC, con un disco fijo enorme en uno de ellos, usarlo como servidor y ejecutar una aplicación de base de datos en red en los 10 cliente restantes, es mejor comprar 10 PC modestos y el mejor PC servidor posible. Construya una aplicación cliente/servidor que utilice este servidor para la mayor parte del procesamiento y utilice los clientes para realizar solicitudes sencillas y presentar la información al usuario.

En la Figura 1.1 de la página siguiente se muestra la configuración de un sistema cliente/servidor típico. En este diagrama, el concentrador (hub) y el cableado se muestran sólo por claridad. Las redes son muy distintas al nivel del hardware, así que es muy posible que sus componentes sean algo más que un sencillo concentrador y algunos cables.

En la Figura 1.1, el cliente Microsoft Windows 95 genera una consulta SQL (*select apellido, nombre from tabla*). La consulta se envía por la red al servidor Microsoft Windows NT en el que se ejecuta SQL Server. A continuación, SQL Server procesa la consulta y devuelve los datos al cliente Windows 95. El funcionamiento del sistema cliente/servidor mostrado es distinto al de una aplicación de base de datos de escritorio por lo que respecta a la forma de procesar los datos. Cuando se utiliza una base de datos de escritorio como Access, habría que enviar al cliente toda la tabla de la base de datos solicitada en la consulta para su procesamiento. El cliente se encargaría de procesar los datos y de presentar el conjunto de resultados. Una base de datos para PC típica es mucho menos eficiente cuando se ejecuta en una red por culpa de la gran cantidad de datos que se envían por la red y porque la carga de la aplicación no se reparte entre el PC de escritorio y el servidor. En este caso, el único trabajo que realiza el servidor es el manejo de las tareas rutinarias estándar de servicio de archivos para proporcionar acceso a la base de datos desde el PC.

En cuanto empiece a desarrollar aplicaciones con Visual Basic 4, este modelo cambiará. Las funciones de automatización OLE y de Automatización remota de Visual Basic 4 permiten cambiar la forma de construir y de utilizar un sistema cliente/servidor. La ejecución de aplicaciones de Visual Basic 4 sobre Windows 95 o Windows NT proporciona una potente combinación de funciones para sus clientes, que se completan con una mayor cantidad de recursos, multitarea preferencial (preemptive), un sistema de archivos recuperable [Sistema de archivos de Windows NT ó NTFS (Windows NT File System)] y mucho más.

Las mejoras en capacidad y funcionalidad no son las únicas diferencias entre la forma de construir las aplicaciones cliente/servidor en el pasado cercano y la forma en que le proponemos construirlas ahora. Cuando examine la arquitectura propuesta de los siste-

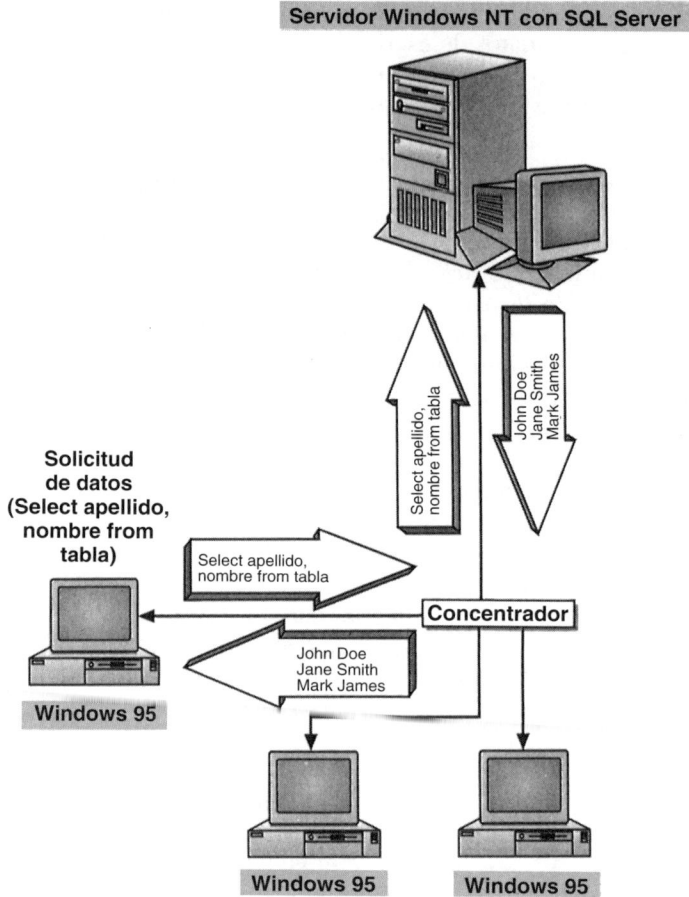

Figura 1-1. Los sistemas cliente/servidor suelen solicitar y recibir los datos por una red.

mas cliente/servidor con Visual Basic 4 (Figura 1.2), descubrirá una diferencia fundamental porque la arquitectura que le proponemos es multinivel de hecho.

Observe la forma de utilizar la Automatización remota para mantener el control de un inventario mediante un Sistema de alarma ejecutiva (Executive Alarm System; EAS). El cliente A envía una solicitud al servidor para consultar la cantidad de inventario. Esta acción activa una comprobación periódica del valor de inventario total por parte de un programa que se encuentra en el servidor, no siendo necesaria ninguna interacción adicional con el cliente. El servidor envía una alerta cuando el valor del inventario supera los 2 millones de dólares y activa también otro programa de Automatización remota en el cliente, que presenta el estado del inventario y solicita la intervención de un administrador.

En la solicitud del cliente B se utiliza un enfoque distinto. El cliente B solicita al servidor la lista de todo el inventario. Si esta consulta se ejecutara de forma interactiva, blo-

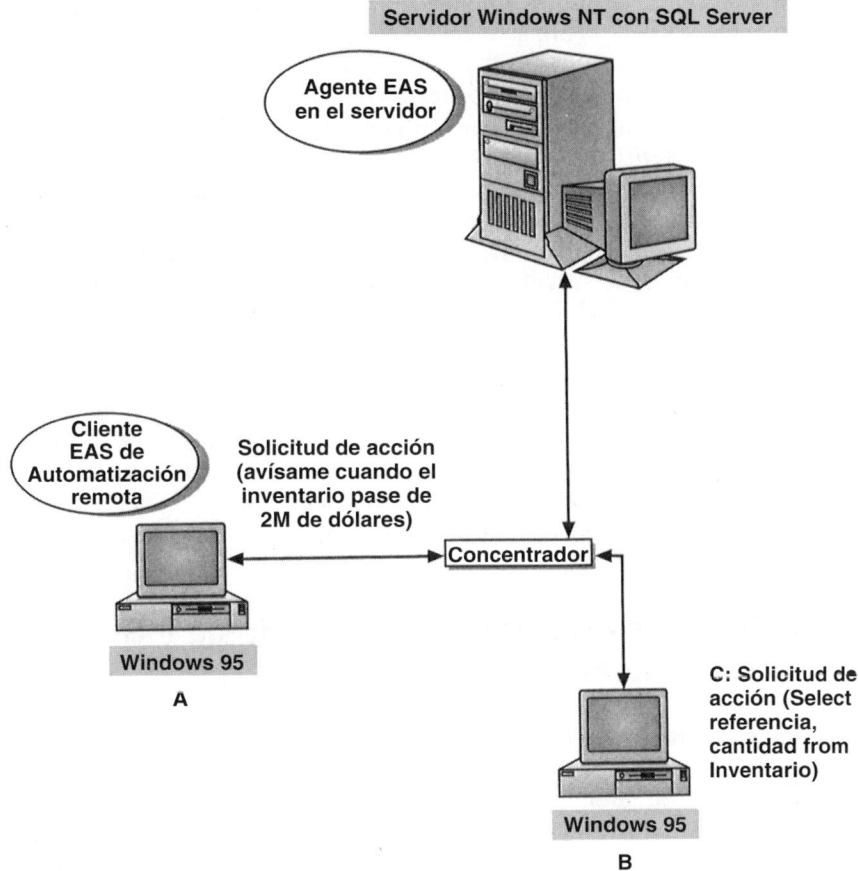

Figura 1-2. *La potencia de la Automatización remota en una aplicación de Sistema de alarma ejecutiva (EAS) y de los procedimientos almacenados en SQL Server.*

quearía el servidor, el cliente y la red durante el proceso de recuperación, espera y transporte de los datos. En su lugar, el cliente B ejecuta la solicitud llamando a un procedimiento almacenado en el SQL Server. Este procedimiento almacenado utiliza entonces MAPI para enviar la respuesta a la cuenta de Microsoft Mail del cliente.

Por supuesto que la técnica que se muestra en la Figura 1.1 puede utilizarse en unas partes del sistema que no necesiten estos tipos especiales de funcionalidad.

Nuestro ejemplo se complica por la consideración sobre lo que puede hacerse con Access en un entorno cliente/servidor. Una de las mejores formas de construir un sistema cliente/servidor que sea compatible con la Conectividad abierta en bases de datos (ODBC; Open Database Conectivity) consiste en utilizar una base de datos Access local, y que el servidor contenga las tablas adjuntas. Un motivo por el que esta solución funciona tan bien es porque la base de datos Access contiene las estructuras internas (campos e índices) de las tablas adjuntas a la base de datos ODBC, reduciendo así la cantidad de trabajo que debe realizarse cada vez que hay que procesar una solicitud a la base de datos.

Access entiende las capacidades ODBC de la base de datos remota y puede pasar todas las consultas al servidor para su ejecución, excepto cuando una consulta utiliza funciones o características disponibles en Access pero no en la base de datos de fondo.

La base de datos Access local también resulta útil para almacenar datos relativamente estáticos, como una lista de estados utilizada en las direcciones para envíos por correo. Debido al pequeño tamaño de la lista y a la poca frecuencia con la que cambia, podrá transferirse desde el servidor cuando arranque la aplicación y hacer referencia a una copia local. Otro método consiste en generar un archivo de transacciones con marca de tiempo para la tabla en una carpeta compartida del servidor. Cada cliente puede recoger el archivo de transacciones y aplicarlo en un intervalo especificado para después notificar al servidor que se ha actualizado la tabla. También es posible utilizar otros enfoques, como hacer que un proceso del servidor se conecte a cada una de las bases de datos locales y aplique la actualización. Deberá tener mucho cuidado al almacenar datos de forma distribuida, porque una arquitectura bien diseñada es esencial para asegurar que todos los datos estén sincronizados con la copia principal.

Motivos por los que utilizar Visual Basic y SQL Server 6 para un sistema cliente/servidor

Durante mucho tiempo Visual Basic ha sido nuestra herramienta preferida para la creación de aplicaciones cliente/servidor. Los motivos son múltiples, pero todos ellos son consecuencia de la enorme integración entre Visual Basic y el resto de las aplicaciones basadas en Microsoft Windows, en su facilidad de manejo y en la increíble potencia que proporciona.

La tecnología de objetos en Visual Basic 4 añade tanta potencia que ahora es posible utilizarla para crear aplicaciones increíbles con unos sólidos fundamentos de objetos. La Automatización remota, combinada con las funciones de automatización OLE estándar, hacen que Visual Basic 4 sea un número uno como entorno de desarrollo. Se han escrito libros enteros sólo sobre el desarrollo de bases de datos con Visual Basic 4. Los Objetos de datos remotos (RDO; Remote Data Object) y el control RemoteData también hacen de Visual Basic una potente herramienta de desarrollo de aplicaciones cliente/servidor.

Nota: *Visual Basic es lo que denominamos «centrado en objetos». Utilizamos este término para evitar el, a veces, acalorado debate sobre las características que hacen que un lenguaje sea orientado a objetos. (Uno de los términos más utilizados y sobre los que existe un menor acuerdo en el software.) Algo en lo que todos los puristas de la programación coinciden es en que Visual Basic no es orientado a objetos, ya que carece de polimorfismo, de herencia y de encapsulado, que son las tres características que todos consideran necesarias. La discusión sobre estos términos va más allá del ámbito de este libro, pero baste decir que Visual Basic, como mucho, sólo incorpora estas características de forma parcial.*

Ahora es posible la administración de proyectos con Visual Basic porque Microsoft Visual SourceSafe está integrado plenamente en la Edición empresarial de Visual Basic. SourceSafe puede gestionar por completo su código fuente, tanto si se trata de un proyecto pequeño como grande. La administración del código fuente es la única forma eficaz de gestionar una aplicación grande y las miles de líneas de código que conlleva.

Otra característica clave de Visual Basic 4 es Visual Basic para aplicaciones (VBA; Visual Basic for Applications), el lenguaje sobre el que tanto se ha escrito y que ahora también forma parte de Office y de Microsoft Project. Es posible, literalmente, pasar la mayor parte del código de una de estas aplicaciones a otra y el código funcionará.

Trascendencia estratégica

No subestime la trascendencia estratégica de utilizar Visual Basic 4 sobre un cliente Win32 de Microsoft y SQL Server 6.x sobre Windows NT. Estos productos son algo más que actualizaciones potentes y fáciles de usar de sus versiones anteriores. Son la principal oferta de Microsoft por lo que respecta a la construcción de aplicaciones cliente/servidor.

Los nuevos módulos de clases de Visual Basic proporcionan la posibilidad de construir bibliotecas de componentes reutilizables de una forma rápida y sencilla. Estas bibliotecas son fáciles de mantener y suponen un único origen de datos tanto para las aplicaciones como para los desarrolladores. Los nuevos motores de base de datos Jet (Jet 2.5 para las aplicaciones de 16 bit y Jet 3.0 para las aplicaciones de 32 bit) proporcionan un modelo de Objeto de acceso a los datos (Data Access Object) más completo, que les ofrece a las aplicaciones escritas en Visual Basic la posibilidad de manejar y acceder a una gran variedad de orígenes de datos. El sueño de la ejecución de código en varios PC podrá hacerse realidad por fin gracias a la Automatización remota de Visual Basic.

Al igual que Visual Basic, la última versión de SQL Server incorpora una gran cantidad de nuevas funciones que facilitan el desarrollo y la utilización. El SQL Enterprise Manager les permite a los administradores de bases de datos (DBA) gestionar desde su escritorio bases de datos diseminadas geográficamente. La capacidad de réplica, incorporada mediante la metáfora publicación/suscripción, convierte en trivial el proceso de distribución y recogida controlada de datos. El acceso al SQL Enterprise Manager mediante objetos OLE le ofrece al programador la posibilidad de realizar con código las mismas operaciones que desde el escritorio del DBA.

Pero sería un error escoger estas herramientas basándose sólo en sus funciones. Las aplicaciones cliente/servidor son como un equipo de fútbol: todos los jugadores deben trabajar en conjunto para alcanzar la victoria. De igual forma, la herramienta de presentación de datos más fácil de utilizar o la base de datos con mejor rendimiento resultan inútiles a menos que trabajen bien con otras aplicaciones. La belleza del equipo Visual Basic/SQL Server/Windows NT estriba en lo fácil que resulta coordinar su funcionamiento.

Tecnología de capacitación

Visual Basic 4 y SQL Server 6 proporcionan una tecnología de capacitación para muchas organizaciones. En otras palabras, es posible construir aplicaciones adaptadas a las necesidades de negocios que no es fácil conseguir mediante otras tecnologías. Por ejemplo, en el ejemplo de la Figura 1.2 se muestra cómo el Sistema de alarma ejecutiva (EAS; Executive Alarm System) avisa a un ejecutivo cuando se activa una determinada regla de negocio. Los métodos tradicionales de realizar esta misma tarea son los siguientes:

- Crear una aplicación de consulta en el escritorio del ejecutivo.
- Utilizar una aplicación de consulta en el servidor y enviar los resultados por correo electrónico.
- Utilizar una aplicación de consulta en el servidor e imprimir un informe.
- Asignar a un administrador la tarea de supervisar la regla (la opción más probable).

El problema de todas estas opciones es la enorme sobrecarga que suponen y la falta de verificación. Por ejemplo, puede que el ejecutivo no lea en el instante oportuno el correo electrónico en el que se le notifican los resultados porque se encuentre fuera de la ciudad. O es posible que alguien se pierda el informe especial porque la impresora está sin papel o apagada, descargando el buffer (y el informe). La lista es interminable.

Visual Basic 4 le permite a un desarrollador ser más creativo y diseñar una solución más sencilla que incorpore la verificación. ¿Cómo?. Suponga que existe una aplicación de consulta en el servidor que supervisa el nivel de inventario de una compañía (nada nuevo hasta ahora). Cuando se supera el nivel de inventario deseado, la aplicación utiliza la Automatización remota para activar otra aplicación en el escritorio de un ejecutivo. La aplicación remota devuelve un mensaje de que ha tenido éxito para indicar que ha conseguido presentar la información. La aplicación remota también puede exigir que el ejecutivo reconozca la información dentro de un determinado periodo de tiempo. Si no se produce el reconocimiento, la aplicación remota se lo notifica a la aplicación original situada en el servidor, que consulta una lista de responsables para determinar a quién debe avisar a continuación. Podría generar un mensaje de correo electrónico para el ejecutivo inicial y utilizar la Automatización remota para avisar al siguiente ejecutivo de la lista. También podría activar un procedimiento para utilizar un buscapersonas y avisar a cualquiera.

Otro tipo de problema aparece cuando una organización debe tener buenas comunicaciones entre grupos de personas. Por ejemplo, puede que una empresa tenga muchos empleados que traten con los clientes y respondan a sus preguntas pero sólo un departamento de pedidos que se ocupe realmente del pedido cuando el cliente ya no tenga más preguntas. ¿Cuántas veces ha estado a punto de hacer un pedido después de pasar 15 minutos al teléfono y le han hecho esperar para pasarle a otro departamento? Al departamento de pedidos, para el que debe repetir toda su información demográfica, lo que desea pedir y el resto de detalles del pedido.

¿Cómo puede mejorarse este proceso? El primer paso podría consistir en intentar reorganizar la función de pedido para que cualquiera pudiera aceptar un pedido. O podríamos utilizar una aplicación que permitiera a la persona que habla con el cliente introducir la información demográfica, determinar lo que el cliente quiere comprar y pulsar sobre el botón Pedido, que utilizaría la Automatización remota para avisar de forma inmediata al grupo de introducción de pedidos. El grupo de introducción de pedidos podría verificar y aprobar el pedido mientras el cliente está al teléfono o pulsar sobre un botón Transferir para indicar que el cliente debe transferirse a un encargado de introducción de pedidos concreto. Imagínese la reacción del cliente cuando el encargado de la introducción del pedido se pone al teléfono y le dice, «Hora, Sr. Pérez. Veo que ha pedido el nuevo SuperChisme».

Existen otros cientos de problemas que esta nueva tecnología nos permite resolver de una forma mucho más elegante y sencilla que antes. En este libro se incluyen varias aplicaciones de ejemplo.

Expansión de los paradigmas de la programación

Imagine que no sabe nada sobre la programación de computadoras. Su introducción a los computadoras llega en forma del lenguaje de programación de macros de Lotus 1-2-3, así que se convierte en un maníaco de la programación de macros. Después de automatizar todas las hojas de cálculo de su empresa, empieza a buscar nuevos retos.

Su búsqueda le lleva a un problema de lista de correo: su empresa quiere mantener una lista de los clientes existentes para los envíos promocionales que se producen de vez en cuando. Gracias a su dominio de 1-2-3, se enfrenta al problema y lo resuelve. La nueva aplicación que acaba de crear es algo confusa, pero funciona tan bien que crece y crece hasta que se hace terriblemente lenta.

Un amigo programador le sugiere que el problema de la lista de correo puede solucionarse mejor programando en FoxPro. Toma la iniciativa y aprende FoxPro. ¡Demonios! Ahora la aplicación de lista de correo vuela. No sólo eso, sino que al reprogramarla le ha añadido todo tipo de nuevas posibilidades que permite el paradigma de programación en FoxPro.

La próxima vez que le surja un nuevo problema, tendrá una nueva forma de enfrentarse a él: ahora puede verlo en términos del modelo de base de datos, mientras que originalmente sólo podía verlo en términos del modelo de hoja de cálculo. Esta forma distinta y adicional de pensar en un problema suele tardar un tiempo en asimilarse. No obstante, después de algunas aplicaciones habrá aprendido lo que funciona y lo que no, y muy rápidamente todo le resultará natural.

Las herramientas que se presentan en este libro son algo semejante. No sólo proporcionan una nueva funcionalidad sino distintas formas de afrontar los problemas como se indica a continuación:

- Examine el problema de una manera global. Por ejemplo, al examinar un problema de introducción de pedidos, no hable solamente con los encargados de la introducción de pedidos: examine el proceso desde la perspectiva del cliente, y vea qué otras acciones de la organización afectan a la introducción de pedidos y se ven afectadas por ella.
- Asegúrese de entender la tecnología disponible. Aprenda y experimente con la Automatización remota, con los servidores OLE y con el resto de las funciones de Visual Basic. Manténgase atento a las potentes herramientas que pueden ayudarle a resolver problemas futuros, aunque dichas herramientas no le parezcan útiles de manera inmediata.
- Examine «toda la escena». Los problemas del tipo de tiempos de espera largos o de cantidades de inventario inexactas suelen ser síntomas de un problema más importante. Resuelva el problema importante y los síntomas desaparecerán.

Técnicas de acceso a datos en Visual Basic

Visual Basic proporciona muchas formas de conectarse a bases de datos y de trabajar con datos. Los Objetos de acceso a los datos (DAO; Data Access Object) y la Conectividad

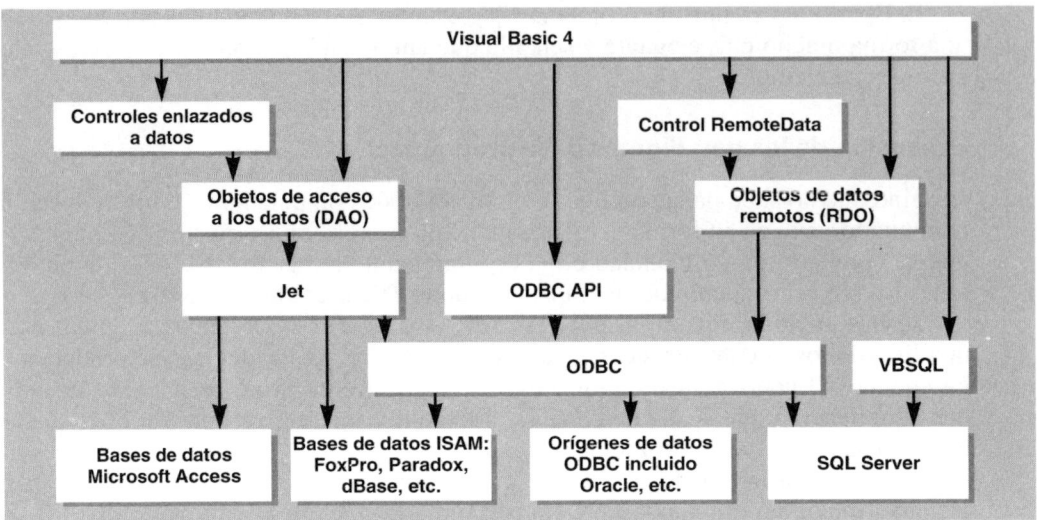

Figura 1-3. El modelo de acceso a datos de Visual Basic contiene muchas opciones.

abierta en bases de datos (ODBC; Open Database Conectivity) son dos de las más populares. En la Figura 1.3 se muestra dónde encajan en el esquema general de las técnicas de acceso a datos. Observe que ODBC puede utilizarse de distintas formas, incluso en conjunto con DAO.

DAO proporciona un modelo de objeto adecuado para trabajar con datos por programa, independientemente del origen de dichos datos. Como ODBC puede utilizarse en conjunto con DAO, es posible utilizar virtualmente cualquier sistema de base de datos con una aplicación escrita con DAO, sin tener que preocuparse por los detalles relativos a la base de datos. Se asume que la base de datos y su controlador ODBC proporcionan un nivel de funcionalidad mínimo.

ODBC ofrece muchos beneficios. Además de la independencia de la base de datos, existe una constante mejora de los controladores ODBC que hace que su rendimiento y sus funciones mejoren casi cada mes. La norma ODBC supone una gran ventaja para los programadores. Con sólo aprender la API ODBC podrá programar aplicaciones para cualquier base de datos para la que exista un controlador ODBC. ¡Quiere más ventajas!.

Soluciones multinivel basadas en un modelo de servicios

¿Qué es esta nueva tendencia denominada «soluciones multinivel»? y ¿sirve realmente para algo?. Esta sección está dedicada a este tema y sirve como introducción al concepto. A lo largo de este libro volveremos de vez en cuando a este concepto para mostrar por qué la distribución de los servicios en distintos niveles es importante para facilitar la reutilización del código y el impacto en la línea de base.

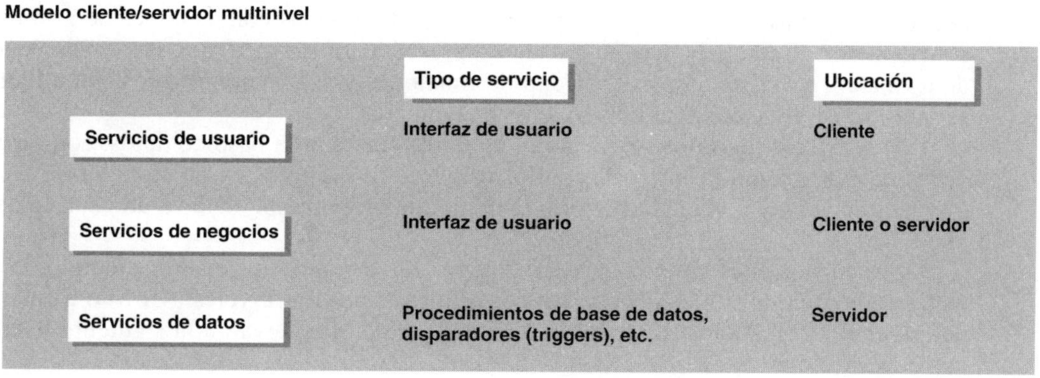

Modelo cliente/servidor multinivel

	Tipo de servicio	Ubicación
Servicios de usuario	Interfaz de usuario	Cliente
Servicios de negocios	Interfaz de usuario	Cliente o servidor
Servicios de datos	Procedimientos de base de datos, disparadores (triggers), etc.	Servidor

Figura 1-4. *Modelo multinivel estándar que utilizan la mayoría de las personas. En el mundo real, los servicios suelen dividirse en varias partes como se ilustra en los últimos ejemplos.*

Niveles

Un nivel, en el contexto de este libro, es simplemente una capa, que suele constar de un fragmento de software concreto. Por ejemplo, en una relación cliente/servidor típica, el cliente es un nivel y el servidor es otro nivel. En realidad, los niveles utilizados en cualquier sistema de negocios serán algo más vagos que una sencilla lista y es probable que pasen de un nivel a otro. La introducción de la automatización OLE y de la Automatización remota en concreto nos permite reconsiderar el modelo multinivel. En un entorno cliente/servidor típico con Visual Basic, el cliente puede ejecutar el nivel 1, que es la interfaz de usuario, y el nivel 2, que es una biblioteca de clases OLE implementada como biblioteca de enlace dinámico (DLL; Dynamic Link Library), mientras que el sistema servidor ejecuta SQL Server como nivel 3, con la posibilidad de otro nivel de agentes, como se muestra en la Figura 1.4.

Servicios

La mayor parte de las personas descomponen el modelo de servicios en varias partes (generalmente tres), con nombres como servicios de usuario, servicios de negocios y servicios de datos.

Los **servicios de usuario** suelen utilizarse para introducir, editar y presentar información y también puede pensarse en ellos como en servicios de interfaz. Estas actividades suponen una gran parte del desarrollo tradicional del software en las implementaciones cliente/servidor.

Los **servicios de negocios** suelen ser objetos que realizan una cierta acción, como registrar a un estudiante para una clase o procesar el pedido de un cliente. Estos servicios suelen situarse en el nivel segundo o inferior y se llaman desde el nivel de servicios de interfaz o desde cualquier otro nivel. (Otros objetos situados en el nivel de servicios de negocios son más genéricos y llevan a cabo tareas como las conversiones de gráficos, las conversiones de moneda, las funciones de presentación de gráficos, las tareas genéricas de formateo, etc. Esta amplia variedad de funciones y asociaciones nos lleva a llamarlos servicios de apoyo, en lugar de servicios de negocios.)

Los **servicios de datos** se encargan de la interfaz con la base de datos, con otros orígenes de datos como la Internet, con los orígenes de archivos en un servidor de archivos o sistema cliente y con cualquier otra entidad que proporcione datos a un usuario del servicio.

Otras capacidades también pueden categorizarse como niveles. Por ejemplo, la Automatización remota y la MAPI pueden constituir sus propios niveles (4 y 5) o formar parte del nivel 1 o 2. Las ideas que acabamos de presentar nos llevan a la siguiente lista de tipos de servicios:

- Servicios de interfaz (nivel 1).
- Servicios de apoyo (nivel 2).
- Servicios de datos (nivel 3).
- Servicios de acceso remoto (nivel 4).
- Servicios MAPI (nivel 5).
- Servicios gráficos (nivel 6).

Implementación de los servicios en Visual Basic 4

La mayoría de los que proponen el modelo multinivel sugieren llevar todas las reglas de negocios al nivel de apoyo (2). Todo proceso que necesite acceder a una de estas reglas deberá llamar al servicio del nivel 2. Con esta lógica, la validación de elementos como los números de pedido o los nombre de los clientes se llevarían de la base de datos (disparadores y procedimientos almacenados) al nivel 2, utilizando un lenguaje capaz de generar código pequeño y rápido, como C o C++.

Si utilizamos esta lógica debemos considerar con cuidado cómo encajan Visual Basic y sus objetos en el esquema. Nuestra sugerencia es la de llevar los objetos al nivel 2 cuando tenga sentido, pero considerar la base de datos como otro nivel de objeto para las reglas específicas de los datos. Por ejemplo, podría llevarse la validación de la tarjeta de crédito a un objeto de Visual Basic, pero dejando el número de pedido y la validación del cliente como disparadores (triggers). No obstante, en estas aplicaciones el rendimiento sigue siendo un tema clave. Quizá con la mejora de las capacidades del hardware también aumente nuestra capacidad para utilizar una implementación que se aproxime más a un modelo ideal.

Recuerde que una base de datos como SQL Server está diseñada para ejecutarse muy bien con disparadores y procedimientos almacenados. De hecho, el código SQL está precompilado para estos tipos de procedimientos en la mayoría de las bases de datos cliente/servidor para proporcionar un rendimiento óptimo.

La colocación de reglas específicas de los datos en un disparador presenta la ventaja adicional de que nadie puede recuperar los datos sin pasar por la regla. Un disparador encapsula la regla dentro de los datos, impidiendo el acceso a los datos sin pasar por la regla. (Exactamente lo que queremos que ocurra con una regla de negocios.)

Otra forma de enfocar este tema es con ambas técnicas, mediante la combinación de disparadores, procedimientos almacenados y objetos de Visual Basic. Nada dice que un

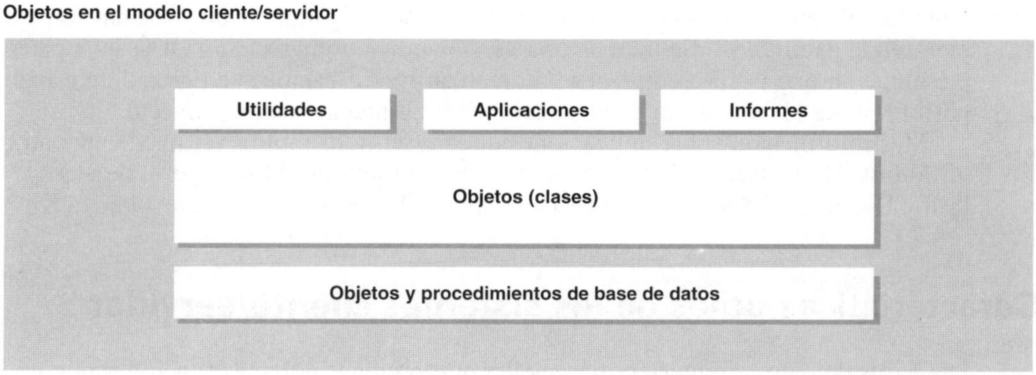

Objetos en el modelo cliente/servidor

Utilidades	Aplicaciones	Informes

Objetos (clases)

Objetos y procedimientos de base de datos

Figura 1-5. *En esta visión del modelo de objetos se muestran los objetos que hemos creado en el nivel 2 como una gran parte de las bases de nuestro sistema.*

disparador de SQL Server no pueda ejecutar un objeto de Visual Basic como parte del procesamiento de su regla. Por ejemplo, la regla de validación de la tarjeta de crédito podría llevar a cabo ciertas comprobaciones en la base de datos y enviar después los datos al objeto de Visual Basic llamado VerificarCredito para completar la operación. El objeto VerificarCredito devolvería el estado (aceptado o rechazado) al disparador.

Modelos de objetos en el nuevo mundo

Visual Basic 4 proporciona el mejor método de desarrollo correcto y sólido de objetos. En concreto, las funciones de automatización OLE tanto de los EXE como de las DLL ofrece multitud de formas de simplificar las tareas de programación durante el desarrollo de objetos. En la Figura 1.5 se muestra una visión sencilla del modelo de objetos utilizado en el desarrollo de aplicaciones con Visual Basic 4.

Los objetos y procedimientos de base de datos del nivel inferior son realmente la base de su sistema cliente/servidor. Si su base de datos no está bien diseñada, su sistema tendrá serios problemas desde el principio.

El éxito a largo plazo del sistema depende del modelo de objetos. Si está diseñado correctamente, para construir la mayor parte de su sistema sólo tendrá que escoger los objetos de su colección y organizarlos en su aplicación. Las colecciones de objetos construidas correctamente están bien comprobadas y son suficientemente pequeñas como para poder utilizarlas de multitud de maneras distintas. Por ejemplo, supongamos que construye su aplicación este año como ayuda al funcionamiento del departamento de atención al cliente. El siguiente año, el departamento se reorganiza y se divide en dos departamentos, lo que exige que vuelva a escribirse el software. Utilizando los mismos objetos, sólo tendrá que volver a crear la interfaz de usuario y el flujo de trabajo y activar el sistema. No hará falta demasiada depuración porque todos los componentes han sido comprobados con anterioridad. Como ejemplo de lo sencillo que resulta utilizar este enfoque, examine las distintas opciones en la sección dedicada a pantallas de presentación que empieza en la página 158. Se trata de una versión con automatización OLE de la pantalla de presentación que puede reutilizarse sin realizar modificaciones en el código e incluso es posible cargar el formulario de la pantalla de presentación en un proyecto.

Más información sobre aplicaciones cliente/servidor multinivel puede encontrarse en «Building Three-Tiered Client/Server Business Solutions Whitepaper», de George J. Febish y David E. Y. Sarna (Enero de 1995) en el Microsoft Solution Developers Kit.

Características útiles de los sistemas cliente/servidor

Las bases de datos cliente/servidor suelen proporcionar potentes funciones que no se encuentran en las bases de datos de escritorio como Access, FoxPro, Paradox o dBase. Estas funciones no sólo automatizan la administración de la base de datos, sino que también proporcionan potentes posibilidades de desarrollo de aplicaciones.

Algunas funciones, como los cursores, tienen relación con el rendimiento, mientras que otras, como MAPI, están diseñadas para añadir nueva funcionalidad a las aplicaciones. Además, muchas de las actividades que se han diseñado para una actividad en concreto también puede utilizarse para otras actividades. Por ejemplo, puede utilizarse MAPI para añadir posibilidades de correo electrónico a una aplicación, pero también resulta útil en el manejo de consultas y resultados hacia y desde sistemas remotos.

En esta sección presentaremos una introducción de algunas de las funciones que es probable que utilice en una base de datos remota. De hecho, la utilización correcta de estas funciones es fundamental para el éxito de sus aplicaciones. Por ejemplo, los cursores son importantes para ofrecer funcionalidad y maximizar el rendimiento, pero su utilización en las versiones anteriores de Visual Basic era, en el mejor de los casos, bastante difícil. Como Visual Basic 4 admite la utilización implícita de cursores, los utilizará sin siquiera saberlo. (Lo que puede que no sea óptimo para su aplicación concreta.) Por supuesto que la utilización explícita de los cursores no es tan sencilla como utilizarlos de forma transparente (de forma implícita), pero ahora es mucho más fácil que con anteriores versiones.

Procedimientos almacenados y disparadores (triggers)

La mayor parte de bases de datos cliente/servidor (incluidas Access y, por tanto, las bases de datos Jet) proporcionan la técnica de *procedimientos almacenados* para almacenar código SQL ejecutable directamente en la base de datos. Los procedimientos almacenados se compilan al guardarse, lo que da como resultado una ejecución considerablemente más rápida. Es posible utilizar procedimientos almacenados para crear un lote de tareas que se ejecuten como una tarea única o para crear un macro que busque archivos en distintas vías de acceso en función de los parámetros que se le pasen.

Por ejemplo, puede utilizar el procedimiento almacenado *xp_sendmail* de SQL Server para enviar los resultados de una consulta a un usuario. Puede utilizar esta funcionalidad para construir un agente que supervise la base de datos y envíe los resultados de una consulta a un usuario concreto cuando se produzca un disparador.

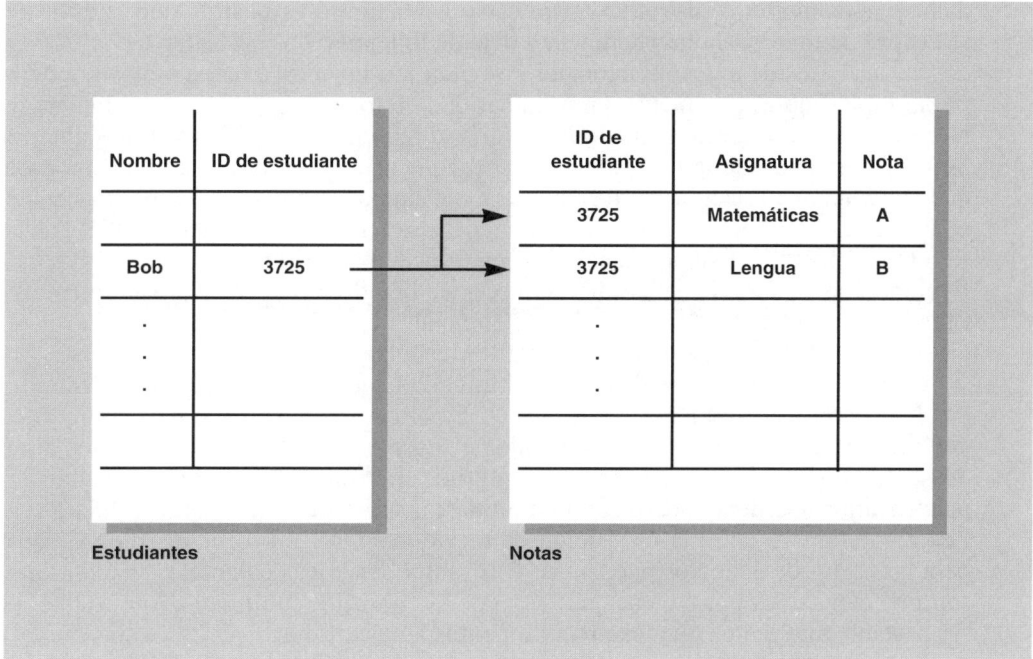

Figura 1-6.   Relación entre las tablas Estudiantes y Notas.

Un *disparador (trigger)* suele utilizarse para lanzar un procedimiento almacenado, que es el encargado del trabajo real de manejar el evento que ha producido el disparo. Los disparadores son lo que su propio nombre indica: eventos que se disparan. (En este caso, cuando se añaden, modifican o eliminan datos de una base de datos.) Los disparadores pueden escribirse para que se activen en condiciones determinadas por el programador.

Uno de los principales usos de los procedimientos almacenados y de los disparadores en las versiones anteriores de SQL Server era el de mantener la integridad referencial. La integridad referencial es una manera bonita de decir que SQL Server se asegura de que la información de una tabla esté sincronizada con la información de otra tabla cuando ambas tablas están relacionadas. Un ejemplo nos servirá para ilustrar la importancia del mantenimiento de la integridad referencial. Supongamos que somos profesores y que hemos creado una base de datos para realizar el seguimiento de las notas de nuestros estudiantes en varias asignaturas. La tabla Estudiantes, que contiene los nombres de los estudiantes, está relacionada con la tabla Notas, que contiene una lista de asignaturas y las notas asociadas según los números de los estudiantes. En la Figura 1.6 se muestra esta relación.

Una vez establecida la relación es necesario mantenerla. Por ejemplo, si se cambia un ID de estudiante en la tabla Estudiantes pero no en la tabla Notas, los registros que tengan el ID de estudiante antiguo en la tabla Notas estarán huérfanos. No sólo el estudiante cuyo ID de estudiante ha cambiado perderá sus notas, sino que, si más adelante otro estudiante asume el ID de estudiante de los registros huérfanos en la tabla Notas, puede que dicho estudiante tenga dos notas para cada asignatura o es posible que la aplicación no sea capaz de manejar la incoherencia y deje de funcionar.

En las bases de datos relacionales complejas, a menudo existen tantas relaciones entre múltiples tablas que mantener su integridad de forma manual es virtualmente imposible. Aquí es donde entra en juego la integridad referencial. En las versiones anteriores de SQL Server (antes de la 6.0), era necesario colocar un disparador (trigger) en cada tabla que contenía una relación, de forma que se ejecutara un procedimiento almacenado para mantenerla. No obstante, gracias a la integridad referencial declarativa (DRI; Declarative Referential Integrity), ahora estas relaciones pueden describirse cuando el DBA está configurando las tablas. Así se elimina la necesidad de disparadores y procedimientos almacenados para mantener la integridad referencial. La utilización de la integridad referencial declarativa es más rápida, más sencilla y está menos sujeta a errores.

Con la aparición de los diseños multinivel, puede que los procedimientos almacenados le cedan su asiento a los servidores OLE para la implementación de las reglas de negocios. Pero no es recomendable abandonar por completo los procedimientos almacenados y los disparadores en un diseño multinivel. Ambas tecnologías resultan útiles y pueden utilizarse dentro de diseños multinivel para darle una gran potencia al sistema. Los compromisos entre la utilización de servidores OLE o procedimientos almacenados para las reglas de negocios pueden ser frustrantes. En pocas palabras, los servidores OLE son recomendables porque encajan bien con la filosofía multinivel. No obstante, pueden ser bastante más lentos que los procedimientos almacenados.

Los procedimientos almacenados pueden ejecutarse de las siguientes formas:

- Si utiliza RDO, emplee el método *OpenResultset* para ejecutar un procedimiento almacenado. No obstante, primero tendrá que definir los parámetros mediante el conjunto rdoParameters del objeto rdoPreparedStatement.
- Utilice el método *Execute* para ejecutar procedimientos almacenados que no devuelvan conjuntos de resultados.
- Utilice la API ODBC para ejecutar procedimientos almacenados.
- Utilice los nuevos procedimientos almacenados de automatización OLE en SQL Server 6.5 para ejecutar los procedimientos almacenados de Visual Basic.

Conjuntos de resultados (Result Set)

El término *conjunto de resultados* debería ser autoexplicativo, pero para asegurarnos de que estamos sintonizados a la misma frecuencia, no está de más poner un ejemplo sencillo. Un conjunto de resultados suele obtenerse ejecutando una consulta SQL sobre una tabla de base de datos. Por ejemplo, para la base de datos Biblio que se incluye con Visual Basic, la siguiente consulta le indica a la base de datos que devuelva todas las filas de la tabla Editores que tengan un campo Nombre que empiece por una letra anterior a la «J»:

```
SELECT Nombre, Dirección, Ciudad, Estado, Código postal FROM Editores
WHERE Nombre < «J» ORDER BY Nombre
```

En la Figura 1.7 de la siguiente página se muestran los resultados de esta consulta. (En la consulta también se incluyen las columnas específicas que deben devolverse y el orden en el que deben presentarse.)

Nombre	Nombre empresa	Dirección	Ciudad	Estado	C.P.
ACM	Association for Computing Machinery	11 W. 42nd St., 3rd flr.	New York	NY	10036
Addison-Wesley	Addison-Wesley Publishing Co Inc.	Rte 128	Reading	MA	01867
Bantam Books	Bantam Books Div of: Bantam Doubleday Dell Publishing Group Inc.	666 Fifth Ave	New York	NY	10103
Benjamin/Cummings	Benjamin-Cummings Publishing Company Subs. of Addison-Wesley Publishing Co.	390 Bridge Pkwy.	Redwood City	CA	94065
Brady Pub.	Brady Books Div. of Prentice Hall Pr., Simon & Schuster, Inc.	15 Columbus Cir.	New York	NY	10023
Computer Science Press	Computer Science Press Inc Imprint of W H Freeman & Co.	41 Madison Ave	New York	NY	10010
ETN Corporation	ETN Corp.	RD 4, Box 659	Montoursville	PA	7754-943
Gale	Gale Research, Incorporated	835 Penobscot Bldg	Detroit	MI	8226-409
IEEE	IEEE Computer Society Press	10662 Los Vaqueros Circle	Los Alamitos	CA	90720
Intertext	Intertext Publications/Multiscience Press	2633 E. 17th Ave.	Anchorage	AK	99508
M&T Books	M & T Books Div of: M&T Publishing Inc	501 Galveston Dr	Redwood City	CA	4063-472
Macmillan Education	Macmillan Education Ltd	175 Fifth Ave	New York	NY	10010
McGraw-Hill	McGraw-Hill Inc	1221 Ave of the Americas	New York	NY	10020
Microsoft Press	Microsoft Press Div of: Microsoft Corp	One Microsoft Way	Redmond	WA	8052-639
Morgan Kaufmann	Morgan Kaufmann Publishers Inc.	2929 Campus Dr, Suite 260	San Mateo	CA	94403
Osborne	Osborne/McGraw-Hill Div. of McGraw-Hill, Inc	2600 Tenth St.	Berkeley	CA	94710
Prentice Hall	Prentice Hall Div. of Simon & Schuster, Inc.	15 Columbus Cir.	New York	NY	10023
Prentice Hall International	Prentice Hall International, Incorporated	Rte. 9W	Englewood Cliffs	NJ	07632
Q E D Information Sciences	Q E D Information Sciences, Incorporated	P.O. Box 82-181	Wellesley	MA	02181
SRA	Science Research Associates	155 N. Wacker Dr.	Chicago	IL	60606
Slawson	Slawson Communications, Incorporated	165 Vallecitos de Oro	San Marcos	CA	2069-143
TAB	TAB Professional and Reference Books Div. of McGraw-Hill, Inc.	P.O. Box 40	Blue Ridge Summit	PA	7294-085

Figura 1-7. Subconjunto de la base de datos Biblio.

Este conjunto de resultados concreto contiene 11 filas. Los conjuntos de resultados pueden contener cualquier número de filas, o ninguna, en función del formato de la consulta y del número de registros que contengan las tablas sobre las que se ejecuta. Ciertas consultas, como una que devuelva un producto cartesiano (el resultado de todas las combinaciones posibles de todos los campos en cada una de dos o más tablas), pueden generar muchas más filas de las que existen en las tablas. Restringir el número de filas, construir adecuadamente la aplicación para manejar conjuntos de resultados y diseñar la interfaz de usuario para asegurarse de que el usuario mantiene el control sobre el tamaño del conjunto de resultados son consideraciones importantes a la hora de crear aplicaciones cliente/servidor.

Los conjuntos de resultados suelen provenir de instrucciones *Select* como la del ejemplo anterior, aunque también pueden ser el resultado de procedimientos almacenados. Cuando el servidor de base de datos recibe una instrucción *Select*, debe determinar la forma de obtener el conjunto de resultados, lo que se denomina «plan» de la consulta. Pueden existir enormes diferencias en el tiempo de ejecución entre distintos planes que devuelvan el mismo resultado. Por este motivo, el motor de la base de datos tiene sus motivos para dedicar una cantidad importante del tiempo, que a veces es de hasta el 90 por ciento del tiempo que tarda una instrucción *Select* en ejecutarse, en determinar el plan más eficiente.

¿No sería una buena idea formular un plan por anticipado y utilizarlo solamente cuando se ejecute la instrucción *Select*? Eso es exactamente lo que hace un procedimiento almacenado. Cuando se crea un procedimiento almacenado, el motor de la base de datos determina el mejor plan para esa instrucción *Select* y lo almacena. Cuando se ejecuta de verdad la consulta, como el plan ya está determinado, ésta puede ejecutarse hasta 10 veces más rápido. La utilización de procedimientos almacenados supone probablemente el mayor impacto en el rendimiento en las aplicaciones cliente/servidor.

Por supuesto que no es posible anticipar todas las posibles instrucciones *Select* que pueden ejecutarse, e incluso si fuera posible, probablemente no sería razonable guardarlas todas ellas como procedimientos almacenados. Así que ¿cuál es la respuesta? Parámetros. Cuando se ejecuta el procedimiento almacenado, también se le puede pasar un parámetro que se utilice para determinar el conjunto de resultados. Esto funciona porque el plan no cambia en función de los parámetros. Por ejemplo, podría utilizar el mismo plan para obtener todos los editores de Nueva York o todos los editores de Los Angeles. (Sólo tendría que cambiar el parámetro.)

Tanto las instrucciones SQL complejas como los procedimientos almacenados pueden devolver varios conjuntos de resultados. En las versiones anteriores de Visual Basic era difícil manejar varios conjuntos de resultados, porque era necesario realizar llamadas directamente a la API VBSQL. Como VBSQL no tiene un modelo de objetos sino que es simplemente un conjunto de llamadas API, resulta mucho más complicado programar así que con ODBC o DAO.

Visual Basic 4 maneja los conjuntos de resultados múltiples mediante los nuevos Objetos de datos remotos (RDO; Remote Data Objects). RDO proporciona un modelo de objetos, muy parecido a DAO, pero específico para bases de datos remotas como SQL Server. Para aprender más sobre el manejo de múltiples conjuntos de resultados, consulte «Construcción de aplicaciones cliente/servidor con Visual Basic», que se incluye en la documentación que viene con Visual Basic Edición empresarial Versión 4.

Cursores

Un *cursor de base de datos* es un puntero a un conjunto de resultados que indica la fila o registro actual del conjunto de resultados. En la Figura 1.8 de la página siguiente se muestra un cursor en una cuadrícula (grid) de datos.

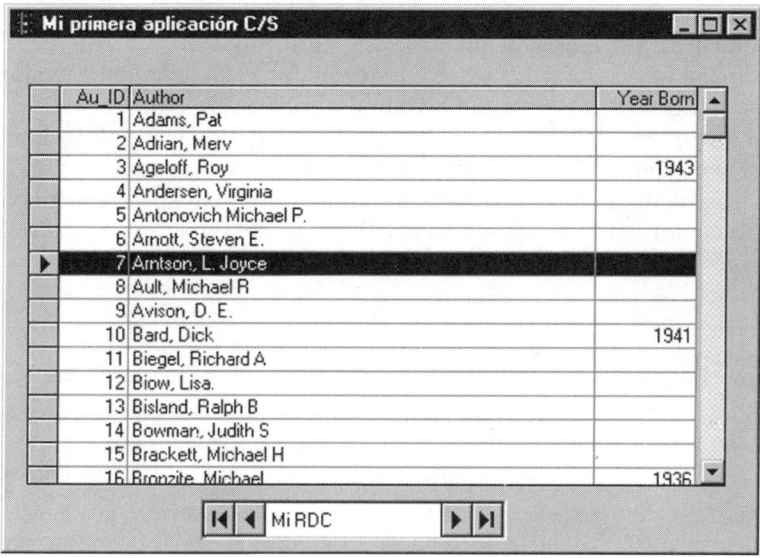

Figura 1-8. *La línea resaltada en una cuadrícula (grid) se comporta como un cursor y puede desplazarse hacia adelante o hacia atrás.*

La fila resaltada con la flecha de selección en la columna de la izquierda de la Figura 1.8 indica la fila del conjunto de resultados que está activa actualmente (a la que apunta el cursor). Es posible desplazar la selección hacia adelante o hacia atrás desplazando en cursor en la pantalla.

Tanto Visual Basic 4 como SQL Server 6 admiten varios tipos de cursores. Cada tipo de cursor resulta útil para una tarea específica, y cada uno de ellos implica un grado distinto de sobrecarga sobre el cliente, el servidor o ambos. Cuanto más funcional es el tipo de cursor, más recursos o tiempo de ejecución necesita.

En la tabla siguiente se enumeran dos categorías amplias de cursores y se describe su funcionamiento y la sobrecarga relativa que suponen:

Tipo de cursor	Descripción	Sobrecarga relativa
Lado del servidor	Coloca el conjunto de resultados y el cursor en el servidor. Ofrece un rendimiento mejorado.	Alta en el servidor y baja en el cliente.
Lado del cliente	Carga el conjunto de resultados en el cliente y gestiona el cursor en el cliente. Lo utilizan los Recordset (conjuntos de registros) de tipo dynaset (hoja de respuestas dinámica) y de tipo snapshot (instantánea) del motor de base de datos Jet.	Alta en el cliente y baja en el servidor.

Como puede observar en esta tabla, ambos tipos de cursores presentan sus ventajas e inconvenientes. En la mayor parte de las situaciones, los cursores del lado del servidor proporcionan el mayor rendimiento, reduciendo la demanda en el tráfico del cliente y de la red y colocando el cursor tan próximo al origen de datos como sea posible. No obstante, los cursores del lado del cliente sólo pueden construirse utilizando RDO, ODBC VBSQL y el control RemoteData. Es recomendable utilizar los métodos RDO y ODBC debido a su facilidad de desarrollo y a su rendimiento, respectivamente.

Cada cursor del lado del servidor y del lado del cliente puede configurarse como uno de los tipos que se describen en la siguiente tabla.

Tipo de cursor	Descripción
Estático	Las filas actualizadas en el conjunto de resultados no resultan visibles para otros usuarios de la base de datos, a menos que el cursor se cierre y vuelva a abrirse. Este tipo de cursor es el que menor sobrecarga supone.
De desplazamiento hacia adelante	Este tipo de cursor sólo puede desplazarse en una dirección de avance por el conjunto de resultados. Este cursor supone una sobrecarga menor que un cursor bidireccional, pero no puede desplazarse hacia atrás por el conjunto de resultados. Se trata del cursor predeterminado para la mayoría de las actividades.
Keyset	Es un cursor bidireccional. Las filas actualizadas son visibles para otros usuarios, mientras que las filas añadidas o eliminadas no lo son. La sobrecarga se sitúa a medio camino entre la de los cursores estático y dinámico.
Dinámico	También es un cursor bidireccional. Las filas actualizadas, añadidas o eliminadas son visibles para otros usuarios. Este tipo de cursor es el que más sobrecarga supone, pero es el más funcional.

Los distintos métodos de acceso a los datos con Visual Basic tienen implicaciones por lo que respecta a los tipos de cursores que se utilizan y al comportamiento de todo el sistema. Por ejemplo, siempre que se crea un conjunto de resultados, sus datos deben almacenarse en algún lugar. Cuando se utiliza un cursor en el lado del cliente, el conjunto de resultados se almacena en el cliente en RAM o como memoria virtual en el directorio Temp. Un cursor en el lado del servidor almacena el conjunto de resultados en el servidor. En SQL Server 6, el cursor se almacena en la base de datos tempdb. Asegúrese de que tanto el cliente como las bases de datos remotas dispongan de recursos adecuados, incluido el espacio en disco fijo, para manejar los conjuntos de resultados generados por las acciones del sistema.

En las secciones dedicadas a Jet, RDO y al control RemoteData del Capítulo 5 encontrará más información sobre los cursores.

Puede que le agrade saber que puede elegir el estilo de cursor que desea utilizar con RDO y con el control RemoteData. En la siguiente tabla se enumeran las constantes que puede utilizar con la propiedad CursorDriver del objeto rdoEnvironment o del control RemoteData:

Constante de RemoteData	Valor real	Descripción
rdUsedIfNeeded	0	Recomendado. El controlador ODBC selecciona el estilo adecuado de cursor, utilizando un cursor en el lado del servidor siempre que esté disponible.
rdUseOdbc	1	Utiliza la biblioteca del cursor OBDC. Proporciona un rendimiento mejor para conjuntos de resultados pequeños pero se degrada rápidamente al aumentar los conjuntos de resultados.
rdUseServer	2	Obliga a utilizar un cursor en el lado del servidor.

Objetos de conjunto de registros (Recordset)

En Visual Basic 4, un objeto *Recordset* representa los registros en una tabla de base de datos los registros que se obtienen de la ejecución de una consulta. DAO proporciona tres tipos de objetos Recordset: tipo tabla (table), tipo instantánea (snapshot) y tipo hoja de respuestas dinámica (dynaset). Las diferencias existentes entre ellos son sencillas pero fundamentales y tienen profundas implicaciones.

Recordset de tipo tabla (table)

Un objeto Recordset de tipo tabla es una representación en código de una tabla de base de datos que se utiliza para añadir, modificar o eliminar registros de la tabla. Cuando se realiza dicha operación, en memoria sólo se carga el registro actual. La principal ventaja de los Recordset de tipo tabla es que proporcionan el funcionamiento más rápido. Gracias a su velocidad, los Recordset de tipo tabla son prácticos cuando se necesita una tabla temporal. Por desgracia, para crear un Recordset de tipo tabla es necesario conectarse directamente a la tabla y, por tanto, sólo está disponible para bases de datos Jet y bases de datos ISAM como FoxPro, dBase, Paradox y Btrieve. No se puede crear un Recordset de tipo tabla para un origen de datos ODBC o para una tabla adjunta.

Los Recordset de tipo tabla sólo pueden crearse a partir de una única tabla subyacente (a diferencia de los Recordset de tipo instantánea y de tipo hoja de respuestas dinámica).

Recordset de tipo instantánea (snapshot)

Un objeto Recordset de tipo instantánea es un conjunto estático de registros que sirve para examinar datos en una o varias tablas subyacentes. La principal característica de un Recordset de tipo instantánea es que no es actualizable. No se mantienen punteros a los datos, así que el motor de base de datos Jet no sabe dónde debe devolver los datos en la base de datos.

El Recordset de tipo instantánea sólo resulta eficiente para conjuntos de registros pequeños, porque el motor de base de datos Jet se ve forzado a devolver al cliente todos los datos pertinentes. Una interesante optimización que realiza Jet es que los objetos OLE y los campos memo sólo se devuelven cuando se presentan. El Recordset de tipo instantánea presenta algunas ventajas de rendimiento sobre el de tipo hoja de respuestas dinámica para Recordset con menos de 500 filas.

El cursor predeterminado para un Recordset de tipo instantánea es el bidireccional, aunque utilizar un cursor de sólo avance es incluso más rápido. No obstante, debe recordar que si utiliza el método *Move* sobre un Recordset creado con un cursor de sólo avance, el argumento rows (filas) sólo podrá ser un número positivo. (Un número negativo provocaría que el cursor intentara desplazarse hacia atrás.) Utilice la etiqueta dbForwardOnly con el método *OpenRecordset* para crear un Recordset con un cursor de sólo avance.

Los Recordset de tipo instantánea creados con cursores de sólo avance son la forma más eficaz de rellenar un cuadro de lista a partir de una lista incluida en una base de datos.

Recordset de tipo hoja de respuestas dinámica (dynaset)

A diferencia de los Recordset de tipo instantánea, los Recordset de tipo hoja de respuestas dinámica mantienen un puntero a la información de la tabla (o tablas) de las que se derivan, lo que les permite ser actualizables. A la memoria sólo se transfiere un puntero a los datos, y cuando se necesitan éstos se utiliza dicho puntero para recuperarlos.

Como un Recordset de tipo hoja de respuestas dinámica es dinámico, reflejará las modificaciones que realicen otros usuarios en las tablas subyacentes, con la excepción de la adición de nuevos registros. Los nuevos registros no estarán visibles hasta que se ejecute el método *Requery*. Si un usuario elimina un registro, el resto de los usuarios recibirán una notificación del hecho cuando intenten acceder al registro eliminado.

El método *Requery* no puede utilizarse sobre Recordset de tipo tabla o sobre Recordset para los que la propiedad *Restartable* tenga un valor igual a *False*. Por tanto, deberá comprobar que el Recordset admite el método *Requery* verificando su propiedad *Restartable* antes de utilizar dicho método. Si Restartable es *False*, deberá utilizar el método *OpenRecordset* sobre el objeto QueryDef que esté en uso actualmente para volver a abrir el Recordset. De esta forma aparecerán las modificaciones realizadas desde la creación original del Recordset.

Si utiliza una instrucción *Insert Into* para añadir registros nuevos a un Recordset de tipo hoja de respuestas dinámica, esos registros nuevos no pasarán a formar parte del Recorset hasta que no utilice el método *Requery*.

Tanto los Recordset de tipo hoja de respuestas dinámica como los de tipo instantánea pueden derivarse a partir de orígenes de datos heterogéneos (distintos). Por ejemplo, es posible crear un Recordset de tipo hoja de respuestas dinámica combinando datos de una base de datos de Access, de una base de datos de FoxPro y de una base de datos de SQL Server y hacer que aparezca como un único Recordset. Todas las modificaciones que se lleven a cabo sobre el Recordset se verán reflejadas en las tablas subyacentes.

Selección de un tipo de Recordset

Si no está seguro sobre qué tipo de Recordset debe crear, utilice el tipo hoja de respuestas dinámica, ya que es el más funcional y, por tanto, el menos propenso a darle problemas. Por supuesto que para obtener el máximo rendimiento deberá dedicar un tiempo a familiarizarse con los beneficios y el manejo de todos los tipos de Recordset.

Implicaciones de los orígenes de datos ODBC

Le indicamos a continuación algunas cuestiones que le conviene recordar cuando trabaje con orígenes de datos ODBC:

- Cuando utilice DAO y cree un Recordset a partir de un origen de datos ODBC, deberá rellenar dicho Recordset por completo antes de intentar crear otro. Esto es necesario para poder liberar la conexión con el origen de datos. Utilice el método *MoveLast* para rellenar por completo el Recordset.
- No es posible crear un Recordset de tipo tabla a partir de un origen de datos ODBC.
- Para que un origen de datos ODBC sea actualizable, tiene que ser posible crear un Recordset de tipo hoja de respuestas dinámica para ella, lo que implica que el origen de datos debe tener un índice exclusivo (un índice con una clave exclusiva para identificar cada fila).
- El bloqueo en un servidor de base de datos externo (al que suele accederse a través de ODBC) está bajo el control exclusivo de dicho servidor de base de datos. El bloqueo de la base de datos suele utilizarse para bloquear parte de una base de datos (generalmente una página o una fila) con objeto de asegurar la integridad de los datos. El motor de base de datos Jet no puede modificar un mecanismo de bloqueo de un servidor de base de datos externo.

Bloqueo de base de datos

Con el bloqueo de una base de datos se evita que un segundo usuario pueda modificar un registro que ya esté siendo utilizado y, de esta forma, impide la corrupción de los datos. Sin el bloqueo, si dos usuarios estuvieran guardando modificaciones a la misma fila simultáneamente, parte de la información de un usuario podría mezclarse con parte de la información del otro.

El mecanismo de bloqueo más sencillo es el *bloqueo de base de datos*, que, por ejemplo, se produce cuando una base de datos de Access se abre para un uso exclusivo. Cuando la base de datos se abre de esta forma, ningún otro usuario podrá modificarla. Aunque el bloqueo de base de datos es eficiente por lo que respecta al uso que hace de los recursos y a la sobrecarga en procesamiento, impide la utilización de la base de datos en un entorno multiusuario. El bloqueo de toda una base de datos sólo suele utilizarse cuando es necesario realizar labores de administración y el administrador debe asegurarse de que nadie pueda modificar la base de datos durante dicho proceso.

El siguiente tipo de bloqueo más específico es el *bloqueo de tabla*. Si una tabla está bloqueada, otros usuarios no podrán modificarla, pero sí que podrán modificar el resto de las tablas de la base de datos. No obstante, este mecanismo de bloqueo tampoco puede utilizarse para una base de datos en un entorno multiusuario.

El *bloqueo de página* suele utilizarse porque ofrece un buen compromiso entre utilización de los recursos, rendimiento y disponibilidad de los datos para su modificación. Una *página* es un fragmento de RAM de tamaño predefinido. Cuando se solicita una fila de una base de datos, se lee, en una o varias páginas, un grupo de datos que incluya dicha fila. Access y SQL Server (ambos admiten el bloqueo de página) tienen tamaños de página de 2 Kb. Como resultado, si el tamaño de la fila es de 500 bytes, por ejemplo, no sólo se bloqueará la fila que se está modificando, sino también las tres siguientes. Así que, al construir sistemas multiusuario en Access y SQL Server, deberá ser consciente de que cuando un usuario está modificando una fila puede que también estén bloqueadas otras filas.

El siguiente nivel de bloqueo, el *bloqueo de fila*, asegura un alto grado de disponibilidad de los datos para entornos multiusuario, pero puede ser bastante costoso con respecto a los recursos necesarios para mantener los bloqueos. (El bloqueo puede ir incluso más allá. Algunas bases de datos disponen de *bloqueo de campo* para permitir que distintos usuarios puedan modificar distintas columnas dentro de la misma fila.)

Bloqueos y punto muerto (deadlock)

Siempre que puedan reservarse los recursos para un uso exclusivo y que varios usuarios puedan solicitar más de un recurso, existirá la posibilidad de que se produzca un punto muerto. Por suerte, SQL Server detecta e impide el punto muerto anulando las transacciones del usuario que puedan haberlo provocado. En otras palabras, si dos usuarios compiten por las mismas filas. (O distintas filas de la misma página, ya que SQL Server realiza bloqueo de página.) Se retardará la transacción de uno de los usuarios. Hasta ahora todo va bien. Por desgracia, el siguiente paso del proceso no es tan elegante. Si a pesar de todo se produce el punto muerto, la transacción del segundo usuario, que se ha anulado, se cancelará y la aplicación de dicho usuario recibirá un mensaje de error (#1205) que deberá ser capaz de manejar. Tenga en cuenta este tema al escribir código de manejo de errores para aplicaciones multiusuario.

Control del bloqueo

Aunque no es posible cambiar el tipo de bloqueo que realizan SQL Server o Jet (ambos bloquean siempre páginas de 2 Kb), sí que es posible realizar un ajuste fino de algunos de los parámetros que afectan al bloqueo (y a otros temas). Para el caso de Jet, los valores de los parámetros se encuentran en la clave del Registro de configuraciones denominada HKEY_LOCAL_MACHINE/Software/Microsoft/Jet/3.0/Engines/xbase, a la que puede acceder ejecutando Regedit.exe o Regedt32.exe.

En la tabla siguiente se muestran dos parámetros que afectan al bloqueo. (Consulte la ayuda en línea de Visual Basic para obtener una información completa sobre todos los parámetros disponibles.)

Parámetro	Descripción
PageTimeout (Entero)	Número de milisegundos que los datos bloqueados no leídos pueden permanecer en una caché interna antes de ser invalidados. El valor predeterminado es de 5000 milisegundos (5 segundos).
LockRetry (Entero)	Número de veces que debe intentarse acceder a una página bloqueada antes de devolver un mensaje de conflicto de bloqueo. El valor predeterminado es de 20 veces.

Con SQL Server, el bloqueo puede modificarse de dos formas: consulta por consulta, mediante las posibilidades de la instrucción *Select* o el administrador puede modificarlo para todos los usuarios. Si trabaja consulta por consulta, puede que le resulten útiles las opciones Nolock, Holdlock, Updlock, Tablock, Paglock y Tablockx. (Estas palabras clave son de hecho parámetros opcionales de la instrucción *Select*.) Para obtener información sobre su sintaxis y utilización, consulte la documentación *Transact-SQL Reference* o busque en SQL Server Books Online el tema «SELECT statement» («instrucción SELECT»). En *Database Developers Companion* puede encontrar una descripción de para qué sirve cada una de estas palabras clave. Para localizar esta referencia, busque en SQL Books Online el tema «Customizing Locking With SELECT» («Personalización del bloqueo con SELECT»).

El administrador del sistema puede controlar el Nivel de extensión del bloqueo (Lock Escalation Level) mediante el procedimiento almacenado del sistema *sp_configure*. La extensión se produce cuando SQL Server determina que sería más eficiente bloquear sencillamente toda la tabla (o tablas) para una consulta en lugar de mantener un gran número de bloqueos de página. Para SQL Server, la información sobre el bloqueo puede examinarse ejecutando el procedimiento almacenado del sistema *sp_lock*.

Réplica

La *réplica* es, probablemente, la mejora reciente más significativa que se ha llevado a cabo en las bases de datos cliente/servidor, porque tiene implicaciones fundamentales para la industria. Para mostrar el funcionamiento de la réplica, hemos creado una empresa ficticia con su base de datos maestra en un servidor denominado «Servidor de base de datos maestra» (véase la Figura 1.9). En este sencillo ejemplo, el Servidor de base de datos maestra distribuye un subconjunto de sus datos de empresa a otros dos servidores situados en California y Tokio. Los otros dos servidores también envían datos, como los de las transacciones diarias, al Servidor de base de datos maestra. La réplica funciona muy bien en estas circunstancias, permitiendo tanto que los datos maestros vayan hasta las sedes y que los datos de las sedes «acudan» al sistema maestro.

Utilización de la réplica en SQL Server 6

Con las funciones de réplica incluidas en SQL Server 6 se elimina la necesidad de utilizar las miles de líneas de código que eran necesarias para poder utilizar la réplica en las versiones anteriores de los sistemas de base de datos, como SQL Server 4.21. En las versiones anteriores de dichos servidores, la réplica debía implementarse de forma manual. La mayor parte de estas técnicas eran problemáticas y sujetas a fallos cuando la base de datos se desincronizaba. Por desgracia, los problemas eran la norma en vez de la excepción.

La réplica, así como prácticamente todo el resto de actividades de administración de SQL Server 6, se realiza desde el SQL Enterprise Manager (el centro de control gráfico para la administración de SQL Server). La réplica se diferencia de la mayoría de las funciones de SQL Server en que debe activarse de forma explícita para que se produzca.

No olvide que un servidor que utilice réplica necesita al menos el doble del mínimo de memoria que un servidor que no la utilice. Si su servidor tiene una cantidad mínima de memoria (como, por ejemplo, 32 Mb), puede que tenga que ajustar manualmente la

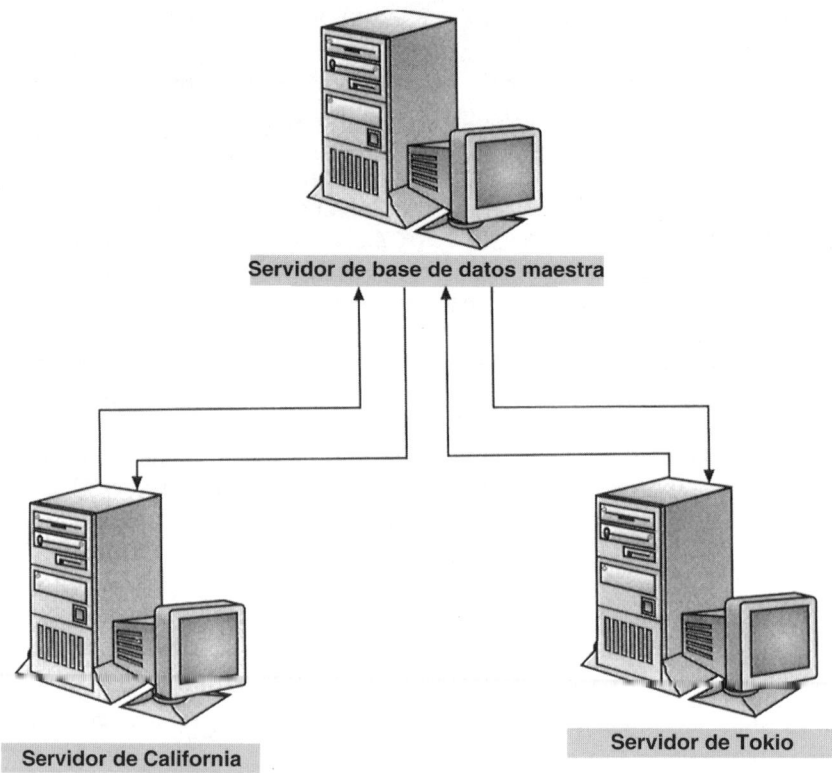

Figura 1-9. Sencillo esquema general del funcionamiento de la réplica.

cantidad de memoria asignada a SQL Server para que funcione la réplica. Para realizar esta operación, seleccione Configurations en el menú Server del SQL Enterprise Manager. Seleccione la ficha Configuration en el cuadro de diálogo. En los valores que se muestran en forma de hoja de cálculo, localice la palabra *memory* en la columna de la izquierda. En la columna de la derecha, cambie el valor por 8192. De esta forma se asignarán 8192 unidades de memoria de 2 Kb, o un total de 16 Kb, a SQL Server la próxima vez que arranque. Este proceso es necesario en algunos sistemas porque, durante la instalación de SQL Server, éste configura dicho valor en función de la cantidad de memoria física disponible en el sistema.

Nota: La modificación en la cantidad de memoria asignada a SQL Server no entrará en vigor hasta la próxima vez que se arranque SQL Server.

La metáfora de la publicación y la suscripción

SQL Server 6 utiliza una metáfora de publicación y suscripción para sus servicios de réplica. Esta metáfora, tomada del mundo de las revistas, es la siguiente: el servidor que proporciona los datos es el «editor», y la base de datos que recibe una copia de los datos se denomina «suscriptor». Igual que podemos suscribirnos a una revista concreta, un SQL Server concreto puede suscribirse a los datos publicados por otro SQL Server (observe que la réplica puede tener lugar dentro de SQL Server, es decir, el mismo SQL Server que publica la información también puede suscribirse a esa información. Por supuesto que la base de datos suscriptora debe ser distinta de la base de datos editora).

Esquema general

En el mundo real la réplica puede llegar a ser bastante compleja. SQL Enterprise Manager presenta un esquema completo de la estructura de los servidores editor y suscriptor mediante la opción Topology de la opción Replication Configuration del menú Server. Es incluso posible incluso realizar un zoom de aumento o de disminución mediante la barra de herramientas del cuadro de diálogo.

Consejo: *Este cuadro de diálogo también está disponible desde la barra de herramientas del SQL Enterprise Manager (se trata del primer botón del tercer grupo). Este grupo de la barra de herramientas también le ofrece un acceso rápido a los cuadros de diálogo para la administración de las publicaciones y las suscripciones mediante los dos siguientes botones de la barra de herramientas.*

Operaciones asíncronas

Hay varias formas de implementar las operaciones asíncronas mediante Visual Basic 4 y SQL Server 6 u otras bases de datos:

- Las consultas asíncronas admitidas por RDO, ODBC y VBSQL permiten que una aplicación solicite una operación y siga funcionando mientras el servidor procesa la solicitud. Una vez procesada la misma, el servidor puede enviar los datos al cliente por partes. Visual Basic permite que la aplicación recoja los datos por partes y siga atendiendo las peticiones de los usuarios. Consulte las secciones «Proceso de fondo» y «Opciones de propiedades de datos remotos» en la ayuda en línea de Visual Basic.
- La Automatización remota también admite operaciones asíncronas. Esta flexibilidad le permite colocar distintas partes de una aplicación en diferentes computadores. Al hacerlo así aumenta de manera extraordinaria la eficiencia. La Automatización remota es otra tecnología de capacitación, que le permite resolver problemas que eran muy difíciles de resolver en el pasado. Puede encontrar una demostración en el ejemplo del subdirectorio samples\remauto\callback del directorio en el que haya instalado Visual Basic.
- MAPI y otras API de mensajes proporcionan un medio de enviar una consulta o una orden a un sistema remoto para su ejecución. Puede pensar en la API de mensajes como en un «bus» sobre el que coloca una orden para otro sistema. El otro sistema recoge la orden, la ejecuta y coloca su respuesta en el «bus» con destino a usted. Para más información, revise las aplicaciones de ejemplo de MAPI disponibles en el CD MSDN.

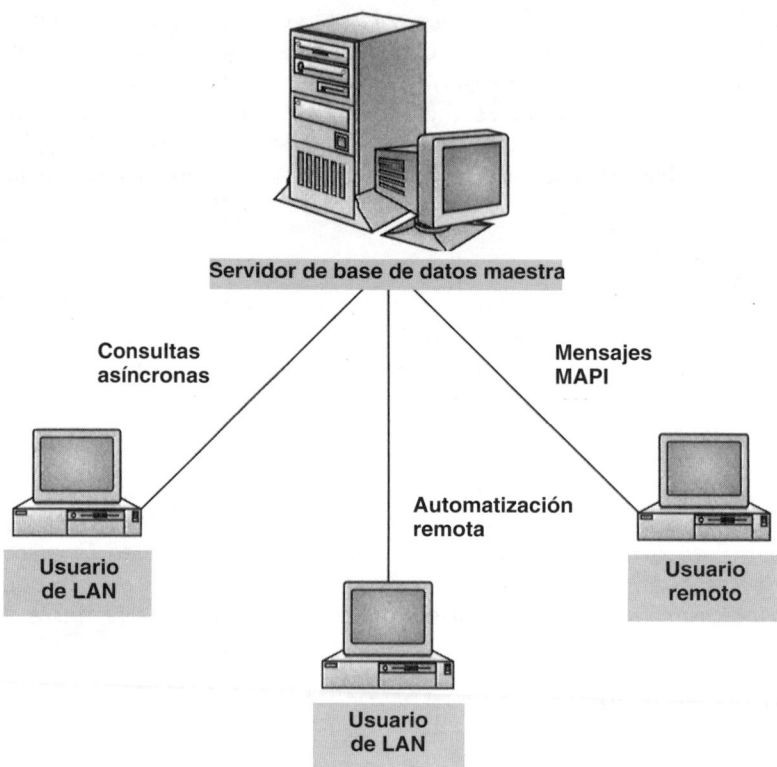

Figura 1-10. *Los tres enfoques para implementar las operaciones asíncronas.*

En la Figura 1.10 se muestran los tres enfoque que puede utilizar para implementar las operaciones asíncronas en la actualidad.

Tanto las consultas asíncronas, como la Automatización remota o MAPI tienen un lugar adecuado en los sistemas cliente/servidor más avanzados que se están construyendo en la actualidad. El nuevo concepto de sistemas cliente/servidor de tres niveles depende realmente de funciones como la Automatización remota para la construcción del nivel intermedio.

2

Planificación, diseño y administración de los sistemas cliente/servidor

Microsoft ha vendido más de 3 millones de copias de Visual Basic en sólo unos pocos años. Este fenomenal récord debe atribuirse principalmente a la capacidad de Desarrollo rápido de aplicaciones (RAD; Rapid Application Development) de Visual Basic, pero la última versión, Visual Basic 4, también permite la creación de aplicaciones cliente/servidor.

Pero no se equivoque, ninguna herramienta RAD, ni siquiera Visual Basic, elimina la necesidad de una buena planificación. Antes de acometer el desarrollo de su primer proyecto, revise la siguiente lista. Esta lista dista mucho de ser completa, pero sirve para demostrar que en la construcción de una buena aplicación cliente/servidor hay que hacer algo más que escribir el código.

- Defina los objetivos de negocios para el proyecto.
- Determine las reglas de negocios para la organización.
- Desarrolle un plan general para el proceso.
- Diseñe cuidadosamente la estructura de datos subyacente.

Si no está familiarizado con alguna de las herramientas que va a utilizar, el riesgo de fallo aumenta enormemente. Existen varios métodos para mitigar ese riesgo. Controle los procesos en los que trabaja para reducir el número de incógnitas, reservando los proyectos más complicados para más adelante. Si no dispone de todo el tiempo que requiere este enfoque, plantéese la posibilidad de contratar a alguien con experiencia. Si el proyecto es algo excepcional, puede que tenga sentido contratarlo externamente. Los servicios de asesoría y consultoría son otra alternativa atractiva. El consultor adecuado puede ayudarle a minimizar el riesgo del proyecto, tanto con su ayuda en las decisiones de diseño como ofreciendo funciones de formación con las herramientas que usted todavía no domina.

La mayor parte de los elementos de este capítulo no sólo tienen que ver con Visual Basic sino también con el desarrollo de sistemas cliente/servidor en general. Le animamos a leerlo porque la mayoría de estos temas son los que determinan el éxito o el fracaso de un sistema.

Funciones del cliente, de la administración y del desarrollo

La cultura corporativa es una realidad de la vida. Buena, mala o indiferente, juega un papel importante en todo lo que hacemos. En lugar de permitirle que dirija su proyecto, aprovéchese de ella a la hora de definir las funciones y las responsabilidades de las distintas partes implicadas en la planificación y el diseño de su sistema cliente/servidor, incluidos los usuarios finales, los desarrolladores y la administración.

Y un tópico real: las culturas pueden dar al traste con su proyecto cliente/servidor. Es necesario que entienda la cultura de su empresa.

Asociación con el cliente

Uno de los factores claves para asegurar el éxito de un proyecto consiste en crear una asociación con los usuarios finales, o clientes, para aunar unos conocimientos y atributos complementarios. El usuario final suele ser el que mejor entiende el proceso actual y puede ofrecer la perspectiva necesaria, que puede ser de gran ayuda durante el desarrollo de la aplicación.

Esta asociación puede aplicarse igualmente en aquellas situaciones en las que la experiencia en los sistemas cliente/servidor viene de fuera de la organización. De hecho, la asociación es incluso más vital con vendedores externos, porque rara vez conocen por completo los procedimientos, costumbres, objetivos y otros factores de la empresa que los empleados han asimilado a lo largo de los años. Disponer de personas externas implicadas en el proceso es también recomendable porque una persona externa a menudo se cuestiona los temas que las personas familiarizadas con el proceso actual pueden asumir como correctas de forma tácita. Si no puede disponer de un consultor para trabajar en el proyecto, puede utilizar a alguien de otro departamento para desempeñar la misma función. Pero asegúrese de que no esté demasiado familiarizado con el proceso actual y de que no tenga miedo de hacer preguntas.

Asegúrese de implicar a los estamentos superiores de la administración en el proceso de establecimiento de asociaciones. Es fundamental contar con el apoyo de los niveles altos de la organización, por la probabilidad de que un proyecto cliente/servidor cruce los límites departamentales o incluso plantee una reestructuración. La mayor parte de los proyectos que no consiguen ese apoyo nunca llegan a llevarse a cabo.

Función de la administración

Es casi imposible implementar con éxito un proyecto cliente/servidor sin contar con el apoyo de los sectores superiores de la administración para dar respaldo al proyecto y controlar la observancia de los planes del proyecto por parte de la organización. Conseguir el apoyo de la administración para el proyecto desde el principio es crucial porque los planes de los proyectos son dinámicos, cambian con el paso del tiempo según se va consiguiendo más información sobre el proyecto y sobre el entorno de negocios.

La administración de categoría superior también debe apoyar la estructura organizativa necesaria para conseguir los objetivos definidos para la organización, lo que no sólo supone la reestructuración de los departamentos relacionados con el tema, sino también la creación de equipos software para el desarrollo de aplicaciones y realización de otras tareas necesarias para el proyecto.

Cualquier proyecto de la magnitud del típico primer proyecto cliente/servidor exigirá a veces que se tomen decisiones desagradables. La administración de categoría superior debe tener la voluntad de tomar esas decisiones y de ejecutar los planes necesarios para ponerlas en práctica. También debe apoyar a los equipos del proyecto en su trabajo de descubrir los problemas y de recomendar soluciones a la administración.

Análisis de costes/beneficios y administración de proyectos

El principal objetivo de cualquier proyecto es el de conseguir una solución software que realice sus tareas con un coste razonable. (Que la empresa pueda pagar por el proyecto.) La efectividad del coste del trabajo adicional es cuestionable por encima de un cierto punto. Recuerde la antigua regla del 80/20: el 80 por ciento de los beneficios pueden obtenerse con el 20 por ciento de la inversión. Esto es cierto casi para cualquier proyecto. Conseguir el último 20 por ciento del beneficio es lo que dispara el coste. En la Figura 2.1 de la siguiente página se muestra la curva costes/beneficios.

Los costes bajos y los beneficios altos suelen estar en los extremos opuestos del espectro. Para obtener más de uno de ellos es necesario sacrificar parte del otro. Las empresas suelen emprender el desarrollo de proyectos de bajo coste, que nunca se completan o que se archivan después de su terminación, porque no resuelven con eficiencia el problema definido originalmente. Por este y otros motivos, la tasa de fallo en los proyectos software de empresa se estima que es superior al 90 por ciento.

Por tanto, lo primero que debe hacer es determinar si puede conseguir los objetivos con los recursos disponibles. Si su objetivo es el de crear un sistema de entrada de pedidos que pueda integrarse en un sistema de contabilidad, deberá tener mucho cuidado para asegurar que los dos sistemas funcionen bien juntos. Las preguntas como «¿Cómo deben interaccionar los usuarios con los clientes para realizar un pedido?» pueden servir para comprender en detalle la facilidad de uso que ofrece la interfaz de usuario. Otras preguntas como «¿Se comunicará la aplicación directamente con el libro mayor general o con los subsistemas de cuentas por pagar?» tendrán que tener respuesta antes de que el proyecto avance demasiado.

Algunas veces se definen objetivos que parecen inalcanzables. Si no puede conseguir su objetivo con los recursos disponibles, no necesariamente tendrá que tirar a la basura el

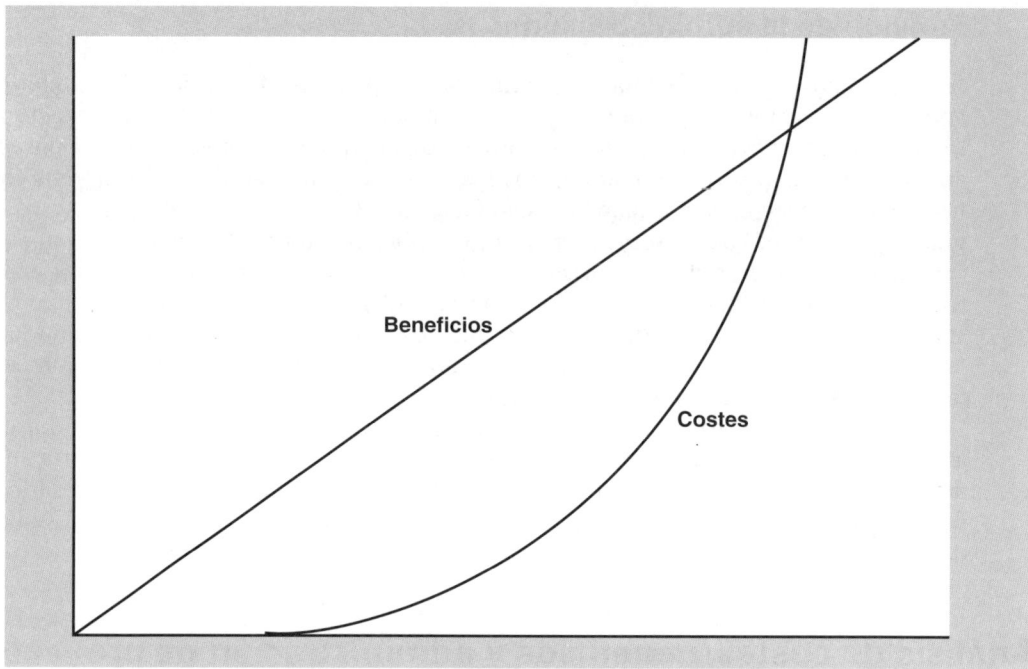

Figura 2-1. La tradicional curva coste/beneficio.

proyecto. A menudo podrá proponer una solución útil que resuelva una parte importante del problema. Una solución parcial que funcione es infinitamente mejor que una solución completa que no funcione.

La administración del proyecto juega un papel primordial en la consecución de los objetivos definidos para el proyecto. Una parte del trabajo de ser un buen administrador de proyectos consiste en reconocer los problemas potenciales y ocuparse de ellos antes de que se produzcan. Aunque este es el caso ideal, no es posible predecir todos los problemas. Cuando se produce un problema no previsto, habrá que ocuparse de él inmediatamente o se pagará el precio en pérdida de tiempo. Si el proyecto se enfrenta a un problema irresoluble, es el administrador del proyecto el que tiene la responsabilidad de modificar o cancelar el proyecto.

Puede que le sorprenda el resultado de decir «¡No!» a un problema irresoluble. Un administrador realmente bueno deberá recompensar a los que reconozcan y se ocupen de los problemas potenciales, en lugar de a los que simplemente trabajen laboriosamente, profundizando en el pozo de los fallos. Utilice los fallos como oportunidades de aprendizaje. Si ofrece un entorno que admita los fallos menores, estará ofreciendo un entorno que anime las soluciones creativas.

Utilización de los especialistas de la plantilla

Puede aprovechar los conocimientos de su equipo de desarrollo de varias maneras. Una de las filosofías de la utilización de empleados sostiene que la especialización es la clave de la eficiencia. Este enfoque puede ofrecer una cierta eficiencia a corto plazo, pero tiene ciertas desventajas. Por ejemplo, si el especialista se va, también se van sus conocimientos especiales. Además, puede que el especialista quiera responsabilidades o experiencias adicionales. Si la especialidad de la persona tiene una gran demanda en la empresa y nadie tiene la suficiente formación como para ayudarle, puede que no tenga tiempo para dedicarse a otros temas de su interés.

El enfoque de los especialistas sería óptimo si las personas fueran máquinas. (Se utiliza la mejor para cada tarea una y otra vez hasta que se estropee y entonces se repara o se sustituye por otra.) Pero las personas no son así, y los especialistas pueden ser realmente difíciles de sustituir.

Hace algunos años, conocimos un ingeniero eléctrico de un importante fabricante de automóviles. Resultó que se trataba de un especialista. El siguiente es un extracto de la entrevista:

Autor: Entonces, ¿en qué tipo de proyectos trabaja?
Ingeniero: El módulo de control del motor (MCM).
Autor: Parece interesante.
Ingeniero: No especialmente.
Autor: ¿Trabaja en proyectos interesantes?
Ingeniero: No
Autor: ¿Cuánto tiempo ha estado en la empresa?
Ingeniero: Tres años
Autor: ¿Ha trabajado en otros proyectos?
Ingeniero: No, sólo en el MCM.
Autor: Vaya, yo no podría trabajar en un sistema de control durante tres años.
Ingeniero: Realmente no trabajo en todo el sistema de control. Sólo en R17.
Autor: ¿R17?
Ingeniero: Si, la resistencia 17.
Autor: ¿Ha trabajado en una única resistencia durante tres años?
Ingeniero: Sí, nadie sabe tanto de R17 como yo.
Autor: ¿Le gusta trabajar sólo en R17?
Ingeniero: No, pero la empresa lo quería así. Por eso busco otro trabajo.

Por supuesto que éste es un caso extremo, pero piense en el enorme potencial de mejorar la situación tanto para la empresa como para el empleado. Si a este empleado se le hubiera permitido aumentar sus funciones con el transcurso del tiempo y aprender más del proyecto, habría sido más valioso para la organización y para sí mismo, y lo más probable es que se hubiera quedado mucho más tiempo, y hubiera tenido una importancia grande en la organización.

Como no puede permitirse un gran movimiento de personal ni tampoco tener empleados que no conozcan la tecnología actual, quedan pocas alternativas. Ofrezca un entorno de trabajo acogedor a estos empleados valiosos, y haga todo lo que pueda para conseguir empleados que encajen bien en la filosofía de la empresa. Desarrolle una filosofía en la que los empleados tengan sus retos, pero se sientan cómodos.

Responsabilidad del desarrollador

Los desarrolladores en un entorno cliente/servidor deben asumir responsabilidades superiores a las que tenían en el pasado. Muchos grupos de desarrollo en los entornos tradicionales están acostumbrados a tomar decisiones unilaterales con respecto a los sistemas. Los usuarios no cuentan demasiado, y la planificación se realiza a un nivel operativo o táctico, en lugar de a un nivel estratégico.

Algunas organizaciones promueven un enfoque que especifica que cada grupo de desarrollo debe tomar sus propias decisiones, lo que suele dar como resultado sistemas software que no pueden comunicarse entre ellos. A menudo estos sistemas están escritos en distintos lenguajes o utilizan distintas bases de datos como almacenamiento. Para la mayor parte de estas empresas la planificación estratégica es un idioma extranjero, mientras que quien dirige es el pensamiento táctico.

Una característica común en las organizaciones con tasas altas de éxito en implementaciones cliente/servidor es que aprovechan los cambios. Evalúan constantemente las nuevas tecnologías y determinan de qué manera dichas tecnologías pueden ayudar a los objetivos de la organización. El desarrollador debe contribuir y participar en todos los niveles de la planificación e implementación (operativo, táctico y estratégico).

Un excelente libro que trata de la implicación de los desarrolladores en el proceso de reestructuración es *Debugging the Development Process* de Steve Maguire (Microsoft Press, 1995). En este libro no sólo se trata la función del desarrollador sino también la del equipo completo y la filosofía que debe aplicarse para conseguir un entorno de desarrollo que tenga éxito.

¿Dónde encajan los consultores?

La mayor parte de las organizaciones descubren que, sin una ayuda bien informada, es difícil o imposible llevar a cabo sus proyectos cliente/servidor. La programación cliente/servidor es una nueva forma de vida y exige nuevas herramientas y técnicas, lo que puede ser inabordable sin ayuda externa. Esta es una experiencia para la empresa, y una fuente de experiencia oportuna y fiable puede suponer la diferencia entre el éxito y el fracaso.

No puede esperarse que el personal de la casa, que han estado utilizando las mismas herramientas durante años, consiga acostumbrarse a una herramienta potente y complicada como Visual Basic con sólo uno o dos cursillos de formación. Los mejores desarrolladores serán realmente productivos sólo después de haber acabado su primer proyecto importante. Otros tardarán más en serlo. Asegúrese de que haya alguien que conozca los compromisos para ayudar al personal en su trabajo de aprendizaje de las herramientas y para asegurar que el proyecto se acabe con éxito en el plazo previsto.

Algunas consideraciones sobre la selección de consultores:

- Deben tener experiencia demostrable.
- Deben encajar con la filosofía de la empresa.
- Deben ofrecer referencias (que deberá comprobar).
- Además de ser competentes en el terreno técnico, deben ser buenos docentes.

A muchas empresas no les gustan las asesorías externas. Puede que hayan tenido malas experiencias en el pasado, o que prefieran controlar todo el proceso por sí mismas. No obstante, es casi imposible que el personal interno pueda construir un buen sistema cliente/servidor al primer intento. El personal debe seguir manteniendo las aplicaciones existentes además de aprender el nuevo entorno.

Cuando hablamos de asesorías *no* nos referimos a utilizar «programadores contratados», que sólo suelen tener unos conocimientos y experiencia limitados. Un buen consultor, por el contrario, suele tener años de experiencia con un amplio abanico de proyectos.

Planificación y desarrollo concurrentes

¿Cómo es posible planificar y construir de forma concurrente? Es más natural de lo que puede parecerle. El aprendizaje natural no es un proceso lineal. ¿Cómo aprendemos a hablar? Es un proceso de prueba y error, prueba y error, prueba y éxito. Es en la enseñanza superior donde por primera vez nos vemos forzados a utilizar un modelo de aprendizaje distinto. Es cierto que el desarrollo iterativo puede ser un proceso penoso con algunos retrocesos, pero los humanos están hechos para aprender así. El tiempo que transcurre entre el lanzamiento de un proyecto y su terminación puede minimizarse permitiendo ciertos tropiezos en su desarrollo.

Esto no quiere decir que no deba planificar. Durante la planificación, deberá tener previsto el aprendizaje en el proceso, y no castigar los fallos. Todos cometen errores, y a todos se les debe dejar espacio para algunos fallos para que puedan progresar en su carrera.

Naturalmente que, si ha desarrollado un sistema concreto, no debe ignorar las lecciones que ha aprendido en el proceso. El objetivo global del ejercicio de desarrollo iterativo es el de aprender durante el proceso. Tres cuartas partes del juego consisten en desarrollar la capacidad de reconocer los procesos valiosos y construir sobre ellos. La cuarta parte restante consiste en reconocer los que no funcionan y desecharlos.

Como ocurre en la planificación arquitectónica, algunas cuestiones de la planificación de un sistema cliente/servidor son casi obvias de manera intuitiva. Por ejemplo, el bloque de cemento sobre el que pretende construir una casa debe ser lo suficientemente grande como para que quepa toda la casa. La red, en el mundo «conectado» actual, es el equivalente al bloque de cemento. Si no soporta todo el peso previsto, tendrá serios problemas. Si ofrece servicios de red de capacidad limitada, no le sorprenda si su personal de soporte de la red tiene que hacer horas extras y, así y todo, no es capaz de resolver todos los problemas que surgen. Puede quejarse de los servidores, pasar a Ethernet a 100 Mb, y hacer particiones en la red. Pero hubiera sido mucho más sencillo y, a la larga, menos costoso, hacerlo bien desde el principio. Si tiene el tiempo y el dinero suficiente, puede utilizar un enfoque iterativo incluso aquí. No obstante, antes de hacerlo, piense si su organización puede permitirse el pagar el proceso de aprendizaje. Puede resultar rentable contratar un consultor experto o un empleado con experiencia demostrada.

Formación

Como lo habitual es que sea la primera vez que las herramientas software necesarias se utilicen en la organización, a menudo suele ser necesario formar a los desarrolladores, y puede que se encuentre con algunos obstáculos. Si el equipo de desarrollo ha estado utilizando las mismas herramientas durante varios años, es posible que no pueda contar con algunas personas del equipo, que prefieren seguir utilizando las viejas herramientas en lugar de aprender a manejar las nuevas.

Una técnica de formación eficaz consiste en utilizar mentores. Un mentor puede realizar dos funciones. En primer lugar, puede ayudar en las tareas de desarrollo, gracias a sus conocimientos de fondo. En segundo lugar, un mentor puede transmitir parte de ese conocimiento al personal de desarrollo. A pesar de todo, la transferencia del conocimiento es una cuestión complicada, ya que muchos programadores excelentes son incapaces de comunicar sus conocimientos a sus colaboradores. Es obvio que un mentor debe ser tanto un profesor como un técnico.

¿Por qué fallan los métodos tradicionales de diseño?

El proceso de escritura de software siempre ha sido una cuestión de acierto y fallo. Algunos de los trabajos de desarrollo tienen éxito mientras que muchos otros resultan inútiles. Los programadores y los administradores del desarrollo no tardaron mucho en reconocer que nuestro conocimiento del proceso de desarrollo del software es incompleto. Como resultado, se crearon las metodologías del software (prescripciones paso a paso para ayudar a los desarrolladores de software) para refinar la comprensión del proceso.

Para los desarrolladores y los administradores, una lectura esencial sobre el proceso de desarrollo del software es *The Mythical Man-Month,* Anniversary Edition, de Frederick Brooks, Jr. (Addison-Wesley, 1995). Aunque las observaciones de Brooks son el resultado de sus experiencias en la administración del desarrollo del proyecto OS/360 de IBM hace más de 20 años, gran parte de lo que dice sigue siendo aplicable. El hecho de que la industria siga peleándose con los mismos problemas identificados por Brooks, indica que las metodologías del software son una solución que dista mucho de ser completa.

La mayor parte de las metodologías sólo se ocupan de una parte de un proceso de desarrollo que cada vez es más complejo, aunque algunas intentan abarcarlo todo. Una de las más útiles ha sido el Ciclo de vida del desarrollo de sistemas (SDLC; System Development Life Cycle), que funcionaba bien para la construcción de sistemas tradicionales, pero que ya no es suficiente. SDLC y otras tecnologías fracasan en el entorno de negocios actual, donde se espera un desarrollo rápido, modificaciones frecuentes y una funcionalidad elevada de forma habitual. No podemos esperar años por una aplicación o semanas por un sencillo informe.

Como nosotros proponemos que el proceso de desarrollo del software debe cambiar, puede que se pregunte si deben cambiar también las funciones tradicionales asociadas con el desarrollo del software, como el analista de sistemas.

En el pasado, el analista de sistemas solía reunirse con el usuario para conocer sus necesidades y después redactaba una especificación que los desarrolladores debían seguir. El resultado de este proceso era una aplicación que automatizaba algunas tareas para el usuario. En la actualidad, las oportunidades de optimizar las operaciones organizativas superan con creces la automatización de las tareas sencillas; las herramientas disponibles hoy en día permiten una mayor interacción con los propios usuarios de la aplicación. En consecuencia, la función de los analistas de sistemas ha cambiado: ahora se encargan de buscar nuevas oportunidades para mejorar la organización, y sus encuentros con los usuarios se parecen más a sesiones de diseño interactivas. La nueva filosofía se ocupa de estos cambios en las metodologías y funciones tradicionales.

Filosofía de diseño e implementación recomendable

Una metodología de software es distinta de una filosofía de diseño, igual que un algoritmo software es distinto de un heurístico: un algoritmo es un conjunto específico de pasos; un heurístico es una descripción más general del proceso por el que puede llegarse a una respuesta. Se utiliza un heurístico siempre que no puede desarrollarse un algoritmo que se ocupe de todos los casos de un problema concreto, o cuando un algoritmo que cubriera todos los casos posibles sería demasiado complicado.

Una metodología suele emplear reglas y pasos inflexibles por los que transcurre un diseño. Además, el objetivo de las metodologías típicas suele ser una parte del proceso de desarrollo, como un modelo de datos o un diagrama del flujo de datos. Debido al alto contenido en datos de las aplicaciones de empresa, la mayor parte de las metodologías se concentran en la base de datos, aunque también están disponibles algunas herramientas para el «proceso de negocios».

Por el contrario, una buena filosofía de diseño proporciona un marco que sirve de guía a la creación del software en lugar de gestionarla a bajo nivel. Las filosofías de diseño no excluyen la utilización de metodologías. De hecho, ciertas metodologías son recomendables (por ejemplo, la metodología de base de datos IDEF1X utilizada por ERwin). Piense en la filosofía de diseño como en un saco de técnicas que usted y su organización pueden utilizar de acuerdo con los requisitos del problema en cuestión. Su objetivo debe ser adoptar herramientas, metodologías y directrices que funcionen para resolver los problemas de su organización. Los elementos como listas de verificación, documentos de especificación o incluso una base de datos para realizar el seguimiento de los proyectos en desarrollo o las reglas de negocios también pueden jugar un papel importante en la filosofía de diseño.

Un buen proceso de diseño es iterativo, evolutivo y ajustado al problema de negocios original.

Diseño iterativo

Es necesario un proceso de diseño iterativo cuando una organización cambia a una nueva tecnología. Uno de los pasos más importantes de este proceso es el constante cambio del paradigma de un usuario, o la ventana por la que una persona ve el mundo.

Los usuarios típicos de un entorno tradicional tienen un paradigma que concuerda con el entorno del sistema actual. Este entorno suele estar basado en caracteres, necesita de la pulsación de muchas teclas, no ofrece consejos, puede tener o no tener informes que se presenten en pantalla o se impriman, etc. Si le pregunta a los usuarios lo que quieren de un sistema nuevo, ¿adivina lo que le responderán? Quieren un sistema que funcione como el antiguo, pero sin los problemas de éste y con algunas funciones nuevas. En este contexto, los usuarios están limitados por su paradigma porque sólo pueden imaginarse la solución actual con algunas mejoras.

Las personas suelen dar pasos cortos al cambiar de paradigmas. Los pasos cortos suelen ser más seguros y con frecuencia tienen más éxito que las grandes zancadas. El proceso de diseño iterativo asume esta característica humana fundamental, permitiendo a los usuarios y desarrolladores modificar su paradigma de forma incremental. Hace muy poco que un proceso de diseño iterativo eficiente es realmente posible gracias a las herramientas RAD (Rapid Applicattion Development; Desarrollo rápido de aplicaciones). Las herramientas RAD, más que ningunas otras, permiten realizar cambios rápidos que permiten un diseño del tipo «¿Qué ocurriría sí...?». Por ejemplo, un buen analista de sistemas intenta entender cómo puede mejorar el entorno de negocios y entonces crea un prototipo de un sistema que puede demostrar al usuario. El usuario y el analista trabajan juntos para mejorar el prototipo de forma incremental. Se produce una oportunidad para un leve cambio de paradigma cada vez que el usuario ve una nueva implementación. Obviamente, cuanto menor sea el tiempo de cambio entre implementaciones, más rápido se producirá el cambio de paradigma. Las metodologías tradicionales son demasiado rígidas para permitir este tipo de realimentación de forma cotidiana, y las herramientas RAD actuales permiten que el proceso tenga lugar en semanas en lugar de en años.

Diseño evolutivo

El proceso de diseño también debe ser evolutivo, en el sentido de que en cada iteración se añadan detalles a las especificaciones de trabajo. (En la página 42 puede encontrar los detalles sobre cómo crear un documento de especificaciones.) Durante la evolución del proceso, la aplicación cada vez se aproxima más a la resolución de los problemas de negocios definidos como objetivo.

El propio documento de especificaciones también debe evolucionar durante este proceso, y contener tanto la información original como los refinamientos realizados durante el desarrollo. El documento también debe contener los enlaces con la aplicación (lugar de almacenamiento y nombre del proyecto) y con la base de datos utilizada por la aplicación (nombre de la base de datos, nombre del servidor y cualquier información que resulte pertinente).

Probablemente es una buena idea incluir también en el documento de especificaciones un enlace activo mediante OLE con el modelo de datos. La utilización de un enlace activo permitirá actualizar el documento de especificaciones de forma automática cuando se modifique el modelo de datos.

Diseño ajustado al problema de negocios original

Un elemento clave que suele dejarse al margen en la mayoría de las especificaciones de diseño es el problema de negocios original que la aplicación intenta resolver. Este elemento debe ser el primero del documento de especificaciones. Una formulación clara del problema de negocios le permitirá remitir la aplicación al problema original con facilidad y documentar los fundamentos lógicos de la aplicación para los desarrolladores, administradores y usuarios futuros.

Fases del diseño

Antes de arrancar Visual Basic y de empezar a diseñar formularios (pantallas), deberá crear un buen diseño para el sistema. ¿En qué consiste un buen diseño?. Para los principiantes, en la definición del problema que intenta resolver. Las mejores aplicaciones son el resultado de responder a esta pregunta fundamental antes de empezar a codificar. Aunque puede sonar bastante obvio, algunos trabajos de desarrollo suelen empezar antes de que esta pregunta tenga una respuesta completa. Algunas cuestiones relacionadas son las siguientes: ¿Quién va a utilizar la aplicación?, ¿Dónde van a utilizarla?, ¿Quién va a querer ver el resultado de su utilización?.

El objetivo es el de crear un proceso de diseño que no sea paralizante sino un proceso de diseño fluido y dinámico que sirva de guía al desarrollo pero no lo restrinja. El proceso de diseño no tiene una única fase; debe evolucionar y crecer con el proyecto. Las etapas del proceso de diseño deben fluir con naturalidad hacia una conclusión cuyo resultado sea un buen diseño físico para la aplicación. Las decisiones tomadas en la etapa de desarrollo también deberán actualizarse en el documento de diseño.

Diseño conceptual

El propósito del diseño conceptual es el de conseguir la implicación del usuario final del sistema en el proceso de diseño. Este paso es crítico para el proceso de diseño porque es aquí donde se intenta entender la visión real para la aplicación y se empieza a pensar en las soluciones a los problemas desde la perspectiva del usuario. Una solución típica puede estar incluida en una aplicación, en parte de una aplicación o en varias aplicaciones. La clave para completar de forma eficiente este paso consiste en entender la visión que el usuario tiene del problema y de la solución.

Durante el diseño conceptual se describe el problema en términos de negocios y se definen las condiciones de utilización:

- *Quién* hace *qué*.
- *Cómo* lo hacen.
- *Dónde* lo hacen.
- *Cuándo* lo hacen.
- *Por qué* lo hace.

El diseño conceptual también puede realizar preguntas además de responderlas. Por ejemplo, puede que llegue a la conclusión de que una serie de gráficos y cuadrículas es la forma más adecuada de presentar una información concreta al usuario. En la etapa de diseño conceptual, sólo tendrá que indicar lo que sabe y preguntar, «¿Cómo vamos a mostrar esta información, con varios formularios o con fichas?». Esta pregunta se responderá durante la etapa de diseño lógico.

Diseño lógico

El objetivo del diseño lógico es el de enfocar el trabajo del equipo de desarrollo. El diseño lógico se ocupa de los requisitos exigidos por las diversas prescripciones conceptuales. Los diseños lógicos no tienen que especificar procedimientos exactos, sino concentrarse en lo que es necesario hacer. Por ejemplo, saber que es necesario mostrar un recuadro de lista es más importante que especificar en esta etapa qué tipo de recuadro de lista debe mostrarse.

Diseño físico

El diseño físico define la implementación del diseño lógico. Esta es la especificación que servirá de guía a la codificación. Es aquí donde se definen los componentes y las interfaces necesarias para cumplir con los requisitos que han resultado del análisis del problema.

El diseño físico también puede cambiar durante el desarrollo, según se va consiguiendo información nueva sobre la forma en que la aplicación interacciona con otras aplicaciones y sobre cómo se comporta durante las comprobaciones del usuario. Las modificaciones finales en la aplicación deben incluirse en las especificaciones para proporcionar información que resulte útil en los trabajos de desarrollo futuros.

Diseños futuros

En el documento de especificaciones habrá que incluir necesariamente una sección para la siguiente versión. En esta sección deben incluirse las funciones que se han definido, pero se ha decidido no implementar en la aplicación actual. Esta sección también conectará los elementos para las versiones futuras directamente con los de la versión actual en el documento de especificaciones.

Por ejemplo, Microsoft ha incluido una sección Future Versions (Versiones futuras) en el foro sobre Visual Basic 4 beta en CompuServe. Las personas que utilizan la versión actual pueden enviar listas de funciones que les gustaría que incorporase la nueva versión. Varias de las modificaciones importantes que se han producido en Visual Basic 4 se han debido a la información enviada a esta sección, y no cabe duda que muchas de las ideas tendrán cabida en Visual Basic 5. ¡Imagine la enorme cantidad de información que contiene esa sección para el grupo de desarrollo! Puede hacer lo mismo con sus desarrolladores y siempre sabrá dónde encontrar la información.

Utilización conjunta de las fases

Tenga en cuenta que existe un gran solapamiento entre las diversas etapas. Después de todo, pensar en una solución que no es posible implementar no sirve para nada. De hecho, los mejores resultados se obtienen cuando se abordan a la vez las tres etapas. Un ejemplo de ello lo encontramos en un producto como Mathematica, desarrollado por el prodigio matemático Jeffrey Wolfram.

Mathematica no sólo realiza virtualmente cualquier tipo de análisis matemático, en forma tanto numérica como simbólica, sino que también funciona prácticamente en cualquier sistema computador importante, desde un Cray hasta un PC de escritorio. Mathematica funciona bien en un conjunto bastante amplio de equipos, y su interfaz resulta muy natural para un matemático (el usuario previsto).

La clave del éxito técnico de Mathematica no ha sido sólo la capacidad de Wolfram para comprender el problema que debía resolver, su solución técnica y una adecuada implementación, sino su capacidad para entender los tres aspectos simultáneamente. Mentes como la de Wolfram se dan una entre un millón. No obstante, si utiliza el conjunto de herramientas que le proporcionará este libro y sigue una filosofía de diseño sólida, podrá conseguir unos resultados de uno entre un millón.

¿Qué aspecto tiene un documento de especificaciones?

El hecho de entender el proceso del diseño de una solución cliente/servidor sólo es una parte de la ecuación. Deberá tener algún tipo de documento de especificaciones para realizar un seguimiento del proceso durante el diseño.

Aunque los documentos de especificaciones pueden adoptar múltiples formatos distintos, el formato no es tan importante como la información que contienen las especificaciones y lo reutilizable que resulta dicho formato. En la Figura 2.2 de la página siguiente se muestra la estructura de un documento de especificaciones en Microsoft Word para Windows 95. El documento se ha generado con una plantilla de Word que hemos creado en alrededor de 15 minutos para uno de nuestros proyectos. En el texto con viñetas se definen los requisitos estándar para la organización, de forma que incluso los desarrolladores externos puedan entender claramente las expectativas y los requisitos de un proyecto.

La creación de un documento de especificaciones es sencilla. Si trabaja con Word para Windows 95, sólo tiene que copiar el archivo ApplicationSpec.dot desde el directorio Templates del CD adjunto al directorio MSOffice\Plantillas (o al directorio en el que guarde las plantillas); seleccione después la opción Nuevo en el menú Archivo, escoja la plantilla ApplicationSpec, seleccione Documento para la opción Crear Nuevo y pulse sobre Aceptar. Si no tiene Word para Windows 95, en el CD también se incluye una versión de este archivo en Rich Text Format (llamado ApplicationSpec.rtf). Para abrir los archivos RTF puede utilizar varios editores, incluido WordPad.

En nuestros documentos de especificaciones utilizamos los siguientes encabezados de sección:

- Declaración de previsiones.
- Problema de negocios.
- Versión 1.
- Diseño conceptual.
- Diseño lógico.
- Diseño físico.
- Requisitos del sistema.
- Requisitos de diseño.

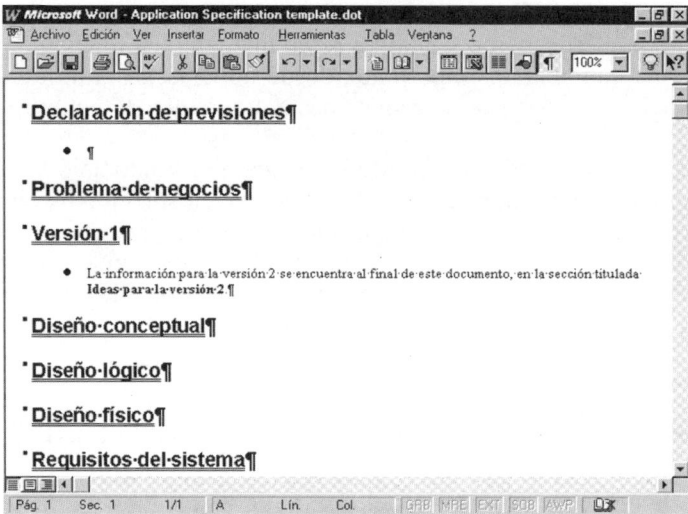

Figura 2-2. Ejemplo de documento de especificaciones.

- Requisitos de la base de datos.
- Ideas para la versión 2.
- Glosario.

Este formato facilita la creación de las especificaciones. La sección de requisitos del sistema y de diseño contiene el texto estándar en el que se definen las normas de la organización. Esta información puede escribirse directamente o enlazarse a un archivo. (Para crear un enlace activo en el archivo de Word, seleccione la orden Objeto en el menú Insertar de Word.)

Si utiliza Word, asegúrese de definir las propiedades del documento (con la opción Propiedades del menú Archivo) para incluir la información adecuada sobre cada aplicación o solución. De esta forma podrá utilizar las funciones avanzadas de Buscar archivo de Microsoft Office y Microsoft Windows 95 para ordenar y recuperar las especificaciones.

También puede acceder a los campos de propiedades del documento de Word desde Visual Basic. Esto resulta cómodo para los que han construido una base de datos para realizar el seguimiento de los trabajos de desarrollo. Con un mínimo de programación podrá incluir Word y sus documentos de especificaciones en su base de datos.

Administración del proyecto

Una buena administración del proyecto es fundamental para el éxito de cualquier proyecto cliente/servidor. Sin ella, el proyecto se verá sometido a presiones externas e irá a la deriva de un punto a otro. Puede que acabe por encima del presupuesto e, incluso peor, que no consiga sus objetivos. Los objetivos sólo se hacen realidad cuando tienen como

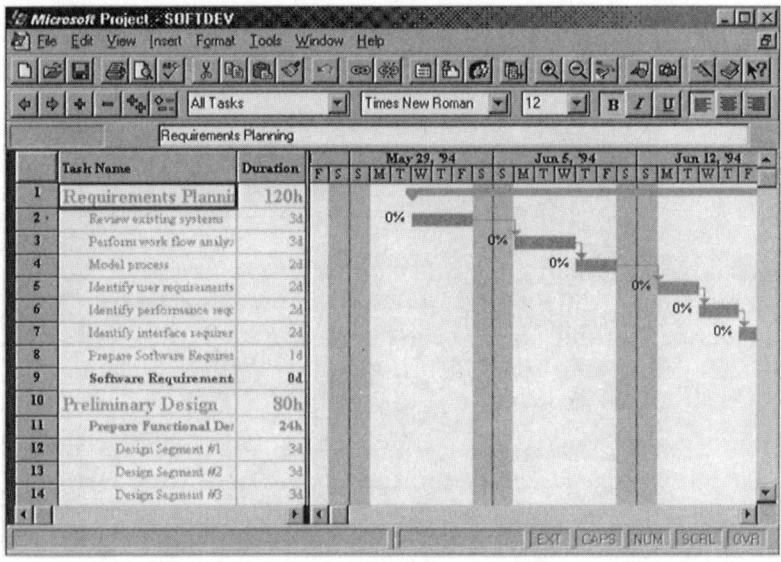

Figura 2-3. *La plantilla de desarrollo de software incluida con Project es un buen punto de partida para un plan del proyecto.*

soporte al menos un esquema de cómo deben conseguirse. ¡Nos suena a plan del proyecto!. La administración del proyecto es un acto de equilibrio: demasiadas restricciones y el producto final será inútil; demasiado pocas y nunca llegará a terminarse.

Una de las mayores ventajas de un buen plan es la estructura que le impone al proyecto. Si desarrolla una lista de tareas y les asigna recursos, le será más sencillo establecer plazos y realizar el seguimiento del progreso de las tareas.

Se dispone de varias soluciones software para realizar el seguimiento de la administración del proyecto. Un paquete excelente es Microsoft Project para Windows 95, que proporciona una plantilla de desarrollo software (véase la Figura 2.3).

Durante la definición de la programación del proyecto, tenga en cuenta lo siguiente:

- Realice la programación en bloques de tiempo identificables y admisibles.
- Descomponga la tarea sólo hasta el nivel necesario.

Programe las partes principales del proyecto al menos hasta el nivel de tareas semanales, para hacerse una idea realista sobre cuánto tiempo puede tardar en completarse una tarea en concreto. La programación debe ser lo suficientemente detallada como para admitir un caso durante el tiempo que ha asignado a una tarea específica, pero no debe programar los detalles de las tareas. Tome como ejemplo la construcción de un archivo de ayuda de Windows. Si ha desarrollado con anterioridad una aplicación de complejidad similar, probablemente tendrá una idea aproximada de cuánto puede tardarse en crear el archivo de ayuda. Reste la parte de la curva de aprendizaje que no es necesario repetir. Sume el tiempo que debe dedicarse a las funciones que no se han implementado anteriormente (por ejemplo, vídeo). Si tiene pensado añadir funciones que no ha desarrollado con

44 *Programación cliente/servidor con Microsoft Visual Basic*

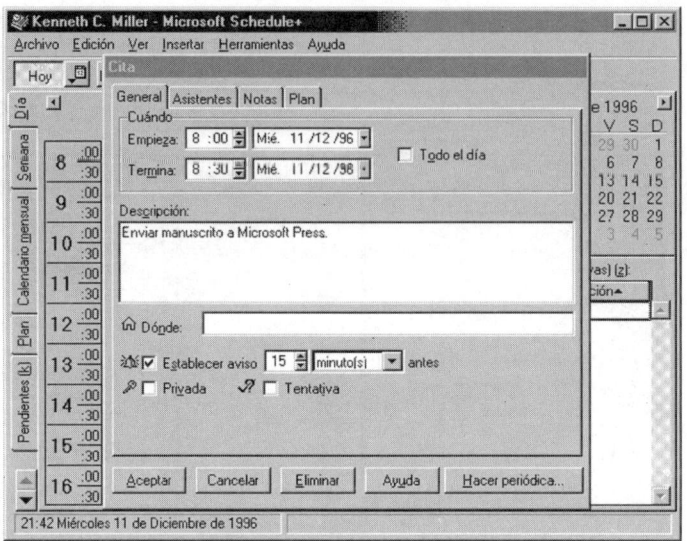

Figura 2-4. *Schedule+ simplifica la administración del proyecto y del tiempo, permitiéndole realizar un examen por semanas y meses, además de por días.*

anterioridad, pregunte a personas con experiencia para estimar cuánto tiempo puede hacer falta para incorporar la función nueva.

Programación

Una vez programado el proyecto, se hace necesaria la coordinación entre los participantes para cumplir los plazos. Puede utilizar Microsoft Schedule+ (que se muestra en la Figura 2.4) para la programación tanto de grupo como individual. Schedule+ se integra bien con Project tanto para la asignación de tareas como para su aprobación, simplificando la administración del proyecto y del tiempo para los miembros del equipo. Asegúrese de actualizar el plan del proyecto cuando se completen las tareas.

Control de versiones

El control de las versiones del software se menciona aquí en la sección de planificación porque debe abordarse al principio del proyecto. Los sistemas cliente/servidor tienden a ser grandes y complejos porque suelen ocuparse de varios problemas de negocios. Si la planificación del control de las versiones tiene lugar desde el principio, se reducirá en gran medida el soporte necesario (y la posibilidad de confusiones) cuando el sistema empiece a funcionar. Nunca recalcaremos lo suficiente que todo el software desarrollado debe incluir información sobre la versión.

Deberá utilizar números de versión principales (1.0, 2.0, etc.) para las versiones del producto que supongan un cambio significativo y números de versión secundarios para las versiones internas (por ejemplo, 1.5). Los números de revisión suelen utilizarse para las correcciones de errores en una versión secundaria (por ejemplo, 1.51). Tendrá que guardar una descripción completa de cada versión en un registro del proyecto o, incluso mejor, en una base de datos del proyecto.

Visual Basic 4 introduce varias ideas nuevas para el tema del control de versiones al permitirle construir varios tipos distintos de servidores y componentes OLE. Puede desarrollar fácilmente un programa que sea tanto un servidor OLE como una aplicación completamente funcional. Añada la complejidad de gestionar montones de distintos componentes OLE y se verá agobiado con rapidez.

Microsoft Visual SourceSafe proporciona una forma de controlar las versiones. SourceSafe realiza el seguimiento del código fuente y puede ayudar así con el control de versiones para las aplicaciones y sus componentes. Dedique un tiempo a dominar las posibilidades del control de versiones de Visual Basic y a entender cómo se mantienen y generan las versiones. Además, es necesario realizar un seguimiento cuidadoso de las versiones OLE. Por ejemplo, ¿qué hace que cambie la versión OLE de un servidor OLE? Una sencilla modificación como cambiar la interfaz de un objeto (por ejemplo, añadir un parámetro a un método o a una propiedad) cambiará la versión OLE y convertirá en no válidas todas las referencias a ese objeto utilizadas por todas las aplicaciones existentes. ¡Vaya! Para obtener más información sobre el control de versiones en Visual Basic, consulte la documentación de Visual Basic.

Visual Basic también puede proporcionar montones de información sobre la versión para un proyecto. Después de seleccionar Crear archivo EXE en el menú Archivo, pulse sobre el botón Opciones para acceder al cuadro de diálogo Opciones de EXE. La utilización de estas opciones debe incluirse dentro de las normas de su organización. En la Figura 2.5 se muestra el cuadro de diálogo Opciones de EXE. Para acceder a la información de versión de su programa sólo tiene que comprobar la sección Número de versión del cuadro de diálogo Opciones de EXE.

Puede introducir un texto para cada uno de los elementos que aparecen en el recuadro de lista Tipo bajo Información de versión. Cuando se construye el ejecutable, esta información se incluye cerca del principio del archivo. No obstante, no es legible con un editor de texto, porque el EXE es un archivo binario. Este información puede examinarse desde el Administrador de archivos en Windows NT o desde el Explorador de Windows en Windows 95 seleccionando Propiedades en el menú Archivo.

En la Figura 2.6 se muestra el cuadro de diálogo Propiedades accesible desde el Explorador de Windows. En la ficha Versión se muestra la información directamente contenida en el archivo EXE, incluida la versión del archivo y el resto de información de versión del cuadro de diálogo Opciones de EXE. El cuadro de diálogo Propiedades proporciona una forma cómoda de recuperar esta información cuando necesita realizar una verificación rápida de la versión de un archivo en el sistema de un cliente o en el servidor.

Algunas consideraciones prácticas

Cuando profundice en los detalles de la planificación y la construcción de su aplicación cliente/servidor, deberá considerar algunas cuestiones básicas, como son el diseño de una

Figura 2-5. *Información de versión de Visual Basic 4 en el cuadro de diálogo Opciones de EXE.*

interfaz de usuario, la conversión de los datos de una base de datos existente, la utilización de una base de datos remota y la localización de herramientas de desarrollo adecuadas y fiables.

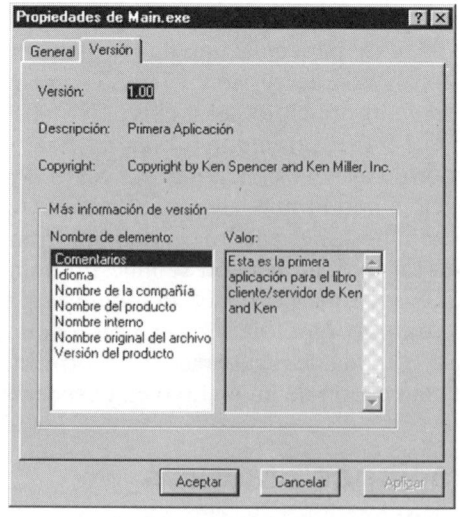

Figura 2-6. *Cuadro de diálogo Propiedades del Explorador de Windows.*

Diseño de la interfaz de usuario

¿Cómo deben interaccionar los usuarios con la aplicación? ¿Cómo realizan los usuarios las diversas tareas disponibles? ¿Deben utilizarse botones o iconos para las acciones? ¿Deben utilizarse distintos formularios en una aplicación compleja o simplemente un cuadro de diálogo con fichas? ¿Qué hay del diseño del software según las antiguas y cómodas técnicas?. Por supuesto que una técnica antigua hará que los usuarios se sientan más cómodos con su nueva aplicación. Pero puede que le limite a las posibilidades del pasado, impidiéndole mejorar realmente la interfaz en el futuro. Estas son sólo algunas de las preguntas y consideraciones a las que se enfrenta el diseñador de la interfaz.

Como tantos otros aspectos de la programación, el diseño de la interfaz de usuario tiene su propia vida. Cada sistema operativo tiene sus normas, que es necesario entender antes de abordar un diseño para una aplicación. Una de las ventajas de dichas normas es que los usuarios finales entienden de forma intuitiva la forma de utilizar la mayor parte de su aplicación. Así que es recomendable que utilice estas normas como punto de partida. No obstante, la función del diseñador de interfaces es la de alcanzar un compromiso entre las directrices publicadas y la interfaz concreta de la aplicación. La interfaz de usuario es como un intérprete de las Naciones Unidas. Debe facilitar, no impedir o embellecer.

Es muy probable que su aplicación cliente/servidor realice algunas tareas no contempladas en las directrices estándar sobre interfaces de usuario publicadas por Microsoft y por otros. En este caso, existen otras fuentes de información que pueden ayudarle a seleccionar una implementación. Uno de los mejores trabajos recientes es *About Face: The Essentials of User Interface Design* (IDG, 1995) de Alan Cooper.

Conversión de los datos

¿Qué ocurre cuando llega la hora de pasar del sistema antiguo al nuevo? Tiene varias opciones:

- Dejar los datos antiguos y empezar desde cero.
- Realizar una migración de todos los datos desde el sistema antiguo al nuevo de una vez.
- Definir un trayecto de migración en paralelo.

La mayor parte de las organizaciones no pueden permitirse el lujo de evitar el proceso de conversión de los datos, al menos para partes importantes de sus datos. Podrá desechar algunos datos temporales de varios departamentos, pero el responsable del servicio al cliente pedirá su cabeza si le sugiere que tire su base de datos de clientes.

Así que, ¿qué ocurre cuando empieza la transferencia? Un problema que casi nunca se menciona es la necesidad de convertir los datos antiguos al nuevo formato antes de pasarse al sistema nuevo.

La conversión de los datos no es una tarea trivial para la mayoría de las organizaciones. Deberá tener en cuenta varias cuestiones cuando se plantee la conversión de los datos de un sistema a otro:

- Decida dónde van a ir a parar los datos. Rara vez existe una correspondencia unívoca entre los archivos de datos antiguos y las nuevas tablas de base de datos.
- Haga concordar las nuevas estructuras de datos con las antiguas. La nueva base de datos debe construirse sin depender por completo de la estructura de archivos antigua. Esta operación hace necesario establecer una correspondencia entre los campos de un sistema con los del otro.
- Haga concordar los formatos de almacenamiento de datos. El paso de un sistema no normalizado a una base de datos relacional completamente normalizada suele exigir una importante reestructuración de diversas partes de los datos. Por ejemplo, un campo de texto puede contener varios códigos que deben descomponerse y colocarse en campos individuales. Es posible que sea necesario traducir los formatos numéricos a otro formato para el nuevo sistema.

Puede que surjan muchas otras cuestiones que requieran un cierto trabajo para resolverlas. Por suerte, Visual Basic es experto en las tareas de conversión de datos y sus operaciones de E/S en archivo siempre han estado entre las más rápidas.

Implicaciones de las bases de datos remotas en el diseño

El desarrollo cliente/servidor implica la utilización de una base de datos de alto rendimiento para los servicios de datos. Muchas aplicaciones crecen desde la utilización monousuario o por parte de pocos usuarios hasta cliente/servidor. Por ejemplo, tomemos esa fenomenal aplicación basada en Access que ha superado su utilización prevista por parte de tres usuarios y ahora tienen que utilizarla 100 personas de toda la empresa. Sólo tiene que utilizar el Upsizing Wizard y, ¡ya está!, es cliente/servidor, ¿correcto? Bueno, es posible.

Hay montones de diferencias entre utilizar una base de datos local como Access y una base de datos remota como SQL Server. La última es más potente y robusta, pero también más compleja. Traducir una aplicación de una base de datos local a una base de datos remota sin realizar un examen puede deparar algunas sorpresas. Por ejemplo, una consulta voluminosa que funciona perfectamente en una base de datos Access local puede devolver un error «Query too long» («Consulta demasiado larga») cuando se ejecuta sobre SQL Server. Hay diferencias en los tipos de datos, en la forma de ejecutar las consultas, en lo que puede y no puede hacerse con los datos, en la integridad referencial, etcétera.

Algunas funciones de la base de datos remota, como los procedimientos almacenados, los disparadores (triggers) y la réplica presentan oportunidades adicionales con las que puede no estar familiarizado el desarrollador. Para hacer frente a un proyecto cliente/servidor grande es necesario que vuelva a pensar en la forma de construir las soluciones, no basta con que aprenda a conectarse a la base de datos.

Tiempo de respuesta esperado: local frente a remota

El tiempo de respuesta suele ser bueno para bases de datos locales (como Access), pero puede ser lento para una base de datos cliente/servidor por varios motivos. Una base de datos local no tiene que pelearse con el tráfico de la red, mientras que una aplicación que se conecta a un origen de datos remoto sí tiene que hacerlo. Una base de datos local no tiene que atender a un gran número de usuarios, pero puede que su contrapartida remota sí tenga que hacerlo. En otras palabras, no espere que, porque una base de datos remota se está ejecutando en un servidor dedicado y cuesta más que su contrapartida local, sea necesariamente más rápida de respuesta. El tiempo de respuesta de un sistema cliente/servidor depende mucho más de factores externos que una base de datos de escritorio como Access.

A continuación le presentamos un sencillo ejemplo para demostrar este tema. Ha construido una aplicación de agenda telefónica de empresa que contiene un recuadro de lista con nombres y números que se rellena desde un origen de datos remoto. Sus comprobaciones durante la fase de desarrollo muestran una respuesta rápida, así que decide distribuir la aplicación. A las 8 de la mañana, 1000 usuarios acceden a la aplicación. Como el recuadro de lista se rellena con todos los número de teléfono durante el arranque, se ejecutan 1000 consultas contra su único origen de datos remoto. Recibe una llamada de un empleado del departamento de asistencia bastante preocupado que quiere saber por qué ha recibido la llamada de 100 usuarios. Este problema tiene una solución sencilla: no rellenar el recuadro de lista automáticamente durante el arranque, sino con la primera consulta. Otros problemas potenciales puede que no tengan una solución tan sencilla.

Otro ejemplo que ilustra la diferencia en el tiempo de respuesta es la utilización del asterisco (*) como carácter comodín. Muchos desarrolladores escriben simplemente la siguiente instrucción SQL cuando quieren obtener datos de una tabla:

```
Select * from MiTabla
```

Quizá deberían considerar la posibilidad de utilizar una referencia explícita a una columna concreta:

```
Select MiColumna from MiTabla
```

Para ciertos tipos de conjuntos de datos, la sobrecarga que supone devolver todas las columnas de una tabla es muy superior a la de devolver sólo la columna de interés. Como ejemplo sencillo, piense en una tabla en la que hay diez columnas del mismo tipo. Para los conjuntos de datos de tipo instantánea (snapshot), la utilización de un asterisco cuando sólo se necesita el contenido de una columna supone una carga en la red, en el servidor y en el cliente 10 veces superior. Cada uno de ellos debe manejar 10 veces los datos de su única columna. Multiplique esto por 100 o por 1000 usuarios y tendrá un serio problema de rendimiento.

Hay muchas posibilidades para mejorar el rendimiento de las bases de datos remotas. En la sección que empieza en la página 68 se dan consejos más generales sobre la construcción de aplicaciones cliente/servidor.

Fiabilidad del sistema

Las aplicaciones cliente/servidor dependen de un número mayor de componentes que interaccionan entre sí que las soluciones autónomas. El fallo de un sólo componente de la red o del servidor puede convertir su aplicación en inutilizable. ¿Dispone su sistema de una buena estrategia de copia de seguridad? ¿Tiene un contrato de asistencia con un tiempo de respuesta garantizado? ¿Ha comprobado el tiempo de respuesta para evaluar su precisión?

No se olvide de comprobar sus aplicaciones en el caso peor. Aunque todos los componentes hardware funcionen perfectamente (y puede que no lo hagan), deberá construir aplicaciones que admitan las demandas imprevistas de la producción. Si su aplicación va a atender a 50 usuarios previstos, compruébela con 60. Defina un proceso automático que la sobrecargue, exigiendo más del sistema que la producción normal.

Asegúrese de examinar el entorno que va a dar soporte a sus aplicaciones. Por ejemplo, ¿va a ejecutarse su base de datos remota en un servidor dedicado o en un sistema que también sea un servidor de archivos? La primera de las opciones suele proporcionar un rendimiento mucho mejor. ¿Tiene el segmento de red previsto que va a utilizar el servidor el ancho de banda adecuado, o ya está en los límites de rendimiento con las aplicaciones existentes? A pesar de todos los esfuerzos que ponga en evitarlos, siempre se producirán problemas. Deberá tener un sistema a mano para ocuparse de su plan cuando vaya por mal camino.

Requisitos de tiempo de disponibilidad

¿Cuánto tiempo debe estar activo el sistema cada día? Si la respuesta es las 24 horas del día, ¿cómo va a realizar copias de seguridad mientras los usuarios trabajan con la base de datos?, ¿cómo piensa realizar las actualizaciones del software del sistema y de los programas de aplicación en dicho entorno? Las soluciones cliente/servidor con una amplia difusión pueden alcanzar a partes de la organización difíciles de alcanzar, lo que supone unos cambios importantes en los requisitos de tiempo de disponibilidad y de soporte del sistema para las soluciones. Este tipo de consideraciones también deben incluirse en el plan.

Eliminación de datos duplicados

La normalización es el proceso de definición de un esquema de base de datos (arquitectura) que, gracias a su diseño, elimine los datos redundantes. La eliminación de la redundancia es importante porque no es conveniente tener varias copias de una parte de los datos cuando haga falta una actualización. Como es virtualmente imposible informar a todas las personas nuevas que trabajan con la base de datos sobre todos los nuevos lugares redundantes, es inevitable que la base de datos acabe con datos corruptos.

La normalización se ha venido utilizando durante mucho tiempo para crear esquemas bien ajustados que eliminen la redundancia a expensas de la eficiencia. El compromiso entre normalización y rendimiento lleva bastante tiempo en escena y seguirá con nosotros en el futuro previsible. ¿A qué se debe la penalización en rendimiento? Una base de datos verdaderamente normalizada incluirá un gran número de tablas. Por ejemplo, si su base de datos incluye una tabla maestra de clientes, deberá existir un lugar en el que se almacenen los nombres de contacto para cada empresa. Una posibilidad consiste en definir el maestro de clientes con la siguiente estructura. (En la que faltan muchos detalles para mantenerla sencilla.)

```
NombreCliente
Dirección1
```

```
    Dirección2
    Ciudad
    Estado
    CódigoPostal
    NombreContacto1
    TeléfonoContacto1
    NombreContacto2
    TeléfonoContacto2
```

Esta estructura *no* está normalizada. Supongamos que para el cliente llamado MiEmpresa, nuestro contacto es Ken Smith. ¿Qué pasa si Ken Smith también trabaja a tiempo parcial para SuEmpresa? Lo que ocurre es que SuEmpresa también es uno de sus clientes. Ahora Ken Smith aparece en los registros de ambas empresas (aparece la redundancia).

Examinemos ahora el mismo tipo de tabla con un esquema normalizado.

```
MaestroClientes
    ClaveCliente
    NombreCliente
    Dirección1
    Dirección2
    Ciudad
    Estado
    CódigoPostal
MaestroContactos
    ClaveContacto
    NombreContacto
    TeléfonoContacto
EnlaceContactoCliente
    ClaveCliente
    ClaveContacto
```

En esta estructura normalizada, Ken Smith sólo aparecería una vez (en la tabla MaestroContactos). La tabla EnlaceContactoCliente contendría dos registros, uno que enlaza a Ken Smith con MiEmpresa y el segundo que enlaza a Ken Smith con SuEmpresa. Con un conjunto de disparadores (triggers) definidos correctamente o con reglas de integridad referencial, esta tabla puede contener datos no redundantes.

Para buscar el contacto de un cliente en la primera estructura de tabla hace falta acceder a una única tabla, mientras que para realizar la búsqueda en el segundo ejemplo, con nuestras tablas normalizadas, hace falta acceder a tres tablas. Es fácil ver la penalización sobre el rendimiento que puede suponer una estructura normalizada cuando aumenta el número de tablas en el diseño.

Teniendo en cuenta esta estructura, podemos empezar a entender el compromiso entre una base de datos completamente normalizada y la facilidad de uso. Los usuarios pueden entender rápidamente la forma de encontrar un nombre de contacto en nuestro primer ejemplo, pero les costará más devolver los datos correctos en el ejemplo normalizado.

Por suerte, en SQL Server podemos definir vistas para crear una tabla «virtual» que tenga el mismo aspecto que una tabla de la base de datos. En este caso, los usuarios tendrán la misma facilidad de uso que con la primera tabla de nuestro ejemplo.

Almacén de datos

Un almacén de datos suele diseñarse para contener todos los tipos de datos de una organización. Por ejemplo, varias bases de datos en línea envían la información al almacén, que se convierte en origen de datos para todas las peticiones de datos sobre la organización. ¡Qué concepto más interesante!

El almacén de datos también resulta útil para mejorar el rendimiento de las bases de datos en línea. Le recomendamos definir un almacén desde el principio. Lleve todos los datos que no pertenezcan al periodo actual al almacén de forma regular. La frecuencia de transmisión de los datos puede ser mensual, semanal, diaria o incluso horaria, en función de la aplicación. Todas las consultas de los usuarios pueden hacerse sobre el almacén de datos y no sobre la base de datos en línea. Si se utiliza adecuadamente, este enfoque supone una mejora en el rendimiento, porque los informes y las consultas «ad hoc» no interfieren con las transacciones activas. Esta es una forma de realizar un cierto ajuste del rendimiento del sistema. Aunque un usuario solicite todos los datos de la base de datos no provocará un impacto importante sobre las bases de datos en línea. La facilidad de réplica con SQL Server hace que este enfoque sea muy recomendable.

Algunas buenas herramientas

En nuestro trabajo de consultoría, utilizamos muchas veces las mismas herramientas una y otra vez. Para ahorrarle el proceso de prueba y error que hemos tenido que soportar, le sugerimos que emplee las utilidades y aplicaciones que se describen en esta sección.

Modeladores de datos

En este libro utilizamos una técnica de modelado conocida como IDEF1X, principalmente por su eficiencia. Una segunda consideración es que puede utilizarse con ERwin, un producto de Logic Works que permite la construcción interactiva de diagramas de relaciones entre entidades y que después implementa las estructuras de datos directamente en SQL Server. Una de las versiones del producto incluso puede crear los formularios de Visual Basic como punto de partida de un diseño concreto.

Upsizing Wizard para Access

Ningún libro que trate de Visual Basic y de SQL Server estaría completo sin al menos mencionar el Microsoft Upsizing Wizard para Access. Esta herramienta gratuita es de gran ayuda para los desarrolladores gracias a su capacidad de migrar con rapidez una base de datos de Access a SQL Server y debido a las herramientas de administración que proporciona. De hecho, esta es probablemente la ruta más rápida y barata para llegar a una buena base de datos de SQL Server: diseñe la base de datos, incluidas las reglas de validación de datos, en Access y utilice después el Upsizing Wizard. La base de datos de SQL Server se creará de forma automática y se generará un informe en el que se describe su estructura y los posibles problemas encontrados durante la conversión.

sp_Assist

Una herramienta que hemos tenido mucha suerte de encontrar y que utilizamos en los ejemplos de este libro es sp_Assist de Sheridan Software. Esta herramienta le ayuda al desarrollador y al administrador del sistema a construir y a gestionar sistemas cliente/servidor. Puede utilizarse para construir y gestionar procedimientos almacenados, disparadores (triggers), consultas, código de Visual Basic y todo el resto de tipos de material relacionado. Con ella puede construir y comprobar una consulta de forma interactiva y pegarla luego en un programa de Visual Basic.

3

Técnicas de implementación para Visual Basic

Microsoft Visual Basic ha crecido hasta convertirse en una potente herramienta que ofrece muchos métodos distintos de desarrollar aplicaciones cliente/servidor. Como Visual Basic 4 incluye tantas funciones nuevas, puede ser difícil decidir cuál es el mejor método para resolver un problema concreto. En este capítulo nos ocuparemos de la gran variedad de técnicas de acceso a bases de datos disponibles, además de presentar una opción que puede utilizar para crear los formularios que compongan su interfaz de usuario.

Técnicas de acceso a bases de datos en Visual Basic 4

Antes de Visual Basic 4, las opciones eran mucho más sencillas. Si la aplicación debía utilizar grandes cantidades de datos, sólo tenía que seleccionar DAO (Objetos de acceso a datos), ODBC o VBSQL, en función del rendimiento necesario y del tiempo de desarrollo que pudiera permitirse. Visual Basic ofrece varias alternativas para el almacenamiento y recuperación de los datos, desde el acceso secuencial a los archivos al nivel más bajo, seguido por un acceso aleatorio a los archivos. Utilizando la API de Microsoft Windows, es simplemente una cuestión de almacenar y recuperar la información de los archivos INI y del Registro de configuraciones.

Con Visual Basic 4 cambia el panorama de la construcción de cualquier tipo de aplicación de base de datos, y más concretamente de las aplicaciones cliente/servidor. Los nuevos controles «asociados a datos», que están enlazados con la base de datos, son más flexibles que sus predecesores y su rendimiento se aproxima mucho al de programar di-

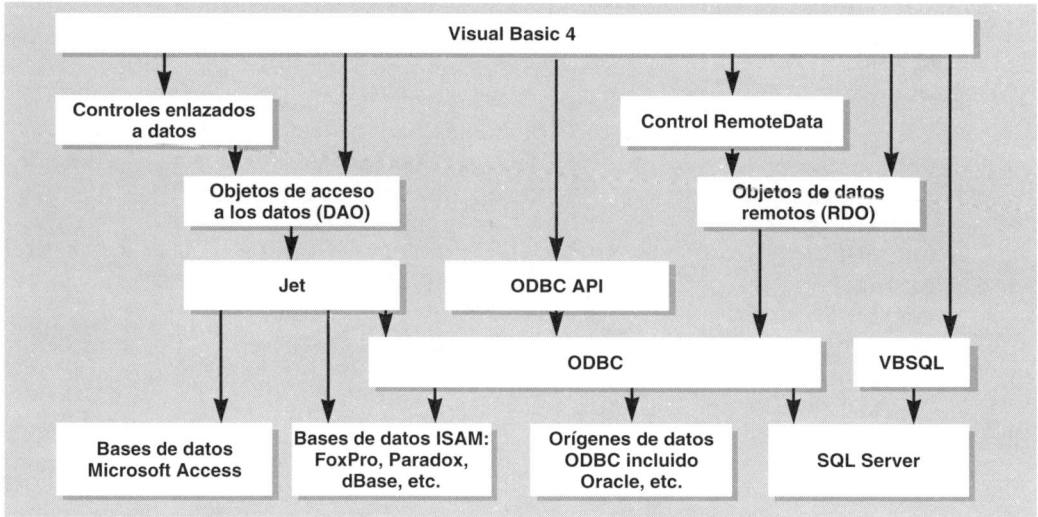

Figura 3-1. Opciones para acceder a datos con Visual Basic 4.

rectamente con DAO. Además, DAO y los Objetos de datos remotos (RDO; Remote Data Objects) de Visual Basic 4 son increíblemente robustos. Las funciones adicionales de DAO, tal como están implementadas en Visual Basic 4, por fin ponen a disposición de todos los programadores en Visual Basic todo el poder del motor de base de datos Jet.

El motor de base de datos Jet ofrece varias formas de acceder a datos en diversos formatos, incluido el soporte nativo de bases de datos Microsoft Access y el soporte ISAM para dBase, Paradox y Btrieve. Jet, un acrónimo de Joint Engine Technology (Tecnología de motor conjunta), surge en parte del hecho de que tanto Access como Visual Basic lo utilizan. En las implementaciones anteriores se reservaban algunas de las funciones más útiles de Jet sólo para Access. Tal como se ha implementado para Visual Basic, Jet proporciona la misma funcionalidad que en Access. Jet también admite ODBC, lo que amplía enormemente la posibilidad de elección de la base de datos, ya que los fabricantes y los terceros vendedores proporcionan controladores ODBC para más de 100 bases de datos distintas. Visual Basic 4 dispone de un nuevo modelo de objetos DAO que se ha ampliado para incluir las funciones de Access. Este nuevo modelo, que se muestra como parte de la Figura 3.1, hace que sea mucho más razonable acometer el desarrollo de aplicaciones tanto autónomas como cliente/servidor.

Aunque el motor de base de datos Jet proporciona una funcionalidad muy completa, las DLL de Jet consumen una gran cantidad de memoria y de espacio de disco como resultado de ello. RDO y el control RemoteData son nuevos en Visual Basic 4. Ambos utilizan ODBC para conectarse directamente con el motor de la base de datos remota, saltándose Jet y eliminando así la sobrecarga que impone el motor de base de datos Jet al comunicarse con una base de datos remota. Pueden utilizarse para acceder a cualquier base de datos que cumpla con ODBC, incluidos los archivos sencillos (mediante un controlador ODBC), Access, Microsoft SQL Server y Oracle. Si está construyendo una aplicación que sólo se comunica con una base de datos remota como SQL Server, la mejor opción será utilizar RDO y el control RemoteData. El hecho de utilizar estos controles no impide la utilización de Jet para acceder a un origen de datos local dentro de la misma aplicación. No obstante, RDO sólo puede utilizarse con clientes Microsoft Win32, como Windows 95 o Windows NT. Las soluciones para pequeñas cantidades de datos, como CodeBasic de Sequiter Software o Rocket de SuccessWare son una opción adicional para evitar la elevada sobrecarga que supone la utilización de Jet.

Nota: *RDO se trata con todo detalle en el manual de Visual Basic,* Building Client/Server Applications with Visual Basic *y en el archivo de ayuda de Windows, Enterprise.hlp (incluido con Visual Basic Edición profesional Versión 4.0) por lo que no lo analizaremos en profundidad en este libro, sino que nos concentraremos en la utilización de las características y funciones de RDO y del control RemoteData en varios ejemplos.*

Una de las principales diferencias con respecto a las versiones anteriores de Visual Basic es la utilización de bibliotecas de objetos en Visual Basic 4. Las bibliotecas de objetos se crean mediante módulos de clases para construir tanto objetos internos para un proyecto como objetos de automatización OLE. Los métodos y las propiedades de una clase se crean mediante la construcción de procedimientos y variables, respectivamente. La utilización de bibliotecas de objetos resuelve el problema del mantenimiento del código fuente a la vez que proporciona funcionalidad completa. Nos ocuparemos de este tema con mayor detalle en el Capítulo 8.

Tanto DAO como el control Data original han experimentado modificaciones muy importantes en Visual Basic 4, por lo que será necesario modificar las aplicaciones existentes para que aprovechen por completo las nuevas funciones y las mejoras del rendimiento.

Los motores de base de datos Jet

Con Visual Basic se incluyen dos versiones del motor de base de datos Jet: la versión 2.5 (para la creación de aplicaciones de 16 bit) y la versión 3.0 (para la creación de aplicaciones de 32 bit). Deberá utilizar sólo una versión para cada proyecto de Visual Basic que vaya a utilizar Jet. Utilice la orden Referencias del menú Herramientas para acceder al cuadro de diálogo Referencias, en el que podrá seleccionar la biblioteca adecuada. Si está construyendo una aplicación nueva que sólo vaya a utilizar el formato de base de datos Access 95, Visual Basic 4 y aplicaciones que utilicen la última versión de Jet, seleccione Microsoft DAO 3.0 Object Library en el cuadro de diálogo. Si su aplicación debe coexistir con otra aplicación que sólo utilice una base de datos Access 2.0, 1.1 ó 1.0, seleccione Microsoft DAO 2.5 Object Library.

En el CD-ROM Microsoft Developer Network (MSDN) se incluye un buen artículo de referencia sobre DAO, «Guide to Data Access Object». Este artículo contiene montones de información, además de una tabla en la que se enumeran las modificaciones que se han producido en DAO para Visual Basic 4. La referencia definitiva sobre el motor de base de datos Jet es un libro de Jim Ferguson y Dan Haught, *Microsoft Jet Database Engine Programmer's Guide* (Microsoft Press, 1995).

ODBC

Uno de los principales componentes en prácticamente todos los desarrollos cliente/servidor actuales es ODBC, que se creó para resolver las eternas incompatibilidades existentes entre distintos sistemas de base de datos. En el pasado, una aplicación escrita para una base de datos específica era difícil de traducir a un servidor de base de datos distinto, porque cada fabricante de base de datos tenía una API particular en la que estaban escritas las aplicaciones. ODBC ofrece una respuesta a este problema mediante la definición de una API en el lado del cliente que es independiente de la base de datos que haya en el otro extremo. Gracias a su controlador ODBC es posible acceder a la base de datos de forma transparente.

Nos encontramos en un momento especialmente atractivo para los desarrolladores que utilizan ODBC, porque los controladores ODBC han evolucionado desde los tiempos en los que apenas eran utilizables hasta convertirse en el método más robusto y rápido de acceder a bases de datos de alto rendimiento. Como muestra de la importancia de ODBC, ésta ha pasado a ser una API nativa en Microsoft SQL Server 6, y proporciona el medio más rápido de ejecutar Transact-SQL sobre SQL Server.

Otro estándar, aunque lleva utilizándose algo más tiempo, es de vital importancia en el desarrollo de aplicaciones cliente/servidor. El Lenguaje de consulta estructurado (SQL; Structured Query Language) se desarrolló como estándar para la programación de bases de datos y para devolver los conjuntos de resultados a partir de ellas. El Instituto Americano de normalización (ANSI) publica una norma a la que se ciñen virtualmente todos los vendedores de implementaciones SQL.

No obstante, la utilización del SQL normalizado por el ANSI tiene sus desventajas. La norma sólo se actualiza cada cinco años, y si los vendedores sólo ofrecieran la funcionalidad que se describe en ella, los desarrolladores se perderían una gran cantidad de funcionalidad útil. Muchos vendedores mejoran el lenguaje para incluir posibilidades no incluidas en la norma, lo que ofrece unas mejoras de rendimiento significativas sobre sus implementaciones ANSI equivalentes.

El resultado global es que, aunque ODBC suena como la panacea de la independencia de la base de datos, los desarrolladores de aplicaciones de alto rendimiento todavía programan sus aplicaciones para un sistema de base de datos concreto. No obstante, ODBC reduce en gran medida el esfuerzo necesario en caso de que un desarrollador tenga que traducir una aplicación a un sistema de base de datos distinto, porque al menos el 80 por ciento del código de la aplicación es probablemente independiente de la base de datos. ODBC es una buena API que permite que una amplia variedad de vendedores puedan crear todo tipo de herramientas para acceder a prácticamente cualquier base de datos. Si su sistema de base de datos admite ODBC, podrá utilizar casi cualquier paquete que cumpla con ODBC. (Que son prácticamente todos en la actualidad.)

Tenga en cuenta que ODBC juega un papel primordial en la vida de RDO y del control RemoteData, permitiéndoles saltarse el motor Jet. RDO proporciona un nivel fácil de utilizar que además es rápido y potente. Una aplicación basada en RDO generalmente será mucho más fácil de implementar y de mantener que otra que utilice ODBC directamente.

VBSQL

VBSQL es la implementación que ha hecho Microsoft de la DB-Library de SQL Server para Visual Basic. DB-Library para Visual Basic es una API con las funciones Transact-SQL de SQL Server. En las versiones anteriores de Visual Basic, VBSQL era, con diferencia, la forma más rápida de acceder a una base de datos de SQL Server, aunque también era la más difícil.

Microsoft sigue manteniendo y mejorando VBSQL, que sigue estando disponible para los programadores en Visual Basic 4. VBSQL sigue ofreciendo algunas funciones muy convenientes como su manejo síncrono de los errores. Pero la verdadera acción la pone ODBC. En la actualidad no es demasiado necesario utilizar VBSQL gracias a la potencia y a la flexibilidad de ODBC, RDO y el control RemoteData. Para obtener más información sobre VBSQL, consulte *Hitchhiker's Guide to Visual Basic and SQL Server* de William Vaughn (Microsoft Press, 1996).

Orígenes de datos ODBC

Un *origen de datos* es una base de datos o servidor de base de datos ODBC. Deberá utilizar la aplicación ODBC en el Panel de control para asignar nombres exclusivos a todas las conexiones con un origen de datos. El origen de datos lo utilizan ODBC, RDO y el control RemoteData.

Configuración de ODBC

Para poder utilizar una base de datos es necesario registrarla como fuente de datos ODBC. Este registro suele llevarse a cabo desde la aplicación ODBC del Panel de control.

En la Figura 3.2 se muestra la aplicación ODBC para Windows 95 con la definición del registro para la base de datos Publishers de ejemplo del Capítulo 5.

Para crear una definición de un origen de datos deberá seguir estos pasos generales:

1. Arranque la aplicación ODBC en el Panel de control.
2. Seleccione el controlador que desea utilizar en la lista Origen de datos del usuario (controlador) y pulse sobre Instalar para acceder al cuadro de diálogo Instalación de ODBC. (Si el controlador que necesita no se encuentra en la lista, pulse sobre el botón Agregar para acceder al cuadro de diálogo Agregar origen de datos. Seleccione el controlador ODBC que desea utilizar y pulse sobre Aceptar.)
3. Introduzca el nombre del origen de datos. Este es el nombre que utilizará para hacer referencia al origen de datos en Visual Basic y en otras aplicaciones. Asegúrese de utilizar un nombre que resulte descriptivo para una fácil referencia posterior.
4. Introduzca la descripción del origen de datos.
5. Introduzca el nombre del servidor en el que se encuentra la base de datos. Dicho nombre no debe contener barras invertidas dobles (\\).
6. Pulse sobre el botón Opciones para acceder a las opciones avanzadas.
7. Si desea que el origen de datos apunte a una base de datos concreta, introduzca el nombre de la misma. (Este extremo es muy recomendable. De lo contrario, el origen de datos apuntará a la base de datos «Master» de SQL Server como valor predeterminado.)

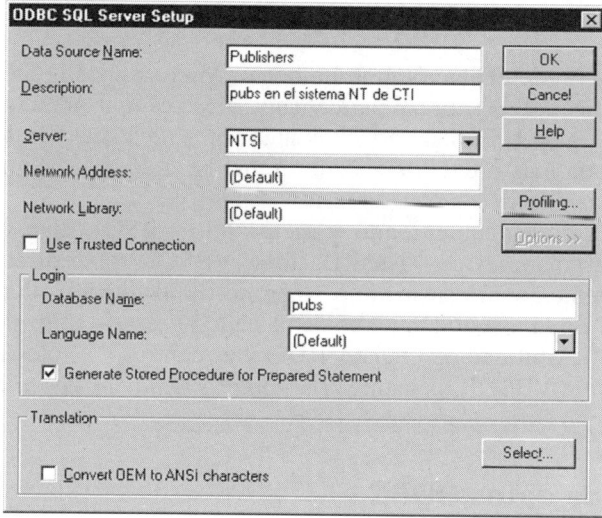

Figura 3-2. *Los campos de los cuadros de texto necesarios en el cuadro de diálogo Instalación de ODBC SQL Server son Nombre del origen de datos, Descripción y Servidor. También suele ser recomendable introducir el nombre de la base de datos que va a utilizar el origen de datos.*

8. Asegúrese de que esté marcada la opción Generar procedimiento almacenado para la instrucción preparada. Esta es una opción específica de SQL Server que hace que SQL Server genere procedimientos almacenados para todas las instrucciones preparadas.

Programa de ejemplo: Utilización de una orden para crear o actualizar un origen de datos ODBC en varios clientes

La aplicación RegisterODBC, que puede encontrar en el directorio Utilities del CD adjunto que se incluye con este libro, utiliza una sencilla orden para crear o actualizar un origen de datos ODBC en todos sus clientes. Sólo tiene que abrir la aplicación para ver el formulario Registrar origen de datos, que se muestra en la Figura 3.3. Introduzca la información en el formulario y pulse sobre el botón Crear origen de datos.

Formulario frmRegisterDataSource

Este formulario contiene todo el código de la aplicación.

Técnicas de implementación para Visual Basic **61**

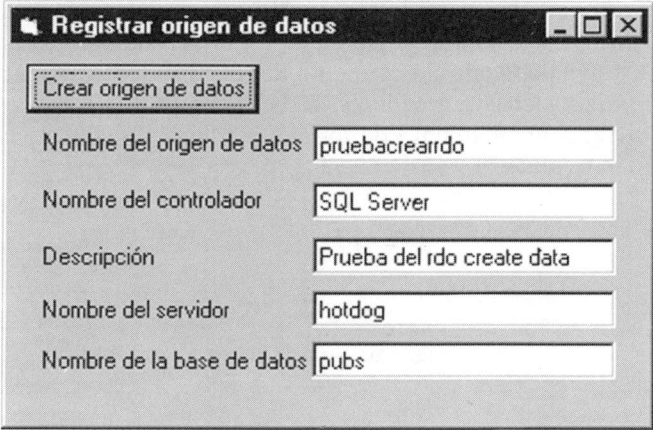

Figura 3-3. *Formulario Registrar origen de datos, de la aplicación Register-ODBC.*

Procedimiento de evento cmdCreateDataSource_Click

Este procedimiento de evento utiliza el método *rdoRegisterDataSource* para crear un nuevo origen de datos. La implementación de este método es completamente directa, excepto porque la documentación existente sobre *rdoRegisterDataSource* es un poco imprecisa sobre cómo funciona. El parámetro Attributes debe contener una lista de elementos, separados entre ellos por un retorno de carro. Los atributos utilizados con más frecuencia son los que se muestran en la siguiente tabla:

Nombre del atributo	Descripción
Description	Descripción del origen de datos.
Server	Nombre del SQL Server.
Database	Nombre de la base de datos.
FastConnectOption	Defínalo como *True* (verdadero) o como *False* (falso). Si es *True*, utiliza el método de conexión rápida para reducir el tiempo de conexión cuando el cliente se conecta.
UseProcForPrepare	Defínalo como *True* o como *False*. Si es *True*, se crean de forma automática procedimientos almacenados para las instrucciones preparadas.
OEMTOANSI	Defínalo como *True* o como *False*. Si es *True*, SQL Server traduce de forma automática los juegos de caracteres cuando sea necesario. Si es *False*, deberá utilizarse un traductor de juegos de caracteres si el cliente y el servidor utilizan juegos de caracteres distintos.
Language	Especifica el lenguaje nacional que utiliza SQL Server.

En nuestro ejemplo, se utiliza la variable *strAttributes* para construir la descripción de los atributos ODBC para la creación de un origen de datos. La lista completa de atributos se construye copiando un elemento del cuadro de texto adecuado del formulario y añadiéndolo a la cadena *strAttributes*. Deberá añadir el retorno de carro necesario para separarlo del siguiente elemento de la lista mediante la concatenación de un *Chr(13)* a cada atributo individual.

```
Private Sub cmdCreateDatasource_Click()

  Dim strAttributes As String

  strAttributes = «Description=» & txtDescription & Chr(13)
  strAttributes = strAttributes & «Server=» & txtServerName & Chr(13)
  strAttributes = strAttributes & «Database=» & txtDatabaseName & _
    Chr(13)
  strAttributes = strAttributes & «FastConnectOption=Yes» & Chr(13)
  strAttributes = strAttributes & «UseProcForPrepare=Yes» & Chr(13)
  strAttributes = strAttributes & «OEMTOANSI=No» & Chr(13)
  strAttributes = strAttributes & «Language=» & Chr(13)
rdoEngine.rdoRegisterDataSource DSN:=txtdsName, _
    Driver:=txtDriverName, Silent:=True, Attributes:=strAttributes

End Sub
```

La última instrucción de nuestra subrutina es la que ejecuta de hecho el método *rdoRegisterDataSource*. Observe que la mayor parte de la información la obtenemos de los dos cuadros de texto del formulario y que después definimos el parámetro Attributes a partir de nuestra variable local (*strAttributes*).

La aplicación RegisterODBC no incluye ningún manejo de errores. Aunque el método *rdoRegisterDataSource* es bastante robusto frente a errores, si no se le pasa un nombre de controlador válido se producirá un error en tiempo de ejecución número 40000 («An error ocurred configuring the DSN») (DSN significa Data Source Name; Nombre del origen de datos). En la Figura 3.4 se muestra el resultado de nuestras acciones sobre el registro de configuraciones.

Observe que toda la información sobre los orígenes de datos se encuentra en la clave HKEY_CURENT_USER\Software\ODBC\ODBC.INI. Mire aquí cuando quiera modificar la información de forma manual o simplemente comprobar su validez.

Automatización del diseño y la generación de formularios

La generación de una interfaz de usuario suele llevarse a cabo al principio de la construcción de una nueva aplicación cliente/servidor. Es un paso útil en el proceso de diseño iterativo porque proporciona una realimentación accesible y visual al usuario previsto.

La utilización de una herramienta de diseño automático de formularios puede servir para ahorrar una buena parte del tiempo de diseño para un formulario centrado en los da-

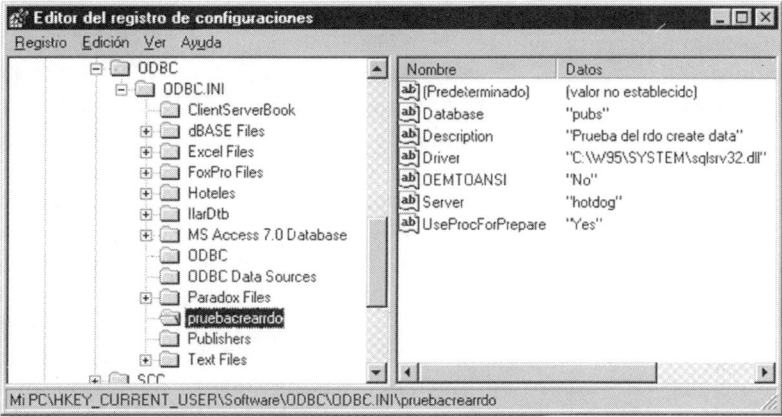

Figura 3-4. *Registro de configuraciones después de ejecutar RegisterODBC.*

tos. Esto resulta especialmente cierto para formularios de mantenimiento de bases de datos que contienen todos los campos de una tabla. Un formulario sencillo, como el de mantenimiento de una tabla, puede generarse de forma automática con un diseñador de formularios.

En Visual Basic 4 se incluye como complemento el programa de ejemplo Diseñador de formularios de datos (Dfd.cvp), que puede ayudarle a dar los primeros pasos en la generación de formularios. En la Figura 3.5 se muestra el diseñador de formularios preparado para construir un nuevo formulario a partir de la base de datos Biblio.

Aunque con el diseñador de formularios es posible generar formularios más complicados con cuadrículas, listas desplegables y otros controles complejos, estos formularios

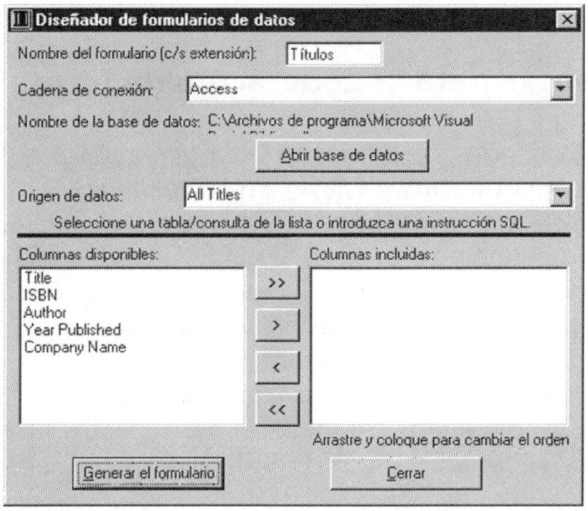

Figura 3-5. *El Diseñador de formularios de datos incluido con Visual Basic 4.*

necesitan de un trabajo manual adicional para conseguir que funcionen. Uno de los problemas que presentan las herramientas de diseño automático de formularios es que la mayor parte de ellas generan nombres poco descriptivos para los controles, como Text1 y Text2 para los cuadros de texto. ¿De qué sirve un generador de formularios si después debe cambiarle el nombre a cada uno de los controles? En su lugar, utilizaremos la sintaxis *preNombreCampo* para los nombres de todos nuestros controles, donde *pre* es un prefijo estándar y *NombreCampo* es un nombre exclusivo que asignamos al control. Con estas indicaciones, un cuadro de texto podría llamarse *txtMiCampo*.

Como con Visual Basic 4 se incluye el código fuente del Diseñador de formularios de datos, no le resultará demasiado difícil modificarlo para generar los nombres de los campos de manera adecuada. En su formato predeterminado, el Diseñador de formularios de datos genera todos los campos de datos en matrices de control. Este sistema puede ser útil en algunos casos, pero en muchas ocasiones querrá tener controles que no formen parte de una matriz. Por ejemplo, puede que quiera que los nombres de los campos individuales tengan exactamente el mismo nombre que la columna a la que hacen referencia en la base de datos (excepto el prefijo, por supuesto).

Para utilizar el Diseñador de formularios de datos sólo tendrá que seguir el siguiente procedimiento:

1. Seleccione Administrador de complementos en el menú Complementos.
2. Marque la opción Diseñador de formularios de datos y pulse después sobre Aceptar.
3. Ejecute el Diseñador de formularios de datos, seleccionándolo en el menú Complementos.

Resulta muy útil contar con el código fuente de este pequeño programa. Esto le permitirá incluir sus propias normas de código para la generación de formularios, crear procedimientos automáticos de manejo de los errores, crear pantallas de presentación predeterminadas y añadir cualquier otro complemento específico de su estilo de desarrollo de aplicaciones.

Otras herramientas para la generación de formularios

También puede utilizar otras herramientas para generar formularios de Visual Basic 4, entre las que se incluyen ERwin de Logic Work (versiones 2.1 y posteriores) y VBAssist de Sheridan Software. Después de instalar ERwin, el asistente para formularios se encontrará en el menú Complementos. La gran fama de ERwin se debe a su capacidad para definir, crear y mantener bases de datos relacionales. ERwin ofrece la posibilidad de realizar la definición de la estructura de la base de datos de forma gráfica y después implementa dicha estructura en una base de datos Access o SQL Server. Otra de las características importantes de ERwin es su capacidad para mantener su modelo sincronizado con la base de datos. Puede cambiar la base de datos directamente, y dichos cambios se reflejarán en ERwin. Después de utilizar ERwin una vez, no podrá imaginarse estar sin él.

VBAssist también puede generar formularios de Visual Basic. Si ejecuta VBAssist, su barra de herramientas se encontrará debajo de la barra de herramientas de Visual Basic.

Generadores de formularios en el nuevo mundo del desarrollo multinivel

Debemos hacer una advertencia importante sobre la utilización de la mayoría de los generadores de formularios en el entorno multinivel en el que estamos inmersos actualmente: la mayor parte de ellos construyen el formulario utilizando un enlace a un control Data o generan código para gestionar el formulario utilizando DAO o posiblemente RDO. Esto no es necesariamente malo, siempre que recuerde que debe migrar el formulario para utilizar el nivel de servicio de datos correcto. Más información sobre la construcción de soluciones multinivel puede encontrarla en la sección «Soluciones multinivel basadas en un modelo de servicios» en el Capítulo 1. También puede leer el Capítulo 6, «Automatización OLE y automatización remota», para obtener más información sobre la construcción de servidores de automatización OLE.

Otro tema que hemos mencionado anteriormente es común a todos los generadores de formularios: casi todos estos paquetes esperan que usted se ajuste a sus normas, incluyendo el estilo de codificación, el manejo de errores, los convenios sobre la asignación de nombres, los diseños de los módulos, etc. Aunque puede que esto no le parezca demasiado importante al principio, puede llegar a ser un inconveniente en algún momento del proyecto. Desarrollar un generador de formularios propio es relativamente sencillo y le dará una flexibilidad que no tendrá con ningún diseñador de formularios comercial.

4

Consejos generales sobre el desarrollo cliente/servidor

Empecemos por investigar la generación de código para nuestros sistemas cliente/servidor. Muchas personas, y en especial los administradores, creen que un proyecto de desarrollo no empieza a avanzar hasta que se comienza a generar código. De la codificación nos ocuparemos en el Capítulo 5, pero antes tenemos que revisar algunos consejos y técnicas.

Qué hacer y qué no hacer en la programación cliente/servidor

A menos que ya haya creado aplicaciones para producción con Microsoft Visual Basic y una base de datos realmente remota, es probable que no sepa qué dirección tomar a la hora de escribir el código para su proyecto cliente/servidor. En las siguientes secciones le ofreceremos un buen número de consejos y técnicas para el desarrollo cliente/servidor con Visual Basic. Algunos de dichos consejos pueden aplicarse a sencillas aplicaciones en Visual Basic, pero incluso las acciones sencillas pasan a ser muy importantes cuando se implementan en el complejo mundo cliente/servidor. Algunos de estos consejos son específicos de Visual Basic 4, mientras que otros son válidos para cualquier trabajo de desarrollo de software, y son tan importantes que los repetiremos aquí, aunque no dudamos que ya los debe conocer.

Recuerde también que no existe la fórmula infalible del éxito en un proyecto de la envergadura de un trabajo de desarrollo cliente/servidor típico. Para conseguir el éxito es totalmente indispensable contar con buenas técnicas de programación y realizar un análisis exhaustivo del problema. Sólo mediante la aplicación del análisis correcto y con el ajuste de los pasos precisos será posible crear el tipo de sistema que satisfaga las demandas de los usuarios y tenga un comportamiento fiable con el paso del tiempo.

Consejos generales

Incluya los procedimientos y las funciones en módulos y bibliotecas de clases en vez de colocarlos en los formularios. La distribución del código en módulos siempre ha sido una buena técnica de programación. Como las bibliotecas de clases y los módulos no se cargan hasta que no son necesarios, incluir el código en módulos y DLL permite ahorrar recursos, a la vez que asegura que el código estará disponible cuando se necesite. Además, al incluir el código en bibliotecas de clases se dispone de componentes reutilizables que pueden ayudar a acortar los ciclos de vida de todos sus proyectos.

Empiece su aplicación con un procedimiento Sub Main en lugar de con un formulario inicial. Cree un procedimiento Sub Main en un módulo estándar, y cargue explícitamente los formularios que necesite. Así se evita el problema potencial de que su formulario inicial no se cargue en memoria porque contiene el código que lo descarga. Esto es importante, por ejemplo, al crear una pantalla de presentación. Para configurar su aplicación de esta forma deberá seguir las siguientes instrucciones:

1. Escriba un procedimiento Sub llamado Main y guárdelo en un módulo estándar.
2. Seleccione Opciones en el menú Herramientas para acceder al cuadro de diálogo Opciones.
3. Pulse sobre la ficha Proyecto.
4. Seleccione Sub Main en el cuadro de lista desplegable Formulario inicial.
5. Pulse sobre Aceptar.

Utilice manejadores de errores con frecuencia. No es posible tener demasiados manejadores de errores y nunca tendrá suficientes. Por desgracia, Visual Basic no dispone de un tratamiento global de los errores, así que tendrá que incluir de forma manual un manejador de error en todas las rutinas más importantes. Para disponer de tratamiento global de los errores con Visual Basic, le recomendamos un producto de Avanti Software denominado Visual Basic/Rig.

Consejos sobre la base de datos

Utilice los nuevos Objetos de datos remotos (RDO; Remote Data Objects) y el control RemoteData cuando tenga que tratar con una base de datos remota. Con las nuevas funciones remotas de Visual Basic 4 se elimina la sobrecarga (en tiempo de ejecución y en requisitos de memoria) del motor de base de datos Jet al utilizar una base de datos remota, lo que permite mejorar enormemente el rendimiento.

Utilice tablas adjuntas en lugar de conexiones directas a tablas de base de datos ODBC. Para las tablas adjuntas, Jet incluye en una caché gran parte de la información de la base de datos, lo que hace que los accesos subsiguientes sean más rápidos.

Rehaga la vinculación de las tablas cuando se produzca un cambio en su estructura (esquema). Para actualizar la información que Jet almacena en una tabla adjunta es necesario rehacer la vinculación de la tabla cuando se produzca un cambio en su estructura.

Utilice Recordset (conjuntos de registros) de tipo instantánea (snapshot) para tablas pequeñas (de menos de 500 registros). Como los Recordset de tipo instantánea devuelven los datos reales al sistema cliente, al utilizarlos las operaciones se realizan más rápido que con Recordset de tipo tabla o de tipo dynaset (hoja de respuestas dinámica). No debe devolver demasiadas filas o perderá esta ventaja, porque será necesario utilizar memoria virtual para almacenar los datos. Recuerde también que los Recordset de tipo instantánea no pueden actualizarse.

Utilice transacciones para mejorar el rendimiento. Con las transacciones se puede conseguir un aumento espectacular del rendimiento, además de aumentar la fiabilidad de una base de datos. Las transacciones sirven para que Jet guarde en una memoria intermedia sus operaciones (recoger una secuencia de órdenes y enviarlas para su ejecución). No obstante, Jet no suele permitir transacciones anidadas sobre bases de datos ODBC.

Utilice los métodos *ExecuteSQL* y *Execute* sobre las instrucciones SQL seleccionadas. Estos métodos pasan una instrucción SQL directamente a la base de datos para su ejecución. En la instrucción SQL se debe utilizar la sintaxis del servidor de base de datos en lugar de la de Access SQL.

Utilice cláusulas *Where* en las instrucciones SQL en lugar de bucles para recuperar los resultados y actualizar los registros. Tanto Jet como los servidores de base de datos remotos están optimizados para devolver Recordset. Aunque la base de datos de soporte admita cursores, la operación de creación de un cursor y de desplazamiento por todos los datos será más lenta que la orden SQL equivalente.

Utilice una cláusula *Where* para las bases de datos ODBC en lugar del método *Seek*, uno de los métodos *Find* o la propiedad *Filter* en Visual Basic. *Where* es más rápido porque el servidor de base de datos puede optimizarlo.

No utilice el método *Refresh* sobre un objeto de base de datos a menos que sea estrictamente necesario. *Refresh* reconstruye por completo un Recordset de tipo dynaset. Si se tardaron 60 segundos en crearlo la primera vez, se tardarán otros 60 en ejecutar la operación *Refresh*.

Utilice instrucciones *Join* SQL para unir tablas. *Inner Join*, *Left Join* y *Right Join* son más eficientes a la hora de construir Recordset unidos que otro tipo de técnicas.

Utilice procedimientos almacenados y disparadores (triggers) en lugar de incluir instrucciones SQL en su código fuente. El motor de base de datos compila los procedimientos almacenados y los disparadores la primera vez que los ejecuta. Las ejecuciones subsiguientes son más rápidas porque no es necesario volver a compilarlos y ya están optimizados.

Con Microsoft SQL Server 6, utilice la Integridad referencial declarativa (DRI; Declarative Referential Integrity) en lugar de procedimientos almacenados y disparadores. DRI almacena las reglas de integridad para una tabla en la base de datos cuando se define el esquema. DRI se ejecuta más rápido y es más fácil de configurar y mantener que la definición de procedimientos almacenados y disparadores para conseguir la integridad referencial. Para obtener más información sobre este tema consulte la sección sobre restricciones en la documentación de SQL Server 6.

Utilice marcadores (bookmarks) para marcar un registro y volver después a él. Los marcadores apuntan a un registro específico mediante su clave exclusiva y son la forma más rápida de regresar a dicho registro.

No utilice *Select* * excepto con tablas que tengan pocas columnas y registros, a menos que tenga que devolver todas las columnas. Si se utiliza el asterisco cuando no se necesitan todas las columnas se reduce el rendimiento porque acceder a todas las filas y columnas consume recursos. Con la especificación explícita de los nombres de las columnas se reduce al mínimo la sobrecarga, con lo que se maximiza el rendimiento.

Tenga mucho cuidado con la utilización de las comillas sencillas o dobles (' ó ") en las cadenas de caracteres. Si el motor de base de datos utiliza alguno de estos símbolos para delimitar las cadenas SQL, se encontrará con serios problemas si permite que se introduzcan en la base de datos. Por ejemplo, puede que el usuario introduzca la palabra «Jone's» en un cuadro de texto, que podría acabar en la cadena SQL y dar como resultado un apóstrofe extra: *Select Nombre From Cliente Where Nombre = 'Jone's'*. Consulte el método *FixSQLString* en la clase CSUtilities que está en la página 23, en el que encontrará un ejemplo de cómo manejar cadenas entre comillas sencillas o dobles.

Asegúrese de que su estación de trabajo cliente tenga suficiente espacio libre en disco. Si se agota la memoria, Jet y todos los Recorset del cursor del lado del cliente se desbordarán en el directorio Temp (que actúa como espacio de memoria virtual) en una estación de trabajo cliente. Este hecho puede empeorar el rendimiento e incluso provocar que el cliente se quede sin espacio en disco. Tanto los Recordset de tipo instantánea como los de tipo dynaset son susceptibles a este problema.

Normas de desarrollo

Deberá crear un *documento de normas* en el que se especifiquen los convenios de codificación para su organización. Por ejemplo, ¿quiere que todos los controles de tipo label tengan el tamaño del texto que contienen?, si es así, especifique en este documento que la propiedad AutoSize de los controles de tipo label debe definirse como *True*. También deberá responder las siguientes preguntas:

- ¿Deben formar parte de una matriz de control todos los controles de tipo label de un formulario?
- ¿Deben tener menús y barras de herramientas todos los formularios?
- ¿Qué tamaño deben tener las imágenes de las barras de herramientas?
- ¿Qué tipos de imágenes debe contener la barra de herramientas?
- ¿Dónde deben situarse las funciones?

Debe considerar un sinfín de cuestiones. Por tanto, reúna sus normas en un documento dinámico que pueda cambiar según la organización vaya adquiriendo experiencia. Las normas que dicte deben ser claras, concisas y breves, el documento debe ser fácil de leer y la información que contenga fácil de buscar.

El documento de normas será de gran ayuda para el personal interno, como el del departamento de calidad. También será útil cuando utilice consultores o programadores contratados. (Sólo con darles el documento ya les pondrá al corriente de las normas que debe cumplir el código que van a verificar o a generar.)

La creación de unas normas útiles es más un arte que una ciencia. No es conveniente que sean demasiado escuetas, pero igual de inútil es un documento de 5000 páginas que es probable que nadie pueda utilizar eficazmente. Debe intentar dar cierta libertad a los programadores. Por ejemplo, una norma del tipo «Todos los nombres de variables deben empezar por un descriptor de 3 letras, como se muestra en el siguiente diagrama, y tener una longitud mínima de 8 caracteres y máxima de 24» es más útil y no tan restrictiva como «Todos los nombres de variables deben tener una longitud comprendida entre 8 y 10 caracteres».

Convenios de codificación

Como consultores, cuando examinamos el código de un proyecto, a menudo somos capaces de identificar el número de programadores que están trabajando en él y el nivel de experiencia de cada uno de ellos (tan sólo con mirar el código fuente). No es una situación recomendable, ya que lo que significa realmente es que algunas partes del código están bien escritas mientras que otras no lo están. (Nos imaginamos que lo que quiere es que todo el código esté bien escrito.) Los convenios de codificación sirven para asegurar un nivel de calidad uniforme.

Existen muchas posibilidades de confusión durante el proceso de desarrollo, a menos que se afronten desde el principio. Por ejemplo, ¿qué tamaño debe tener un método sencillo? Las normas de la buena codificación suelen definir un procedimiento como un único bloque de código de una longitud aproximada de 50 líneas o menos. Muchos desarrolladores escriben procedimientos con una longitud de 100 a 200 líneas (algunos llegan incluso a miles de líneas de código). Su argumento es que los procedimientos largos se ejecutan más rápido que un procedimiento que llama a un gran número de procedimientos menores. El ahorro real en velocidad es insignificante y suele ser menos importante que la legibilidad del código y la facilidad de mantenimiento. El primer objetivo debe ser conseguir programas que funcionen de manera fiable. Si sus programas son rápidos, pero dan resultados incorrectos, todo lo que harán es generar resultados incorrectos más rápido. Sin una norma, el desarrollador novato no sabrá por dónde empezar.

En la siguiente lista se describen algunos de los temas que deben incluirse en el documento de normas de codificación:

- Etiquetas globales: Pueden resultar útiles en una aplicación, pero plantean sus propios problemas. El ámbito de las variables se ha inventado expresamente para reducir el número de temas de los que tiene que preocuparse el desarrollador. Antes de utilizar etiquetas globales, asegúrese de que son realmente necesarias. Si es así, es de vital importancia que se documenten. Las normas de codificación deben tratar estos asuntos.
- Objetos (módulos de clase): Las bibliotecas de objetos, ¿deben incluirse en DLL, en archivos EXE, en código fuente del proyecto o (lo más probable) en los tres? ¿Qué proporción del código va a incluirse en una biblioteca de objetos con respecto a la que va a incluirse en un formulario o módulo fuente?
- Métodos: ¿Qué longitud deben tener los procedimientos? ¿Qué ocurre con el estilo de codificación (por ejemplo, el número de espacios del sangrado)? ¿Qué tipo de documentación (descripción de los parámetros, nombre del autor, fechas de creación y de revisión, etc.) debe incluirse al principio de cada procedimiento?
- Proyectos: Es necesario definir una norma para las opciones del cuadro de diálogo Crear archivo EXE (al que se accede desde el menú Archivo). También es recomendable normalizar los nombres de los proyectos.

Convenios de asignación de nombres

No cabe duda de que el documento de normas debe definir los convenios de asignación de nombres, ya que con ellos se determina en gran medida lo fácil o difícil que va a resultar depurar la aplicación y mantenerla en el futuro. En la siguiente lista se incluyen varios temas para los que es recomendable crear convenios:

- Nombres de control.
- Bases de datos.
- Columnas de las bases de datos.
- Procedimientos almacenados.
- Disparadores (triggers).
- Formularios.
- Módulos de código.
- Objetos (nombres de módulos de clase).
- Métodos (subprocedimientos y funciones).
- Propiedades (variables y procedimientos de las propiedades).

Las recomendaciones más recientes sobre los convenios de asignación de nombres se encuentran en el CD-ROM Microsoft Developer Network (MSDN). Microsoft Consulting Services los publica periódicamente y prácticamente todo el mundo en la comunidad de Visual Basic los utiliza.

Esfuerzos de optimización

Una de las actividades que suele preocupar a los programadores es la optimización. Debido seguramente a algunos residuos académicos o a que los programadores son aficionados a resolver puzzles, algunos de ellos parece que aprovechan todas las oportunidades que se ponen a su alcance para exprimir hasta el máximo los ciclos de la CPU y acelerar así su código. Este comportamiento raya en lo enfermizo. En el 99 por ciento de los casos, el propósito de la programación de empresa es el de ofrecer soluciones adecuadas que sean mantenibles, no crear el fragmento de código más reducido o más rápido.

Existen innumerables artículos sobre la optimización. En pocos se advierte al desarrollador del peligro que supone perseguir implacablemente la optimización o se indica en qué circunstancias es recomendable abordarla. Estos riesgos ya se conocen desde hace bastantes años. En 1974, Donald Knuth ya se ocupó del tema de la optimización. Para los que no les resulte familiar el nombre de Knuth, diremos que es posiblemente la persona que más influencia ha tenido en la historia de las ciencias de la computación. Su trilogía «The Art of Computer Programming» («El arte de la programación de computadores») trata prácticamente de todos los aspectos importantes de la programación en detalle y supone el análisis más profundo de las ciencias de la computación realizado hasta la fecha. Así que, ¿Qué dice Knuth sobre la optimización?

> *No cabe duda de que el «grial» de la eficiencia lleva al abuso. Los programadores desperdician enormes cantidades de tiempo pensando en la velocidad de partes no críticas de sus programas, y esos esfuerzos por conseguir la eficiencia tienen de hecho un importante impacto negativo por lo que respecta a la depuración y al mantenimiento. Debemos olvidarnos de pequeñas eficiencias prácticamente el 97 por ciento del tiempo. La optimización prematura es la raíz de todos los males.*

Publicado originalmente en *Computing Surveys*, Volumen 6, Diciembre de 1974. Reeditado en 1992 en *Literate Programmig* de Donald E. Knuth, p. 28.

Tenga en cuenta los siguientes puntos cuando se plantee la optimización del código:

- No optimice a menos que sea necesario. Si un programa cumple sus objetivos, calcula los resultados correctos y lo hace a tiempo, «mejorar» su rendimiento sólo puede tener un impacto negativo sobre la organización.
- Optimice sólo el código culpable. Si es necesario optimizar el rendimiento, identifique claramente la parte del código que es necesario optimizar. Puede que parezca obvio, pero resulta sorprendente el número de programadores que empiezan a optimizar el primer fragmento de código que encuentran optimizable. Si un programa se ha diseñado correctamente, sólo habrá que optimizar menos de un 10 a 20 por ciento del código.
- Documente las optimizaciones. Podemos asegurar sin miedo a equivocarnos que la optimización va a oscurecer el objetivo original del código. Los secretos de la optimización son fáciles de aprender, pero, hasta que eso ocurra, su objetivo puede escaparse a los programadores menos experimentados. Esta cuestión tiene una importancia doble porque es probable que el programador encargado de mantener el código tenga menos experiencia que el que lo ha escrito.
- No le dedique demasiado tiempo. El número de horas dedicado a la optimización no debe ser superior al que se ahorre como resultado de la misma. Por ejemplo, si el programa lo utiliza una única persona una vez cada día laborable del año y cada vez que lo utiliza sufre un retardo de 10 segundos, al final del año habrá perdido menos de una

hora. Por tanto, no gaste más de una hora en optimizar esta aplicación, lo que significa que no deberá perder el tiempo en optimizarla en absoluto. Por el contrario, si la aplicación la utilizan 500 personas dos veces al día y cada una de ellas tiene que esperar 10 segundos cada vez, el tiempo perdido será casi de 1000 horas al año. Este retardo sí que merece una optimización.

Mantenimiento del software

Visual Basic ofrece un modelo de objetos fácil de utilizar, que permite crear soluciones multinivel fáciles de mantener, construidas sobre partes o componentes reutilizables. Todas las aplicaciones, incluso las escritas por los mejores programadores con la mayor previsión, necesitarán un mantenimiento, como mínimo porque cambien las necesidades del sistema. Cuántas veces ha oído a un programador encargado del mantenimiento de un programa decir algo así «Quien haya escrito esto no era un programador, ¡era un cocinero de pasta!». (Un cocinero de pasta crea «código spaghetti».) Como el mantenimiento es inevitable, téngalo previsto por anticipado, concentrando los trabajos de desarrollo iniciales en la creación de un conjunto de componentes sobre los que pueda construir las aplicaciones.

Definiciones de variables y propiedades en los procedimientos

Aunque el convenio habitual sobre la declaración de variables es situarla al principio del módulo, no es un requisito del lenguaje. Cuando la longitud de un módulo sea superior a la altura de la pantalla, es conveniente utilizar una técnica distinta. Para facilitar la comprensión general, acerque la declaración de las variables al lugar en el que se utilicen por primera vez.

Tomemos como ejemplo el siguiente fragmento de código:

```
Dim iLoopCounter, iCharacterCount, iItemsFound, _
   iTotalCharacterCount as Integer
Dim sWorkString, sSeekString, sSearchedString As String
Dim vTextField As Variant
Dim bFound As Boolean

' El código de extracción del campo de la base de datos va aquí.
.
.
.
' ¿Contiene este campo la cadena que buscamos?
iTotalCharacterCount = Len(sSearchedString)
For iLoopCounter = 1 to iTotalCharacterCount
   If InStr(sSearchedString, sSeekStrlng) <> 0 Then
      bFound = True
   Else
      bFound = False
```

```
      End If
Next iLoopCounter

' Más código aquí.
   .
   .
   .
```

¿Por qué abarrotar el principio de la rutina con instrucciones *Dim* cuando es perfectamente aceptable llevar algunas de ellas más cerca de donde se utilizan realmente sus variables declaradas?

```
' El código de extracción del campo de la base de datos va aquí.
   .
   .
   .
' ¿Contiene este campo la cadena que buscamos?
Dim iLoopCounter, iTotalCharacterCount As Integer
Dim sSeekString, sSearchedString As String
Dim bFound As Boolean

iTotalCharacterCount = Len(sSearchedString)
For iLoopCounter = 1 to iTotalCharacterCount
   If InStr(sSearchedString, sSeekString) <> 0 Then
     bFound = True
   Else
     bFound = False
   End If
Next iLoopCounter

' Más código aquí.
   .
   .
   .
```

Una solución incluso mejor sería descomponer la rutina anterior en varias rutinas de ámbito menor. De hecho, un buen lugar para la descomposición es justo antes de las instrucciones *Dim* que aparecen en el cuerpo del código. Una cuidadosa estructuración de los métodos a lo largo de estas líneas encaja perfectamente con la filosofía del modelo de objetos tratado anteriormente en el Capítulo1, y hará que su código sea mucho más fácil de depurar y de mantener.

Seguimiento del archivo MDB

No debe codificar nunca de forma fija una referencia a una base de datos local en su aplicación. En su lugar, utilice el Registro de configuraciones, un archivo INI o cualquier otra solución que le ofrezca flexibilidad sobre el lugar en el que situar su base de datos. Ya no es necesario utilizar la API de Microsoft Windows para escribir en el Registro de configuraciones o en los archivos INI, porque dicha funcionalidad ahora viene incorporada en la instrucción *SaveSetting* y en la función *GetSetting* de Visual Basic 4. Como *SaveSetting* y *GetSetting* funcionan sobre entradas del Registro de configuraciones que son específicas de un usuario concreto, utilizan la clave HKEY_CURRENT_USER.

Protección frente a errores con «código kevlar»

El kevlar es un material ligero que el ejercito de los EE.UU. utiliza profusamente como protección «antibalas» tanto para los soldados como para los vehículos. De igual manera, el código kevlar es antibalas. La clave para escribir código kevlar consiste en minimizar la complejidad de cada una de las partes del programa. Einstein dijo, parafraseando a Occam, «Todo debe hacerse lo más sencillo posible, pero no más». Al escribir aplicaciones, 100 módulos sencillos son mucho más fáciles de entender que 5 módulos grandes (por supuesto que contar con módulos pequeños bien diseñados no elimina la necesidad de un buen diseño global del sistema).

Parte de la tarea de asegurar una cohesión eficaz entre estos módulos pequeños consiste en asegurar que todas las interfaces (es decir, los parámetros que se pasan al módulo y los que éste devuelve) estén bien diseñadas y sean adecuadas. Las interfaces cobran una nueva importancia con la introducción del módulo de clases en Visual Basic 4. Si cambia la interfaz con un objeto OLE, cualquier referencia que exista a dicho objeto ya no será válida. Esto puede resultar confuso cuando se maneja una solución cliente/servidor grande con cientos o miles de aplicaciones clientes OLE y servidores OLE ejecutándose en su red. Moraleja: tenga cuidado al crear la interfaz de todos los objetos.

5

Construcción de las primeras aplicaciones cliente/servidor

Ahora ya podemos empezar a construir las primeras aplicaciones cliente/servidor. Para este capítulo hemos creado un par de aplicaciones de ejemplo para mostrarle la forma de conectarse a una base de datos remota mediante controles enlazados y con Objetos de acceso a datos (DAO; Data Access Objects) y Objetos de datos remotos (RDO; Remote Data Objects).

Programa de ejemplo: Una sencilla primera aplicación

Lo primero que debe saber a la hora de crear una aplicación cliente/servidor es cómo conectarse a la base de datos remota. Aunque no es difícil, es distinto a conectarse a una base de datos local. Como demostración hemos creado una aplicación llamada Main, que se encuentra en el directorio FirstApplication del CD adjunto. Dicha aplicación utiliza la base de datos de ejemplo pubs que se incluye con Microsoft SQL Server y a ella se accede mediante controles enlazados de Visual Basic. Un control de este tipo puede enlazarse con un control Data para proporcionar una interfaz automática entre la base de datos y el control. En esta aplicación sólo se utiliza el control RemoteData y el control DBGrid. (El control DBGrid es conectable a datos y no necesita código adicional para realizar sus funciones normales. Aunque es posible controlarlo de forma manual, lo dejaremos para un proyecto posterior.)

En la Figura 5.1 de la página siguiente se muestra el formulario principal del ejemplo en modo diseño. Observe que el control RemoteData tiene el mismo aspecto que un control Data normal.

78 *Programación cliente/servidor con Microsoft Visual Basic*

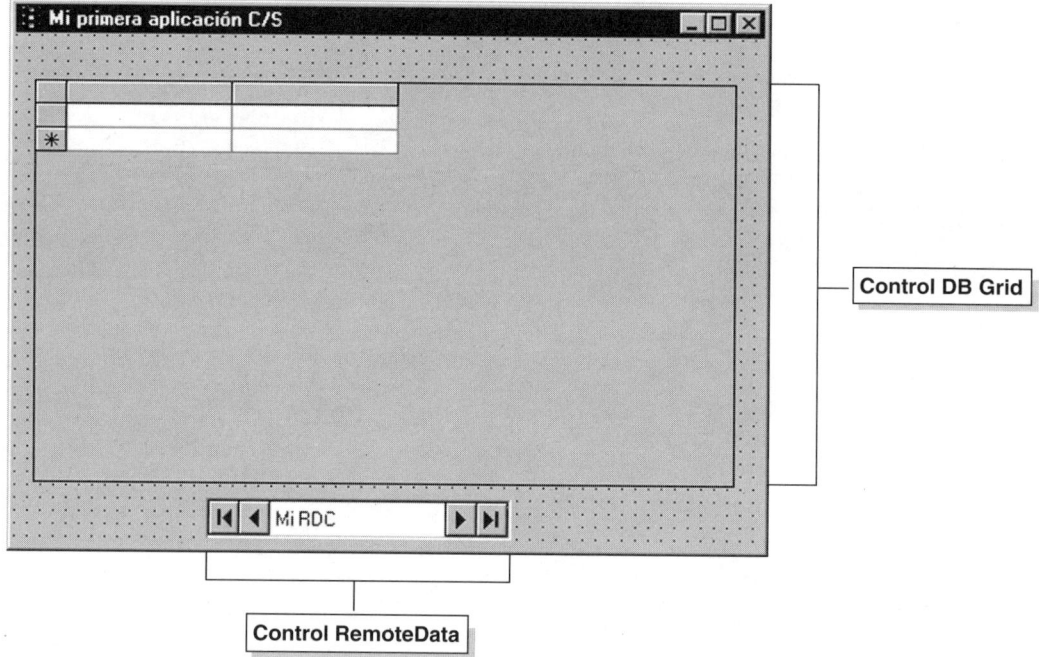

Figura 5-1. *Formulario principal en modo diseño.*

Para poder ejecutar esta aplicación es necesario crear primero un origen de datos para la base de datos pubs. Para ello, abra la aplicación ODBC en el Panel de control para acceder al cuadro de diálogo Orígenes de datos. Pulse sobre Agregar y accederá al cuadro de diálogo Agregar origen de datos, seleccione SQL Server en el cuadro de lista Controladores de ODBC instalados y pulse sobre Aceptar para acceder al cuadro de diálogo Instalación de ODBC SQL Server. Introduzca Publishers como Nombre del origen de datos y el nombre del servidor en Servidor, y pulse sobre el botón Opciones. Introduzca pubs en Nombre de la base de datos en el panel Conexión que aparecerá y pulse sobre Aceptar para regresar al cuadro de diálogo Orígenes de datos. Después de verificar que aparece Publishers (SQL Server) en el cuadro de lista Orígenes de datos del usuario (controlador), pulse sobre Cerrar y salga del Panel de control.

Ahora le indicaremos la forma de crear esta aplicación desde cero. Abra Visual Basic 4 y seleccione Nuevo proyecto en el menú Archivo. Utilice la caja de herramientas para colocar un control DBGrid y un control MSRDC en el formulario.

Nota: *Si la caja de herramientas no contiene los controles DBGrid y MSRDC, seleccione Controles personalizados en el menú Herramientas para acceder al cuadro de diálogo Controles personalizados. Marque las casillas de Apex Data Bound Grid para el control DBGrid y de Microsoft RemoteData Control para el control MSRDC. Pulse sobre Aceptar para que los controles aparezcan en la caja de herramientas.*

Controles ActiveX

Los controles ActiveX (que anteriormente se llamaban controles OLE) permiten extender la funcionalidad de Visual Basic y de muchos otros lenguajes y aplicaciones. La especificación ActiveX de Microsoft es un estándar que permite crear extensiones para realizar una gran variedad de tareas. Con Visual Basic se incluyen varios controles ActiveX, que dependen de la edición de que se trate (Estándar, Profesional o Empresarial). Entre los ejemplos de controles Visual Basic estándar nos encontramos el MicroHelp Gauge Control (Gauge32.ocx) y el MicroHelp Key State Control (Keysta32.ocx).

Para poder utilizar un control ActiveX en una aplicación escrita en Visual Basic, es necesario cargar antes el control en el proyecto mediante las siguientes operaciones:

1. Seleccione Controles personalizados en el menú Herramientas.
2. Si el control que desea no aparece en la lista, utilice el botón Examinar para añadirlo a ella.
3. Pulse sobre el control que desea utilizar.

Después de realizar las siguientes operaciones el control aparecerá en la caja de herramientas de Visual Basic, y podrá utilizarlo de igual forma que cualquiera de los otros controles.

Mediante el botón Propiedades de la barra de herramientas, defina las propiedades de los controles de acuerdo con la siguiente tabla. Las propiedades que no aparecen en la misma deberá dejarlas con su valor predeterminado.

Control	Propiedad	Valor
DBGrid	DataSource	rdcAutor
MSRDC	Caption	Mi RDC
	DataSourceName	Publishers
	Name	rdcAutor
	SQL	select *from authors

Nota: *Para simplificar esta aplicación de ejemplo hemos utilizado una instrucción Select *. No obstante, para reducir la sobrecarga en sus aplicaciones, siempre deberá especificar los nombres exactos de las columnas que desee recuperar.*

Si todavía no lo ha hecho, cree un origen de datos llamado Publishers que apunte a la base de datos pubs del servidor. Esta operación puede realizarla con la aplicación ODBC del Panel de control. (Más información sobre la forma de definir un origen de datos puede encontrarla en la sección «Origen de datos ODBC», en la página 59.)

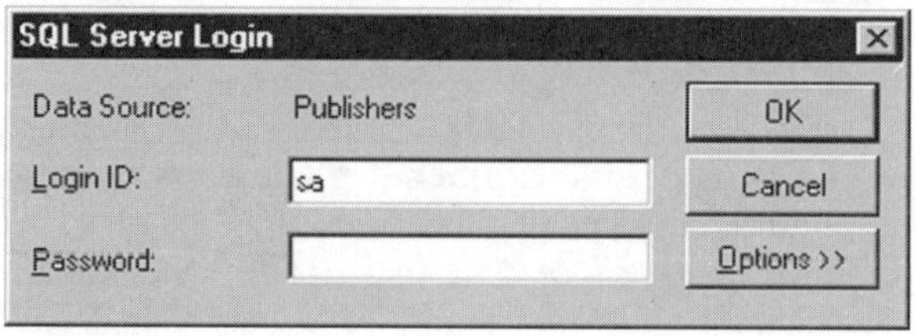

Figura 5-2. *Cuadro de diálogo SQL Server Login.*

Pulse ahora F5 para ejecutar la aplicación. Lo primero que verá cuando ejecute la aplicación será el cuadro de diálogo de conexión que se muestra en la Figura 5.2, que sirve para conectarse a la base de datos de SQL Server. Para más información, consulte la sección «Conexión a una base de datos remota» en la página 81.

Una vez conectado con éxito a SQL Server, su formulario recibirá los datos como se muestra en la Figura 5.3.

Un aspecto interesante de esta aplicación de ejemplo es que no contiene código (todo se gestiona mediante las funciones de los controles enlazados). En este ejemplo, el control DBGrid está asociado al control RemoteData. Los detalles de esta asociación puede verse en el cuadro de diálogo Propiedades de Control RemoteData, que se muestra en la Figura 5.4.

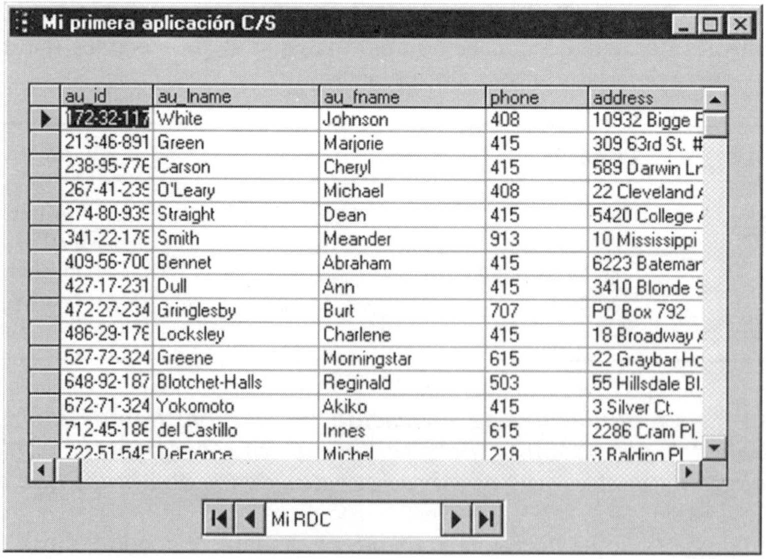

Figura 5-3. *Resultado de una aplicación completamente funcional que no ha necesitado de programación.*

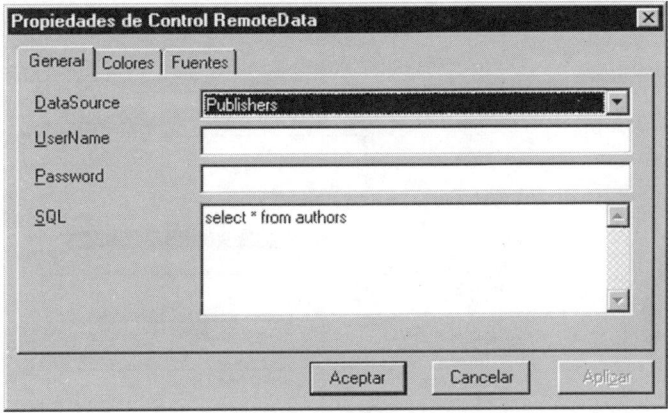

Figura 5-4. *Verifique siempre la información del cuadro de diálogo de propiedades para los nuevos controles y para los antiguos que haga tiempo que no utilice.*

Este cuadro de diálogo se abre pulsando con el botón derecho sobre el control en modo diseño y seleccionando la opción Propiedades en el menú emergente.

Aunque los controles enlazados son fáciles de utilizar, no siempre ofrecen un rendimiento óptimo para aplicaciones reales con una gran carga de trabajo. En su lugar, puede aumentar los controles Data mediante DAO y RDO para recuperar los datos y utilizar después la instrucción Set para definir la propiedad RecordSource del control RemoteData como el nombre del Recordset generado por DAO y RDO.

Consejo: *Para construir y comprobar de forma interactiva instrucciones Select largas, utilice una herramienta como sp_Assist de Sheridan Software. Copie después la instrucción al portapapeles y péguela en su aplicación. También puede crear un proyecto en sp_Assist para mantener instrucciones Select y objetos en SQL Server, como procedimientos almacenados y disparadores (triggers). Dele al proyecto en sp_Assist el mismo nombre del proyecto en Visual Basic para que el seguimiento de los mismos sea más fácil.*

Conexión a una base de datos remota

La conexión a una base de datos remota puede ser una experiencia desesperante para sus usuarios. En la Figura 5.5 de la página siguiente se muestra el cuadro de diálogo SQL Server Login (expandido para que aparezca la sección de opciones) predeterminado. Este cuadro de diálogo le aparece al usuario para cada uno de los controles de datos y conexiones a los que accede la aplicación si no se define de forma explícita el Identificador de conexión (Login ID) y la contraseña (Password) para la aplicación antes de realizar la conexión.

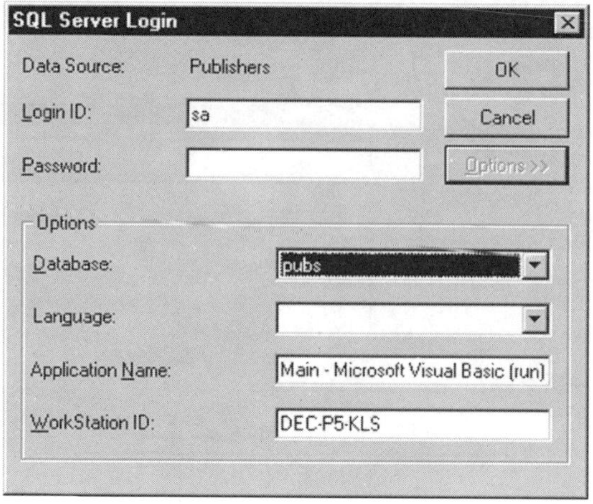

Figura 5-5. *Cuadro de diálogo SQL Server Login expandido.*

Si va a conmutar a otra base de datos con la misma estructura o si su aplicación le permite escoger distintas tablas de una base de datos, podrá seleccionar la base de datos en la lista desplegable Database. (Recuerde que esta lista apunta a sus orígenes de datos ODBC definidos.) Este cuadro de diálogo suele resultar útil para los desarrolladores, pero debe esconderse para la mayoría de los usuarios.

Para que no aparezca el cuadro de diálogo Login deberá introducir el nombre de usuario y la contraseña en el cuadro de diálogo que se muestra en la Figura 5.4. Es necesario indicar el nombre de usuario y la contraseña para cada control RemoteData de la aplicación. También puede introducir *UID=sa; PWD=;* en la propiedad Connect de cada control RemoteData para codificar de forma permanente el nombre de usuario y la contraseña.

Nota: *En nuestros ejemplos se utiliza el ID (identificador) de usuario sa. Este es el ID de usuario predeterminado del administrador de sistema en SQL Server, y no debe utilizarse en las aplicaciones de producción.*

Modos de seguridad en SQL Server

SQL Server ofrece tres modos de seguridad distintos para la conexión de usuarios. El modo que debe elegir depende del entorno de su red, de las necesidades de seguridad de su organización y de los problemas que quiera evitarles a sus usuarios cuando se conecten a la base de datos.

- **Standard (estándar)**
  Es el modo de seguridad predeterminado y utiliza el modo de seguridad propio de SQL Server para todas las conexiones a una base de datos. La única excepción es cuando un cliente solicita de manera explícita una conexión fiable en modo Integrated.

- **Integrated (integrado)**
  El modo Integrated utiliza el sistema de seguridad de Microsoft Windows NT para todas las conexiones a cualquier base de datos. La base de datos ignora todos los nombres de usuario y contraseñas enviados desde un cliente durante la conexión. En su lugar se utiliza el nombre de usuario de red de la estación de trabajo cliente. En este modo sólo se admiten clientes que utilicen conductos nominados (named pipes) y conexiones multiprotocolo.
- **Mixed (mixto)**
  Este modo es una combinación de los modos Standard e Integrated. Cuando un cliente intenta realizar una conexión en modo Mixed, SQL Server comprueba primero el nombre de acceso incluido en la conexión. Si el nombre de acceso está vacío o es igual que el nombre de usuario de la red se utiliza el modo Integrated. Si en esta fase del proceso falla la conexión, SQL Server prueba el nombre de conexión y la contraseña en modo Standard. SQL Server también prueba con el modo Standard si el nombre de conexión no está vacío pero no coincide con el nombre de usuario de la red.

Los modos Integrated y Mixed son los más fáciles de gestionar si su red está compuesta de clientes Windows, Windows para trabajo en grupo, Windows 95 o Windows NT. Estos modos de seguridad le permiten utilizar las cuentas de usuario estándar de NT para SQL Server. Estos clientes pueden utilizar conductos nominados y conexiones multiprotocolo, que les permiten utilizar el modo que prefieran. ¿Cuál es el criterio para escoger entre el modo de seguridad Integrated y Mixed?

- Puede utilizar con total tranquilidad sólo el modo Integrated si todos los usuarios de su base de datos tienen una cuenta NT y siempre acceden a la base de datos desde un sistema en el que se ejecuten conductos nominados y varios protocolos.
- Debe utilizar el modo Mixed si tiene usuarios sin cuentas NT que deben acceder a la base de datos o si hay estaciones de trabajo cliente en las que no se ejecutan conductos nominados o varios protocolos.

Por otra parte, si desea que sus usuarios sólo utilicen el modo Standard, puede obtener el nombre del usuario mediante una llamada API, como se demuestra en la sección *«Método UT_NetUserID»* que empieza en la página 147. Utilice el modo Standard sólo cuando no pueda utilizar el modo Integrated o Mixed o cuando no quiera que los usuarios accedan a la base de datos con sus cuentas de usuario normales para la red.

También puede incluir el nombre de usuario y la contraseña en la aplicación, como se explica en *Construcción de aplicaciones cliente/servidor* (en el apartado *Implementación de una conexión*), que se incluye con la Edición empresarial de Visual Basic.

Construcción del esquema de base de datos en SQL Server

Para poder ejecutar la mayor parte de las aplicaciones cliente/servidor primero debe construir un esquema de base de datos en SQL Server. Con el siguiente procedimiento se

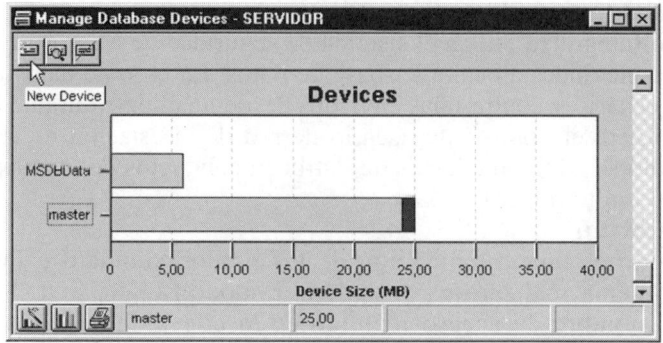

Figura 5-6. SQL Enterprise Manager le permite crear nuevos dispositivos de base de datos en esta ventana.

demuestra la forma de hacerlo mediante la creación de una base de datos que contenga las tablas necesarias para todos los ejemplos restantes de este libro.

Si todavía no tiene conectado un servidor, utilice SQL Security Manager para conectarlo. Para disponer de privilegios de administrador, utilice *sa* como ID de conexión y deje la contraseña vacía. Después, si todavía no ha registrado su servidor, seleccione Register Server en el menú Server de SQL Enterprise Manager.

Una vez que disponga de un servidor registrado, deberá crear un dispositivo en el que residirá la *base de datos*. Un dispositivo de base de datos es simplemente un archivo (que no consume necesariamente un disco físico completo). Para crear un dispositivo de base de datos en SQL Server, seleccione Devices en el menú Manage de SQL Enterprise Manager. Al hacerlo, aparecerá la ventana que se muestra en la Figura 5.6. Pulse sobre el primer botón de la barra de herramientas (New Device) para acceder a la ventana New Database Device, e introduzca el nombre del nuevo dispositivo, la unidad en la que va a residir, el trayecto hasta el archivo y su tamaño (un buen valor predeterminado es 10 Mb).

A continuación deberá crear una base de datos mediante la opción Databases del menú Manage de SQL Enterprise Manager. Para ello, pulse primero sobre el botón New Database de la barra de herramientas para acceder a la ventana New Database, e introduzca después el nombre de la base de datos (en nuestros ejemplos se utiliza ClientServerBook como nombre de base de datos), el dispositivo de datos en el que desea que resida (utilice el dispositivo de base de datos que acaba de crear), y su tamaño. (Consulte la Figura 5.7.)

Ahora ya está preparado para exportar las tablas del cliente a SQL Server. Para realizar esta operación, primero tendrá que añadir su origen de datos en el cliente. Vaya a la aplicación ODBC en el Panel de control para acceder al cuadro de diálogo Orígenes de datos. Pulse sobre Agregar para que aparezca el cuadro de diálogo Agregar origen de datos, seleccione SQL Server en el cuadro de lista Controladores de ODBC instalados y pulse sobre Aceptar. En el cuadro de diálogo Instalación de ODBC SQL Server que aparecerá, introduzca ClientServerBook en Nombre del origen de datos; introduzca el nom-

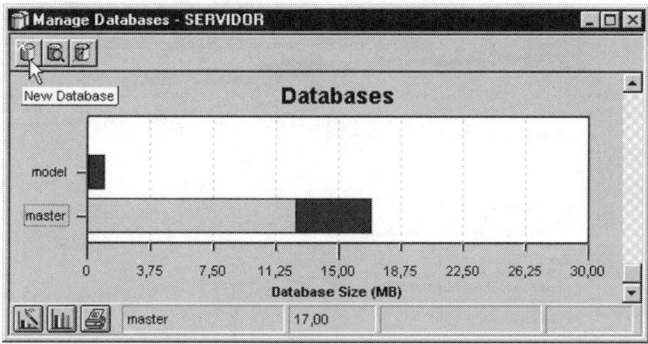

Figura 5-7. Esta es la ventana que debe utilizar en SQL Enterprise Manager para crear una nueva base de datos.

bre de su servidor en Servidor y pulse después sobre el botón Opciones. En el panel Conexión que aparecerá, introduzca ClientServerBook en Nombre de la base de datos y pulse sobre Aceptar para regresar al cuadro de diálogo Orígenes de datos. Después de verificar que aparece ClientServerBook (SQL Server) en el cuadro de lista Orígenes de datos del usuario (controlador), pulse sobre Cerrar.

Abra ahora el archivo ClientServerBook.mdb, que encontrará en el directorio raíz del CD adjunto. Seleccione la tabla Client y utilice la opción Save As/Export del menú File para acceder al cuadro de diálogo Save As. Seleccione la opción To An External File Or Database y pulse sobre Aceptar para que aparezca el cuadro de diálogo Save Table. En el cuadro de lista desplegable Save As Type, seleccione ODBC Databases () para presentar el cuadro de diálogo Export. Pulse simplemente sobre Aceptar (sin cambiar el nombre de la tabla) para acceder al cuadro de diálogo SQL Data Sources. Seleccione ClientServerBook y pulse sobre Aceptar para presentar el cuadro de diálogo SQL Server Login. Introduzca un ID de conexión y una contraseña válidos (si es el administrador del sistema, utilice *sa* como ID de conexión y deje en blanco la contraseña), pulse sobre Aceptar y habrá terminado de exportar la tabla Client a SQL Server.

Repita el proceso anterior para cada una de las ocho tablas restantes incluidas en ClientServerBook.mdb.

Ahora ya está preparado para completar la configuración de la base de datos en SQL Server. Copie primero al servidor el archivo BuildIndexProcedure.sql, que encontrará en el directorio raíz del CD adjunto. Abra después ISQL/w (que se muestra en la Figura 5.8 de la página siguiente) en SQL Server, y conéctese al servidor mediante el cuadro de diálogo Connect Server que aparece. En la ventana Query, seleccione ClientServerBook en el cuadro de lista desplegable que lleva la etiqueta DB. Pulse después sobre el botón Load SQL Script de la barra de herramientas para que aparezca la ventana Open File. Abra el archivo BuildIndexProcedure.sql para presentar el script (guión) en la ficha Query de la ventana Query. Pulse sobre el botón Execute Query de la barra de herramientas y habrá terminado.

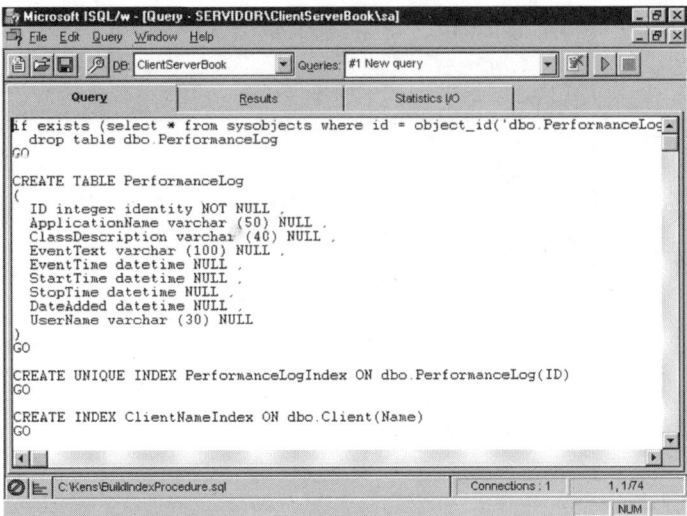

Figura 5-8.   Aplicación ISQL/w.

Generación de scripts (guiones) SQL

Los archivos de scripts SQL suelen tener una extensión SQL (como, por ejemplo, Kens.sqp). Los scripts puede generarlos de forma manual, o mediante una herramienta automatizada como Microsoft SQL Enterprise Manager (que se incluye con SQL Server 6). SQL Enterprise Manager puede generar scripts para reconstruir una base de datos completa o sólo una parte de ella, lo que resulta de gran utilidad cuando se quiere transferir la estructura de la base de datos a otra base de datos. ¿Cómo se generan estos scripts?

1. Arranque SQL Enterprise Manager.
2. En la ventana Server Manager, seleccione la base de datos para la que desea crear un script.
3. Seleccione Generate SQL Scripts en el menú Objects.
4. Seleccione las opciones para el script, y marque la casilla de verificación All Objects. (Al seleccionar All Objects se genera un script para construir la base de datos completa.)
5. Pulse sobre el botón Script o Preview para generar el script.
6. Si ha pulsado sobre Preview, pulse sobre Save As para guardar el script.
7. En el cuadro de diálogo Save As, seleccione el directorio y el nombre de archivo que quiera utilizar.

Después de generado el script, podrá ejecutarlo en cualquier lugar en el que pueda ejecutar un conjunto de órdenes SQL sobre la base de datos deseada. Por ejemplo, podría utilizar ISQL/w o la orden ISQL en el indicador del MS-DOS.

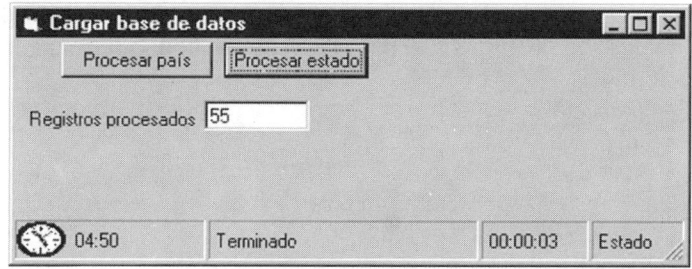

Figura 5-9. *Formulario utilizado por la aplicación de ejemplo Batch.*

Programa de ejemplo: Carga por lotes de una base de datos de países y estados

Vamos a animar nuestra aplicación pasando del control RemoteData a RDO. ¿Cómo debemos utilizar RDO para realizar las mismas funciones que en nuestro primer ejemplo? Veamos la forma de conectarnos a una base de datos predeterminada mediante los Objetos de datos remotos.

La siguiente aplicación de ejemplo, que se denomina Batch y se encuentra en el directorio BatchLoadCountry del CD adjunto, demuestra la potencia de DAO y de RDO en Visual Basic y SQL Server. Utilizaremos DAO para leer dos tablas (una de ellas es una lista de países y la otra una lista de estados) desde una base de datos de Microsoft Access local, y utilizaremos después RDO para cargar los datos en las tablas correspondientes en una base de datos de SQL Server remota.

Esta es una buena aplicación inicial para demostrar cómo funcionan tanto DAO como RDO. Mientras lee la tabla Country o State de la base de datos de Access (mediante DAO), va añadiendo los datos a la tabla correspondiente en la base de datos remota. Al ejecutar la aplicación Batch aparece el formulario que se muestra en la Figura 5.9.

Pulse sobre los botones Procesar país o Procesar estado (que funcionan de la misma forma) para cargar los datos locales al servidor. En la barra de estado se muestran las estadísticas del progreso de la aplicación, con la hora actual, el tiempo para realizar la operación y el nombre de la tabla que se ha cargado. (El funcionamiento de la barra de estado se explica en la sección «Utilización del control StatusBar», en la página 91.) El número total de registros procesados se muestra en el cuadro de texto Registros procesados.

Formulario frmLoadDatabase

Este formulario contiene todo el código de la aplicación.

Procedimiento de evento *cmdGoCountry_Click*

El procedimiento de evento *cmdGoCountry_Click* se activa cuando se pulsa sobre el botón Procesar país.

En la primera parte del procedimiento se crean una gran cantidad de variables. Las más interesantes son las utilizadas para la conexión con la base de datos, que se presentan a continuación:

```
Private Sub cmdGoCountry_Click()

   Dim CountryDb As Database, CountryInTable As Recordset
   Dim ConnectString As String
   Dim cnCountryConnection As rdoConnection, _
      enCountry As rdoEnvironment
   Dim rsCountryIn As rdoResultset
   Dim i As Integer, StartTime As Date, _
      StopTime As Date, TotalTime As Date
```

CountryDB se crea como instancia del objeto Database para proporcionar acceso a la base de datos mediante DAO. El objeto CountryInTable se crea como instancia de un objeto Recordset. Estos dos objetos es todo lo que hace falta para comunicarse con una base de datos de Access mediante DAO. *ConnectString* es una variable de tipo string (cadena de caracteres) que se utilizará para guardar las instrucciones SQL para ambas tablas.

Para crear instancias de objetos RDO se utilizan las tres propiedades de la tabla siguiente:

Propiedad	Objeto RDO	Descripición
cnCountryConnection	rdoConnection	Esta propiedad proporciona una referencia para la conexión a la base de datos ODBC. Una vez creada la conexión, el objeto ya no es necesario hasta el momento de cerrarla.
enCountry	rdoEnvironment	Esta propiedad es la referencia al entorno RDO. Es posible crear varios entornos con nombres distintos. Cada entorno puede admitir múltiples transacciones y una gran cantidad de funciones adicionales.
RsCountryIn	rdoResultSet	Esta propiedad es la que más se va a utilizar porque apunta al Resultset de la conexión RDO.

A continuación se muestra la siguiente parte del procedimiento de evento *cmdGoCountry_Click*:

```
pnlTableToProcess.Text = «Country»
   StartTime = Time()
   frmLoadDatabase.MousePointer = vbArrowHourglass
   txtRecordsProcessed = 0
   pnlStatus.Text = «Conectando»
   DoEvents
```

Construcción de las primeras aplicaciones cliente/servidor **89**

En la segunda línea se captura la hora actual en la propiedad StartTime, para utilizarla cuando se termine la rutina. Para comodidad del usuario, definimos el puntero del ratón como una flecha con un reloj de arena para indicar que pueden realizarse otras tareas mientras se ejecuta este procedimiento. También inicializamos el control txtRecordsProcessed a *0* y ejecutamos la función DoEvents para actualizar el panel de texto.

Con las dos instrucciones siguientes se abre la base de datos de Access y se crea un nuevo Recordset basado en la instrucción SQL de la segunda línea.

```
Set CountryDb = Workspaces(0).OpenDatabase _
    («..\ListAndGridDemo\CountryIn.mdb»)
  Set CountryInTable = CountryDb.OpenRecordset _
    («Select CountryCode, CountryCode, RegionCode, « _
    & «Country from Country», dbOpenDynaset)
```

Una vez utilizado el método *OpenRecordset* para crear el objeto CountryInTable, ya podremos utilizar el Recordset en la aplicación. Observe que en este ejemplo hemos creado un Recordset de tipo dynaset (hoja de respuestas dinámica), utilizando para ello la constante dbOpenDynaset con el método *OpenRecordset*.

Ahora que disponemos de un Recordset de la base de datos Access, podemos construir un Recordset para la base de datos ODBC. En primer lugar creamos la cadena de conexión ODBC y la guardamos en la propiedad ConnectString.

```
ConnectString = «DSN-ClientServerBook;UID=sa;PWD=;»
```

¿Le resulta familiar parte de este código? El nombre del origen de datos (ClientServerBook), el nombre de la conexión (sa) y la contraseña ( ) son los mismos que hemos utilizado en la primera aplicación anteriormente en este capítulo.

Después de construir la cadena de conexión tenemos que crear nuestra conexión. Con la siguiente instrucción se crea una referencia numérica al entorno RDO que vamos a utilizar, en este caso el *0*. La conexión de hecho a la base de datos se realiza mediante el método *OpenConnection* contra la referencia al entorno creada en la instrucción anterior.

```
Set enCountry = rdoEnvironments(0)
  Set cnCountryConnection = enCountry.OpenConnection _
    («», rdDriverNoPrompt, False, ConnectString)
```

Ahora que hemos establecido nuestra conexión, ya podemos empezar a realizar algunas tareas útiles. Con la siguiente instrucción se eliminan todas las filas de la tabla Country para prepararla para nuestra actualización. Observe lo sencillo que es el método *Execute*.

```
cnCountryConnection.Execute «Delete from Country»
```

El conjunto de resultados (Resultset) lo creamos mediante el método *OpenResultset* sobre la conexión abierta. El parámetro rdConcurRowver le indica al método el tipo de bloqueo que queremos utilizar con la base de datos. En este ejemplo se utiliza el *Bloqueo optimista*, que permite que la página que contiene la fila esté disponible para el resto de los usuarios, excepto en el instante en el que se esté realizando una actualización. Observe la actualización después de modificar la propiedad Text del panel de estado.

```
Set rsCountryIn = cnCountryConnection.OpenResultset _
    («Select * from Country», , rdConcurRowver)
  pnlStatus.Text = «Procesando»
  DoEvents
```

Ahora viene la parte divertida. En la siguiente sección de nuestro procedimiento es donde se realiza la mayor parte del trabajo.

Empezamos por establecer un contador (i) para realizar el seguimiento del número de registros procesados. A continuación utilizamos la construcción *Do While* para empezar un bucle sobre la tabla de Access. Una vez dentro del bucle, utilizamos el método *AddNew* para crear un nuevo registro en el conjunto de resultados rsCountryIn. Después sólo tenemos que definir los valores de este conjunto de resultados como los valores correspondientes de la base de datos Access.

Una vez definidos todos los valores, utilizamos el método *Update* para actualizar de hecho la base de datos remota. Un método *MoveNext* nos lleva al siguiente registro de la base de datos Access.

De nuevo, observe que, después de definir un control en el formulario, utilizamos el método *Refresh* para actualizar la presentación del formulario. La última acción del bucle consiste en actualizar el contador para que indique el número total de registros.

```
i = 1
  Do While Not CountryInTable.EOF
    rsCountryIn.AddNew
    rsCountryIn(«UniqueCountryCode») = i
    rsCountryIn(«CountryCode») = CountryInTable(«CountryCode»)
    If CountryInTable(«RegionCode») = «» Then
      rsCountryIn(«RegionCode») = 0
    Else
      rsCountryIn(«RegionCode») = CountryInTable(«RegionCode»)
    End If
    rsCountryIn!Country = CountryInTable(«Country»)
    rsCountryIn.Update
    CountryInTable.MoveNext
txtRecordsProcessed = i
    txtRecordsProcessed.Refresh
    i = i + 1
  Loop
```

Las bases de datos pueden cerrarse en cuanto termina el bucle. Utilizamos el método *Close* sobre el objeto CountryDb (para la base de datos Access) y sobre el objeto cnCountryConnection (para la base de datos remota). Actualizamos los tiempos, restablecemos el puntero del ratón y hemos acabado.

```
    pnlStatus.Text = «Cerrando bases de datos»
      DoEvents
      CountryDb.Close
      cnCountryConnection.Close
      StopTime = Time()
      TotalTime = StartTime - StopTime
      pnlStatus.Text = «Terminado»
      pnlTimeProcessed.Text = Format$(TotalTime, «hh:mm:ss»)
      frmLoadDatabase.MousePointer = vbDefault

    End Sub
```

Procedimiento de evento *cmdGoState_Click*

No entraremos aquí en los detalles de este procedimiento de evento porque es idéntico al procedimiento de evento *cmdGoCountry* excepto en que utiliza las tablas State.

Utilización del control StatusBar

El control StatusBar es una de las novedades de Visual Basic 4, y resulta útil para presentar mensajes de estado al usuario. Es recomendable que conozca varios aspectos de su utilización.

Lo primero que debe hacer después de incluir un control StatusBar en un formulario es definir los paneles individuales de la barra de estado, mediante la ficha Paneles del cuadro de diálogo Propiedades de Control Status Bar que se muestra en la Figura 5.10 de la página siguiente. Para que aparezca este cuadro de diálogo, pulse con el botón derecho sobre el control StatusBar y seleccione Propiedades en el menú emergente.

La propiedad Index de la ficha Paneles contiene el número de cada panel de estado. Cuando se incluye por primera vez una nueva barra de estado en un formulario, ésta contiene un panel y la propiedad Index vale *1*. La propiedad Key contiene el nombre que debe utilizarse para acceder a cada panel individual. En nuestro ejemplo de la figura se llama *CurrentTime*.

Hemos incluido un reloj en el panel mediante la sección Imagen que se encuentra en la esquina inferior derecha de la página Paneles. Pulse sobre el botón Examinar para localizar una imagen en su sistema y cargarla en el panel. Definimos este panel para que presente la hora actual escogiendo la opción *5-Time* en la lista desplegable de la propiedad Estilo. Le dejamos que descubra el resto de las propiedades y cómo puede utilizarlas en sus aplicaciones.

¿Cómo se accede al control StatusBar en el programa? La forma más sencilla consiste en crear una referencia de objeto a cada uno de los paneles que nos permita acceder directamente a ellos. En nuestro ejemplo se utiliza la sección de declaración para declarar cuadro propiedades de nivel de formulario, una para cada panel.

Declaraciones

Observe que siempre utilizamos la instrucción *Option Explicit* para activar la declaración explícita de variables en nuestras aplicaciones. La utilización de *Option Explicit* permite

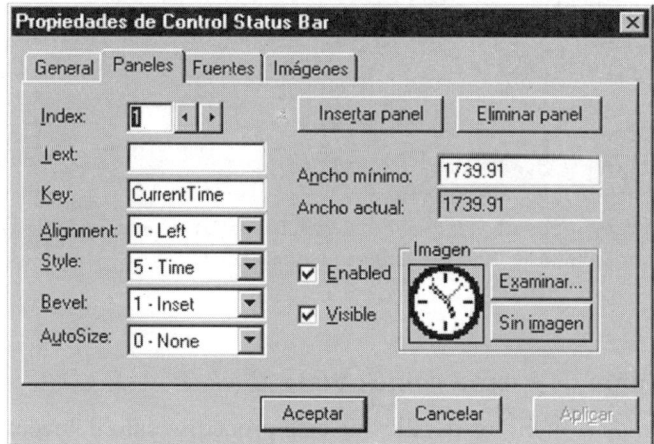

Figura 5-10. *Ficha Paneles del cuadro de diálogo Propiedades de Control Status Bar.*

reducir en gran medida el tiempo necesario para descubrir errores ortográficos durante el proceso de depuración.

```
Option Explicit
Dim pnlCurrentTime As Panel
Dim pnlTimeProcessed As Panel
Dim pnlTableToProcess As Panel
Dim pnlStatus As Panel
```

Procedimiento de evento *Form_Load*

Después de crear las propiedades, utilice el procedimiento de evento *Form_Load* para predefinir cuatro referencias de objetos, una para cada uno de los paneles de la barra de estado:

```
Private Sub Form_Load()

   Set pnlStatus = StatusBar1.Panels(«Status»)
   Set pnlCurrentTime = StatusBar1.Panels(«CurrentTime»)
   Set pnlTimeProcessed = StatusBar1.Panels(«TimeProcessed»)
   Set pnlTableToProcess = StatusBar1.Panels(«TableToProcess»)

End Sub
```

Ahora podemos acceder de una forma sencilla a cada uno de los paneles directamente, por ejemplo con la siguiente sintaxis.

```
pnlStatus.Text = «Procesando»
```

Con esta instrucción se define la propiedad Text del panel de estado como *Procesando*. Con la utilización de la referencia al objeto el código es más compacto, más fácil de leer y se ejecuta más rápido que si se utilizara directamente la sintaxis completa para acceder a un panel.

Consejo: *Hemos aprendido otra cosa de la utilización del control StatusBar: no presente información en la barra de estado mientras se encuentra dentro de un bucle importante, ya que la barra de estado parpadeará durante cada pasada del bucle. En su lugar, utilice un cuadro de texto normal para presentar el número de registros procesados durante el bucle.*

6

Automatización OLE y Automatización remota

¿Cuántas veces tiene que realizar una modificación en su aplicación, reconstruir el archivo ejecutable y distribuir ese archivo a sus usuarios por la red? Todos los usuarios del ejecutable necesitan una copia nueva, ¿no es así?. ¿Qué le parecería poder actualizar un único archivo en la red y que el ejecutable de todo el mundo lo utilizara sin ninguna reconstrucción? ¡Sería fabuloso!

Bienvenido a la automatización OLE. Para empezar a entender cómo podemos sacar provecho de esta tecnología en un proyecto cliente/servidor, retrocedamos hasta la Figura 1.3 en la página 10, en la que se muestra el modelo de objetos utilizado como base de nuestro proyecto. En un proyecto típico se utilizan montones de objetos distintos. Algunos de ellos, como una pantalla de presentación, tienen cometidos de utilidad. Otros pueden contener reglas financieras, funciones matemáticas y otras funciones que ni siquiera se le habían pasado por la cabeza al iniciar el proyecto. El primer paso consiste en definir qué objetos son necesarios para un proyecto. También habrá que examinar qué objetos de los ya existentes en la base de datos corporativa pueden utilizarse con pequeñas modificaciones.

Introducción a la automatización OLE

La automatización OLE funciona permitiendo a una aplicación que exponga los métodos (subrutinas y funciones) y las propiedades (variables) contenidos en la misma para otras aplicaciones. Una aplicación que expone métodos y propiedades se denomina *servidor OLE*. Cualquier aplicación que pueda acceder a un servidor OLE, puede utilizar un mé-

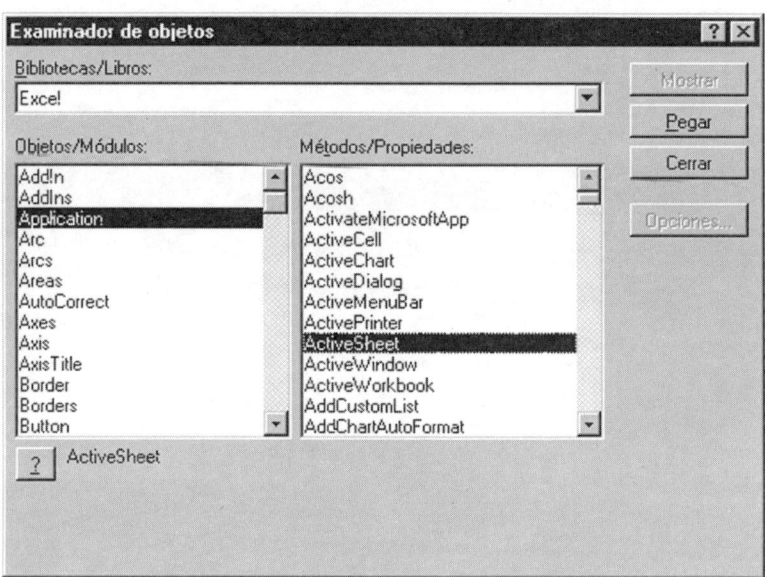

Figura 6-1. *El Examinador de objetos de Excel muestra todos los métodos y propiedades que expone la Biblioteca de objetos de Microsoft Excel 5.0.*

todo del servidor como si se tratara de un procedimiento o función normal contenido en la aplicación, en cuyo caso se denomina *cliente OLE*. (Observe que los términos *cliente OLE* y *servidor OLE* no hacen referencia al cliente y al servidor en un sistema de base de datos cliente/servidor.) Todas las aplicaciones de Microsoft Office son servidores OLE. Probemos un ejemplo con Microsoft Excel.

Para descubrir lo que ofrece Excel en el tema de métodos y propiedades de automatización OLE, consulte la Biblioteca de objetos de Microsoft Excel 5.0. Para ver qué pone la biblioteca a disposición de otros programas, abra Excel y cree un módulo o vaya a uno. (Para crear un módulo, seleccione Módulo en la opción Macro del menú Insertar.) Ahora puede seleccionar Examinador de objetos en el menú Ver, para acceder al cuadro de diálogo Examinador de objetos, que se muestra en la Figura 6.1. Si selecciona Excel en el cuadro de lista desplegable Bibliotecas/Libros, se presentarán todos los métodos y propiedades que Excel expone a todos los clientes OLE, incluidos los programas escritos en Microsoft Visual Basic.

Por ejemplo, supongamos que necesita conocer el nombre de la hoja de trabajo que está activa actualmente. El siguiente fragmento de código se lo proporcionará:

```
activeSheetName = Application.ActiveSheet.Name
```

En esta línea de código se asume que la aplicación ya dispone de una conexión con el objeto de automatización OLE. Se recupera la propiedad Name de la hoja actual en la aplicación Excel en ejecución y se almacena en la variable local *activeSheetName*.

Automatización OLE y Automatización remota   **97**

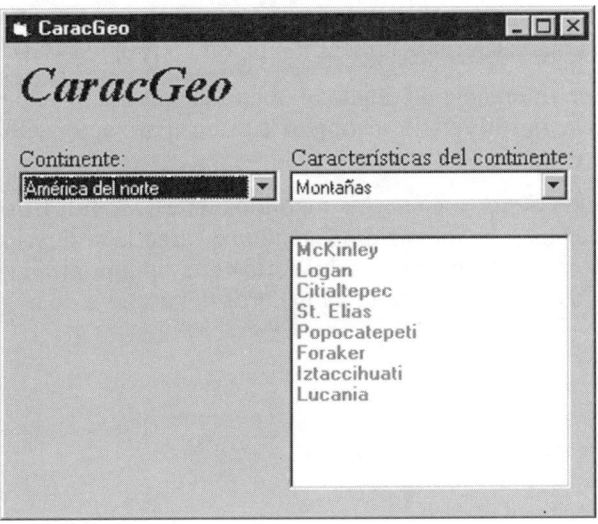

Figura 6-2. *La aplicación CaracGeo incluida con Visual Basic.*

Aplicaciones como Excel, Microsoft Word, Microsoft Access, Microsoft Project, Visio y muchas otras proporcionan abundantes bibliotecas de funcionalidad constatada.

La utilización de estas bibliotecas es sencilla y proporciona una amplia gama de herramientas que pueden acortar en gran medida el tiempo de desarrollo del proyecto, a la vez que ofrecen una solución más robusta.

La aplicación de ejemplo CaracGeo, incluida con Visual Basic 4, es un ejemplo más de la automatización OLE. CaracGeo se encuentra en el subdirectorio samples\oleauto del directorio en el que haya instalado Visual Basic. En la Figura 6.2 se muestra la interfaz de esta aplicación.

A primera vista parece una aplicación sencilla. (Un programa de base de datos que lee información sobre las características de un continente y las muestra, ¿verdad?) Los datos de este programa están incluidos en una hoja de cálculo de Excel, denominada World.xls, que se encuentra en el mismo directorio que la aplicación de ejemplo CaracGeo. Se utiliza la automatización remota para recuperar los datos de Excel y enviarlos al programa de Visual Basic.

Esta tecnología es mucho más potente de lo que pueda parecer. Recientemente, uno de nuestros clientes necesitaba una nueva aplicación que realizara montones de cálculos e imprimiera después un bonito informe con gráficos. El tiempo estimado que se tardaría en crear la aplicación con métodos tradicionales es de 10 meses trabajando cuatro personas. Nosotros trabajamos con uno de sus desarrolladores, que creó la aplicación en 6 semanas utilizando Visual Basic, Excel, MS Query y, por supuesto, la automatización OLE. Se utilizó Excel para los cálculos, gráficos y las tareas de impresión. Imagínese toda la potencia de Excel a su disposición, ¡y todo lo que tiene que hacer es usarla!

¿Cómo funciona la aplicación CaracGeo? La mayor parte del código está completamente claro, así que le dejamos que lo descubra por su cuenta, pero echemos un vistazo a las bases de la utilización de la automatización OLE en esta aplicación. Hay dos cosas que siempre tendrá que hacer para utilizar un método o propiedad de automatización OLE.

1. Cree una referencia de objeto al objeto de automatización OLE que vaya a utilizar.
2. Destruya la referencia al objeto de automatización OLE cuando haya acabado con ella.

Los métodos *Setup* y *CleanUp* incluidos en el Module1 de CaracGeo se ocupan de estas cuestiones para la aplicación. Cuando se carga la aplicación, *Setup* crea las referencias al objeto creando un objeto (shtWorld) que apunta al archivo de hoja de cálculo y otro objeto (wbWorld) que apunta a los libros del archivo de hoja de cálculo:

```
Sub Setup()
    ChDir App.Path
    ChDrive App.Path
    ' Obtiene la primera hoja de WORLD.XLS.
    Set shtWorld = GetObject(«world.xls»)
    ' Obtiene el libro.
    Set wbWorld = shtWorld.Application.Workbooks(«world.xls»)
End Sub
```

El método *CleanUp* define ambos objetos como *Nothing* para destruir la referencia a la hoja de cálculo de Excel y liberar los recursos utilizados por las referencias a los objetos.

```
Sub CleanUp()
    ' Provoca la descarga de Microsoft Excel,
    ' haciendo que ninguna aplicación o usuario lo tenga cargado.
    Set shtWorld = Nothing
    Set wbWorld = Nothing
End Sub
```

El método *FillContinenList*, que se muestra a continuación, carga el cuadro combinado Continente con una lista de los continentes válidos.

```
Sub FillContinentsList()
    Dim shtContinent As Object

    ' Realiza una iteración por el conjunto de hojas y agrega
    ' el nombre de cada hoja al cuadro combinado.
    For Each shtContinent In wbWorld.Sheets
        Form1.listContinents.AddItem shtContinent.Name
    Next
    ' Selecciona el primer elemento y lo visualiza en el cuadro combinado.
    Form1.listContinents.Text = Form1.listContinents.List(0)

    Set shtContinent = Nothing
End Sub
```

Cada hoja del archivo World.xls tiene el nombre de un continente concreto. El método *FillContinentList* crea un nuevo objeto (shtContinent) que se utiliza para hacer referencia al nombre de cada hoja y cargarlo en el control de cuadro combinado Continente. La referencia al objeto se destruye justo antes de terminar el procedimiento.

La automatización OLE es la principal forma de pasar a un modelo de componentes para la construcción de aplicaciones. ¿No sería estupendo que todas las aplicaciones proporcionaran automatización OLE de esta forma?

Introducción a los servidores OLE con Visual Basic

Visual Basic 4 es la primera versión de Visual Basic que permite crear servidores OLE. Con esta nueva posibilidad podemos construir aplicaciones con componentes que puedan combinarse, bibliotecas de objetos, aplicaciones multitarea y mucho más. Echemos un vistazo a la forma de crear un sencillo servidor OLE, y después veremos cómo puede convertirse en un Servidor de automatización remota.

Un *módulo de clase* es equivalente, a grandes rasgos, a un objeto en la mayoría de los lenguajes basados en objetos, incluido Visual Basic. A los métodos y propiedades de un módulo de clase se accede exactamente igual que a los métodos y propiedades normales de Visual Basic, mediante la sintaxis del punto (.) como separador. Los módulos de clase pueden utilizarse de tres formas distintas:

- Dentro de la aplicación local. (La propiedad Public de la biblioteca de clase debe definirse como *False.*)
- Como servidor en el proceso, implementado en una DLL. (La propiedad Public de la biblioteca de clase debe definirse como *True.*)
- Como servidor fuera del proceso, implementado en un EXE. (La propiedad Public de la biblioteca de clase debe definirse como *True.*)

Un *servidor en el proceso* es una DLL creada con Visual Basic que se ejecuta en el mismo espacio de direcciones que la aplicación que hace llamadas a la misma, lo que hace que sea más rápido que un servidor fuera del proceso. Por el contrario, un servidor *fuera del proceso* se ejecuta en su propio espacio de direcciones, e incurre en la sobrecarga adicional de tener que pasar los datos en una y otra dirección entre el cliente OLE y el servidor OLE. Cuantos más datos se transfieran del cliente al servidor o viceversa, mayor será la sobrecarga incremental.

Los servidores fuera del proceso ofrecen sus propias ventajas. Un servidor fuera del proceso puede trabajar en modo multitarea con su aplicación cliente, con lo que se simula la multitarea de una forma eficaz en la aplicación Visual Basic. (La multitarea es el método que tienen los sistemas operativos Windows NT de aprovechar la existencia de más de una CPU en el computador. También supone una cierta ventaja utilizar la multitarea en sistemas con una única CPU. Aunque Visual Basic no admite la multitarea de forma intrínseca, ésta puede simularse mediante servidores fuera del proceso.) Los servidores fuera del proceso también son los únicos servidores OLE que pueden utilizarse con la Automatización remota.

Creación de un servidor OLE

El primer paso de la creación de un servidor OLE en Visual Basic consiste en crear la aplicación servidor. Este proceso es tan sencillo que cuando haya leído esta lista le parecerá que debe faltar algo. Se ha escrito mucho sobre la creación de servidores OLE en Visual Basic 4, así que nos ocuparemos ahora de los temas fundamentales y pasaremos rápidamente a utilizar su funcionalidad en nuestros proyectos cliente/servidor.

1. Cree un módulo de clase en su servidor. (Seleccione para ello la opción Módulo de clase del menú Insertar.)
2. Pulse sobre el botón Propiedades de la barra de herramientas para acceder al cuadro de diálogo Propiedades para el módulo de clase.
3. Cambie la propiedad Name del módulo de clase.
4. Cambie la propiedad Public a *True*.
5. Cambie la propiedad Instancing a *Creatable SingleUse* ó *Creatable MultiUse* para permitir que otra aplicación pueda utilizar la clase. (Más información sobre esta cuestión puede encontrarla en la sección titulada «La propiedad Instancing».)
6. Cree propiedades para la clase.
7. Cree métodos para la clase.
8. Compile el programa en un archivo EXE o DLL.

La utilización de un servidor OLE también es sencilla:

1. En el proyecto, cree una referencia al servidor OLE que vaya a utilizar, seleccionando para ello Referencias en el menú Herramientas y pulsando sobre la casilla de verificación que se encuentra a la izquierda de la descripción del servidor.
2. Cree un objeto que haga referencia al servidor OLE.
3. Utilice los métodos y propiedades del servidor OLE en su aplicación.

La propiedad Instancing

Los módulos de clase en Visual Basic tiene una propiedad Instancing, que se sirve para determinar el comportamiento del módulo de clase como servidor OLE. La propiedad Instancing sólo resulta útil en aplicaciones que sean servidores fuera del proceso (EXE). Esta propiedad tiene tres valores posibles:

- **0 = NotCreatable**   No permite que la clase se utilice como servidor OLE.
- **1 = Creatable SingleUse**   Hace que cada instancia creada desde este objeto se ejecute como proceso independiente, simulando multitarea.
- **2 = Creatable MultiUse**   Hace que todas las instancias creadas a partir de esta clase compartan un único proceso.

  La opción Creatable MultiUse resulta útil para muchos servidores OLE, en función de la carga del servidor de archivos. Las aplicaciones que acceden a un servidor multiusuario están sujetas a problemas de colas y de bloqueos. Según aumenta el número de usuarios, el rendimiento de un servidor multiusuario también se degrada si la tarea que realiza el servidor OLE es compleja y tarda en ejecutarse.

Suele ser preferible utilizar servidores OLE monousuario cuando sean muchos los usuarios que necesitan acceder de forma concurrente al servidor OLE, porque cada instancia de éste se ejecuta como un proceso independiente. No obstante, los servidores monousuario ocupan mucha memoria. (Cada instancia del servidor necesita un mínimo de 500 Kb de RAM.) Un servidor monousuario también puede sobrecargar el procesador del sistema. (Aunque Windows NT es bueno por lo que respecta a la multitarea, también tiene sus límites.) Por ejemplo, en un sistema con dos procesadores, sólo unos pocos servidores con una alta carga de computación pueden saturar fácilmente el sistema.

En la mayor parte de las situaciones, la utilización de un administrador de fondo común (pool) para gestionar el número de servidores OLE utilizados tiene muchas virtudes. El administrador de fondo común podría cargar dos de estos servidores intensivos, por ejemplo, y repartir las referencias a los mismos a aplicaciones cliente solicitantes. El administrador de fondo común también puede realizar el seguimiento del número de usuarios que están utilizando cada servidor y avisarle cuando la carga empiece a aumentar de forma alarmante. Para obtener más información sobre los administradores de fondo común, consulte la aplicación de ejemplo PassPoolManager en el Capítulo 9 (página 237).

Definición de las opciones para un servidor OLE

Los servidores OLE necesitan una cierta administración. Una de las primeras tareas que deberá realizar es la de definir algunas opciones para el servidor OLE, que es un proceso en dos pasos.

En primer lugar, defina el nombre del proyecto y la descripción de la aplicación antes de construir la aplicación. Para ello, seleccione Opciones en el menú Herramientas para acceder al cuadro de diálogo Opciones, y pulse después sobre la ficha Proyecto (véase la Figura 6.3). En Nombre de proyecto introduzca un nombre descriptivo para la aplicación. La descripción de la aplicación (campo Descripción de aplicación) debe tener cierto sentido y meditarse con cuidado, ya que, junto con el nombre del proyecto, se utilizará en muchos sitios para hacer referencia al servidor OLE.

En segundo lugar, después de haber generado un archivo DLL ó EXE; abra el cuadro de diálogo Opciones de nuevo y seleccione un servidor OLE compatible. Pulse sobre el botón ... situado al lado del campo abierto y seleccione un archivo EXE ó DLL en el cuadro de diálogo servidor OLE compatible que aparecerá. De esta forma se le indica a Visual Basic que utilice dicho archivo para compararlo con las versiones futuras del servidor OLE. Cada vez que construya la aplicación, Visual Basic comparará el proyecto actual con el archivo compatible. Cuando modifique alguna de las propiedades existentes o alguno de los parámetros de un método, Visual Basic le avisará de que su nueva versión puede que no sea compatible con las aplicaciones que lo utilizan. La definición del servidor OLE compatible debe hacerse para todas las aplicaciones de servidores OLE. Si no se hace así, cada vez que construya un nuevo archivo EXE o DLL, se incluirá una nueva entrada en el Registro de configuraciones del sistema. Al seleccionar esta opción se le indica de hecho al sistema que recicle la entrada existente en el Registro de configuraciones.

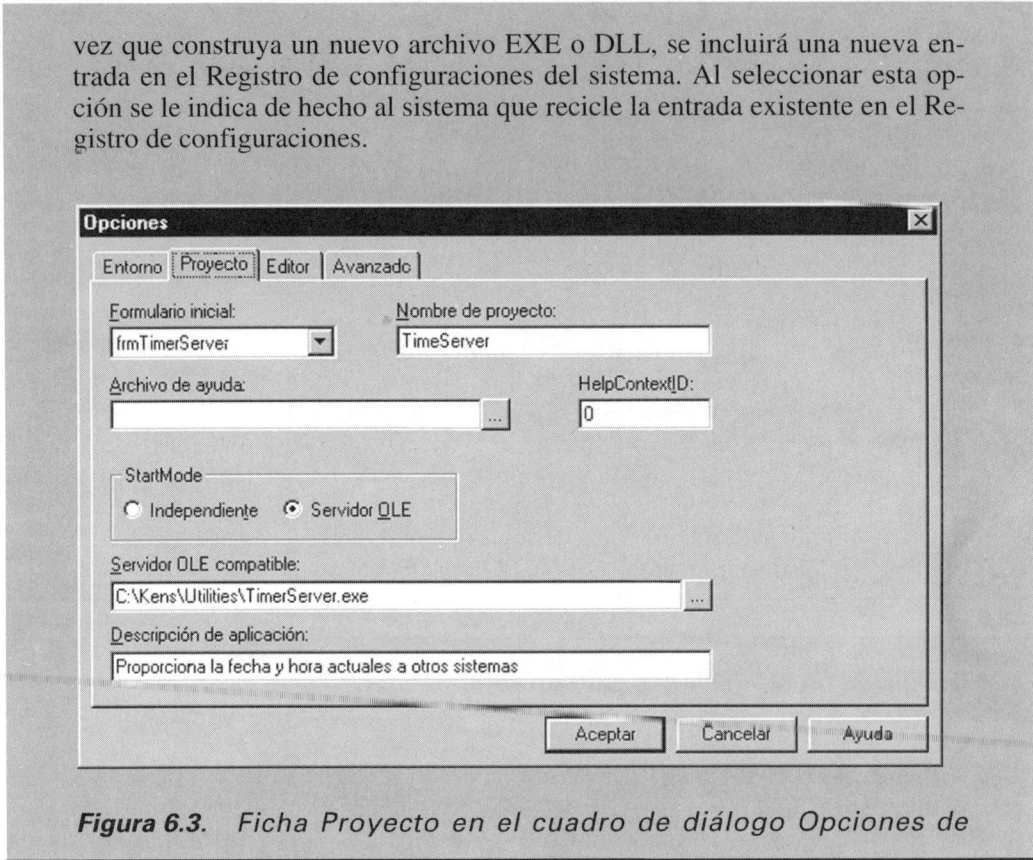

Figura 6.3. Ficha Proyecto en el cuadro de diálogo Opciones de

Introducción a la Automatización remota

La funcionalidad de la Automatización remota le permite realizar infinidad de tareas que antes sólo estaban al alcance de los programadores expertos en C. La Automatización remota está basada en la automatización OLE, y le permite tomar un servidor OLE y ejecutarlo en un computador independiente del cliente. Esta es la funcionalidad de Llamada a procedimiento remoto (RPC; Remote Procedure Call) en Visual Basic.

La RPC se encarga de la parte de red distribuida de la Automatización remota, cuando se realiza una llamada desde un sistema local a un método o propiedad que se encuentra en otro sistema. La belleza de la Automatización remota proviene de su sencillez: no es necesario entender sus entresijos o detalles para utilizarla de forma eficaz. Los servidores de Automatización remota sólo pueden ejecutarse sobre sistemas Win32 (en la actualidad Microsoft Windows 95 ó Microsoft Windows NT 3.51 o superior); no pueden ejecutarse sobre Win32S. No obstante, las aplicaciones cliente pueden ejecutarse en sistemas tanto Win32 como Win16.

Se tarda un cierto tiempo en entender plenamente el concepto de la Automatización remota. Sus capacidades son tan increíbles que permiten abrir un enorme abanico de nuevas oportunidades para las empresas que se dedican a reorganizar o desarrollar nuevas aplicaciones.

Creación de un programa de Automatización remota

La Automatización remota en Visual Basic 4 comprende varias utilidades de soporte para la administración de distintos aspectos del funcionamiento de un servidor OLE. No es necesario realizar ninguna modificación en el código existente de un servidor OLE ni añadirle código adicional para que se convierta en un servidor de Automatización remota. Como servidor de Automatización remota sólo puede utilizarse un servidor fuera del proceso. No obstante, es posible utilizar el concepto de un servidor de paso para ejecutar un servidor en el proceso de manera remota. Una aplicación de paso simplemente arranca un servidor OLE y después pasa una referencia al mismo a otra aplicación. No es necesario recompilar las aplicaciones para trabajar como servidor de Automatización remota, siempre que se hayan definido las opciones adecuadas al crear el archivo EXE.

¿Qué hay que hacer distinto en la creación de un servidor OLE para convertirlo en un servidor de Automatización remota? Seleccione Crear archivo EXE en el menú Archivo, y pulse después sobre el botón Opciones. Al hacerlo, aparecerá el cuadro de diálogo Opciones de EXE, que se muestra en la Figura 6.4 de la página siguiente.

Marque la opción Archivos admitidos por servidor remoto que se encuentra en la esquina inferior izquierda del cuadro de diálogo. De esta forma se consigue que Visual Basic genere los archivos opcionales de Automatización remota cuando construya la aplicación. Se trata de los archivos VBR y TLB que se encuentran en el mismo directorio que el archivo EXE y que contienen información utilizada por las diversas utilidades de soporte de la Automatización remota y por el Asistente para instalar.

Después de marcar la opción Archivos admitidos por servidor remoto, pulse sobre el botón Aceptar, y en el cuadro de diálogo Crear archivo EXE pulse también sobre Aceptar. Esto es todo lo que tiene que hacer para convertir su maravilloso servidor OLE en un servidor de Automatización remota.

Una vez creado este servidor de Automatización remota, seguirá siendo un servidor OLE estándar. Si dispone de una interfaz, será también una aplicación estándar. Recalquémoslo una vez mas: *su aplicación puede ser una aplicación estándar, un servidor OLE y un servidor de Automatización remota a la vez.* ¡No hace falta realizar ninguna modificación en el archivo EXE o en el código fuente!

Ejecución de un servidor de Automatización remota en otro sistema

Ahora que ha reconstruido el ejecutable, deberá verificar que la aplicación sigue ejecutándose correctamente. Asegúrese de ejecutar las aplicaciones tanto cliente como servidor en el sistema local para verificar su funcionalidad en profundidad.

Una parte de la estructura de soporte para la Automatización remota es el Administrador de automatización que se incluye con Visual Basic (se encuentra en el grupo de

104 *Programación cliente/servidor con Microsoft Visual Basic*

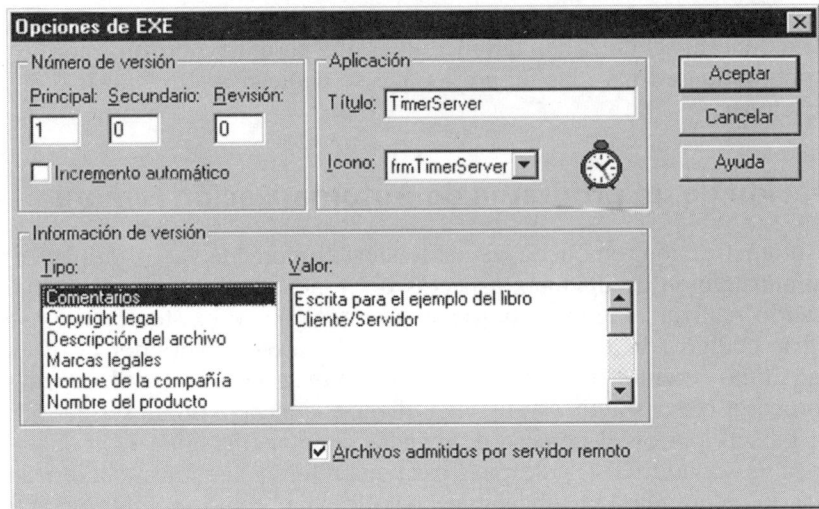

Figura 6-4. *Utilice el cuadro de diálogo Opciones de EXE para activar la opción Archivos admitidos por servidor remoto para su servidor OLE.*

programas Visual Basic 4.0). El Administrador de automatización debe estar ejecutándose en cada sistema en el que deban ejecutarse servidores de Automatización remota: sólo es necesario ejecutar el Administrador de automatización una vez y dejarlo funcionando. Si examina su formulario, verá algo similar a lo que se muestra en la Figura 6.5.

En la Figura 6.5 se muestra el Administrador de automatización ejecutándose sin conexiones. La información que presenta el Administrador de automatización es dinámica y cambia cuando los clientes se conectan y desconectan de los servidores de Automatización remota. Es una buena idea colocar el Administrador de automatización en el directorio Windows\Menú inicio\Programas\Inicio (o en el grupo Inicio para Windows NT), para asegurar que se arranca de forma automática en caso de que el servidor se apague.

Una vez que está ejecutándose el Administrador de automatización en el sistema en el que se va a ejecutar el servidor OLE, ya está preparado para el siguiente paso. Copie el ejecutable del servidor OLE al sistema servidor en el que esté ejecutándose el Administrador de automatización. Ejecútelo una vez en este sistema para registrarlo. De forma alternativa, puede añadir la opción /REGSERVER a la línea de órdenes para hacer que el ejecutable se registre a sí mismo en el Registro de configuraciones y después termine.

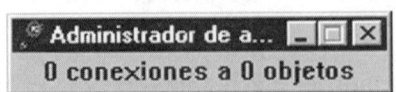

Figura 6-5. *El Administrador de automatización muestra el número de conexiones que está gestionando actualmente y el número de objetos que están activos actualmente con dichas conexiones.*

Automatización OLE y Automatización remota **105**

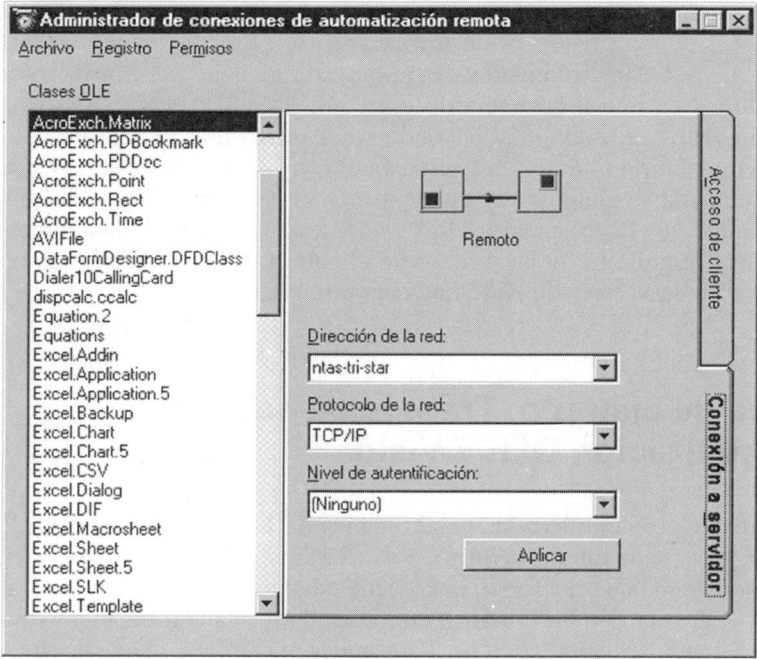

Figura 6-6. *Administrador de conexiones de automatización remota.*

La siguiente operación consiste en convertir la aplicación en una aplicación de Automatización remota. Para ello hay que utilizar el Administrador de conexiones de automatización remota, que se encuentra en el grupo Visual Basic 4.0, para gestionar las conexiones y la configuración de seguridad para las aplicaciones de Automatización remota. Ejecute el Administrador de conexiones de automatización remota (que se muestra en la Figura 6.6) en el computador en el que se va a ejecutar la aplicación cliente OLE, y lleve a cabo los siguientes pasos:

1. Seleccione la aplicación en la lista de Clases OLE.
2. En el cuadro de texto Dirección de la red, introduzca el nombre del servidor sobre el que va a ejecutarse la aplicación. (De forma opcional puede introducir la dirección de red, aunque no se lo recomendamos.)
3. Introduzca el protocolo de red que vaya a utilizarse para la Automatización remota. Tanto el cliente como el servidor deben ejecutar el mismo protocolo.
4. Si desea utilizar un nivel de autentificación, selecciónelo en la lista.
5. Convierta la aplicación en Automatización remota mediante alguno de los siguientes procedimientos:

    - Pulse con el botón derecho sobre el nombre de la clase en la lista y seleccione Remoto.
    - Seleccione Remoto en el menú Registro.
    - Pulse Ctrl-R.

Ejecute la aplicación OLE de nuevo, y pruebe las operaciones que proporciona el servidor OLE remoto. Esta vez deberá arrancarse el servidor OLE en el sistema remoto y realizar las acciones solicitadas. Su aplicación manejará de forma transparente los datos transmitidos en uno u otro sentido entre ambas aplicaciones. Si sus dos sistemas están próximos entre sí, podrá ver encenderse el piloto que indica el acceso a la unidad de disco o podrá oírla girar en el sistema en el que se ejecuta el servidor OLE.

La etiqueta Remoto que se encuentra en la parte superior de la ficha Conexión a servidor indica que la aplicación seleccionada está configurada actualmente para ejecutarse de manera remota. La ficha Acceso de cliente le permite definir las opciones de seguridad para sus servidores de Automatización remota.

Programa de ejemplo: Trabajo en equipo de automatización OLE y Visio

Para ilustrar por completo las posibilidades de la automatización OLE, hemos utilizado nuestro paquete de dibujo favorito, Visio Technical Version 4, para crear la aplicación de ejemplo denominada SetTable, que puede encontrar en el directorio TableSetting del CD adjunto (este ejemplo no funciona con la edición estándar de Visio version 4 debido a un error existente en dicha edición). Para poder construir o ejecutar esta aplicación, deberá asegurarse de que la referencia a la Pantalla de presentación (Splash Screen) del proyecto tenga el trayecto adecuado para su sistema. Seleccione Referencias en el menú Herramientas, y asegúrese de que la referencia Splash Screen apunta a Splash.exe en el directorio Splash para este libro. Deberá crear también el origen de datos ClientServerBook, como se describe en la sección «Construcción del esquema de base de datos en SQL Server», en la página 83 del Capítulo 5.

Visio contiene varias formas (objetos) denominadas SmartShapes. Una SmartShape tiene inteligencia, ya que puede dimensionarse a sí mismo, manejar texto y más. Es muy fácil crear formas propias y modificar las existentes para crear tanto plantillas como «hojas de formas». En la Figura 6.7 se muestra Visio ejecutándose en Windows 95 con un dibujo completo para esta aplicación de ejemplo. La hoja de formas está a la izquierda y el dibujo a la derecha.

Para crear un dibujo en Visio sólo tiene que arrastrar una forma de una hoja de formas al dibujo. Una vez en el dibujo, es posible redimensionar la forma, añadir texto, pegarla a otras formas y muchas otras posibilidades. El dibujo de esta imagen se ha creado completamente por medio de la automatización OLE desde Visual Basic.

Visio nos gusta tanto por varios motivos:

- Cada SmartShape en Visio es realmente un objeto con sus propiedades específicas. Es posible modificar el 'master' de una forma en una hoja de formas y cambiar así el funcionamiento de la aplicación sin tener que tocar el código en Visual Basic. Es maravilloso.
- Se puede utilizar una plantilla de Visio para construir el dibujo inicial. Al igual que las SmartShapes, las plantillas pueden modificarse sin tener que modificar ninguna parte del código en la aplicación.

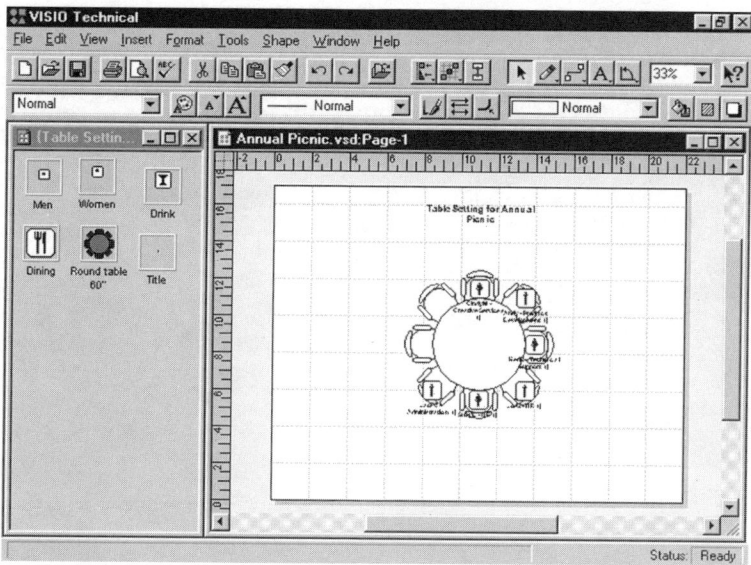

Figura 6-7. *La interfaz de Visio.*

- El hecho de utilizar una aplicación como Visio le permite aprovechar la potencia de sus herramientas. Por ejemplo, sólo tardamos algo menos de dos tardes para crear este ejemplo. Era la primera vez que creábamos una aplicación con Visio, así que nos llevo algo más de lo normal. Es imposible predecir cuánto hubiéramos tardado de haber empezado esta aplicación desde cero, si hubiéramos tenido que crear los objetos gráficos, las herramientas de dibujo, etc.

Este ejemplo es la resolución parcial de un problema de uno de nuestros clientes. Nuestro ejemplo está simplificado en cierta medida, pero proporciona la funcionalidad básica necesaria. Este cliente imparte seminarios semanales en los que se incluyen cenas para las que deben definirse unos planes de colocación personalizados. Los planes están determinados por los siguientes criterios (que son engorrosos de crear, por no decir algo más):

- Hay que construir la disposición para un acontecimiento específico (aperitivo, reunión, clase, etc.).
- Si es posible, la distribución de los asientos debe ser: mujer, hombre, mujer, ...
- En la descripción de cada persona debe incluirse el nombre y el departamento.
- Si la persona desea beber vino, debe aparecer la palabra *Vino* entre paréntesis después del departamento.

Algunas limitaciones en este programa de ejemplo son que sólo se va a definir una mesa y que no se permiten más de ocho personas por mesa. Habrá que añadir un sencillo algoritmo para convertirla en una aplicación realmente funcional.

En la Figura 6.8 se muestra el detalle de la definición de una persona. Observe que la forma indica el sexo de la misma.

108 Programación cliente/servidor con Microsoft Visual Basic

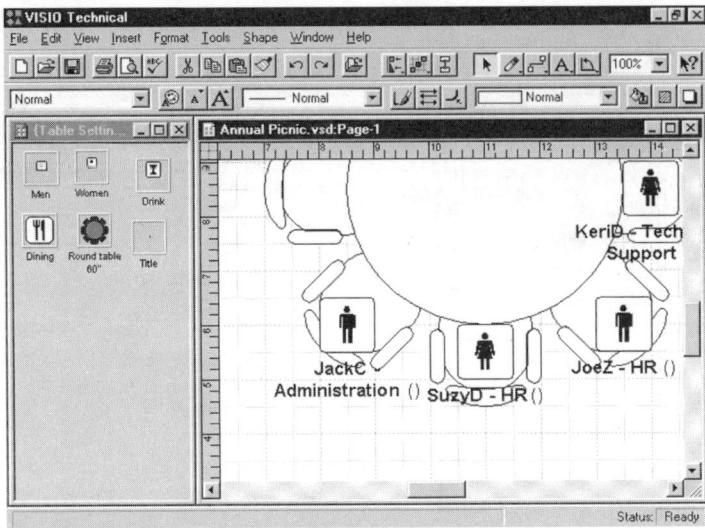

Figura 6-8. *La SmartShape que se ilustra en esta figura es una modificación de un ejemplo que se incluye con Visio.*

Antes de continuar, echemos un vistazo a la Figura 6.7 para entender la forma de configurar el dibujo. La mesa contiene espacios para ocho personas en la configuración que se muestra.

Hemos diseñado el programa para colocar una forma en el lugar adecuado de la mesa. Esta aplicación también coloca un sencillo título en el dibujo.

Esta aplicación dispone de una sencilla interfaz que le permite al usuario realizar las siguientes tareas:

- Seleccionar un evento en la lista combinada.
- Crear de forma automática el dibujo de la disposición de la mesa al pulsar sobre un botón.
- Guardar el dibujo.
- Imprimir el dibujo.
- Salir de la aplicación.

Esta aplicación está construida utilizando el nuevo control RemoteData y la automatización OLE. El control RemoteData le permite a Visual Basic comunicarse con la base de datos ODBC.

Introducción al funcionamiento de la aplicación

Cuando arranca esta aplicación, los tres botones utilizados para gestionar el dibujo están desactivados, como se muestra en la Figura 6.9. Esta es una buena costumbre de programación, porque siempre es recomendable darles pistas visuales a los usuarios sobre las

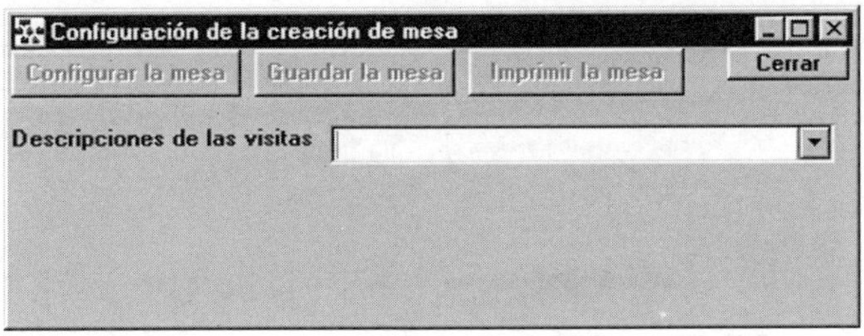

Figura 6-9. Interfaz de la aplicación SetTable al arrancar.

acciones que pueden realizar. En este caso, los tres botones están desactivados hasta que se seleccione una descripción de visita en el cuadro de lista desplegable. Con esta técnica también se simplifica la comprobación de errores, ya que un usuario no puede pulsar un botón incorrecto si el botón está desactivado. En nuestro ejemplo, la única acción que el usuario puede realizar es seleccionar una visita en el cuadro de lista desplegable o cerrar la aplicación pulsando sobre el botón Cerrar.

En la Figura 6.10 se muestra la aplicación después de que el usuario haya seleccionado un elemento del cuadro de lista desplegable Descripciones de la visitas. Observe que sólo está activado el botón Configurar la mesa. No tiene sentido activar el resto de los botones en este instante, ya que no existe ningún dibujo abierto en Visio que pueda guardarse o imprimirse.

Otro elemento que hemos incluido en este ejemplo es una información de estado que se actualiza cada vez que se completa uno de los pasos principales del ciclo de procesamiento. En la Figura 6.11 se muestra cómo se utiliza un sencillo control Label como alternativa al control StatusBar para la presentación de mensajes. Las actualización del control Label se realizan en el método *SetTheTable*.

Formulario frmSetTable

El formulario frmSetTable incluye la interfaz de usuario de la aplicación y diversos procedimientos.

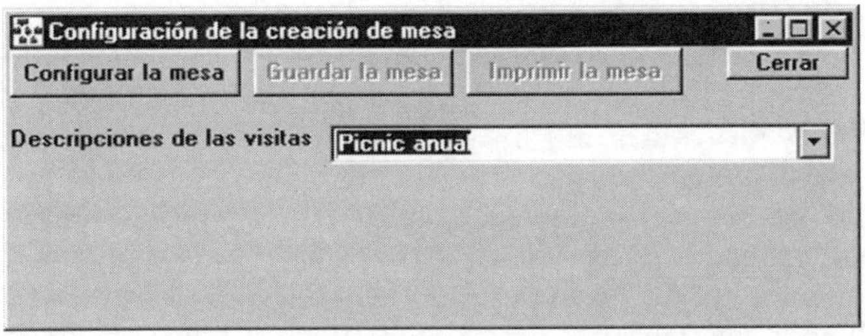

Figura 6-10. Interfaz de la aplicación después de seleccionar una descripción de visita.

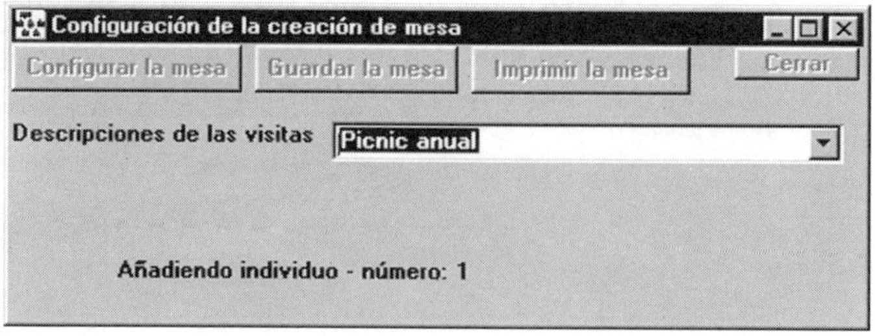

Figura 6-11. *Utilización de un control Label para presentar mensajes de estado.*

Procedimiento de evento *cmdClose_Click*

El procedimiento de evento *cmdClose_Click* utiliza la propiedad bTableSet para verificar si se ha definido una mesa. Si la propiedad es *True* (verdadero), se llama al procedimiento *ClearObjects* para eliminar todos los objetos. Por último, con la instrucción *End* se cierra la aplicación.

```
Private Sub cmdClose_Click()

   If bTableSet Then
      ClearObjects
   End If
   End

End Sub
```

Realimentación

Ofrecer una realimentación actualizada y detallada es absolutamente necesario cuando se utiliza la automatización OLE, debido a la variabilidad de cada sistema concreto. No hay forma de saber cuántas aplicaciones va a ejecutar un usuario o qué van a hacer dichas aplicaciones.

La mayoría de las redes también cuentan con montones de configuraciones de estaciones de trabajo distintas. La memoria, el tipo y la velocidad del procesador, el tipo y la velocidad del disco, el ancho de banda de la red y muchos otros factores entran en juego con las aplicaciones cliente/servidor. Ofrecer realimentación a los usuarios en estas situaciones puede servirles para evitar meterse en problemas (como cerrar repetidas veces la aplicación cuando parece que funciona demasiado lento) y puede ayudar a reducir el número de llamadas al servicio de asistencia.

En la Figura 6.12 se muestra la aplicación después de terminado el procesamiento. Observe que ahora están activados todos los botones y que en la etiqueta de estado se le indica al usuario que el proceso está terminado.

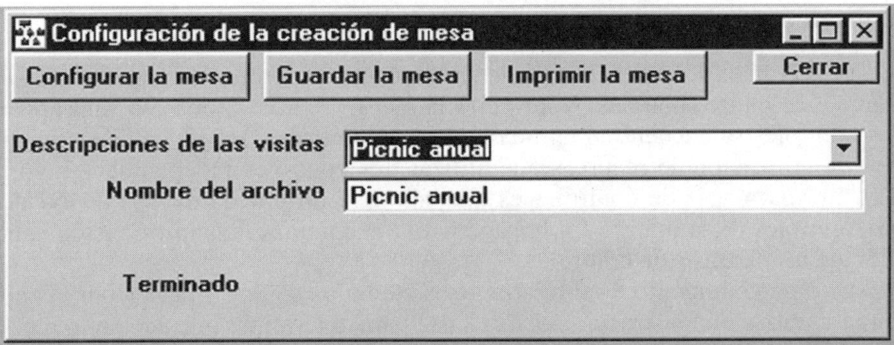

Figura 6.12. Aplicación SetTable después de terminado el procesamiento.

Método *ClearObjetcts*

ClearObjects es un método sencillo pero importante que se encarga de eliminar todos los objetos en la aplicación. Si no se elimina un objeto, éste puede consumir recursos valiosos en el sistema del usuario. Una buena práctica de programación consiste en definir todos los objetos como *Nothing* (nada) cuando ya no son necesarios.

Hay que tener mucho cuidado al crear un método como éste. El problema potencial que se plantea en una aplicación de producción es que puede que usted no cree instancias de todos los objetos en la aplicación. En función del flujo de una aplicación durante su ejecución, el programa podrá crear todos los objetos, algunos o ninguno. Deberá disponer de algún sistema para determinar qué objetos se están utilizando y cuáles no antes de eliminarlos todos en un procedimiento, como en este ejemplo:

```
Sub ClearObjects()

   Set Visio = Nothing
   Set objTableDiagram = Nothing
   Set objTableSettingStencil = Nothing
   Set shMaster = Nothing
   Set Shape = Nothing
   Set objTextShape = Nothing
   Set objTableRound60 = Nothing
   Set objTitle = Nothing
   Set objControlCell = Nothing
   Set objConnectCell = Nothing
   Set objChars = Nothing

End Sub
```

Procedimiento de evento *cmdSetTable_Click*

El procedimiento de evento *cmdSetTable_Click* se activa cuando el usuario pulsa sobre alguno de los tres botones: Configurar la mesa, Guardar la mesa o Imprimir la mesa. Estos controles se encuentran en una matriz de controles, lo que es más eficiente en términos de utilización de recursos que utilizar tres controles independientes. El resultado de utilizar una matriz de controles es que sólo hay un procedimiento de evento para todos los controles de la matriz. En la página 130 encontrará más información sobre la utilización de las matrices de control.

Este procedimiento es similar a otros ejemplos de este libro. Modifica el puntero del ratón y utiliza una instrucción *Select Case* para determinar qué acción tomar.

En nuestra instrucción *Select Case* se utiliza *cmdSetTable(Index).Caption* en lugar de *Index* para determinar la posición del botón en la matriz de controles. La mayoría de los desarrolladores utilizan solamente la propiedad *Index* para determinar qué acción tomar, pero el hacerlo así provoca que el código sea bastante ilegible. Si sólo se utiliza *Index*, habrá que examinar la posición ordinal del botón en la matriz de control cada vez que se quiera modificar este código, mientras que si se utiliza la propiedad *Caption*, se puede determinar de forma instantánea qué botón está relacionado con cada acción.

Nota: *Tenga cuidado al utilizar las matrices de controles. Si modifica la posición ordinal de un botón o su leyenda (caption), podrá estropear todos los procedimientos que estén basados en dicha matriz de controles. Un truco muy práctico consiste en incluir código de comprobación de error en la sentencia Select Case mediante una cláusula Case Else, como se muestra al final de este procedimiento.*

El botón Cerrar también está desactivado al comienzo de este método. De esta forma se impide que el usuario lo pulse antes de que el método se termine, lo que supondría emitir una orden para cerrar la aplicación.

La instrucción *Select Case* maneja tres casos distintos:

- Configurar la mesa: La acción principal de esta parte del código consiste en ejecutar el método *SetTheTable*, que es el que realmente hace todo el trabajo de ejecutar Visio y así sucesivamente. El código también debe ocuparse de algunas funciones de administración. Al definir bTableSet como *True* se indica que se ha creado el dibujo de una mesa. El botón Configurar la mesa está desactivado para impedir que un usuario impaciente lo pulse descuidadamente e intente empezar el método de nuevo.
  El método *SetTable* sirve para crear el dibujo en Visio. El nombre de la visita seleccionada y su descripción se pasan al procedimiento desde el control dbcboVisitorListDBCombo. Una vez que se termina el método, se ejecuta el método *EnableCmdButtons* para activar los tres botones de la matriz de controles.
- Guardar la mesa: Esta sección de código desactiva de forma temporal todos los botones del formulario y guarda el documento. Observe que hemos incluido el nombre del documento dentro del código. En una aplicación normal podría hacerse también así o no. La instrucción *objDocument.SaveAs* es la encargada de realizar la acción de guardar. [Esta acción es la misma que al seleccionar la orden de menú Save As (Guardar como) en Visio.]

- **Imprimir la mesa:** Esta sección de código también desactiva de forma temporal todos los botones del formulario e imprime el documento.

El puntero del ratón se restablece a su valor predeterminado y se vuelve a activar el botón Cerrar.

```
Private Sub cmdSetTable_Click(Index As Integer)

  Dim sFileName As String
  Dim objPage As Object, junk As Variant

  Me.MousePointer = vbArrowHourglass
  cmdClose.Enabled = False

  Select Case cmdSetTable(Index).Caption
    Case «Configurar la mesa»:
      bTableSet = True
      cmdSetTable(0).Enabled = False
      SetTheTable dbcboVisitorList.BoundText, dbcboVisitorList.Text
      txtFileName.Visible = True
      Label1(1).Visible = True
      EnableCmdButtons True

Case «Guardar la mesa»:
      DisableCmdButtons True
      If Len(txtFileName) = 0 Then
        txtFileName = «tablefile.vsd»
      End If
      sFileName = App.Path & «\» & txtFileName
      objDocument.SaveAs sFileName
      EnableCmdButtons True
      If Not UpdateVisitMasterFileName(sFileName, _
        dbcboVisitorList.BoundText) Then
          MsgBox «No se ha podido actualizar VisitMaster con el nombre del
                archivo»
      End If
    Case «Imprimir la mesa»:
      DisableCmdButtons True
      Set objPage = objDocument.Pages(1)
      junk = objPage.Print
      EnableCmdButtons True
    Case Else
      MsgBox «Se ha producido un error en el control.» & vbCr _
        & «Llame al servicio de asistencia - Error» & _
        «            ControlArray SetTheTable»
  End Select
```

```
    Me.MousePointer = vbDefault
    cmdClose.Enabled = True

End Sub
```

Procedimiento de evento *dbcboVisitorList_Click*

Este procedimiento de evento ejecuta simplemente el método *EnableCmdButtons* con un parámetro igual a 0 para activar el primer botón. Consulte la definición de este método en la página 115 para ver una explicación de sus parámetros.

```
Private Sub dbcboVisitorList_Click(Area As Integer)

  If Area = 2 Then
    EnableCmdButtons 0
    txtFileName = dbcboVisitorList.Text
  End If

End Sub
```

Procedimiento de evento *Form_Load*

Este procedimiento de evento define la propiedad bTableSet como *False* y desactiva los tres botones de órdenes mediante el método *DisableCmdButtons*.

```
Private Sub Form_Load()

  OpenVisitMaster
  bTableSet = False
  DisableCmdButtons True
  Me.Show
  DoEvents
  SplashComplete

End Sub
```

Método *DisableCmdButtons*

Este método es prácticamente igual al método *EnableCmdButtons*, excepto en que define la propiedad Enabled de los botones como *False*, mientras que el método *EnableCmdButtons* lo hace como *True*. El truco de estos dos métodos en su implementación actual consiste en que si se pasa un parámetro igual a *True* a cualquiera de ellos se definen todos los botones, mientras que si se pasa la propiedad Index de un botón se define sólo ese botón.

```
Sub DisableCmdButtons(ButtonIndex As Integer)

  If ButtonIndex < 0 Then
    cmdSetTable(0).Enabled = False
```

```
      cmdSetTable(1).Enabled = False
      cmdSetTable(2).Enabled = False
   Else
      cmdSetTable(ButtonIndex).Enabled = False
   End If

End Sub
```

Método *EnableCmdButtons*

Como se ha mencionado anteriormente, este método define todos los botones de la matriz de control o uno de ellos como True. En una aplicación de producción, bastaría con añadir un parámetro adicional para definir todos los botones con un sólo método.

```
Sub EnableCmdButtons(ButtonIndex As Integer)

   If ButtonIndex < 0 Then
      cmdSetTable(0).Enabled = True
      cmdSetTable(1).Enabled = True
      cmdSetTable(2).Enabled = True
   Else
      cmdSetTable(ButtonIndex).Enabled = True
   End If

End Sub
```

Módulo modTableSetting

Este módulo contiene los métodos que realizan la mayor parte del trabajo en esta aplicación.

Declaraciones

Aquí es donde incluiremos todas las propiedades definidas como objetos en esta aplicación. Al situarlas en un único lugar, su localización resulta más sencilla durante la fase de mantenimiento de la aplicación.

Vamos a saltarnos la mayor parte de los detalles escabrosos de las definiciones, pero hay algunas cosas que debe saber.

VisitorType es un tipo definido por el usuario que contiene la información necesaria para un registro de usuario. Las matrices MaleVisitors y FemaleVisitors utilizan este tipo para establecer la estructura de seguimiento para cada grupo. Mediante estas matrices separamos los hombres de las mujeres en el momento de cargar cada registro desde la base de datos. De esta forma se evita la necesidad de realizar una ordenación o comparación al procesar los registros durante el proceso de dibujo en el método *SetTheTable*.

```
Option Explicit

Dim XPos As Double, YPos As Double
Dim YCounter As Double, XCounter As Double
Dim YCenter As Double, XCenter As Double
Dim stDrinks As String, stSex As String, stLabel As String
Dim IndexCounter  As Integer, SQL As String, stTemp As String

Public bTableSet As Boolean
Public ConnectString As String
Public enVisitMaster As rdoEnvironment
Public cnVisitMaster As rdoConnection
Public rsVisitMaster As rdoResultset
Public rsVisitorDemographics As rdoResultset

' Objeto de la aplicación Visio, dibujo objTableDiagram
Public Visio As Object, objTableDiagram As Object

' Plantilla
Public objTableSettingStencil As Object

' objDocument
Public objDocument As Object

' Forma shMaster, Forma (shape) como objeto
Public shMaster As Object, Shape As Object

' objTextShape para la etiqueta, forma objTableRound60
Public objTextShape As Object, objTableRound60 As Object

' objTitle
Public objTitle As Object

' Celda Shapesheet, punto de conexión
Public objControlCell As Object, objConnectCell As Object

' Caracteres
Public objChars As Object

Dim iTableCount As Integer

Public Type VisitorType
   Name As String
   Department As String
   Wine As String
End Type

Dim MaleVisitors(1 To 9) As VisitorType
Dim FemaleVisitors(1 To 9) As VisitorType
```

```
Dim objSplash As New clsSplash
Dim CounterMale As Integer, CounterFemale As Integer
```

Método *SetTheTable*

Toda la acción importante tiene lugar en este método o se controla desde aquí. Los principales elementos del procedimiento son los siguientes:

- Se ejecuta el método *LoadVisitorTables* para cargar las matrices FemaleVisitors y MaleVisitors. Se pasa la propiedad VisitName al procedimiento como criterio de búsqueda a la hora de recuperar los registros de la base de datos.
- Se utiliza el método *StartVisio* para crear una instancia del objeto Visio.

El objetivo del procedimiento es el de crear un nuevo dibujo en Visio y colocar el resto de los objetos sobre dicho dibujo. Como verá, este proceso requiere una parte importante de administración.

Lo primero que observará es que este método utiliza montones de propiedades y de constantes. Muchas de ellas se utilizan como contadores o como variables temporales para guardar la información del visitante actual.

Este método también utiliza el control frmSetTable.labStatus, que es la etiqueta de estado situada en el formulario, con la que se realiza el seguimiento de las acciones del servidor OLE durante la ejecución de este método. Para procesar las actualizaciones del control Label, después de cada instrucción en la que se define dicho control, hemos realizado una llamada a la función *DoEvents*. De lo contrario, la etiqueta de estado no se actualizaría hasta que se hubiera completado el proceso del que se pretende informar.

Este método no contiene demasiado código sobre el procesamiento de la base de datos, así que no dedicaremos demasiado tiempo a tratarlo aquí. El procesamiento de la base de datos está encapsulado en el método *LoadVisitorTables*, que se llama al principio de este método.

El resto de elementos de interés están relacionados con el control de Visio. Las funciones reales se revisan en el apartado siguiente.

Nota: Tenga presente que la utilización de la automatización OLE puede no estar incluida en las opciones y contratos de asistencia estándar de algún vendedor. Visio es un buen ejemplo de ello. Ni en la tarjeta de registro ni en el manual se indica que la asistencia al desarrollador esté excluida de la asistencia técnica estándar, pero dicha asistencia se cobra aparte y tiene distintas horas de funcionamiento.

Utilización de la automatización OLE con Visio

El código utilizado en nuestra aplicación para controlar Visio desde Visual Basic es realmente sencillo.

El método *StartVisio* crea la instancia de nuestro objeto Visio:

```
On Error Resume Next
```

```
' Si ya está ejecutándose Visio, crear una referencia al objeto.
  Set Visio = GetObject(, «Visio.Application»)

' De lo contrario, arrancar Visio y crear una referencia al
  objeto.
  If Err Then
    Set Visio = CreateObject(«Visio.Application»)
  End If
```

La primera sentencia *Set* utiliza *GetObject* para obtener una referencia a una copia de Visio que esté ejecutándose. Se producirá un error si no está ejecutándose Visio. La instrucción *On Error* hace que Visual Basic ejecute simplemente la instrucción que va después del error. La sentencia *If* comprueba la propiedad Number (predeterminada) del objeto Err por si tiene un valor distinto de cero. En caso de error, se utiliza la función *CreateObject* para arrancar Visio. Esta forma de obtener el manejador de objeto para Visio es el más fácil para el usuario. Si el usuario está ejecutando Visio, la aplicación simplemente utilizará esa instancia, mientras que si no es así, se arrancará. Si la aplicación se ejecuta en un servidor, se puede optar por dejar que Visio esté ejecutándose todo el tiempo.

Las instrucciones siguientes se encuentran en el método *SetTheTable* y añaden un nuevo dibujo, basado en la plantilla TableSetting.vot, a Visio, utilizando para ello el método *Add*.

```
Set objTableDiagram = Visio.Documents.Add _
  («TableSetting.vst»).Pages(1)
```

Después de creado el dibujo, definimos objDocument para que apunte al mismo.

```
Set objDocument = Visio.ActiveDocument
```

La siguiente instrucción está comentada en nuestro ejemplo. En una aplicación de producción, debería utilizarse esta sentencia para desactivar la interfaz de Visio durante la colocación de objetos. De esta manera se mejora en gran medida el rendimiento del sistema, ya que Visio no realiza ningún dibujo visible hasta que termina la rutina.

```
' Visio.ScreenUpdating = False
```

A continuación empezamos a colocar objetos en nuestro dibujo. En primer lugar colocamos una mesa en el centro del dibujo. Se utiliza la propiedad stTemp para guardar la definición del nombre de la forma maestra (master) para nuestra mesa. La siguiente instrucción crea una referencia de objeto a la forma maestra (en el conjunto Masters) utilizando nuestra propiedad. El método *Drop* coloca el objeto en el dibujo.

```
stTemp = «Round Table 60»«»
Set shMaster = objTableSettingStencil.Masters(stTemp)
Set objTableRound60 = objTableDiagram.Drop _
   (shMaster, XCenter, YCenter)
```

Después añadimos el título del dibujo mediante el mismo proceso que hemos utilizado para la mesa. Observe que añadimos 7 pies al valor Ycenter para colocar el título en la parte superior de la figura. La fórmula (7 * 12) calcula el número de pulgadas multiplicando 7 por 12. En la última instrucción se define la propiedad Text para modificar el texto de la forma de título.

```
stTemp = «Title»
Set shMaster = objTableSettingStencil.Masters(stTemp)
Set objTitle = objTableDiagram.Drop _
   (shMaster, XCenter, YCenter + (7 * 12))
objTitle.Text = «Table Setting for » & VisitDescription
```

En el código siguiente creamos una referencia al icono adecuado para cada visitante basándonos en su sexo. La propiedad stSex se ha definido anteriormente como *Men* (hombres) o *Women* (mujeres). (Como era de esperar, las dos formas se llaman *Men* y *Women*, respectivamente.) Las propiedades Drop y Text se utilizan como en las instrucciones anteriores para colocar la forma y definir su título.

```
Set shMaster = objTableSettingStencil.Masters(stSex)
Set Shape = objTableDiagram.Drop(shMaster, XPos, YPos)
stLabel = sCurrentName & « - » & sCurrentDepartment
stLabel = stLabel & « (« & sWine & »)»
Shape.Text = stLabel
```

En el siguiente grupo de instrucciones se define el texto de la etiqueta SmartShapes como negrita. Obtenemos el contador de la forma actual, definimos una referencia de objeto a la forma actual y después seleccionamos todos los caracteres de la etiqueta hasta el primer «(« y pasamos esos caracteres a negrita. Así se pasa toda la etiqueta a negrita, excepto la palabra (Vino).

```
IndexCounter = Shape.Shapes.Count
Set objTextShape = Shape.Shapes(IndexCounter)
Set objChars = objTextShape.Characters
objChars.End = InStr(objTextShape.Text, «(») - 1
objChars.CharProps(visCharacterStyle) = visBold
```

La siguiente sentencia reactiva la propiedad ScreenUpdating para permitir que Visio pinte la pantalla.

```
Visio.ScreenUpdating = True
```

En la sección anterior hemos visto cómo puede controlarse Visio mediante automatización OLE. El objetivo de este procedimiento es el de controlar la secuencia de eventos de manejo de Visio y la colocación de las SmartShapes.

```
Sub SetTheTable(VisitName As String, VisitDescription As String)

    Dim bCurrentSex As String
    Dim sCurrentName As String, sCurrentDepartment As String
    Dim sWine As String
' Se utiliza para calcular las ubicaciones de las SmartShapes a 0 y
' 45 grados. Al multiplicar por 12 se convierte el valor a pulgadas.
    Const Degree0 = 3 * 12
    Const Degree45 = 2.5 * 12


' Establecer el centro de la mesa en las direcciones X e Y.
    XCenter = 11 * 12
    YCenter = 8.5 * 12


' Definir dos variables que apunten a la ubicación de
' las siguientes SmartShapes en el dibujo.
    XPos = XCenter
    YPos = YCenter + Degree45


' Actualizar la etiqueta de estado.
    frmSetTable.labStatus = «Cargando mesa desde la base de datos»
    DoEvents


' Cargar los nombres de los visitantes, y la información relacionada,
' desde la base de datos. LoadVisitorTables carga el registro de cada
' visitante, comprueba si la persona va a beber vino o no, y después
' carga al visitante en la matriz adecuada: MaleVisitors ó
' FemaleVisitors. (La ventaja de cargar los visitantes en matrices es
' que, después, el algoritmo para procesar las personas es muy
' sencillo y no hace falta manejar la base de datos. Todo el acceso a
' la base de datos está localizado en el método LoadVisitorTables.)
' Observe que al método le pasamos el nombre de la visita que queremos
' recuperar.
    LoadVisitorTables VisitName

' Actualizar la etiqueta de estado y arrancar Visio.
    frmSetTable.labStatus = «Arrancando Visio»
    DoEvents
    StartVisio

' Reinicializar sin tratamiento de error.
    On Error GoTo 0
```

```
' Controlar Visio mediante la automatización OLE: crear un nuevo
' dibujo, colocar una mesa en el dibujo y definir el título de la
' mesa.

' Crear un nuevo dibujo.
  frmSetTable.labStatus = «Creando un nuevo documento en Visio»
  DoEvents
  Set objTableDiagram = Visio.Documents.Add _
    («TableSetting.vst»).Pages(1)
  Set objTableSettingStencil = Visio.Documents _
    («Table Setting Stencil.vss»)
  Set objDocument = Visio.ActiveDocument

' Colocar una mesa en el dibujo.
  frmSetTable.labStatus = «Añadiendo una mesa al nuevo documento»
  DoEvents
  ' Visio.ScreenUpdating = False

  stTemp = «Round Table 60»»»
  Set shMaster = objTableSettingStencil.Masters(stTemp)
  Set objTableRound60 = objTableDiagram.Drop _
    (shMaster, XCenter, YCenter)

' Definir el título de la mesa.
  frmSetTable.labStatus = «Añadiendo el título al nuevo documento»
  DoEvents
  stTemp = «Title»
  Set shMaster = objTableSettingStencil.Masters(stTemp)
  Set objTitle = objTableDiagram.Drop _
    (shMaster, XCenter, YCenter + (7 * 12))
  objTitle.Text = «Table Setting for « & VisitDescription

' Preparar la colocación de las SmartShapes para cada persona
' alrededor de la mesa.

' Inicializar las variables. Forzar al sistema a
' colocar un invitado femenino en la posición uno.
  iTableCount = 1
  bCurrentSex = «F»
  CounterMale = 1
  CounterFemale = 1

' Recorrer las dos matrices para recuperar los visitantes.
  While iTableCount <= 8
    sCurrentName = «»

' Determinar la posición de la SmartShape del visitante alrededor
' de la mesa. (Al utilizar variables para guardar las posiciones X
```

```
' e Y de la forma, y las constante Degree0 y Degree45, resulta
' sencillo añadir un bucle adicional para manejar varias mesas.)
    Select Case iTableCount
      Case 1:
        XPos = XCenter
        YPos = YCenter + Degree0
      Case 2:
        XPos = XCenter + Degree45
        YPos = YCenter + Degree45
      Case 3:
        XPos = XCenter + Degree0
        YPos = YCenter
      Case 4:
        XPos = XCenter + Degree45
        YPos = YCenter - Degree45
      Case 5:
        XPos = XCenter
        YPos = YCenter - Degree0
      Case 6:
        XPos = XCenter - Degree45
        YPos = YCenter - Degree45
      Case 7:
        XPos = XCenter - Degree0
        YPos = YCenter
      Case 8:
        XPos = XCenter - Degree45
        YPos = YCenter + Degree45
    End Select

    frmSetTable.labStatus = «Añadiendo individuo - número: « _
      & iTableCount
    DoEvents

' Comprobar si se trata de un visitante masculino o femenino y
' asegurarse de que el contador de su género sea inferior a 9, que
' es el tamaño de cada matriz. Definir variables para guardar el
' nombre del visitante, su departamento, preferencia con respecto
' al vino, y sexo. Incrementar el contador para su género y conmutar
' la variable bCurrentSex al género opuesto.
    If bCurrentSex = «M» And CounterMale <= 9 Then
      sCurrentName = MaleVisitors(CounterMale).Name
      sCurrentDepartment = MaleVisitors(CounterMale).Department
      sWine = MaleVisitors(CounterMale).Wine
      stSex = «Men»
      CounterMale = CounterMale + 1
      bCurrentSex = «F»
    Else
```

```
            If CounterFemale <= 9 Then
               sCurrentName = FemaleVisitors(CounterFemale).Name
               sCurrentDepartment = FemaleVisitors(CounterFemale).Department
               sWine = FemaleVisitors(CounterFemale).Wine
               stSex = «Women»
               CounterFemale = CounterFemale + 1
               bCurrentSex = «M»
            End If
         End If
' Crear una referencia al icono adecuado para cada visitante en
' función de su sexo. Colocar la forma y definir su título. Definir
' el texto de la etiqueta de las SmartShapes, hasta la palabra (Vino),
' en negrita.
         If Len(sCurrentName) > 0 Then
            Set shMaster = objTableSettingStencil.Masters(stSex)
            Set Shape = objTableDiagram.Drop(shMaster, XPos, YPos)
            stLabel = sCurrentName & « - « & sCurrentDepartment
            stLabel = stLabel & « (« & sWine & «)»
            Shape.Text = stLabel
            IndexCounter = Shape.Shapes.Count
            Set objTextShape = Shape.Shapes(IndexCounter)
            Set objChars = objTextShape.Characters
            objChars.End = InStr(objTextShape.Text, «(«) - 1
            objChars.CharProps(visCharacterStyle) = visBold
            iTableCount = iTableCount + 1
         Else
            iTableCount = 10      ' salir del bucle
         End If
      Wend

' Actualizar la etiqueta de estado y dejar que Visio pinte la
' pantalla.
      frmSetTable.labStatus = «Terminado»
      DoEvents
      Visio.ScreenUpdating = True

   End Sub
```

Método *LoadVisitorTables*

El método *LoadVisitorTables* tiene como único parámetro el nombre de la visita que debe recuperarse. Se encarga de buscar la visita y cargar los visitantes para la misma en las dos matrices.

```
   Sub LoadVisitorTables(VisitName As String)

' Construir la instrucción Select.
```

```
    SQL = «SELECT DISTINCT * FROM VisitorDemographics « & _
      «WHERE VisitName = '« & VisitName & «'«

' Abrir un Recordset. (Si el nombre de la visita no es válido, el
' método OpenResultset generará un error SQL o no devolverá
' ninguna fila de la base de datos. En el mundo real, habría que
' realizar una verificación tanto de la sintaxis como de la validez
' de los parámetros.)
    Set rsVisitorDemographics = cnVisitMaster.OpenResultset(SQL, _
      rdOpenKeyset)
' Definir los contadores para este método.
    iTableCount = 1
    CounterMale = 1
    CounterFemale = 1

' Empezar el recorrido por el Recordset.
    rsVisitorDemographics.MoveFirst

' Recorrer el Recordset completo.
    While Not rsVisitorDemographics.EOF

' En la variable stDrinks se guarda el valor actual de la columna
' Wine; después la instrucción If define dicha variable
' como «Vino» o «» en función de si la columna es True o no.
      stDrinks = rsVisitorDemographics(«Wine»)
      If stDrinks = «True» Then
        stDrinks = «Vino»
      Else
        stDrinks = «»
      End If

' Si el visitante es masculino, cargar el registro actual en la
' matriz MaleVisitors. En caso contrario, cargarlo en la matriz
' FemaleVisitors.
      If rsVisitorDemographics(«Sex») = «M» Then
        MaleVisitors(CounterMale).Name = _
          rsVisitorDemographics(«Name»)
        MaleVisitors(CounterMale).Department = _
          rsVisitorDemographics(«Department»)
        MaleVisitors(CounterMale).Wine = _
          stDrinks
        CounterMale = CounterMale + 1
      Else
        FemaleVisitors(CounterFemale).Name = _
          rsVisitorDemographics(«Name»)
        FemaleVisitors(CounterFemale).Department = _
          rsVisitorDemographics(«Department»)
```

```
        FemaleVisitors(CounterFemale).Wine = _
          stDrinks
        CounterFemale = CounterFemale + 1
      End If

' Pasar al siguiente registro.
      rsVisitorDemographics.MoveNext
      iTableCount = iTableCount + 1
    Wend
' Cerrar la base de datos.
    rsVisitorDemographics.Close

End Sub
```

Método *StartVisio*

Este método se utiliza para arrancar Visio. Es una buena práctica de programación encapsular una función, como el arranque de un servidor OLE, en un método independiente. Podrá realizar las comprobaciones de error que desee y nunca tendrá que preocuparse por desordenar otro método con código específico de esta tarea.

```
Sub StartVisio()

  On Error Resume Next

' Si ya está ejecutándose Visio, crear una referencia al objeto.
  Set Visio = GetObject(, «Visio.Application»)

' De lo contrario, arrancar Visio y crear una referencia al objeto.
  If Err Then
    Set Visio = CreateObject(«Visio.Application»)
  End If

End Sub
```

La técnica anterior debe funcionar con todos los servidores OLE. La utilización de la función *GetObject* se denomina asociación postergada (*late binding*), ya que el objeto OLE no está «asociado» a la aplicación hasta que ésta se ejecuta. Con la asociación postergada siempre se tarda más en crear la referencia, pero es un método más flexible.

Módulo *modVisioConstants*

Este módulo contiene las constantes para Visio que vienen incluidas con la aplicación. Estas constantes suelen utilizarlas todas las aplicaciones que utilizan Visio mediante automatización OLE.

Declaraciones

La sección de declaraciones ocupa todo el módulo. A continuación se muestran algunas de las constantes:

```
' Nombre de la clase para utilizar con Create/GetObject.
Global Const visApi$ = «visio.application»
' Códigos de unidad para utilizar con cell.result y métodos similares.
Global Const visNumber% = 32
Global Const visDate% = 40
Global Const visTypeUnits% = 48
```

7

Selección y utilización inteligente de los componentes

Ahora ya ha llegado el momento de reunirlo todo en una aplicación cliente/servidor. Microsoft Visual Basic siempre ha sido la herramienta número uno por lo que respecta a la incorporación de montones de componentes distintos en una aplicación. El formato VBX para los controles personalizados que aprendimos a amar y a odiar supuso un enorme beneficio para los desarrolladores, ya que permitió que aumentara de una forma increíble el número de herramientas que utilizaban la tecnología VBX. El formato ActiveX de Visual Basic 4 para los controles personalizados lleva la idea del componente a un nuevo nivel. Este formato no sólo puede utilizarlo Visual Basic sino también prácticamente cualquier aplicación basada en Microsoft Windows, siempre que el desarrollador incorpore la posibilidad de extender la aplicación con controles ActiveX (que antes se llamaban controles OLE).

La principal cuestión a la que se enfrenta un desarrollador en la actualidad es la siguiente: «¿Qué componentes debo utilizar en una aplicación cliente/servidor?» Otro aspecto de esta discusión se refiere a la utilización inteligente de los componentes, como la forma de utilizar un control individual y la selección del máximo número de controles que deben utilizarse en un formulario. Por ejemplo, en Visual Basic 3 se utilizaba un número menor de controles en un formulario para mejorar el tiempo de carga y el rendimiento general. Pero, ¿qué ocurre cuando se utiliza un control TabStrip con 10 objetos Tab en lugar de utilizar 10 formularios independientes? Todos los controles se encuentran en el mismo formulario, lo que puede ralentizar el tiempo de carga hasta hacerlo eterno.

En este capítulo se introducen los controles enlazados de Visual Basic 4 y se tratan las limitaciones de recursos en las estaciones de trabajo clientes; se incluyen también varias técnicas para minimizar la utilización de recursos por parte de un programa. Se tratan en profundidad las matrices de control, y se demuestra con un programa de ejemplo la forma de utilizarlas con eficacia. En otra aplicación de ejemplo se proporcionan varias utilidades de propósito general para los sistemas cliente/servidor. Este ejemplo CSUtilities supone una buena introducción a la forma de construir pequeñas bibliotecas de clases funcionales. En la aplicación también se demuestra la forma de utilizar SQL Server para registrar la información del rendimiento de la aplicación y los posibles problemas que puedan producirse durante la ejecución de la misma.

Controles enlazados

Los controles enlazados vienen incluidos con Visual Basic y también pueden adquirirse a otros vendedores. Cuando se introdujeron los controles enlazados en las versiones anteriores de Visual Basic, los desarrolladores quedaron extasiados. Por fin había una forma sencilla de construir la interfaz con una base de datos. Por desgracia, las aplicaciones que utilizaban controles enlazados eran insufriblemente lentas. (Tan lentas, de hecho, que muy pocas aplicaciones de producción se desarrollaron con controles enlazados, ya que su potencia desaparecía según aumentaba el número de usuarios y la complejidad de un sistema.)

En Visual Basic 4 se ha mejorado en gran medida la implementación de los controles enlazados. Por ejemplo, una de las mejoras del control Data, al que se enlazan los controles enlazados, es la posibilidad de crear un conjunto de resultados por programa mediante los Objetos de acceso a datos (DAO; Data Access Objects) o los Objetos de datos remotos (RDO; Remote Data Objects). Es posible, entonces, asignar ese conjunto de resultados al control Data. Los controles enlazados también pueden utilizarse con el nuevo control RemoteData, que ofrece un rendimiento mucho mejor con una base de datos cliente/servidor que los DAO. Los RDO también ofrecen un mejor rendimiento cuando se trabaja con una base de datos remota como Oracle o Microsoft SQL Server. Al gestionar la interfaz de la base de datos con RDO y algo de código fuente se consigue un rendimiento mucho mejor que con controles enlazados. En la tabla siguiente se describen los controles enlazados que vienen incluidos con Visual Basic:

Nombre del control	Descripción
DBList	Cuadro de lista que contiene elementos basados en una consulta a una base de datos.
DBCombo	Igual que DBList pero también contiene un cuadro de texto.
DBGrid	Presenta y permite manejar múltiples columnas de datos basadas en un objeto Recordset (conjunto de registros).
Label	Presente texto que el usuario no puede modificar directamente. El texto se define mediante la propiedad Caption o asociando este control a un control Data.

Nombre del control	Descripción
TextBox	Presenta información introducida durante el diseño, introducida por el usuario o asignada por código durante la ejecución del programa.
CheckBox	Presenta una X cuando está seleccionado; la X cuando se borra la casilla de verificación.
PictureBox	Muestra un gráfico a partir de un mapa de bits, icono o metaarchivo.
Image	Control simplificado para presentar un gráfico a partir de un mapa de bits, icono o metaarchivo. Utiliza menos recursos y se actualiza más rápido que un control del tipo PictureBox, pero sólo tiene un subconjunto de las propiedades, eventos y métodos de éste.
OLE Container	Permite introducir un objeto OLE en la aplicación.
Rich TextBox	Cuadro de texto con funciones de formato avanzadas.
Masked Edit	Cuadro de texto que permite una introducción restringida (con máscara) de datos y salida formateada.
3D Check Box	Emula la casilla de verificación estándar, pero también permite alinear texto tridimensional al lado de la misma.
3D Panel	Se utiliza para agrupar controles. Es posible enlazar la propiedad Caption.

También otros vendedores proporcionan controles enlazados. Es casi imposible construir una aplicación profesional sin utilizar controles de terceros vendedores, pero habrá que escogerlos con cuidado. Deberá comprobar una y otra vez la aplicación con todos los controles que vayan a incluirse en la versión final.

Limitaciones de recursos en los clientes

Los recursos de Windows son las zonas de memoria en las que Windows mete los iconos, manejadores de las ventanas, controles, código, etc. El sistema operativo se encarga de distribuir los recursos disponibles entre todas las aplicaciones, y cuando una aplicación se queda sin recursos pueden ocurrir cosas bastante extrañas. Por ejemplo, los usuarios no podrán arrancar la aplicación o no aparecerá alguna parte de la misma.

Para resolver el problema de las limitaciones de recursos puede hacer milagros con Visual Basic y perder montones de tiempo depurando. No obstante, una solución mejor consiste en adoptar técnicas de programación correctas y utilizar un sistema operativo que permita aliviar la mayor parte de los problemas.

El mejor sistema operativo en términos de recursos es Microsoft Windows NT, que no tiene de hecho limitaciones de recursos. Siempre devuelve el mismo número de recursos disponible.

Windows 95 es la segunda mejor opción. Cuando los recursos son escasos, Windows 95 se degrada ostensiblemente (se ralentiza en vez de pararse). Es posible minimizar la utilización de los recursos en las aplicaciones mediante la optimización del uso de los controles. También se puede supervisar el estado de los recursos de los sistemas de los usuarios. Brian Livingstons se ocupa con detalle de los recursos en su libro, *Windows 95 Secrets* (IDG Books, 1995).

Utilización de matrices de control

Hay muchas razones para optimizar la utilización de los controles, además de para conservar los recursos de Windows. Por ejemplo, la velocidad de carga de un formulario no sólo depende de lo que ocurra en el procedimiento de evento *Form_Load*, sino también del número de controles que contenga el mismo y de la forma de utilizarlos.

Las matrices de control permiten optimizar la utilización de los controles al tratar un grupo de controles como uno solo. Todos los controles de una matriz de control comparten la misma propiedad Name (nombre), tipo y procedimientos de evento. Tener 10 cuadros de texto en una matriz de control es mucho más eficiente en términos de recursos que tener 10 cuadros de texto independientes, porque sólo hace falta un recurso en lugar de 10.

Para crear una matriz de control sólo tiene que colocar un control en un formulario y definir su propiedad Index como 0. Así se crea una matriz de control con un elemento. Para añadir más controles a la matriz durante la fase de diseño, añada el mismo tipo de control y déle el mismo nombre. (La propiedad Index cambiará de forma automática.) No obstante, la forma más sencilla de construir matrices de control durante la fase de diseño consiste en añadir el primer control a un formulario, definir sus propiedades (ubicación, tamaño, etc.) a los valores deseados, y después copiar dicho control al portapapeles y pegarlo de nuevo en el formulario. Al hacerlo, Visual Basic le preguntará si desea crear una matriz de control. Si desea más de dos elementos en la matriz, lo único que tiene que hacer es seguir pegando los elementos en el formulario. Visual Basic incrementará de forma automática la propiedad Index para cada uno de ellos.

Nota: *Los controles que se copian y pegan en un contenedor aparecen en la esquina superior izquierda del mismo (aunque dicho contenedor sea otro control). No obstante, los controles que se pegan como parte de una matriz de control aparecen encima del primer control de la matriz.*

Otra característica destacable de las matrices de control es la posibilidad de añadir miembros a la matriz en tiempo de ejecución, lo que resulta útil si desea permitir a un usuario que añada elementos a un formulario. Para añadir controles a una matriz de control debe utilizarse una instrucción como *Load cmdButtons(3)*, donde *cmdButtons* es una matriz de control válida. En este caso, 3 será el siguiente índice superior después del límite superior actual de la matriz de control.

Es posible descargar un control mediante una sentencia del tipo *Unload cmdButtons(3)*.

La orden *Unload* puede utilizarse para descargar cualquier control que se haya añadido en tiempo de ejecución, sin que sea necesario que estén ordenados. Por ejemplo, puede añadir cinco controles y utilizar después *Unload* para retirar el control con un índice igual a *3*. No obstante, tenga en cuenta que no podrá utilizar fácilmente una cons-

Figura 7-1. *Aplicación Control1 al arrancar.*

trucción *For...Next* o cualquier otro tipo de bucle para recorrer la matriz de control si no es contigua. La instrucción *Unload* no puede eliminar controles de una matriz que se hayan añadido en la fase de diseño.

Los controles nuevos que se añadan a una matriz de control tendrá su propiedad Visible definida como *False*. La ubicación del control (propiedades Left y Top) será igual a la ubicación del primer elemento de la matriz de control.

Programa de ejemplo: Adición de una matriz de control en tiempo de ejecución

En nuestro programa de ejemplo Control1, que se encuentra en el directorio Control-Arrays del CD adjunto, se utiliza una matriz de control para los botones de órdenes en un formulario. El usuario puede añadir un nuevo botón pulsando simplemente sobre Botón nuevo.

En la Figura 7.1 se muestra el formulario cuando arranca la aplicación, con sólo dos botones aparte de Botón nuevo.

En la Figura 7.2 se muestra el mismo formulario después de haber pulsado cuatro veces sobre Botón nuevo. Observe que los botones están espaciados correctamente y tienen los títulos adecuados.

¿Cómo funciona todo esto? Siga leyendo.

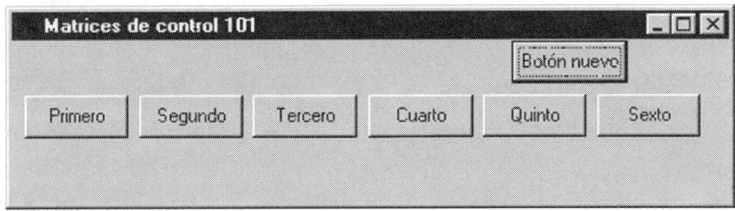

Figura 7-2. *El formulario después de haber pulsado cuatro veces sobre Botón nuevo.*

Formulario Form1

El formulario Form1 contiene todo el código de la aplicación.

Procedimiento de evento *cmdButtons_Click*

El procedimiento de evento *cmdButtons_Click* tiene lugar cuando un usuario pulsa sobre cualquier botón de la matriz de control. Al procedimiento de evento se le pasa la propiedad Index, con la que se identifica qué botón se ha pulsado. La mayor parte de los desarrolladores comprueban el valor de la propiedad Index en el propio procedimiento de evento para determinar qué botón se ha pulsado y qué acción realizar. Nosotros preferimos comprobar la propiedad Caption del botón pulsado, ya que el código es mucho más legible. En este procedimiento de ejemplo verá que *Case «Primero»*: es mucho más inteligible que *Case 0:*, que significa lo mismo.

```
Private Sub cmdButtons_Click(Index As Integer)

  Select Case cmdButtons(Index).Caption
    Case «Primero»:
    Case «Segundo»:
    Case «Tercero»:
    Case «Cuarto»:
    Case «Quinto»:
    Case «Sexto»:
    Case «Séptimo»:
    Case Else
  End Select

End Sub
```

Procedimiento de evento *cmdNewButton_Click*

El procedimiento de evento *cmdNewButton_Click* es el corazón de esta aplicación de ejemplo. Este procedimiento es donde tiene lugar de hecho la creación de los botones y la definición de sus propiedades.

```
Private Sub cmdNewButton_Click()

' El último índice de la matriz y el próximo índice de la matriz.
  Dim iLast As Integer, iNext As Integer

' Leyenda (caption) del nuevo botón.
  Dim strCaption As String

' Determinar el límite superior actual de la matriz de control.
  iLast = cmdButtons.ubound
```

```
' Definir el siguiente índice de la matriz.
  iNext = iLast + 1

' Definir la nueva leyenda en función del nuevo índice.
  Select Case iNext
     Case 2: strCaption = «Tercero»
     Case 3: strCaption = «Cuarto»
     Case 4: strCaption = «Quinto»
     Case 5: strCaption = «Sexto»
     Case 6: strCaption = «Séptimo»
     Case Else
  End Select

' Crear el nuevo botón.
  Load cmdButtons(iNext)

' Definir las propiedades del nuevo botón—Caption, Left, Top, y
' Visible.
  cmdButtons(iNext).Caption = strCaption

' Situar el nuevo control a la derecha del último.
' Añadir 100 a (Left + Width) para conseguir un espaciado uniforme
' entre todos los controles.

  cmdButtons(iNext).Left = cmdButtons(iLast).Left + _
     cmdButtons(iLast).Width + 100

' Asegurar que el nuevo control se coloque igual que el anterior,
' aunque dicho control se haya movido.
  cmdButtons(iNext).Top = cmdButtons(iLast).Top

' Hacer que el nuevo control sea visible. (Cuando se añade un control
' nuevo a una matriz de control, el valor predeterminado de la
' propiedad Visible es False.)
  cmdButtons(iNext).Visible = True

End Sub
```

Temas diversos con las matrices de control

Cuando se utiliza la orden *Load* para añadir un nuevo control a una matriz de control, es necesario definir el orden de tabulación para el mismo, que se guarda en su propiedad TabIndex. El valor predeterminado de TabIndex para un nuevo control en una matriz de control es el siguiente al último valor TabIndex que esté en uso en el formulario. En nuestro programa de ejemplo se demuestra este hecho después de añadir al menos un control. Observe el orden de tabulación: Primero, Segundo, Botón nuevo, Tercero.

Las matrices de control son muy útiles para que los usuarios puedan añadir campos a un formulario sobre la marcha. Por ejemplo, resulta muy sencillo escribir un frontal de consulta que les permita a los usuarios escoger una tabla y seleccionar después los campos que desean ver. Después puede utilizarse una matriz de control para añadir los campos al formulario según los va escogiendo el usuario.

Modificación del padre de un control

Utilizar la propiedad Container y la función de la API Win32 *SetParent* es una forma de animar una aplicación, mediante el desplazamiento de un control a otro contenedor. Un contenedor puede ser un formulario, cuadro de imagen o marco (frame) y puede contener otros controles. Cuando se lleva un control de un contenedor a otro, no sólo se desplaza el control, sino también todos sus datos y código. Compare la modificación del padre de un control con la inclusión de un duplicado del control en otro contenedor. Al añadir el control duplicado se dobla la cantidad de recursos utilizada por esos controles. La modificación del padre prácticamente no utiliza recursos adicionales y sólo requiere una cantidad mínima de código adicional para gestionar múltiples padres.

Programa de ejemplo: Desplazamiento de un control a un nuevo contenedor padre

El programa de ejemplo MoveList, que se encuentra en el directorio MoveList1 del CD adjunto, sirve para demostrar la forma de utilizar la propiedad Container y la función de la API Win32 *SetParent* para llevar un control a un nuevo contenedor padre. En la Figura 7.3 se muestra el formulario principal cuando arranca la aplicación.

En la Figura 7.4 se muestra el formulario después de pulsar sobre el botón Llevar la lista al frame. Esta operación aparentemente sencilla cambia de hecho el contenedor del cuadro de lista, que pasa a ser Frame1.

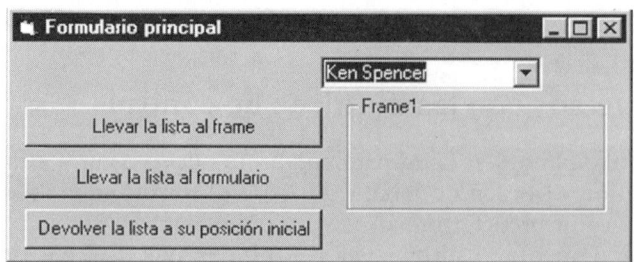

Figura 7-3. *Formulario principal de la aplicación de ejemplo MoveList al arrancar.*

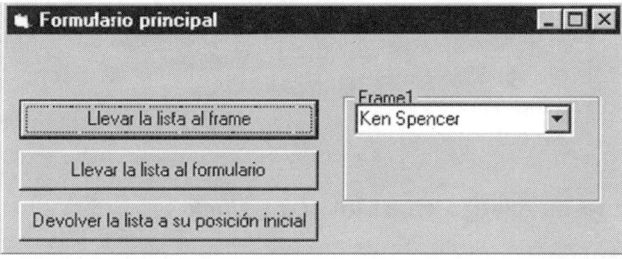

Figura 7-4. *Formulario principal de la aplicación de ejemplo MoveList después de llevar el cuadro de lista a un nuevo contenedor padre.*

En la Figura 7.5 se muestra el mismo cuadro de lista en un nuevo formulario. El cuadro de lista se ha llevado al formulario secundario pulsando sobre el botón Llevar la lista al formulario en el formulario principal. El nombre que aparece en el cuadro de lista sigue siendo el mismo en ambos formularios.

Al reutilizar un control en distintos formularios se consigue una importante merma en la sobrecarga. En el siguiente código para el formulario frmMain, observará que existen varios trucos en la utilización de esta técnica, como utilizar referencias explícitas a formularios en el código que hay detrás del control que tenga previsto desplazar.

Formulario frmMain

Este formulario contiene la interfaz y el código del formulario principal.

Declaraciones

La sección de declaraciones contiene la declaración de la función de la API Win32 *SetParent* y tres variables para guardar la información de ubicación y el valor devuelto.

```
Option Explicit
```

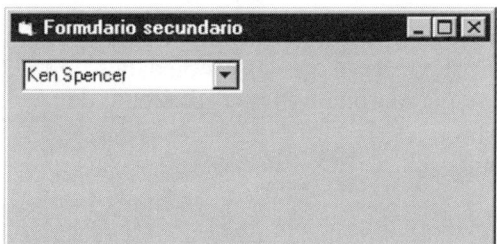

Figura 7-5. *Formulario secundario después del desplazamiento del cuadro de lista desde el formulario principal.*

```
Private Declare Function SetParent Lib «user32» _
   (ByVal hWndChild As Long, ByVal hWndNewParent As Long) As Long
Private iOrigListLeft
Private iOrigTop
Private RetValue As Long
```

Procedimiento de evento *cmdMoveList_Click*

Este procedimiento de evento utiliza la propiedad Container para modificar el padre de un control. En este procedimiento, se modifica la propiedad Container del control ListBox (llamado cboMyList) de *frmMain* a *frame1*. Sólo puede utilizarse un control de tipo Frame o PictureBox para contener otros controles mediante la propiedad Container. Observe que después del desplazamiento del control definimos las propiedades Left y Top.

```
Private Sub cmdMoveList_Click()

   Set cboMyList.Container = frame1
   cboMyList.Left = 100
   cboMyList.Top = 150

End Sub
```

Procedimiento de evento *cmdMoveListToForm_Click*

Este procedimiento de evento utiliza la función de la API Win32 *SetParent* para mover el control. Mediante esta función es posible llevar un control a cualquier objeto que tenga una propiedad hWnd y que pueda servir como contenedor. En este ejemplo se lleva el control ListBox al formulario frmSecondary. Observe la rapidez con la que se desplaza el cuadro de lista al segundo formulario.

```
Private Sub cmdMoveListToForm_Click()
   RetValue = SetParent(cboMyList.hWnd, frmSecondary.hWnd)
End Sub
```

Procedimiento de evento *cmdMoveListBack_Click*

Este procedimiento de evento utiliza *SetParent* para llevar el control cboMyList de vuelta al formulario principal. Observe que las propiedades Left y Top se restablecen a sus valores originales, que se guardaron en el procedimiento de evento *Form_Load*.

```
Private Sub cmdMoveListBack_Click()

   RetValue = SetParent(cboMyList.hWnd, frmMain.hWnd)
   cboMyList.Left = iOrigListLeft
   cboMyList.Top = iOrigTop

End Sub
```

Procedimiento de evento *Form_Load*

El procedimiento de evento *Form_Load* realiza varias tareas de administración, como la de mostrar el formulario secundario (frmSecondary), guardar las propiedades Left y Top del control ListBox y cargar los elementos de la lista.

```
Private Sub Form_Load()

  frmSecondary.Show
  iOrigListLeft = cboMyList.Left
  iOrigTop = cboMyList.Top
  cboMyList.AddItem «Ken Spencer»
  cboMyList.AddItem «Ken Miller»
  cboMyList.AddItem «Jane Jones»
  cboMyList.AddItem «John Smith»
  cboMyList.AddItem «Jill Mason»

End Sub
```

Temas diversos con la modificación del padre de un control

En el procedimiento de evento *cmdMoveList_Click* utilizamos la propiedad Container de cboMyList. Mediante la definición de la propiedad Container para que apunte a otro contenedor (*PictureBox* o *Frame*), se consigue desplazar un control a otro contenedor del mismo formulario. Esta técnica resulta útil cuando se dispone de varios frames o controles de tipo ficha que se muestran uno de cada vez y se quiere que la lista actual aparezca en todos ellos. La propiedad Container sólo puede definirse para que apunte a otros controles del mismo formulario o al propio formulario, pero *SetParent* permite llevar un control a prácticamente cualquier formulario de la aplicación.

El mejor uso que puede dársele a la función *SetParent* es cuando se necesita el mismo control con los datos actuales en otro lugar de la aplicación, como puede ser otro formulario. Pero el control no puede utilizarse en su ubicación original después del desplazamiento, al menos mientras esté siendo utilizado en la ubicación nueva. Cuando la aplicación haya acabado con el control en la nueva ubicación, éste podrá devolverse a la ubicación original.

SetParent puede ser de gran ayuda para mejorar las aplicaciones. Suponga que tiene una lista con los nombres de 5000 clientes. El usuario debe seleccionar un cliente de la lista, lo que hace que aparezca otro formulario y que desaparezca el primero. No obstante, el usuario tiene que poder seleccionar otro cliente en el nuevo formulario. ¿Cómo solucionaría esta situación?

SetParent hace que esta tarea sea realmente sencilla. En el siguiente ejemplo hemos modificado el código de nuestro último ejemplo para realizar dicha tarea.

Programa de ejemplo: Desplazamiento de un control en una aplicación real

Con la segunda aplicación de ejemplo MoveList, que se encuentra en el directorio MoveList2 del CD adjunto, se demuestra una versión más compleja del desplazamiento de los

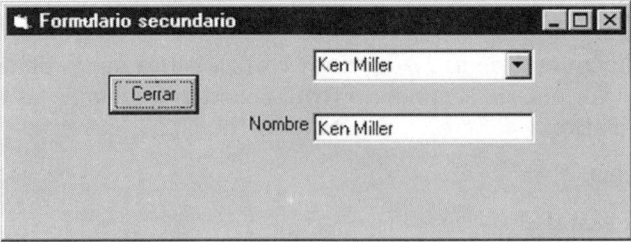

Figura 7-6. *Nuevo formulario secundario mejorado.*

controles. La principal modificación que se ha realizado en la interfaz es la adición de un cuadro de texto al formulario secundario, como se muestra en la Figura 7.6.

Módulo MoveListSupport

Hemos llevado la sección de declaraciones del formulario frmMain al módulo MoveListSupport.

Declaraciones

Hemos añadido una propiedad, *sCurrentListForm*. Esta propiedad se utilizará para determinar qué formulario es el que contiene actualmente el control de tipo ListBox cboMyList.

```
Option Explicit
Public Declare Function SetParent Lib «user32» _
   (ByVal hWndChild As Long, ByVal hWndNewParent As Long) As Long
Public iOrigListLeft
Public iOrigRight
Public RetValue As Long
Public sCurrentListForm As String
```

Formulario frmMain

Lo que más ha cambiado es el código incluido en frmMain. Para determinar qué formulario (frmMain o frmSecondary) es el que contiene el control cboMyList utilizamos la variable *sCurrentListForm*. (Aunque el padre del control ListBox haya cambiado al nuevo formulario, si se verifica el objeto Me dentro de un procedimiento de lista, seguirá apareciendo frmMain como Me, lo que significa que no es posible verificar la propiedad Caption del formulario.)

Procedimiento de evento *cboMyList_Click*

A continuación se muestra el código del procedimiento de evento *cboMyList_Click*:

```
Private Sub cboMyList_Click()

  Select Case sCurrentListForm
    Case «Main»:
      Me.Hide
      frmSecondary.Show
      RetValue = SetParent(cboMyList.hWnd, frmSecondary.hWnd)
      frmSecondary.txtName = cboMyList.Text
    Case «Secondary»:
      frmSecondary.txtName = cboMyList.Text
    Case Else
  End Select

End Sub
```

Hemos utilizado una sentencia *Select Case* para comprobar cuál es el formulario que contiene el control cboMyList. El cuadro de texto txtName se carga en frmSecondary tanto si la lista la utiliza frmMain como frmSecondary. Podríamos haber colocado esta instrucción fuera de la instrucción *Select Case*, pero eso habría hecho que fuera más difícil añadir la misma lista a un tercer o cuarto formulario más adelante.

Nota: *¿Por qué se utiliza* SetParent *después de la instrucción* Show *en vez de antes? Porque cualquier referencia a una propiedad o método de un formulario haría que dicho formulario se cargara. En este caso,* SetParent *activaría la carga del formulario cuando se desplazara el control, lo que no habría funcionado en nuestro ejemplo con la instrucción* Select Case.

Procedimiento de evento *Form_Activate* y método *SetActiveForm*

La mayor parte de los procedimientos restantes de frmMain son iguales a los del primer ejemplo MoveList. Uno que es distinto es el procedimiento de evento *Form_Activate*. Este procedimiento llama a un método denominado *SetActiveForm*, que también se llama en el procedimiento de evento *Form_Load*. Hemos añadido *SetActiveForm* para manejar la definición del nombre del formulario y facilitar la llamada al mismo código desde varios lugares.

```
Private Sub Form_Activate()
  SetActiveForm
End Sub

Sub SetActiveForm()
  sCurrentListForm = «Main»
End Sub
```

Formulario frmSecondary

El otro formulario (frmSecondary) también ha sufrido varias modificaciones. Ahora hay un botón que nos permite devolver la lista al formulario principal. También hemos añadido un nuevo método (*SetActiveForm*) para definir la propiedad *sCurrentListForm*. Este método se llama desde el procedimiento de evento *Form_Activate*.

Procedimiento de evento *cmdClose_Click*

El procedimiento de evento *cmdClose_Click* sirve para devolver la lista a frmMain y ocultar frmSecondary. Simplemente ocultamos el formulario, en vez de descargarlo, por si se necesita de nuevo. Observe las instrucciones situadas al final del procedimiento para restablecer las propiedades Left y Top de la lista a sus valores originales.

```
Private Sub cmdClose_Click()

  RetValue = SetParent(frmMain!cboMyList.hWnd, frmMain.hWnd)
  frmMain.Show
  frmSecondary.Hide
  frmMain!cboMyList.Left = iOrigListLeft
  frmMain!cboMyList.Top = iOrigRight

End Sub
```

Procedimiento de evento *Form_Activate* y método *SetActiveForm*

Estos dos procedimientos son comparables a sus homólogos en frmMain.

```
Private Sub Form_Activate()
  SetActiveForm
End Sub

Sub SetActiveForm()
  sCurrentListForm = «Secondary»
End Sub
```

Procedimiento de evento *Form_Load*

La única acción del procedimiento de evento *Form_Load* consiste en llamar al método *SetActiveForm*. Dicho método se ejecuta desde los procedimientos de evento *Form_Load* y *Form_Activate*, forzando la acción independientemente de si está cargándose o activándose el formulario. Por ejemplo, si el formulario se carga pero no es visible, *Form_Load* llama a este método para definir correctamente la variable. Si la lista se ha llevado al formulario principal y después se ha devuelto al formulario secundario, *Form_Activate* llama a este método en cuanto se hace visible el formulario.

```
Private Sub Form_Load()
  SetActiveForm
End Sub
```

Utilidades como componentes

Ahora ha llegado el momento de examinar otros componentes que son necesarios en todos los desarrollos cliente/servidor. Todas las aplicaciones necesitan una buena cantidad de procedimientos de propósito general además de las funciones particulares. Una de las características importantes que introduce Visual Basic 4 es la posibilidad de crear bibliotecas de clases. Hemos creado una clase, CSUtilities, que contiene una pequeña muestra de utilidades que pueden utilizarse en una aplicación cliente/servidor típica.

Programa de ejemplo: Utilidades cliente/servidor

El programa de ejemplo CSUtilities, que se encuentra en el directorio Utilities del CD adjunto, crea la clase CSUtilities. Esta clase siempre debe construirse como DLL y utilizarse como servidor en el proceso. De esta forma se consigue un rendimiento óptimo, se reduce el tiempo de carga de la aplicación (siempre que no se utilice ninguno de los métodos de esta clase durante el procedimiento de evento *Form_Load*) y se protege la clase frente a una modificación accidental.

Nota: Para construir correctamente la DLL, seleccione Crear archivo DLL de OLE en el menú Archivo. Después de que la DLL se haya creado la primera vez, seleccione Opciones en el menú Herramientas y pulse sobre la ficha Proyecto. Pulse sobre el botón con puntos suspensivos (...) situado al lado del cuadro de texto Servidor OLE compatible, seleccione CSUtilities.dll y pulse sobre OK. Reconstruya ahora la DLL seleccionando de nuevo Crear archivo DLL de OLE en el menú Archivo.

Módulo de clases clsUtilities

El módulo de clases clsUtilities contiene todas nuestras utilidades.

Declaraciones

En esta sección se declaran las funciones de la API Win32 utilizadas en esta clase y las propiedades en las que se guardan los valores utilizados por la clase o por la aplicación cliente.

```
Option Explicit

' Utilizada por las funciones de acceso a archivos INI.
Private Declare Function APIGetPrivateProfileString _
```

```vb
        Lib «Kernel32» Alias «GetPrivateProfileStringA» _
        (ByVal lpAppName As String, ByVal lpKeyName As Any, _
        ByVal lpDefault As String, ByVal lpReturnedString As String, _
        ByVal nSize As Long, ByVal lpFileName As String) As Long

    Private Declare Function APIWritePrivateProfileString _
        Lib «Kernel32» Alias «WritePrivateProfileStringA» _
        (ByVal lpAppName As String, ByVal lpKeyName As String, _
        ByVal lpString As String, ByVal lpFileName As String) As Long

    ' Declaración segura para la eliminación de sección.
    Private Declare Function APIDeletePrivateProfileSection _
        Lib «Kernel32» Alias «WritePrivateProfileStringA» _
        (ByVal lpSection As String, ByVal lpEntry As Long, _
        ByVal lpString As Long, ByVal lpFileName As String) As Long

    ' Devuelve el ID de sistema del usuario actual.
    Private Declare Function WNetGetUser _
        Lib «mpr.dll» Alias «WNetGetUserA» _
        (ByVal lpName As String, ByVal lpUserName As String, _
        lpnLength As Long) As Long

    Private Declare Function APISetWindowPos _
        Lib «user32» Alias «SetWindowPos» _
        (ByVal hwnd As Long, ByVal hWndInsertAfter As Long, _
        ByVal x As Long, ByVal y As Long, _
        ByVal cx As Long, ByVal cy As Long, _
        ByVal wFlags As Long) As Long

    ' Se utiliza para generar retardos.
    Private Declare Sub Sleep Lib «Kernel32» (ByVal dwMilliseconds As Long)

    ' Se utiliza para realizar el seguimiento del número de archivo de
    ' registro abierto
    Private LogFileNumber As Long

    ' Trayecto en el que se encuentra Master.ini
    Public LogFilePath As String

    ' Trayecto completo del archivo INI de la aplicación, si existe.
    ' Resulta útil si el archivo INI se encuentra en un directorio distinto
    ' al de la propia aplicación. Se define en el método StartApplication.
    Public ApplicationINIPath As String

    ' Nombre de la aplicación definido en el método StartApplication.
    Public ApplicationName As String
    ' Nombre del usuario actual de la red definido en el método
```

Selección y utilización inteligente de los componentes **143**

```
' StartApplication.
Public CurrentUserName As String

' Especifica el parámetro EntryClass para el método WriteLogEntry.
' Lo define la aplicación cliente.
Public LastEntryClass As String

' Especifica el parámetro EntryText para el método WriteLogEntry.
' Lo define la aplicación cliente.
Public LastEntryText As String

' Indica el instante inicial para la temporización de una acción.
' Lo utiliza el procedimiento StopTime Property Let.
Public StartTime As Date
```

Método *UT_OnTop*

Este método sirve para colocar un formulario encima del resto de formularios de un sistema. El formulario permanecerá encima hasta que se especifique otro formulario para estar encima. Los parámetros son el propio objeto del formulario y un indicador para especificar si hay que colocar el formulario encima o devolverlo a su estado normal.

```
Sub UT_OnTop(frmCallingForm As Object, bFloatToTop As Boolean)

   Dim nReturnVal As Integer

' Constantes definidas en el SDK Win32.
   Const SWP_NOMOVE = 2
   Const SWP_NOSIZE = 1
   Const FLAGS = SWP_NOMOVE Or SWP_NOSIZE
   Const HWND_TOPMOST = -1
   Const HWND_NOTOPMOST = -2

   If bFloatToTop = True Then
     nReturnVal = APISetWindowPos(frmCallingForm.hwnd, _
       HWND_TOPMOST, 0, 0, 0, 0, FLAGS)
   Else
     nReturnVal = APISetWindowPos(frmCallingForm.hwnd, _
       HWND_NOTOPMOST, 0, 0, 0, 0, FLAGS)
   End If

End Sub
```

Método *SetMousePointer*

¿Está harto de escribir las instrucciones para definir y restablecer el puntero del ratón una y otra vez? Este pequeño método le permite definir el puntero del ratón como el icono que prefiera. Guarda el puntero actual en una propiedad de nivel de formulario, llamada iFormLastMousePointer, en el formulario desde el que se cambia el puntero. También devuelve el número del puntero como valor de retorno del método. Los comentarios que se incluyen al final del método demuestran la forma de utilizarlo. La aplicación CSUtilitiesTester de la página 154 también demuestra la forma de utilizar el método y de declarar la propiedad de nivel de formulario.

```
Public Function SetMousePointer(FormName As Object, _
   PointerNumber As Integer) As Integer

   On Error Resume Next

   FormName.iFormLastMousePointer = FormName.MousePointer
   SetMousePointer = FormName.iFormLastMousePointer
   FormName.MousePointer = PointerNumber
   Exit Function

   ' Ejemplos de llamadas a este método
   ' i = objUtilities.SetMousePointer me, vbArrowHourglass
   ' ... el código va en esta zona
   ' i = objUtilities.SetMousePointer me, i

End Function
```

Método *FixSQLString*

Cuando un usuario introduce en un cuadro de texto un carácter de comilla sencilla (')igual al carácter de comilla sencilla utilizado para delimitar las instrucciones SQL, generalmente la aplicación presentará algún tipo de mensaje de error ODBC o SQL.

Hemos escrito el método *FixSQLString* para resolver este problema. Este método toma como parámetro único la cadena que se desea verificar y la devuelve con el formato correcto para manejar las comillas sencillas. Todas las comillas sencillas de la cadena de entrada se sustituyen por dos comillas sencillas ('') en la cadena de salida, lo que se traduce correctamente cuando Visual Basic analiza la cadena.

```
Public Function FixSQLString(sStringName As String) As String

   Dim i As Integer, sTemp As String, sTempIn As String

   sTempIn = sStringName
   i = InStr(sTempIn, «'«)
   While i > 0
      sTemp = Left$(sTempIn, i) & «'«
      sTempIn = Mid$(sTempIn, i + 1, Len(sTempIn) - i)
      i = InStr(sTempIn, «'«)
   Wend
   FixSQLString = sTemp & sTempIn

End Function
```

Selección y utilización inteligente de los componentes **145**

Método *UT_IniRead*

¿Alguna vez ha tenido que leer o escribir en un archivo INI, pero no le gustaba la llamada API y la configuración de sus parámetros? Aquí está una utilidad para leer cualquier archivo INI.

Consejo: *Parece que los archivos INI siguen resultando útiles para algunas aplicaciones que se ejecutan bajo sistemas basados en Win32. Aunque el Registro de configuraciones hace innecesaria la utilización de archivos INI locales, un archivo INI es ideal cuando una aplicación que se ejecuta localmente en la máquina de un usuario tiene que hacer referencia a configuraciones globales. Además, las aplicaciones que se distribuyen para clientes tanto de 16 como de 32 bit que comparten el mismo código pueden seguir utilizando archivos INI.*

Este método toma cuatro parámetros:

- **tSectionName**   Nombre de la sección que se desea leer.
- **tItemName**   Nombre del elemento que se desea leer.
- **tItemType**   Tipo del elemento: ST=String, IN=Integer, LO=Long, DO=Double, SI=Single, BO=Boolean, CU=Currency.
- **tFileName**   Nombre del archivo INI, incluido el trayecto si el archivo no se encuentra en el trayecto especificado mediante la variable de entorno PATH (definida, por ejemplo, como «PATH=C:\;C:\WINDOWS;» en Autoexec.bat).

El método devuelve una variable de tipo variant que contiene el valor leído. El valor devuelto será blanco o cero (en función del valor de tItemType) si no se encuentra ningún valor.

```
Public Function UT_IniRead(tSectionName As String, _
   tItemName As String, tItemType As String, _
   tFileName As String) As Variant

   Dim tReturnStr As String * 256
   Dim lReturnSize As Long
   Dim nBufferSize As Integer
   Dim tTempStr As String

   nBufferSize = 255

   lReturnSize = APIGetPrivateProfileString(tSectionName, _
      tItemName, «», tReturnStr, nBufferSize, tFileName)
   tTempStr = Trim$(Left$(tReturnStr, lReturnSize))

Select Case Left$(UCase$(tItemType), 2)
    Case «ST»                        ' String
      If Len(tTempStr) <> 0 Then
```

```
          UT_IniRead = tTempStr
       Else
          UT_IniRead = «»
       End If

    Case «IN», «LO», «SI», «DO»       ' Integer, Long, Single, Double
       If Len(tTempStr) <> 0 Then
          UT_IniRead = CVar(tTempStr)
       Else
          UT_IniRead = 0
       End If

    Case «BO»                          ' Boolean (True/False)
       If Left$(UCase$(tTempStr), 1) = «T» Then
          UT_IniRead = True
       Else
          UT_IniRead = False            ' El valor predeterminado es false
       End If

    Case «CU»                          ' Currency (moneda)
       UT_IniRead = CVar(tTempStr)
    End Select

End Function
```

Método *UT_IniWrite*

El método *UT_IniWrite* es igual que el método *UT_IniRead*, excepto en que sirve para almacenar un valor en un archivo INI. Si el elemento y la cabecera no existen, se crearán. El método devuelve *True* si tiene éxito y *False* si falla.

```
Public Function UT_IniWrite(tSectionName As String, _
   tItemName As String, vntItemValue As Variant, _
   tItemType As String, tFileName As String) As Boolean

   Dim tNewValue As String
   Dim tTempStr As String
   Dim nResult As Integer

   If UCase$(Trim$(tItemType)) = «KILLSECTION» Then
     nResult = APIDeletePrivateProfileSection(tSectionName, _
        0&, 0&, tFileName)
     Exit Function
   End If

 If Len(tItemType) < 2 Then Exit Function
```

```
      Select Case UCase$(Left$(tItemType, 2))
        Case «ST»                    ' Strings
          tTempStr = vntItemValue
        Case «IN», «LO», «SI», «DO»  ' Integer, Long, Single, Double
          tTempStr = Format$(vntItemValue, «General Number»)
        Case «BO»                    ' Boolean (True/False)
          If vntItemValue = True Then
            tTempStr = «True»
          Else
            tTempStr = «False»
          End If
        Case «CU»                    ' Currency (moneda)
          tTempStr = Format$(vntItemValue, «Currency»)
        Case «HE»                    ' Hex
          tTempStr = «&H» & Hex$(vntItemValue)
        Case «OC»                    ' Octal
          tTempStr = «&O» & Oct$(vntItemValue)
        Case «DA»                    ' Date
          tTempStr = Format$(vntItemValue, «Short Date»)
        Case «TI»                    ' Time
          tTempStr = Format$(vntItemValue, «Short Time»)
      End Select
      tTempStr = Trim$(tTempStr)

      nResult = APIWritePrivateProfileString(tSectionName, _
        tItemName, tTempStr, tFileName)

      If nResult = 0 Then UT_IniWrite = False Else UT_IniWrite = True

    End Function
```

Método *UT_NetUserID*

El método *UT_NetUserID* recupera el ID del usuario de red actual desde la estación de trabajo del usuario. Este ID puede utilizarse como ID de conexión SQL o para cualquier otra tarea que la aplicación tenga que realizar, como marcar las transacciones con el nombre del usuario.

El método no tiene parámetros y devuelve el ID del usuario actual.

```
    Public Function UT_NetUserID() As String

      Dim tName As String
      Dim tUser As String
      Dim nStatus As Integer
      Dim nReturn As Integer
      Dim tTempStr As String
```

```
    Dim tNetType As String
    Dim hNetwork As Integer
    Dim bWFW As Integer

  tTempStr = «»              ' Se asume que el usuario no está conectado
    tUser = Space$(256)      ' Asignar espacio para el búfer de retorno

    nStatus = WNetGetUser(tName, tUser, 255) ' Comprobar un nombre de usuario
    If nStatus = 0 Then                ' Llamada válida, así que llevar los datos
       tTempStr = Left$(tUser, InStr(tUser, Chr(0)) - 1)
    End If

    If tTempStr <> «» Then
      UT_NetUserID = tTempStr
      Exit Function
    End If

    UT_NetUserID = tTempStr

  End Function
```

Método *CreateDatasource*

El método *CreateDatasource* permite crear una nueva entrada para un origen de datos ODBC o actualizar un origen de datos existente. El código es esencialmente el mismo que el de la aplicación tratada en la página 62, así que no entraremos en los detalles de nuevo. Las principales diferencias están en los parámetros que se pasan al método, que en esta versión son los siguientes:

- **dsName**   Nombre del origen de datos.
- **dsServer**   Nombre del servidor si la base de datos es una base de datos remota; en caso contrario deberá contener una cadena vacía.
- **dsDescription**   Descripción del origen de datos.
- **dsDatabase**   Nombre de la base de datos que va a utilizar el origen de datos.

```
  Sub CreateDatasource(dsName As String, _
    dsServer As String, dsDescription, dsDatabase As String)

    Dim strAttributes As String

    strAttributes = «Description=» & dsDescription & Chr(13)
    strAttributes = strAttributes & «Server=» & dsServer & Chr(13)
    strAttributes = strAttributes & «Database=» & dsDatabase & Chr(13)
    strAttributes = strAttributes & «FastConnectOption=Yes» & Chr(13)
    strAttributes = strAttributes & «UseProcForPrepare=Yes» & Chr(13)

    strAttributes = strAttributes & «OEMTOANSI=No» & Chr(13)
    strAttributes = strAttributes & «Language=» & Chr(13)
```

Selección y utilización inteligente de los componentes **149**

```
rdoEngine.rdoRegisterDataSource DSN:=dsName, _
   Driver:=»SQL Server», Silent:=True, Attributes:=strAttributes

End Sub
```

Procedimiento StopTime Property Let

Se llama al procedimiento StopTime Property Let para detener la temporización de un evento y escribir la entrada del mismo en el archivo de registro. Los métodos de temporización se utilizan en el ejemplo de consulta asíncrona que empieza en la página 180.

Este procedimiento se llama pasándole la hora actual, y utiliza la propiedad LastEntryText como clase de la entrada en el registro. (La clase de registro puede utilizarse más adelante para filtrar los eventos de la base de datos de registro según el tipo. Por ejemplo, se podría consultar la base de datos para encontrar todos los eventos cuya clase está definida como Initialize, lo que puede proporcionar mucha información sobre los problemas que experimentan las aplicaciones durante el proceso de inicialización. Al utilizar LastEntryText no es necesario pasar la entrada de la clase cada vez que se detiene el temporizador. Basta con definir la propiedad una vez y olvidarse de ella mientras no se modifique la clase.) Este ejemplo demuestra una buena forma de utilizar una propiedad, definiéndola sólo cuando cambia y reutilizándola repetidas veces dentro de la clase.

El método *WriteLogEntry* actualiza el archivo de registro.

```
Property Let StopTime(dTime As Date)

   If Len(LastEntryText) > 0 Then
     WriteLogEntry EntryText:=LastEntryText, _
       EntryClass:=»MethodTime», _
       EntryStartTimeValue:=StartTime, EntryStopTimeValue:=dTime
   Else
     MsgBox «Debe definir la propiedad LastEntryText» & _
       «antes de utilizar StopTime»
   End If

End Property
```

Método *StartApplication*

El método *StartApplication* sirve para utilizar las propiedades de CSUtilities (que se encuentran en la sección de declaraciones) en una aplicación:

- En ApplicationName se guarda una cadena para identificar la aplicación. Esta propiedad puede definirse pasándole al método una cadena de texto o utilizando una de las propiedades del objeto App (Title, EXEName, FileDescription ó ProductName). También es posible añadir el número de versión de la aplicación a su nombre mediante las propiedades Major y Minor del objeto App.
- En CurrentUserName se guarda el nombre del usuario actual de la red.

Lo primero que hace este método es intentar leer la entrada LogFilePath en el archivo Master.ini situado en el directorio actual de la aplicación. Si existe dicha entrada, se utilizará ese trayecto como ubicación del archivo de registro; de lo contrario, el archivo de registro se encontrará en el directorio de la aplicación actual. En una aplicación real, casi siempre es recomendable situar el archivo de registro en un recurso compartido de la red, especificando para ello una entrada en Master.ini.

```vb
Sub StartApplication(sApplicationName As String)

  Dim sApplicationINIPath As String, sBuffer As String

' Crear el trayecto a Master.ini, si existe.
  sApplicationINIPath = App.Path & «\» & «Master.ini»

' Leer la entrada de Master.ini mediante UT_IniRead,
' otro método de esta clase.
  sBuffer = UT_IniRead(tSectionName:=»Setup», _
    tItemName:=»LogFilePath», tItemType:=»ST», _
    tFileName:=sApplicationINIPath)
  If Len(sBuffer) > 0 Then
    LogFilePath = sBuffer
  Else
    LogFilePath = App.Path
  End If

' Definir la propiedad ApplicationINIPath (en la sección de
' declaraciones) con la entrada ApplicationINIPath de Master.ini,
' si existe.
  sBuffer = UT_IniRead(tSectionName:=»Setup», _
    tItemName:=»ApplicationINIPath», tItemType:=»ST», _
    tFileName:=sApplicationINIPath)
  If Len(sBuffer) > 0 Then
    ApplicationINIPath = sBuffer
  Else
    ApplicationINIPath = App.Path
  End If

' Definir las propiedades ApplicationName y CurrentUserName
' (que se encuentran en la sección de declaraciones).
  ApplicationName = sApplicationName
  CurrentUserName = UT_NetUserID

' Abrir el archivo de registro. Al terminar este método, la aplicación
' podrá utilizar cualquiera de los métodos incluidos en CSUtilities.
  OpenLogFile

End Sub
```

Método *WriteLogEntry*

El método *WriteLogEntry* introduce la entrada en el archivo de registro. Observe que se utilizan parámetros adicionales, y la función *IsMissing* para detectar si se han pasado dichos parámetros o no. *WriteLogEntry* puede utilizarse por sí misma y también la llama de forma automática el procedimiento StopTime Property Let de esta clase. Este método puede utilizarse para escribir cualquier tipo de información en el registro, incluidos mensajes de error (del tipo «no se encuentra el archivo INI» o «ha fallado la transacción de actualización»), mensajes de seguridad (como «el usuario KKL ha intentado acceder a los registros financieros») o eventos de temporización (como «Ejecutado el evento de actualización del proceso, comienzo: 14/3/96 10:22PM, terminación: 14/3/96 11:34PM). *WriteLogEntry* admite cuatro parámetros:

- **EntryText**   Especifica el texto que debe escribirse en la entrada de registro. Si el texto contiene un mensaje de error, también deberá orientar al usuario sobre su posible resolución.
- **EntryClass** (opcional)   Especifica el nombre de la clase para este error concreto. El nombre de la clase debe ser descriptivo para este tipo de error, no específico de un error concreto.
- **EntryStartTimeValue** (opcional)   Especifica el instante de comienzo de un evento. Este parámetro y el siguiente se utilizan principalmente para la temporización de los eventos.
- **EntryStopTimeValue** (opcional)   Especifica el instante en el que termina el evento.

```
Sub WriteLogEntry(EntryText As String, Optional EntryClass, _
  Optional EntryStartTimeValue, Optional EntryStopTimeValue)

  Dim dStartTimeValue As Date, dStopTimeValue As Date

  If Not IsMissing(EntryClass) Then
    LastEntryClass = EntryClass
  End If

  If IsMissing(EntryStartTimeValue) Then
    dStartTimeValue = 0
    dStopTimeValue = 0
  Else
    dStopTimeValue = EntryStopTimeValue
    dStartTimeValue = EntryStartTimeValue
  End If

  If Len(EntryClass) = 0 And IsMissing(LastEntryClass) Then
    MsgBox «No puede utilizar WriteLogEntry sin una EntryClass válida»
    Exit Sub
  End If
```

```
        Write #LogFileNumber, ApplicationName, LastEntryClass, _
          Now(), EntryText, dStartTimeValue, dStopTimeValue

   End Sub
```

Método *OpenLogFile*

OpenLogFile abre un archivo de registro o crea uno nuevo si no existe ninguno para el usuario actual. Para crear el nombre del archivo de registro añade «.tmp» al valor de la propiedad CurrentUserName. Antes de incorporar la clase CSUtilities a sus programas, probablemente querrá modificar este método para que cree un nuevo archivo aunque exista otro. Para ello, podrá utilizar CurrentUserName y añadir un contador al nombre antes de crear el archivo. Crear un archivo nuevo es la única forma de asegurarse de no incurrir en problemas de compartición con el archivo.

```
   Sub OpenLogFile()

     Dim sFound As String

     If Len(LogFilePath) > 0 Then

   ' FreeFile devuelve un número de archivo libre válido.
       LogFileNumber = FreeFile
       If Right(LogFilePath, 1) = «\» Then
         LogFilePath = LogFilePath & CurrentUserName & «.tmp»
       Else
         LogFilePath = LogFilePath & «\» & CurrentUserName & «.tmp»
       End If

   ' Si se encuentra el archivo, define sFound con su nombre.
   ' (En la primera parte de la instrucción If es donde se incluiría el
   ' código para crear un nombre de archivo exclusivo. En ese caso, la
   ' sección Else pasaría a formar parte del método general.)
       sFound = Dir(LogFilePath)
       If sFound <> «» Then
         Open (LogFilePath) For Append As LogFileNumber
       Else
         Open (LogFilePath) For Output As LogFileNumber

   ' Cada vez que creamos un nuevo archivo de registro, escribimos una
   ' cabecera en el archivo.
         Write #LogFileNumber, «Database Log - Created «, _
           Now(), « «, Now(), Now()
       End If

   ' Escribir la entrada de cabecera en el archivo de registro,
   ' lo que indica que la aplicación está empezando.
```

```
    Write #LogFileNumber, ApplicationName, _
       «Application Started», Now(), « «, Now(), Now()
  End If

End Sub
```

Método *ShutdownApplication*

Si tenemos un método *StartApplication*, deberá existir un método para detener la aplicación, ¿no es cierto? La implementación actual del método *ShutdownApplication* simplemente cierra el archivo de registro y modifica su extensión de «tmp» a «log». El motivo de hacerlo así es para evitar problemas de compartición con el archivo. Originalmente el archivo se creaba como archivo LOG, pero nuestra aplicación ReadLog-Agent (que también se encuentra en el directorio Utilities) intentaba de vez en cuando capturar el archivo mientras escribíamos en él. Nuestra solución ha consistido en crear el archivo como TMP y cambiarle después el nombre. También hemos incluido comprobaciones de error por si se producen conflictos entre archivos, tanto en este método como en la aplicación ReadLogAgent (que se describe a partir de la página 186).

```
Sub ShutdownApplication()

  Dim i As Integer, tmpFileName As String

  On Error GoTo ShutdownApplicationError

  Close LogFileNumber
  tmpFileName = LogFilePath
  i = InStr(LogFilePath, «.tmp»)
  If i > 0 Then
    LogFilePath = Left(LogFilePath, i - 1) & «.log»
    Name tmpFileName As LogFilePath
  End If
  Exit Sub

ShutdownApplicationError:
  If Err = 58 Then
    Kill LogFilePath
    Resume
  End If
  Sleep (1000)
  Resume

End Sub
```

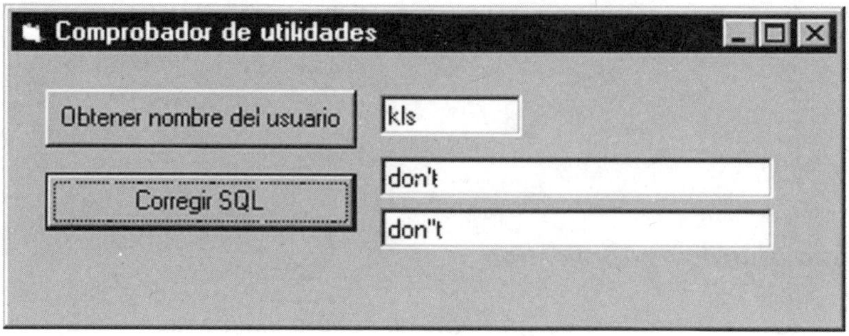

Figura 7-7. Interfaz de la aplicación CSUtilitiesTester.

Programa de ejemplo: Comprobación de los métodos de CSUtilities

El programa de ejemplo CSUtilitiesTester, que se encuentra en el directorio Utilities del CD adjunto, utiliza el formulario frmUtilityTester para comprobar algunos de los métodos de nuestra biblioteca de clases. También sirve para mostrar la forma de utilizar estos métodos.

En la Figura 7.7 se muestra la interfaz de esta sencillísima aplicación justo después de haber comprobado los dos métodos utilizados en la aplicación.

Observe que en el último cuadro de texto aparece la palabra *don't* con dos comillas ('') en lugar de la comilla simple original ('). Así se mantiene contento al motor SQL al utilizar el texto en una instrucción SQL.

Formulario frmUtilityTester

Este formulario contiene todo el código de comprobación.

Declaraciones

En esta sección se define una referencia a un objeto (objUtil) para utilizarla con la clase clsUtilities, y una propiedad para guardar el último puntero del ratón. Es necesario definir la propiedad iFormLastMousePointer en cada formulario que vaya a utilizar el método *SetMousePointer*.

```
Option Explicit
Dim objUtil As New clsUtilities
Dim iFormLastMousePointer As Integer
```

Procedimiento de evento *cmdButton_Click*

El procedimiento *cmdButton_Click* se encarga de la matriz de control para los dos botones del formulario.

```
Private Sub cmdButton_Click(Index As Integer)

Dim i As Integer

' Definir el puntero del ratón como un reloj de arena.
  i = objUtil.SetMousePointer(FormName:=Me, _
    PointerNumber:=vbArrowHourglass)

' Determinar qué botón se ha pulsado.
  Select Case cmdButton(Index).Caption

    Case «Obtener nombre del usuario»:
      objUtil.LastEntryText = «UT_NetUserID»
      objUtil.StartTime = Now()
      txtUserName = objUtil.UT_NetUserID
      objUtil.StopTime = Now()

' Comprobar la longitud del texto incluido en txtSQLIn antes de
' ejecutar el método FixSQLString, para no perder tiempo en
' procesar una cadena vacía.
    Case «Corregir SQL»:
      If txtSQLIn > «» Then
        txtSQLOut = objUtil.FixSQLString(sStringName:=txtSQLIn)
      End If

    Case Else
  End Select

  i = objUtil.SetMousePointer(FormName:=Me, PointerNumber:=i)

End Sub
```

8

Desarrollo orientado al rendimiento

El rendimiento suele ser el talón de Aquiles de las aplicaciones de bases de datos cliente/servidor. Puede que la velocidad de procesamiento de las transacciones sea buena, pero los usuarios suelen quejarse del tiempo que la aplicación tarda en realizar tareas concretas. Por ejemplo, muchas aplicaciones tardan tanto en cargarse que los usuarios creen que la aplicación se ha detenido e incluso la cierran o empiezan otra vez. Este problema se resuelve habitualmente con una sencilla pantalla de presentación. En otras ocasiones, los usuarios piensan que la aplicación se ha detenido mientras realiza una consulta. Esta situación a menudo puede mejorarse en buena medida pasando a un método asíncrono de recuperación de los datos, en el que el usuario puede volver a su trabajo mientras la aplicación de base de datos se encarga de la consulta.

En este capítulo se dan algunas indicaciones que pueden ayudar a mejorar el rendimiento de las aplicaciones. En lugar de examinar cuestiones como la velocidad de RDO frente a ODBC, nos ocuparemos de algunas cuestiones que afectan a las aplicaciones del mundo real que los usuarios deben ejecutar cotidianamente. En este capítulo se tratan los siguientes temas:

- Creación de una pantalla de presentación como servidor OLE.
- Administración de listas relativamente estáticas que pueden utilizarse para rellenar cuadros de lista y cuadrículas.
- Utilización de transacciones con una base de datos cliente/servidor.
- Utilización de cursores para mejorar el rendimiento.
- El impacto de las conexiones sobre el rendimiento que experimentan los usuarios.

- Utilización de la función de seguimiento ODBC.
- Consecución de mejoras en el rendimiento mediante las capacidades asíncronas de RDO y el seguimiento del rendimiento mediante nuestra aplicación de ejemplo de registro del rendimiento.

Percepciones del rendimiento - Pantallas de presentación

Las primeras impresiones que reciben los usuarios de una aplicación son de vital importancia. Aunque el rendimiento último de la aplicación sea fantástico, una instalación difícil o una interfaz desordenada pueden dejar un mal sabor de boca tan persistente que los usuarios nunca llegarán a quedar satisfechos.

La aplicación provoca las primeras reacciones durante su instalación, independientemente de si se trata de una aplicación comercial o está diseñada para utilización interna. No cometa el error de permitir que los usuarios instalen la aplicación de forma manual. Tardarán más que con una instalación automática y, si algo falla, puede que sus máquinas queden inutilizables durante varios días.

Después de la instalación, el siguiente aspecto del rendimiento que conviene examinar es el arranque de la aplicación. Durante el mismo, la aplicación puede tardar varios segundos en establecer una conexión con su origen de datos remoto, ejecutar la primera consulta y esperar por el resultado. Si hace caso a las sugerencias de este libro para maximizar el rendimiento de sus aplicaciones, probablemente no podrá tener demasiado control sobre el tiempo que se tarda en recuperar esos datos iniciales. Pero eso no significa que no pueda dar la impresión de que la aplicación es estupenda. Igual que un mago hace aparecer monedas de la nada, también usted puede crear la ilusión de que la aplicación es estupenda.

Una forma habitual y eficaz de conseguirlo es mediante la utilización de una pantalla de presentación. Tradicionalmente, las pantallas de presentación contienen el nombre de la aplicación e información de copyright (aunque esta información también debe estar disponible en la opción Acerca de del menú Ayuda) y también pueden contener gráficos y animaciones. La incorporación de una pantalla de presentación con Visual Basic es realmente sencilla, igual que ocurre con la mayor parte de los temas de programación. No obstante, es conveniente conocer algunos truquillos para que la ilusión tenga un mayor efecto.

Temporizadores

Si una aplicación está bien escrita, es probable que se utilice durante años. (Tenemos fragmentos selectos de software que venimos usando con asiduidad y que tienen más de 10 años. ¡En la actualidad se ejecutan realmente rápido!) Durante su ciclo de vida aparecerán varias generaciones de nuevos procesadores y tecnologías, y algo que tarda 30 segundos en ejecutarse hoy día puede que tarde sólo un segundo dentro de 2 años. Si la pantalla de presentación desaparece nada más cargarse el primer formulario «real», puede que se convierta en un simple y molesto parpadeo de la pantalla durante la carga de la aplicación. Una forma fácil de evitarlo es mediante un temporizador.

Con la utilización de un temporizador se asegura que la pantalla de presentación va a permanecer en pantalla un tiempo específico, independientemente de los avances que se produzcan en la tecnología. Sólo hace falta incluir el temporizador en el formulario de la pantalla de presentación y definir su propiedad Interval como el periodo mínimo de tiempo que se quiera que aparezca el formulario. Cuando transcurra el tiempo especificado podrá descargarse la pantalla de presentación.

Para descargar la pantalla de presentación deben darse dos condiciones: debe haber finalizado el periodo establecido mediante el contador, y debe haber terminado de ejecutarse el código de arranque. Para asegurar que se cumplen ambas condiciones es necesario mantener una cierta coordinación.

Cuando se activa el evento del temporizador, puede que haya terminado de ejecutarse el código de arranque o puede que no. Si ha terminado, ya se puede descargar la pantalla de presentación. En caso contrario, habrá que esperar a que termine. A la inversa, cuando termina la ejecución del código de arranque, puede que el temporizador haya llegado al tiempo definido o puede que no. Si ha llegado, deberá descargarse la pantalla de presentación. Si no ha llegado, habrá que esperar a que lo haga.

Hay varias formas de coordinar esta actividad. Una solución eficaz y sencilla es utilizar una variable Boolean global (que llamaremos gbLoadHalfDone) para indicar si ha transcurrido el tiempo especificado o ha terminado la actividad de carga. (En otras palabras, si se ha realizado cualquiera de las mitades del proceso de carga inicial.) Cuando dé comienzo la aplicación habrá que definir esta variable como *False*. Cuando se produzca el evento del temporizador o termine la actividad de carga, habrá que comprobar el valor de gbLoadHalfDone. Si es *True*, habrá que descargar la pantalla de presentación. Si es *False*, habrá que definirla como *True*, para que se descargue cuando se complete la otra mitad del proceso de carga inicial.

Animaciones y gráficos

Las aplicaciones que tienen tiempos de carga excepcionalmente largos pueden beneficiarse de la utilización de sencillas animaciones en la pantalla de presentación. Hay muchas formas de conseguirlo, pero, independientemente de ello, habrá que asegurarse de que la animación tenga un efecto mínimo sobre el tiempo de carga. La animación resulta atractiva la primera vez que se ve, pero tarde o temprano acaba por hartar. Como el usuario puede llegar a asociar el tiempo de carga con la animación, es recomendable ofrecer la posibilidad de desactivarla. Mejor aún, mostrarla sólo la primera vez que se carga el software y ofrecer la posibilidad de activarla para todas las veces subsiguientes.

La pantalla de presentación debe tener un gráfico que llame la atención. (Sin él, no servirá de nada.) En lugar de colocar el gráfico directamente en el control Image o PictureBox del formulario, es mejor utilizar un archivo de recursos, que ofrece dos ventajas. En primer lugar, al colocar todos los gráficos y otros recursos en un archivo de recursos, resultarán más fáciles de localizar en caso de que sea necesario actualizarlos. En segundo lugar, si la imagen se utiliza en alguna otra parte de la aplicación, se reducirá el tamaño global del ejecutable, porque en ambos sitios se pueden dibujar los mismos datos binarios, en vez de que cada uno tenga su propia copia. Un archivo de recursos también hace que la localización sea más sencilla en caso de que haya que exportar la aplicación.

Cuando se carga la aplicación, el puntero del ratón debe indicar que está ocurriendo algo. La mayor parte de los usuarios se vuelven algo más pacientes cuando ven el reloj de arena. Y lo que es más importante, el reloj de arena sirve de realimentación visual para saber que la aplicación se ha arrancado realmente, para que los usuarios no arranquen sin querer una segunda instancia.

Consejos adicionales sobre las pantallas de presentación

Es obvio que la pantalla de presentación debe estar centrada. Como es posible que no conozca la resolución del sistema del usuario, utilice el procedimiento *Form_Load* que se muestra en la página 161 para asegurarse de que la pantalla de presentación siempre esté centrada.

Bajo ciertas circunstancias se podrá permitir que el usuario termine la pantalla de presentación. Este efecto se puede conseguir descargando el formulario de presentación si el usuario pulsa sobre cualquier control del formulario o sobre el propio formulario. También se puede comprobar si se ha pulsado alguna tecla y descargar la pantalla de presentación siempre que el usuario pulse una tecla. Esto resulta útil si la aplicación termina su proceso de carga antes de que expire el temporizador.

Una pantalla de presentación diplomática debe tener una característica adicional: no interferir con la ejecución de otras aplicaciones. Cuando los usuarios aprovechen mejor las posibilidades multitarea que ofrecen tanto Microsoft Windows NT como Microsoft Windows 95, exigirán la posibilidad de utilizar otros programas mientras se carga la aplicación.

Programa de ejemplo: Utilización de objetos de pantalla de presentación

¡Ahora llega la parte divertida! La aplicación de ejemplo Splash, que se incluye en el directorio Splash del CD adjunto, es realmente un servidor OLE. La creación de la pantalla de presentación como servidor OLE permite utilizarla en distintas aplicaciones sin tener que cambiar ni una sóla línea de código. Este ejemplo es realmente un servidor fuera del proceso, que es la única forma de crear la pantalla de presentación, porque los servidores en el proceso no pueden contener formularios. Repasemos ahora los detalles de nuestro proyecto de pantalla de presentación.

Para poder construir o ejecutar Splash.exe, es necesario asegurarse previamente de que la referencia a CSUtilities apunte a CSUtilities.dll, que se encuentra en el directorio Utilities del CD adjunto. (Para ello habrá que seleccionar Referencias en el menú Herramientas.)

Además, es necesario asegurarse de que la opción Servidor OLE compatible del proyecto CSUtilities esté definida correctamente. Abra CSUtilities.vbp, seleccione Opciones en el menú Herramientas y pulse sobre la ficha Proyecto. La opción Servidor OLE compatible debe apuntar al archivo CSUtilities.dll del sistema. Si el trayecto no es correcto, pulse sobre el botón con puntos suspensivos (...) para que aparezca el cuadro de diálogo Servidor OLE compatible. Seleccione CSUtilities.dll, pulse sobre Abrir y pulse después sobre Aceptar en el cuadro de diálogo Opciones. Ahora habrá que reconstruir CSUtilities.dll seleccionando Crear archivo DLL de OLE en el menú Archivo.

Formulario frmSplash

En el formulario frmSplash se utilizan sólo cinco controles: un control Imagen que contiene un gráfico para el formulario, un control Timer con el que se determina cuándo descargar el formulario, y tres controles Label que contienen el texto.

Procedimiento de evento *Form_Load*

El procedimiento de evento *Form_Load* se encarga de centrar el formulario en la pantalla.

```
Private Sub Form_Load()
  Me.Left = (Screen.Width - Me.Width) \ 2
  Me.Top = (Screen.Height - Me.Height) \ 2
End Sub
```

La división entera que se utiliza en este código es ligeramente más rápida que la división en punto flotante y obtiene los mismos resultados, ya que no se admiten unidades de pantalla fraccionarias.

Procedimiento de evento *trmSplash_Timer*

El procedimiento de evento *trmSplash_Timer* es el corazón del servidor OLE de pantalla de presentación.

```
Public Sub tmrSplash_Timer()

  tmrSplash.Enabled = False
  If gbLoadHalfDone Then
    frmSplash.MousePointer = vbDefault
    Unload frmSplash
  Else
    gbLoadHalfDone = True
  End If

End Sub
```

Módulo modSplash

Este módulo contiene la propiedad global gbLoadHalfDone y el método *Main*, que es el método de arranque para la aplicación.

Declaraciones

En esta sección se declara una propiedad. La propiedad gbLoadHalfDone funciona exactamente igual a como se ha mencionado anteriormente.

```
Option Explicit
Public gbLoadHalfDone As Boolean
```

Método *Main*

Este método se activa cada vez que empieza la ejecución de la aplicación de ejemplo Splash, y es necesario en un servidor OLE aunque no contenga código.

Clase clsSplash

Esta clase proporciona las propiedades y métodos que estarán accesibles para otras aplicaciones, y también contiene varias propiedades privadas que la clase utiliza internamente. En la siguiente tabla se muestran las propiedades para la clase.

Nombre de la propiedad	Valor
Instancing	Creatable SingleUse
Name	clsSplash
Public	True

Declaraciones

En esta sección se definen varias propiedades privadas en las que se guardarán diversas informaciones. También se define una referencia de objeto (objUtil) al proyecto clsUtilities (consulte la página 185 para más información).

```
Option Explicit
Private intCopyRight As String
Private intTitleMessage As String
Private intTextMessage As String
Private intPicturePath As String
Private intTimerValue As Long
Private objUtil As New clsUtilities
```

Procedimientos Property Let

Los procedimientos Property Let se activan cuando se define una propiedad, lo que permite hacer varias cosas cada vez que cambia el valor de la propiedad. Por ejemplo, en el procedimiento Property Let de Timer Value definimos la propiedad interna intTimerValue para guardar el valor del temporizador, y después actualizamos el valor real del temporizador en el formulario frmSplash. Cada vez que cambia el valor de TimerValue se actualiza el temporizador del formulario. Todos los procedimientos Property Let de esta clase funcionan de esta manera.

```
Public Property Let TimerValue(lTimerSetting As Long)
  intTimerValue = lTimerSetting
  frmSplash!tmrSplash.Interval = lTimerSetting
End Property
```

El procedimiento Property Let que se presenta a continuación define la propiedad PicturePath. En esta propiedad se guarda el trayecto completo al archivo que debe presentarse en el control Image del formulario frmSplash.

```
Public Property Let PicturePath(sMsg As String)
  intPicturePath = sMsg
  frmSplash.imgSplash = LoadPicture(sMsg)
End Property
```

En el código siguiente se muestran los procedimientos Property Let de TitleMessage, TextMessage y CopyRight.

```
Public Property Let TitleMessage(sMsg As String)
  intTitleMessage = sMsg
  frmSplash.lblSplashTitle = sMsg
End Property

Public Property Let TextMessage(sMsg As String)
  intTextMessage = sMsg
  frmSplash.lblTextMessage = sMsg
End Property

Public Property Let CopyRight(sMsg As String)
  intCopyRight = sMsg
  frmSplash.lblSplashCopyright = sMsg
End Property
```

Método *Splash*

El método *Splash* es el que realmente hace que se presente la pantalla.

```
Public Sub Splash()

  gbLoadHalfDone = False
  frmSplash.MousePointer = vbArrowHourglass
  frmSplash.Show

' El método UT_OnTop de la clase clsUtilities fuerza a que el
' formulario frmSplash esté encima del resto de formularios.
  objUtil.UT_OnTop frmCallingForm:=frmSplash, bFloatToTop:=True
```

```
        ' Arrancar el temporizador de la pantalla de presentación.
          frmSplash!tmrSplash.Enabled = True

        ' DoEvents remata el método Splash y permite que la aplicación Splash
        ' pueda realizar otras tareas. (Esta línea es redundante en este caso,
        ' porque está terminando el procedimiento y el procesamiento va a
        ' seguir dentro de la aplicación en cualquier caso.)
          DoEvents

        End Sub
```

Método *SplashStop*

Una llamada al método *SplashStop* es uno de los dos eventos que deben darse para que termine la aplicación de pantalla de presentación (el otro es el evento *Timer*).

```
        Public Sub SplashStop()

          If gbLoadHalfDone = True Then
            Unload frmSplash
          Else
            gbLoadHalfDone = True
          End If

        End Sub
```

Programa de ejemplo: Utilización de una pantalla de presentación con una aplicación real

Hasta ahora no hemos probado nuestra aplicación de pantalla de presentación. Para ello utilizaremos la aplicación de ejemplo Test, que se encuentra en el directorio Splash del CD adjunto.

Para poder utilizar el Servidor OLE de pantalla de presentación, es necesario crear antes una referencia (llamada Pantalla de presentación) a Splash.exe en el cuadro de diálogo Referencias (seleccionando para ello Referencias en el menú Herramientas).

Formulario Form1

El formulario Form1 aparece al arrancar la aplicación Test. Este formulario permite probar el servidor de pantalla de presentación en sus dos modos de funcionamiento (véase la Figura 8.1).

Procedimiento de evento *Command1_Click*

Al pulsar sobre el botón Command1 se arranca el servidor de pantalla de presentación. Observe que no hemos definido el gráfico para el objeto de pantalla de presentación sino

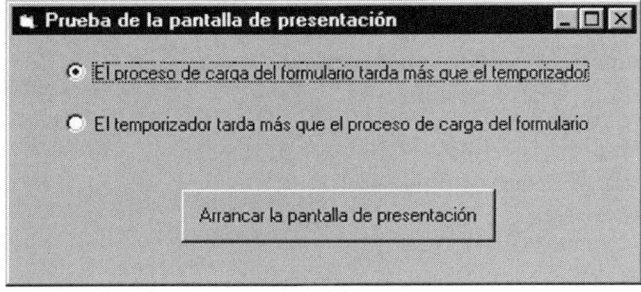

Figura 8-1. *Este formulario aparece al arrancar la aplicación Test.*

colocado un gráfico predeterminado directamente en el formulario de pantalla de presentación. Esta solución resulta cómoda si la organización quiere utilizar el mismo logotipo para todas sus aplicaciones.

```
Private Sub Command1_Click()

' Decidir lo que dura más, si el temporizador o el proceso de carga del
' formulario.
  If Option1 Then
    tmrFormShow.Interval = 10000
  Else
    tmrFormShow.Interval = 1000
  End If

' Establecer los mensajes de la pantalla de presentación.
  objSplash.TitleMessage = «Nuevo programa de Ken»
  objSplash.TextMessage = «Espero que te resulte útil»
  objSplash.CopyRight = «Copyright 1996 Mi Software Co.»

' Definir el temporizador de la pantalla de presentación.
  objSplash.TimerValue = 5000

' Mostrar la pantalla de presentación.
  objSplash.Splash

' Mostrar el formulario para simular un proceso de carga de formulario.
  Form2.Show
  tmrFormShow.Enabled = True
  DoEvents

End Sub
```

Procedimiento de evento *tmrFormShow_Timer*

El procedimiento de evento *tmrFormShow_Timer* llama al método *SplashComplete* para cerrar la pantalla de presentación.

```
Private Sub tmrFormShow_Timer()
  tmrFormShow.Enabled = False
  SplashComplete
End Sub
```

Módulo modSplashTester

El módulo modSplashTester contiene el código que funciona conjuntamente con el formulario Form1.

Declaraciones

Lo primero que tenemos que hacer es crear una referencia de objeto a nuestro objeto clsSplash. Casi siempre utilizamos la palabra clave *New* para crear una nueva referencia la primera vez que se hace referencia al objeto.

```
Option Explicit
Public objSplash As New clsSplash
```

Método *SplashComplete*

Este método sirve para cerrar la pantalla de presentación. Se llama desde el temporizador de Form1.

```
Sub SplashComplete()

' Desactivar la pantalla de presentación.
  objSplash.SplashStop

' Liberar los recursos utilizados por la referencia de
' objeto.
  Set objSplash = Nothing

End Sub
```

Cuadros de lista y cuadrículas y bases de datos locales

Los cuadros de lista y las cuadrículas se encuentran a la vez entre las mejores y las peores funciones de Windows. Un cuadro de lista o una cuadrícula le facilita al usuario la obtención de información de un sistema, pero, como acción más benigna, puede provocar el trasiego de una cantidad increíble de información por la red. ¿Cómo se pueden evitar las limitaciones de los cuadros de lista y las cuadrículas y seguir proporcionando sus beneficios al usuario? Algunas soluciones a este problema son sencillas, pero no obvias. Hemos creado una sencilla aplicación para demostrar algunos de los conceptos que rodean a la utilización de los cuadros de lista y las cuadrículas.

Programa de ejemplo: Administración de listas de información mediante cuadros de lista y cuadrículas

Supongamos que tiene una lista de países o una lista de estados que desea mostrar. El número de países o estados cambia, pero no con demasiada frecuencia. Resulta bastante seguro guardar estas listas en una base de datos de Microsoft Access local, junto con un programa relativamente creativo para sincronizar las listas locales con las listas maestras almacenadas en el servidor. Demostraremos esta solución en la aplicación de ejemplo Country, que se encuentra en el directorio ListAndGridDemo del CD adjunto.

Durante la creación de la base de datos ClientServerBook en SQL Server mediante el procedimiento descrito en la sección «Construcción del esquema de base de datos en SQL Server» en la página 83, se crearon listas maestras de países y estados en SQL Server. La clave para conseguir que la sincronización entre la base de datos local y el servidor no plantee problemas tiene dos vertientes. En primer lugar se crean disparadores (triggers) de actualización, inserción y eliminación en el servidor para las tablas Country y State. Cada vez que el usuario realice alguna modificación en una de estas tablas se activará el disparador correspondiente, actualizando la columna StatusDate en la tabla StaticTableStatus. Esta tabla es una indicación para todos los clientes que muestra si ha cambiado la tabla Country o State.

A continuación se muestra la sintaxis de ambos disparadores (en BuildIndexProcedure.sql). Lo único que cambia para la tabla State es la instrucción *CREATE TRIGGER*.

```
CREATE TRIGGER CountryChange ON dbo.Country
FOR INSERT,UPDATE,DELETE
AS update StaticTableStatus set StatusDate = GETDATE()
GO
```

En segundo lugar creamos un método de Visual Basic (*CheckStaticTableStatus*, que se muestra en el código de la página 171) que comprueba la columna StaticTableStatus. Si el valor de esta columna en la base de datos remota es distinto al valor de la misma en la base de datos local, *CheckStaticTableStatus* actualiza las tablas Country y States mediante la ejecución de las consultas adecuadas sobre la base de datos de Access.

Para los informes pueden utilizarse las tablas Country y State tanto locales como remotas. No obstante, en este caso es mejor utilizar las tablas remotas, porque no existe la garantía de que un usuario haya actualizado la base de datos local recientemente.

Para poder construir o ejecutar la aplicación Country es necesario asegurarse de que los trayectos sean correctos para el sistema en tres lugares. En primer lugar, el proyecto necesita una referencia llamada Splash Screen que apunte a Splash.exe. (Para ello habrá que seleccionar Referencias en el menú Herramientas.) En segundo lugar hay que comprobar todos los casos en los que aparece el texto «*Country.mdb*» en el código. En tercer

168 Programación cliente/servidor con Microsoft Visual Basic

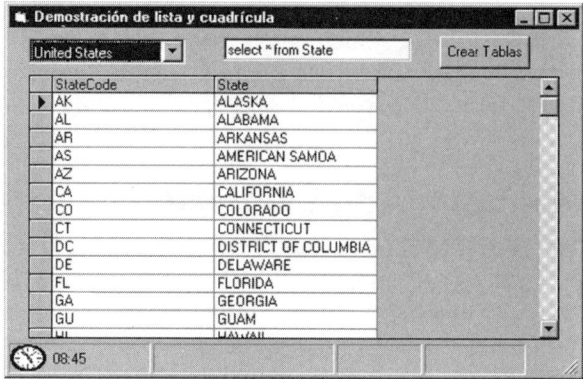

Figura 8-2. *Aplicación de ejemplo Country.*

lugar, la propiedad DatabaseName de los dos controles de datos del formulario frmListAndGridDemo también debe contener el trayecto correcto. (Existe un control de datos para la tabla Country y otro para la tabla State.)

En la Figura 8.2 se muestra la interfaz de la aplicación.

La aplicación Country utiliza un control DBCombo y un control DBGrid, más algunas funciones de DAO y RDO. También utiliza una matriz de controles PictureBox, dos controles Data y un control Timer, StatusBar y CommandButton. Las funciones de la lista y la cuadrícula son realmente sencillas. En el cuadro de lista se muestra la lista de los países entre los que el usuario puede elegir. Si el usuario selecciona Estados Unidos (United States), en la cuadrícula se mostrarán sus estados.

La única magia de esta aplicación se encuentra en las funciones utilizadas para actualizar la base de datos local. En algunos manuales y libros se sugiere actualizar la lista local cada vez que se carga una aplicación; no obstante, este enfoque puede retardar la carga de la aplicación cada vez que arranca. Si se añaden algunas tablas estáticas adicionales, el tiempo de carga puede incrementarse de manera desorbitante, lo que provocará una avalancha de llamadas al servicio técnico solicitando ayuda. Hemos resuelto el problema mediante la utilización de un temporizador para verificar de forma periódica el estado de un campo de estado en el servidor. Si el estado no ha sufrido modificaciones, no será necesario actualizar las tablas locales y, en caso de que sea necesario actualizarlas, sólo se hará una vez.

En este ejemplo también se ilustran algunos de los nuevos controles incluidos con Visual Basic 4. Algunas de las características de estos controles son distintas a las de controles similares de terceros vendedores o a las de los controles incorporados. Otros controles, como el StatusBar, son totalmente nuevos. Vamos a echar un vistazo al código de esta aplicación.

Formulario frmListAndGridDemo

El formulario frmListAndGridDemo es el único formulario de la aplicación. También contiene parte del código fuente de la aplicación.

Declaraciones

En la sección de declaraciones del formulario se definen dos objetos como paneles de la barra de estado. En cada uno de ellos se muestra una parte de la información de estado.

```
Option Explicit
Dim pnlCurrentTime As Panel
Dim pnlStatus As Panel
```

Procedimiento de evento *cboCountry_Click*

El procedimiento de evento *cboCountry_Click* para el control DBCombo ilustra una de las características que es necesario entender para utilizar con eficacia los nuevos controles de lista incluidos con Visual Basic 4. El parámetro Area se pasa al procedimiento cuando se activa, para indicar el área del control sobre el que ha pulsado el usuario. Observe que comprobamos si *Area=2* para determinar si el usuario ha pulsado sobre un elemento de la lista.

El corazón de este procedimiento es la sentencia *If*, que comprueba si el usuario ha seleccionado *Estados Unidos* (United States). Cuando esta condición es *True,* se restablece dcState.RecordSource para seleccionar todos los registros de la tabla State. Después de definida la propiedad RecordSource, se pasa la instrucción SQL al cuadro de texto txtSQLStuff y se actualiza el control Data. En este instante se define la propiedad Visible del control grdStates de tipo DBGrid como *True*.

```
Private Sub cboCountry_Click(Area As Integer)

  If Area = 2 Then       ' se ha pulsado sobre un elemento de la lista
    If cboCountry.Text = «United States» Then
       dcState.RecordSource = «select * from State»
       txtSQLStuff = dcState.RecordSource
       dcState.Refresh
       grdStates.Visible = True
    Else
       grdStates.Visible = False
    End If
  Else
    grdStates.Visible = False
  End If

End Sub
```

Procedimiento de evento *cboCountry_GotFocus*

El procedimiento de evento *cboCountry_GotFocus* es una parte importante del funcionamiento del control DBCombo. Cuando el foco (focus) pase al control cboCountry, se establece la propiedad Visible del control grdStates como *False*. Así se evita que el usuario se confunda intentando seleccionar otro país mientras se muestran los estados de los Estados Unidos.

```
Private Sub cboCountry_GotFocus()
  grdStates.Visible = False
End Sub
```

Procedimiento de evento *cmdMakeTables_Click*

El procedimiento de evento *cmdMakeTables_Click* llama a los métodos *MakeCountryTable* y *MakeStateTable*.

```
Private Sub cmdMakeTables_Click()

  frmListAndGridDemo.MousePointer = vbArrowHourglass
  DoEvents
  MakeCountryTable
  MakeStateTable
  frmListAndGridDemo.MousePointer = vbDefault

End Sub
```

Procedimiento de evento *Form_Load*

El procedimiento de evento *Form_Load* se utiliza para realizar algunas funciones de configuración generales que sólo deben ejecutarse una vez. La instrucción *Set* simplemente crea una variable objeto para utilizar como abreviatura para el panel en el control StatusBar.

```
Private Sub Form_Load()
  Set pnlStatus = StatusBar1.Panels(«Status»)
End Sub
```

Procedimiento de evento *tmrCheckStaticTableStatus_Timer*

El siguiente procedimiento de evento *Timer* comprueba el estado de las tablas estáticas. Hemos incluido todo el código de comprobación del estado y realización de la actualización en el método *CheckStaticTableStatus*. Observe lo sencillo que resulta acceder al panel de estado y modificar su texto.

```
Private Sub tmrCheckStaticTableStatus_Timer()
  pnlStatus.Text = «Comprobación del estado de las tablas estáticas»
  CheckStaticTableStatus
  pnlStatus.Text = «»
End Sub
```

Módulo modListAndGrid

El módulo modListAndGrid contiene el método *Main* de arranque y algunos otros métodos.

Declaraciones

El módulo modListAndGrid empieza con la definición de objetos para la base de datos y Recordset local. Después define un objeto para la pantalla de presentación de arranque.

```
Option Explicit
Public dbStatus As Database, rsStatus As Recordset
Public objSplash As New clsSplash
```

Método *Main*

La aplicación empieza con la ejecución del método *Main*.

```
Sub Main()

' Definir el texto para la pantalla de presentación.
  objSplash.TextMessage = «Programa de demostración de lista y cuadrícula»
  objSplash.CopyRight = «Lista y Cuadrícula Inc., 1996»
  objSplash.TitleMessage = «Lista y cuadrícula»

' Definir el trayecto para la imagen que va a utilizarse en la
' pantalla de presentación.
  objSplash.PicturePath = App.Path & «\» & «Apptbook.wmf»

' Como la aplicación puede tardar bastante tiempo en cargarse, definir
' el intervalo del temporizador para la pantalla de presentación en
' 10 segundos aproximadamente.
  objSplash.TimerValue = 10000

' Mostrar la pantalla de presentación, cargar y mostrar el formulario
' y cerrar la pantalla de presentación.
  objSplash.Splash
  DoEvents
  Load frmListAndGridDemo
  frmListAndGridDemo.Show
  DoEvents
  objSplash.SplashStop

End Sub
```

Método *CheckStaticTableStatus*

El siguiente método comprueba el estado de las tablas estáticas remotas. Este procedimiento no asume que las conexiones a la base de datos local o a la base de datos remota ya existan.

```vb
Sub CheckStaticTableStatus()

   Dim ConnectString As String
   Dim cnStaticTableStatus As rdoConnection, _
      enStaticTableStatus As rdoEnvironment
   Dim rsStaticTable As rdoResultset
   Dim i As Integer, StartTime As Date, _
      StopTime As Date, TotalTime As Date

' Definir el puntero del ratón como un reloj de arena.
   frmListAndGridDemo.MousePointer = vbArrowHourglass

' Crear la información de la conexión.
   ConnectString = «DSN=ClientServerBook;UID=sa;PWD=;»

' Crear una referencia al entorno.
   Set enStaticTableStatus = rdoEnvironments(0)

' Abrir una conexión.
   Set cnStaticTableStatus = enStaticTableStatus.OpenConnection _
      («», rdDriverNoPrompt, False, ConnectString)

' Crear el conjunto de resultados para la base de datos remota
' basado en la tabla StaticTableStatus.
   Set rsStaticTable = cnStaticTableStatus.OpenResultset _
      («Select * from StaticTableStatus», , rdConcurRowver)
   Set dbStatus = Workspaces(0).OpenDatabase _
      («C:\Kens\ListAndGridDemo\Country.mdb»)

' Crear un Recordset a partir de la tabla StaticTableStatus local.
   Set rsStatus = dbStatus.OpenRecordset _
      («Select * from StaticTableStatus», dbOpenDynaset)

' Comprobar si es necesario actualizar la base de datos local.
' Si el campo StatusDate es el mismo en ambas tablas no se realiza
' el proceso de actualización. En caso contrario, el campo StatusDate
' de la tabla local se define igual que el campo StatusDate de la
' tabla remota y se actualizan todas las tablas locales.
   If rsStaticTable(«StatusDate») <> rsStatus(«StatusDate») Then
      rsStatus.Edit
      rsStatus(«StatusDate») = rsStaticTable(«StatusDate»)
      rsStatus.Update
      MakeCountryTable
      MakeStateTable
   End If
```

```
' Cerrar la base de datos local y la conexión remota.
dbStatus.Close
cnStaticTableStatus.Close
frmListAndGridDemo.MousePointer = vbDefault
DoEvents

End Sub
```

Métodos *MakeCountryTable* y *MakeStateTable*

Los métodos *MakeCountryTable* y *MakeStateTable* son sencillos pero contienen una función interesante. Con las consultas *DeleteCountry* y *MakeCountryTableFromServer* del procedimiento *MakeCountryTable* se demuestra la forma de ejecutar una consulta en una base de datos Access local. La ejecución de la consulta directamente en la base de datos es rápido y eficiente. También es posible modificar la consulta sin cambiar la aplicación abriendo el archivo MDB de Access y modificando la consulta. Cuando se vuelva a ejecutar la aplicación de Visual Basic, lo hará con la consulta modificada.

```
Sub MakeCountryTable()

   Dim CountryDb As Database
   Dim CountryInTable As Recordset

   Set CountryDb = Workspaces(0).OpenDatabase _
      («C:\Kens\ListAndGridDemo\Country.mdb»)
   CountryDb.Execute «DeleteCountry»
   CountryDb.Execute «MakeCountryTableFromServer»

   CountryDb.Close
   frmListAndGridDemo.dcCountry.Refresh

End Sub

Sub MakeStateTable()

   Dim CountryDb As Database
   Dim CountryInTable As Recordset

   Set CountryDb = Workspaces(0).OpenDatabase _
      («C:\Kens\ListAndGridDemo\Country.mdb»)
   CountryDb.Execute «DeleteState»
   CountryDb.Execute «MakeStateTableFromServer»
   CountryDb.Close
   frmListAndGridDemo.dcState.Refresh

End Sub
```

El rendimiento de los módulos puede mejorarse en cierta medida. Por ejemplo, podríamos declarar los objetos de base de datos al nivel de módulo y dejarlos después abiertos hasta que se terminara la actualización. También podríamos abrir los objetos de base de datos cuando se carga el formulario y dejarlos abiertos.

Utilización de transacciones

Las transacciones son extremadamente valiosas en las operaciones con las base de datos. Una *transacción* es una serie de modificaciones que se realizan a los datos de una base de datos. Las transacciones suelen resultar útiles para crear bloques de elementos que se ejecuten como un único grupo. Si falla una transacción, falla todo el grupo y se desharán el resto de las acciones realizadas. Las transacciones también son útiles para mejorar el rendimiento de ciertas acciones de base de datos en algunos sistemas. Por ejemplo, cuando se utiliza Access, las transacciones pueden mejorar en buena medida el rendimiento de una base de datos cuando se utiliza un bucle para escribir información en una base de datos. Access guardará en un búfer todo el código incluido en un conjunto de transacciones y lo escribe de una sóla vez en la base de datos, en lugar de escribir cada acción por separado.

Nota: *El funcionamiento de las transacciones puede ser distinto en bases de datos diferentes. Por ejemplo, las bases de datos ODBC sólo admiten un único nivel de transacciones, mientras que Access admite varios niveles de transacciones anidadas. También es posible utilizar código SQL para crear transacciones anidadas sobre una base de datos ODBC. Compruebe la documentación de su base de datos para determinar cuántos niveles de transacciones admite.*

En la documentación de Visual Basic *Construcción de aplicaciones cliente/servidor* se incluye una sección llamada «Estrategias de bloqueo», que contiene más información sobre la utilización de transacciones y la forma en que su uso se aplica a los bloqueos de la base de datos.

RDO admite tres métodos de transacción:

- *BeginTrans* empieza una nueva transacción.
- *CommitTrans* termina la transacción actual y guarda las modificaciones en la base de datos.
- *RollbackTrans* termina la transacción actual y restablece las bases de datos del objeto rdoEnvironment al estado en el que estaban al empezar la transacción actual.

Estos métodos pueden trabajar tanto a nivel de conexión como de entorno. Las transacciones que se utilizan sobre un objeto de tipo conexión tienen un ámbito limitado al conjunto de resultados o a los objetos de instrucción preparada sobre los que se utilizan. Las transacciones que se utilizan sobre un objeto de tipo entorno cubren todas las conexiones abiertas en el entorno.

En Visual Basic, las transacciones RDO se crean mediante la siguiente sintaxis:

```
object.BeginTrans
   <aquí va el código>
object CommitTrans
```

Es posible deshacer todas las modificaciones realizadas desde *BeginTrans* mediante el método *RollbackTrans*:

```
object.RollbackTrans
```

Deberá asegurarse de que su base de datos admite transacciones. Los métodos que se acaban de mencionar puede que parezca que funcionan en su base de datos, pero que de hecho no tengan ningún efecto. Para determinar si el objeto admite transacciones basta con comprobar la propiedad Transactions de un objeto rdoConnection o rdoResultset:

```
If object.Transactions Then
```

Un valor igual a *True* indica que se admiten las transacciones, mientras que un valor igual a *False* indica que no.

En algunas bases de datos también es posible anidar las transacciones. Es decir, después de empezar una transacción se puede empezar una segunda (y una tercera, cuarta y quinta) dentro de la misma. Este anidamiento tiene dos limitaciones: las transacciones no pueden solaparse y sólo pueden anidarse a una profundidad de cinco niveles. Si tiene que cancelar una transacción anidada, asegúrese de hacerlo en el orden inverso.

Consultas y cursores

El tipo de consulta que utilice también puede afectar al rendimiento de la red. Por ejemplo, los cursores del lado del servidor tienen un impacto mínimo sobre la red, porque es el servidor el que gestiona el cursor y los datos, devolviendo al cliente sólo los datos necesarios. Por el contrario, los cursores del lado del cliente requieren que toda la información se pase por la red. Por ejemplo, si se utiliza DAO para realizar una solicitud al motor de base de datos Jet de un Recordset de tipo instantánea (snapshot), habrá que llevar al cliente el conjunto de resultados completo, lo que provoca un tráfico máximo en la red.

Si tiene que realizar operaciones masivas, deberá utilizar un procedimiento almacenado, un objeto rdoPreparedStatement o una sentencia *Update* de SQL para actualizar la base de datos. Estas técnicas pueden desplazar todo el procesamiento al servidor, donde es más eficiente. Si tuviera que realizar la actualización recuperando un conjunto de resultados y realizando la actualización en Visual Basic, habría que enviar al cliente, actualizar y devolver al servidor el conjunto de resultados completo.

Conexiones a la base de datos

Aunque le parezca extraño, las conexiones con la base de datos pueden ser de hecho las parte más problemática de la aplicación si no se gestionan con cuidado, ya que cada conexión necesita memoria y recursos de red tanto en el cliente como en el servidor. La mayor parte de las bases de datos limitan el número de transacciones que pueden estar abiertas en cada instante. Muchas operaciones con la base de datos pueden abrir una conexión implícita cuando se realicen ciertas acciones. Por ejemplo, la recuperación de filas de un conjunto de resultados mediante DAO puede utilizar una conexión existente, crear una conexión nueva o crear varias conexiones. La acción específica depende del número de filas que se devuelvan, de si puede utilizarse una conexión existente y de si el conjunto de resultados puede actualizarse.

Jet gestiona una caché de las conexiones activas, que comprueba para ver si concuerdan con los parámetros de DSN y de la base de datos antes de abrir una conexión nueva. La caché suele contener al menos una o dos conexiones. Jet cierra las conexiones de forma automática si no se utilizan durante un periodo de tiempo específico.

El método *OpenDatabase* abre automáticamente una conexión, que permanecerá abierta incluso después de que se cierre el objeto de base de datos. Jet puede mantener una conexión abierta, anticipando su utilización futura, a menos que esté abierta una conexión incluida en la caché.

El método *OpenRecordset*, por otra parte, intenta compartir una conexión existente o reutilizar una conexión existente incluida en la caché antes de abrir una conexión nueva. Jet también abrirá conexiones adicionales para mejorar el rendimiento según sea necesario. La primera conexión permanecerá abierta hasta que se cierre el Recordset, o se rellene por completo en el caso de un Recordset de sólo lectura.

RDO proporciona un control más explícito sobre las conexiones. RDO admite el método *OpenConnection*, que crea una conexión independiente para cada objeto creado con él. Las conexiones pueden cerrarse con el método *Close*, ya que no se cierran de forma automática. Las conexiones también se cierran si el objeto que utiliza la conexión se sale de ámbito. Por ejemplo, si se abre una conexión y se rellena un conjunto de resultados dentro de un procedimiento, dicho conjunto de resultados se liberará cuando termine el procedimiento y se cierre su conexión.

El control RemoteData crea y cierra las conexiones de forma automática. Existe al menos una conexión para cada control RemoteData. Si utiliza este tipo de control para manejar toda la interfaz con la base de datos, no tendrá demasiado control sobre sus conexiones. Puede utilizar RDO para rellenar el conjunto de resultados RemoteData y conseguir un cierto control sobre sus conexiones y otros aspectos de su funcionamiento.

Seguimiento y ajuste para mejorar el rendimiento

Para ajustar cualquier sistema siempre ha sido necesario poder realizar un seguimiento de su rendimiento. El seguimiento también permite registrar lo que ocurre, para después retroceder y revisar los detalles. La información de seguimiento debe ayudar a localizar los posibles problemas y a alcanzar una solución.

Registros del seguimiento ODBC

OBDC realiza el seguimiento de forma automática de todas las funciones ODBC que se utilizan en un sistema concreto. Las opciones de seguimiento se definen mediante la aplicación ODBC del Panel de control.

Figura 8-3. *Cuadro de diálogo Opciones de OBDC de Windows 95.*

En la Figura 8.3 se muestra el cuadro de diálogo Opciones de ODBC, que sirve para configurar el registro ODBC. Para acceder a este cuadro de diálogo basta con pulsar sobre el botón Opciones del cuadro de diálogo Orígenes de datos de la aplicación ODBC.

Cuando está marcada la casilla Rastrear llamadas ODBC, cualquier aplicación que utilice ODBC quedará registrada en el archivo de seguimiento que se indica en el cuadro de diálogo. Tenga en cuenta que el seguimiento ralentiza la aplicación. Además, el archivo de seguimiento seguirá creciendo mientras siga marcada la casilla Rastrear llamadas ODBC, lo que afectará aún más al rendimiento del sistema cliente.

Marque la opción Detener el seguimiento automáticamente para permitir que ODBC desactive el seguimiento de forma automática. Si esta casilla está marcada cuando se ejecuta la primera aplicación que utiliza ODBC, se registrarán las funciones ODBC de dicha aplicación. En cuanto termine la aplicación se desactivará la casilla Rastrear llamadas ODBC.

El archivo de seguimiento contendrá todas las instrucciones ODBC que se ejecuten por parte de la aplicación. Por ejemplo, la ejecución de dos instrucciones RDO puede activar 15 o 20 llamadas a funciones ODBC. Para aprovechar los datos del archivo de seguimiento es necesario entender el funcionamiento de ODBC. Una discusión detallada de ODBC está fuera del ámbito de este libro, así que le sugerimos que revise la información sobre ODBC que se incluye en el CD Microsoft Developer Network (MSDN) para más información.

Registros del rendimiento de la aplicación

Los registros personalizados que genere su aplicación suelen ser más útiles que sumergirse en las profundidades de ODBC. En un registro personalizado se puede incluir información sobre cada una de las conexiones o consultas, o sobre cualquier nivel intermedio. Incluso es posible activar niveles de registro que puedan activarse o desactivarse cuando el sistema se utilice para producción. Nuestra clase CSUtilities (página 154) incorpora ambos métodos de registro personalizado y una función de temporización sencilla que utiliza el archivo de registro para guardar información en el archivo de registro estándar.

Un archivo de registro debe contener información sobre la aplicación que escribe en él, sobre la fecha y la hora a la que se ha producido el evento, un mensaje de texto que describa el evento, un identificador de evento e información adicional sobre el evento, como datos o temporización. Nuestros procedimientos de evento de ejemplo constan, de hecho, de métodos para abrir el archivo de registro y guardar información en él, además de otra mini aplicación para coger archivos de registro y guardarlos en la base de datos. Las partes de cliente y de servidor de esta utilidad se explican en la siguiente sección «Operaciones asíncronas».

Code Profiler es un complemento para Visual Basic que realiza el seguimiento del código que se utiliza en la aplicación y el tiempo que tarda en ejecutarse. No se instala como opción predeterminada, pero puede encontrarse en el directorio Tools\Vbcp del CD de Visual Basic. Para utilizar el Code Profiler, copie el ejecutable adecuado (hay versiones de 16 y 32 bits) y el archivo de ayuda al disco fijo y ejecútelo una vez para añadirlo al menú Complementos de Visual Basic. La próxima vez que ejecute Visual Basic, ya estará disponible Code Profiler. La ayuda para este complemento se encuentra en el menú Ayuda del Profiler.

Captura más precisa del tiempo transcurrido entre operaciones

La clase CSUtilities utiliza la función *Now()* para obtener el tiempo transcurrido entre operaciones. Esta función tiene una precisión de un segundo. En la mayor parte de las implementaciones cliente/servidor, un segundo es una precisión suficiente para capturar la mayoría de las cuestiones de temporización en consultas y otras operaciones similares, aunque puede que no sea suficientemente precisa para capturar el tiempo en bucles muy críticos o en otros lugares en los que el tiempo deba capturarse en milisegundos.

La función *timeGetTime* de la biblioteca multimedia (Winmm.dll) del SDK Win32 de Microsoft devuelve el número de milisegundos transcurridos desde el arranque de Windows. Habrá que declararla de la siguiente forma:

```
Declare Function timeGetTime Lib «inmm.dll» Alias «timeGetTime» ()
    As Long
```

Para utilizar esta función deberá emplear este formato:

```
Dim lElapsedTime as Long, lStartTime as Long

lStartTime = timeGetTime
<El código que debe ejecutarse va aquí>
lElapsedTime = timeGetTime - lStartTime
```

Después de ejecutar este código, lElapsedTime contendrá el número de milisegundos que han transcurrido.

Bruce McKinney trata esta función en detalle en su libro, *Hardcore Visual Basic* (Microsoft Press, 1995). También la utiliza en la biblioteca de ejemplo incluida en el CD del libro. También se puede utilizar el Code Profiler de Visual Basic para capturar los tiempos transcurridos en las aplicaciones.

Operaciones asíncronas

La mayor parte de las acciones que tienen lugar en una aplicación de Visual Basic son síncronas: debe completarse una acción para que pueda empezar otra. La idea que subyace tras las operaciones asíncronas es exactamente la opuesta: empezar una acción y continuar con la siguiente antes de que se complete la primera. La belleza del enfoque asíncrono es que permite simular realmente la multitarea en las aplicaciones de Visual Basic.

La multitarea es una capacidad de los sistemas operativos Windows de 32 bits cuya principal finalidad es aprovechar los sistemas multiprocesador, pero puede utilizarse aunque el computador no disponga de varios procesadores.

Por ejemplo, supongamos que tenemos que ejecutar una instrucción SQL que tarda 20 o 30 minutos en completarse. Cuando termine, nos gustaría avisar a la aplicación que dio comienzo al proceso. Este tipo de acción puede conseguirse al menos de cuatro formas distintas:

- Automatización remota, que admite la utilización de la funcionalidad de devolución de llamada (callback) para que una aplicación pueda arrancar métodos de forma asíncrona en sistemas remotos.
- RDO, que admite consultas asíncronas.
- El control RemoteData, que admite consultas asíncronas.
- ODBC, que admite consultas asíncronas mediante la API ODBC.

De las cuatro, la Automatización remota es la más potente, porque no sólo proporciona la posibilidad de ejecutar consultas, sino también de realizar cualquier tarea imaginable en un sistema remoto. La Automatización remota también permite construir la aplicación remota de forma que pueda ejecutar realmente métodos en la aplicación cliente. Por ejemplo, tomemos el problema de la supervisión de una base de datos. Gracias a la Automatización remota, el programa cliente puede solicitar un gráfico de ciertos datos, utilizando un método que se ejecute en otro sistema. Cuando se complete la consulta en el sistema remoto, la aplicación remota ejecuta realmente el método en el cliente para actualizar el gráfico.

RDO y el control RemoteData también son potentes, y los dos son más fáciles de implementar que las funciones API ODBC. Tanto RDO como el control RemoteData permiten empezar una consulta asíncrona, continuar con otra tarea y acceder después a los resultados de la consulta cuando termine ésta. En cualquiera de los casos, la aplicación deberá tener instrucciones para comprobar la propiedad StillExecuting del objeto rdoResultset hasta que devuelva *False*, en cuyo caso podrá accederse al conjunto de resultados de la manera normal. Resulta útil disponer de un control Timer para activar la supervisión de la propiedad StillExecuting.

El objeto rdoResultset tiene otras dos propiedades útiles que conviene utilizar con las operaciones asíncronas. La propiedad RowsAffected devuelve el número de filas afectadas por la consulta. La propiedad AsyncChechInterval especifica el tiempo entre comprobaciones de RDO para determinar si la consulta sigue ejecutándose.

¿Cómo se empieza una operación asíncrona con RDO o con el control RemoteData? Con RDO, basta con definir el argumento Options como *rdAsyncEnable* al crear el conjunto de resultados con los métodos *OpenResultset* o *Execute*:

```
Set variable = connection.OpenResultset _
  (SQLConnect, rdOpenDynamic, _
  rdConcurRowver, rdAsyncEnable)
```

La opción con el control RemoteData es incluso más sencilla. Defina la propiedad Options del mismo como *rdAsyncEnable* antes de ejecutar una consulta.

Vamos ahora a examinar un programa de ejemplo que utiliza RDO y una consulta asíncrona.

Programa de ejemplo: Utilización de RDO para ejecutar una consulta asíncrona

Esta aplicación de ejemplo, llamada AsyncStuff, se encuentra en el directorio AsynchronousStuff del CD adjunto. Para poder construir o ejecutar la aplicación, hay que asegurarse antes de que el proyecto contenga una referencia válida a CSUtilities.dll, situada en el directorio Utilities del CD adjunto (para ello habrá que seleccionar Referencias en el menú Herramientas).

Formulario frmAsyncStuff

El formulario frmAsyncStuff contiene toda la aplicación. En la Figura 8.4 se muestra su interfaz.

Pulse sobre el botón Recuperar países para ejecutar la consulta asíncrona. Como en la mayoría de nuestras aplicaciones, la cuadrícula no estará visible hasta que haya algo que mostrar.

Declaraciones

```
Option Explicit
```

Figura 8-4. *La sencilla interfaz de la aplicación de ejemplo AsyncStuff.*

```
' Objetos para utilizar como referencias a las secciones del control
' StatusBar.
Dim pnlTableToProcess As Panel
Dim pnlStatus As Panel

' Un objeto para nuestra clase CSUtilities.
Dim objUtil As New clsUtilities

' Una cadena para guardar la instrucción SQL.
Dim ConnectString As String

' Referencias para los objetos RDO.
Dim cnCountry As rdoConnection, enCountry As rdoEnvironment
Dim rsCountryIn As rdoResultset
' Un entero para utilizar como contador de registros.
Dim i As Integer
```

Método StartQuery

El método *StartQuery* da comienzo a la ejecución de la consulta.

```
Private Sub StartQuery()

' Actualizar la barra de estado con el nombre de la tabla que se está
' utilizando.
  pnlTableToProcess.Text = «Country»

' Definir el puntero del ratón.
  frmAsyncStuff.MousePointer = vbArrowHourglass

' Inicializar el cuadro de texto en el que se realiza el seguimiento
' del número de registros procesados.
  txtRecordsProcessed = 0

' Actualizar la barra de estado.
  pnlStatus.Text = «Ejecutando consulta»
  DoEvents

' Crear un nuevo objeto de tipo conjunto de resultados a partir del objeto
' Recordset. El argumento rdAsyncEnable especifica que se trata de una
' consulta asíncrona.
  Set rsCountryIn = cnCountry.OpenResultset _
     («Select * from Country», , rdConcurRowver, rdAsyncEnable)

' Mostrar en la barra de estado que la consulta sigue ejecutándose.
  pnlStatus.Text = «Consulta en ejecución»
  DoEvents
```

```
' Activar el temporizador y ajustar el intervalo a cinco segundos
' aproximadamente.
  tmrCheckExecuting.Enabled = True
  tmrCheckExecuting.Interval = 5000

End Sub
```

Es recomendable inspeccionar la sintaxis SQL especificada para la consulta y determinar la duración que debe tener el intervalo del temporizador (al final del método). Por ejemplo, si la consulta pide todos los registros de una tabla grande, habrá que utilizar la experiencia pasada para determinar que el intervalo debe definirse como un periodo de tiempo más largo. Una solicitud de 10 registros debe suponer un intervalo corto. También resulta útil guardar los resultados del tiempo que tarda cada consulta en regresar para una base de datos en el servidor. Podría ejecutarse diariamente un sencillo programa de análisis y definir el intervalo del temporizador para cada tabla en un archivo INI central.

Método *RetrieveQuery*

El método *RetrieveQuery* se ejecuta desde el procedimiento de evento *tmrCheckExecuting_Timer* y se encarga de recuperar las filas del conjunto de resultados.

```
Sub RetrieveQuery()

' Contiene cada una de las filas obtenidas del conjunto de resultados
  Dim sBuffer As String

' Examinar el conjunto de resultados completo.
  i = 1
  Do While Not rsCountryIn.EOF

' Colocar cada columna seguida por un tabulador en la propiedad
' secuencialmente
    sBuffer = rsCountryIn(«UniqueCountryCode») & Chr(9) _
      & rsCountryIn(«CountryCode») & Chr(9) _
      & rsCountryIn(«RegionCode») & Chr(9) _
      & rsCountryIn!Country & Chr(9)

' Añadir la fila completa a la cuadrícula de una vez.
    grdCountry.AddItem sBuffer

' Pasar al siguiente registro y actualizar los contadores.
    rsCountryIn.MoveNext
    txtRecordsProcessed = i
    DoEvents
    i = i + 1
  Loop
```

```
' Colocar un mensaje en la barra de estado.
  pnlStatus.Text = «Cerrando la base de datos»
  DoEvents

' Mostrar la cuadrícula con su contenido.
  grdCountry.Visible = True

' Cerrar la base de datos.
  cnCountry.Close
  pnlStatus.Text = «Terminado»
' Restablecer el puntero del ratón.
  frmAsyncStuff.MousePointer = vbDefault
  DoEvents

End Sub
```

Procedimiento de evento *cmdRetrieveCountries_Click*

Este procedimiento de evento simplemente ejecuta el método *StartQuery*.

```
Private Sub cmdRetrieveCountries_Click()
   StartQuery
End Sub
```

Procedimiento de evento *Form_Load*

El procedimiento de evento *Form_Load* inicializa las referencias al control StatusBar y ejecuta el método *Init*.

```
Private Sub Form_Load()
  Me.Show
  Set pnlStatus = StatusBar1.Panels(«Status»)
  pnlStatus.Text = «Initializing Application»
  DoEvents
  Set pnlTableToProcess = StatusBar1.Panels(«TableToProcess»)
  DoEvents
  Init
End Sub
```

Método *Init*

El método *Init* contiene todo el código de arranque tanto para la cuadrícula como para la base de datos.

```
Sub Init()

' Definir los parámetros para la cuadrícula.
```

```
        grdCountry.Row = 0
        grdCountry.Col = 0
        grdCountry.Text = «ID»
        grdCountry.Col = 1
        grdCountry.Text = «Código»
        grdCountry.Col = 2
        grdCountry.Text = «Región»
        grdCountry.Col = 3
        grdCountry.Text = «Nombre»
        grdCountry.ColWidth(0) = 500
        grdCountry.ColWidth(1) = 500
        grdCountry.ColWidth(2) = 1000
        grdCountry.ColWidth(3) = 3500

    ' Abrir un archivo de registro y definir la propiedades de la
    ' aplicación en la clase CSUtilities. Después de ejecutar
    ' StartApplication, podemos utilizar el método WriteLogEntry
    ' y las propiedades StartTime y StopTime. El único argumento de
    ' StartApplication es el nombre de la aplicación, que se registra
    ' en el archivo de registro cuando arranca la aplicación (ahora)
    ' y cada vez que se escribe una entrada en el registro.
        objUtil.StartApplication sApplicationName:=«AsyncStuff»

    ' Informar al usuario de que estamos conectándonos a la base de datos.
        pnlStatus.Text = «Conectando»
        DoEvents

    ' Definir la cadena para la conexión.
        ConnectString = «DSN=ClientServerBook;UID=sa;PWD=;»

    ' Crear una referencia al entorno.
        Set enCountry = rdoEnvironments(0)

    ' Abrir una conexión con la base de datos.
        Set cnCountry = enCountry.OpenConnection _
           («», rdDriverNoPrompt, False, ConnectString)

    ' Actualizar la barra de estado.
        pnlStatus.Text = «Listo»
        DoEvents

    End Sub
```

Procedimiento de evento *tmrCheckExecuting_Timer*

El procedimiento *tmrCheckExecuting_Timer* se produce cada vez que se activa el temporizador.

```
Private Sub tmrCheckExecuting_Timer()

' Desactivar el temporizador para evitar volver a entrar en
' este procedimiento.
  tmrCheckExecuting.Enabled = False

' Actualizar la barra de estado.
  pnlStatus.Text = «Comprobando resultados»
  DoEvents
' Si la consulta sigue ejecutándose, reactivar el temporizador;
' si está completa, ejecutar el método RetrieveQuery.
  If rsCountryIn.StillExecuting Then
     tmrCheckExecuting.Enabled = True

  Else
      pnlStatus.Text = «Recuperando resultados»
      DoEvents
      objUtil.LastEntryText = «RetrieveQuery»
      objUtil.StartTime = Now()
      RetrieveQuery
      objUtil.StopTime = Now()
  End If

End Sub
```

Observe que hemos definido las propiedades StartTime y StopTime de objUtil cerca del final del procedimiento de evento. (El funcionamiento de estas propiedades se ha tratado en el Capítulo 7.) Este temporizador es extremadamente sencillo, pero la lógica básica es correcta. Es muy fácil ampliar el temporizador para manejar varias consultas en una única aplicación: añada una propiedad Boolean para cada consulta asíncrona y compruebe después de qué consulta se trata, mediante una sencilla instrucción *If* en el procedimiento de evento *Timer*.

Seguimiento de los datos de rendimiento

Examinemos los datos que la aplicación ha guardado en el archivo de registro como información de rendimiento. El nombre del archivo de registro es <ID de conexión a la red>.log, y se encuentra en el directorio Utilities. El ID de conexión lo obtiene el método *StartApplication* (incluido en CSUtilities.dll), y se utiliza tanto para abrir un archivo de registro existente como para crear uno nuevo. En la Figura 8.5 se muestra un

```
«Database Log - Created «,#1996-05-14 17:41:01#,» «,#1996-05-14 17:41:01#,#1996-05-14 17:41:01#
«AsyncStuff»,»Application Started»,#1996-05-14 17:41:01#,» «,#1996-05-14 17:41:01#,#1996-05-14 17:41:01#
«AsyncStuff»,»MethodTime»,#1996-05-14 17:41:17#,»RetrieveQuery»,#1996-05-14 17:41:10#,#1996-05-14 17:41:17#
```

Figura 8-5. *Registro de aplicación para AsyncStuff.*

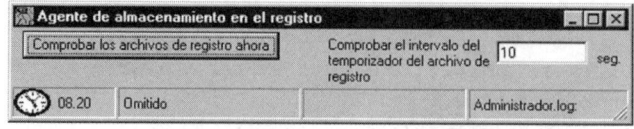

Figura 8-6. *La interfaz de la aplicación ReadLogAgent permite examinar el estado de un vistazo.*

registro de ejemplo (Sample.log en el directorio AsynchronousStuff) para la aplicación AsyncStuff.

Para descubrir cuándo ha empezado la aplicación, examine las líneas que contienen *Application Started* en el segundo campo (el primer campo siempre es el nombre de la aplicación). Las líneas que tienen *MethodTime* como segundo campo contienen información de temporización. El método o módulo que se está temporizando viene indicado en el cuarto campo de las líneas con información de temporización.

Para utilizar esta información habrá que cargarla en una base de datos de seguimiento mediante SQL Server. De esta forma podremos analizar las consultas que queramos, además de representar la información gráficamente para mostrar las tendencias del rendimiento. Observe que el seguimiento se realiza del tiempo de arranque y del tiempo de parada, no del tiempo transcurrido, para cada entrada de temporización. Así podremos analizar los tiempos en el formato que prefiramos. Si almacenáramos el tiempo transcurrido en un formato concreto, estaríamos limitados a dicho formato durante el análisis.

Programa de ejemplo: Envío de los registros al servidor

¿Cómo se introducen estos datos en SQL Server si la información se encuentra en un archivo de registro ASCI? Vamos a utilizar una pequeña aplicación de ejemplo llamada ReadLogAgent (que se encuentra en el directorio Utilities del CD adjunto), que busca archivos LOG en una unidad de red y los carga en la base de datos.

La utilización de un archivo de registro y no una conexión directa a la base de datos puede parecer extraño. Si intentáramos escribir directamente en la base de datos, incurriríamos en una sobrecarga enorme del proceso. Incluso podríamos «colgar» la aplicación durante la escritura en el archivo de registro. Suele ser más rápido escribir en un archivo pequeño de una unidad de red. Podríamos incluso mantener los archivos de registro localmente en el cliente y llevarlos después a la unidad de red cuando termine la aplicación.

En la Figura 8.6 se muestra la sencilla interfaz de esta aplicación.

Un administrador del sistema puede modificar el intervalo del temporizador del archivo de registro cambiando el valor en el cuadro Comprobar el intervalo del temporizador del archivo de registro y pulsando sobre el botón Aplicar ahora que aparecerá. Esta aplicación utiliza un único formulario, frmLogStorageAgent.

Formulario frmLogStorageAgent

frmLogStorageAgent es el formulario principal en esta aplicación. Ofrece una sencilla presentación de estado de sus progresos y también incluye el temporizador que controla la aplicación.

Procedimiento de evento *cmdApplyNow_Click*

El procedimiento de evento *cmdApplyNow_Click* ilustra dos acciones. En primer lugar, ocultamos el botón cmdApplyNow cuando un usuario pulsa sobre él. El botón sólo estará visible cuando el usuario cambie el valor del control txtCheckForLogTimerInterval. En segundo lugar, ejecutamos el método S*etTmrCheckForLogFilesInterval* para actualizar el intervalo del temporizador.

```
Private Sub cmdApplyNow_Click()
  cmdApplyNow.Visible = False
  objUtil.SetTmrCheckForLogFilesInterval txtCheckForLogTimerInterval
End Sub
```

Método *Init*

El método *Init* se llama desde el procedimiento de evento *Form_Load* y realiza todas las tareas de arranque necesarias. Es aquí donde se crean las referencias de objeto al control StatusBar y las referencias a la base de datos.

También definimos el valor inicial del control Timer (tmrCheckForLogFiles) y actualizamos la presentación en el control txtCheckForLogTimerInterval. Observe que el intervalo del temporizador siempre se divide por 1000 para obtener el número de segundos que se muestra, lo que hace que la interfaz sea algo más inteligible para el usuario. También aquí se desactiva la presentación del botón cmdApplyNow.

```
Sub Init()

  Set pnlStatus = StatusBar1.Panels(«Status»)
  Set pnlFiles = StatusBar1.Panels(«FilesProcessed»)
  Set pnlRecords = StatusBar1.Panels(«RecordsProcessed»)
  pnlStatus.Text = «Conectando»
  DoEvents

  ConnectString = «DSN=ClientServerBook;UID=sa;PWD=;»
  Set enPerformanceLog = rdoEnvironments(0)
  Set cnPerformanceLog = enPerformanceLog.OpenConnection _
    («», rdDriverNoPrompt, False, ConnectString)

  pnlStatus.Text = «Esperando»

  If tmrCheckForLogFiles.Interval > 1000 Then
    txtCheckForLogTimerInterval = tmrCheckForLogFiles.Interval / 1000
```

```
      Else
        txtCheckForLogTimerInterval = 0
        tmrCheckForLogFiles = 0
      End If

      cmdApplyNow.Visible = False

    End Sub
```

Procedimiento de evento *Form_Unload*

El procedimiento de evento *Form_Unload* sirve para cerrar el archivo de registro.

```
    Private Sub Form_Unload(Cancel As Integer)
      enPerformanceLog.Close
    End Sub
```

Método *tmrCheckForLogFiles_Timer*

El método *Timer* ejecuta el método *LookForLogFiles*. Nos gusta incluir el código común en un lugar que nos permita reutilizarlo, en lugar de enterrarlo en un procedimiento de evento *Timer*.

```
    Private Sub tmrCheckForLogFiles_Timer()

      tmrCheckForLogFiles.Enabled = False
      LookForLogFiles
      tmrCheckForLogFiles.Enabled = True

    End Sub
```

Método *txtCheckForLogTimerInterval_Change*

El método *txtCheckForLogTimerInterval_Change* muestra el botón cmdApplyNow siempre que se modifique el valor del control.

```
    Private Sub txtCheckForLogTimerInterval_Change()
      cmdApplyNow.Visible = True
    End Sub
```

Módulo modLogStorage

Este módulo contiene los métodos comunes para la aplicación. Compruebe la clase clsLogFileAgent para ver otras formas de extender su funcionalidad de una forma rápida.

Declaraciones

```
Option Explicit

Public pnlStatus As Panel
Public pnlFiles As Panel
Public pnlRecords As Panel

Public LogFileName As String
Public LogDirectoryName As String
Public TotalNumberOfLogFilesRead As Long
Public TotalNumberOfEntriesProcessed As Double

' Utilice estas propiedades internamente para realizar el
' seguimiento de varias informaciones leídas del archivo de registro.
Private sApplicationName As String
Private sClassDescription As String
Private sEventText As String
Private dEventTime As Date
Private dStartTime As Date
Private dStopTime As Date
Private sUserName As String

Public ConnectString As String
Public cnPerformanceLog As rdoConnection, _
    enPerformanceLog As rdoEnvironment
Public rsPerformanceLog As rdoResultset
```

Método *ReadLog*

El método *ReadLog* abre y lee los archivos de registro y escribe la información en la base de datos. También abre y cierra el conjunto de resultados. (Para nuestras aplicaciones, probablemente tendrá más sentido abrir el conjunto de resultados al nivel de la aplicación y dejarlo abierto, en lugar de abrirlo y cerrarlo para cada archivo de registro.) El único parámetro de este método es el nombre del archivo de registro. El método devuelve *True* si tiene éxito o *False* si se produce algún error.

```
Function ReadLog(LogFileName As String) As Boolean

    Dim sBuffer As String, iTotalNumberOfEntriesProcessed As Integer

    On Error GoTo ReadLogError
    frmLogStorageAgent.MousePointer = vbArrowHourglass

' Extraer el nombre del usuario a partir del nombre del archivo de
' registro. Modifíquelo si prefiere cambiar la forma de asignar los
' nombres a los archivos de registro.
```

```
            sUserName = Left(LogFileName, InStr(LogFileName, «.») - 1)
            sUserName = ParseName(sLineIn:=sUserName)

        ' Abrir el archivo de registro.
            pnlStatus.Text = «Abriendo el archivo de registro»
            pnlRecords = sUserName & «.log: «
            DoEvents
            Open LogFileName For Input As #1

        ' Abrir el conjunto de resultados.
        ' (La instrucción SQL solicita un conjunto de resultados de
        ' la tabla PerformanceLog que está garantizado que tiene
        ' cero registros. Vamos a actualizar el conjunto de resultados,
        ' así que, ¿qué sentido tiene recuperar datos ahora?)
            pnlStatus.Text = «Abriendo el conjunto de resultados»
            DoEvents
            Set rsPerformanceLog = cnPerformanceLog.OpenResultset _
              («Select * from PerformanceLog where UserName = '????'», _
              , rdConcurRowver)

        ' Leer cada línea.
            pnlStatus.Text = «Procesando »
            DoEvents
            TotalNumberOfLogFilesRead = TotalNumberOfLogFilesRead + 1

    pnlFiles = «Log Files: » & TotalNumberOfLogFilesRead
            DoEvents
            iTotalNumberOfEntriesProcessed = 0
            ReadLog = True

        ' Descomponer las partes de cada línea y colocarlas
        ' en las propiedades de nivel de módulo.
            Do While Not EOF(1)
               Line Input #1, sBuffer
               If InStr(sBuffer, «Database Log») = 0 Then
                  ParseLine sBuffer

        ' Añadir la entrada a la base de datos.
                  WriteLogToDatabase

                  iTotalNumberOfEntriesProcessed = _
                     iTotalNumberOfEntriesProcessed + 1
               End If
            Loop

        ' Cerrar el archivo de registro y el conjunto de resultados.
            pnlStatus.Text = «Cerrando archivo y conjunto de resultados»
```

```
    DoEvents
    Close #1
    rsPerformanceLog.Close
    TotalNumberOfEntriesProcessed = iTotalNumberOfEntriesProcessed
    pnlRecords = sUserName & «.log: » & «Records: » & _
      iTotalNumberOfEntriesProcessed
    DoEvents
    pnlStatus.Text = «Completado » & sUserName & «.log»

' Limpieza.
ReadLogExit:
    frmLogStorageAgent.MousePointer = vbDefault
    DoEvents
    Exit Function

' Error.
ReadLogError:
    ReadLog = False      ' Evitar que se elimine el archivo de registro.
    pnlStatus.Text = «Omitido »
    GoTo ReadLogExit

' Podría utilizar una instrucción Select como la siguiente para
' capturar el error «55 File Open» ó «75 Path/File Access Error»:
'    Select Case Err
'      Case 55, 75:
'      Case Else
'    End Select

End Function
```

Método *WriteLogToDatabase*

El método *WriteLogToDatabase* (escribir registro en base de datos) hace exactamente lo que su nombre indica. Define las diversas columnas de la tabla de la base de datos a los valores de las propiedades para este módulo. Tendría mucho más sentido utilizar aquí una instrucción SQL *Update* o un procedimiento almacenado en lugar de ejecutar los métodos *AddNew* y *Update*. Lo mejor sería utilizar un procedimiento almacenado, porque sabemos que esta función en concreto probablemente vaya a ejecutarse más que cualquier otra en el sistema.

```
    Sub WriteLogToDatabase()

      Dim i As Integer

      rsPerformanceLog.AddNew
      rsPerformanceLog!ApplicationName = sApplicationName
```

```
    rsPerformanceLog!ClassDescription = sClassDescription
    rsPerformanceLog!EventText = sEventText
    rsPerformanceLog!EventTime = dEventTime
    rsPerformanceLog!StartTime = dStartTime
    rsPerformanceLog!StopTime = dStopTime
    rsPerformanceLog!DateAdded = Now()
    rsPerformanceLog!UserName = sUserName
    rsPerformanceLog.Update

End Sub
```

Método *ParseLine*

El método *ParseLine* descompone el parámetro sLineIn en las diversas propiedades. El bucle *For* proporciona un interesante ejemplo de cómo descomponer de una forma genérica una cadena delimitada por comas.

```
Sub ParseLine(sLineIn As String)

  Dim i As Integer, iStop As Integer
  Dim sTemp As String

sTemp = sLineIn
  For i = 1 To 6
    iStop = InStr(sTemp, «,»)
    Select Case i
      Case 1: sApplicationName = Mid$(sTemp, 2, iStop - 3)
      Case 2: sClassDescription = Mid$(sTemp, 2, iStop - 3)
      Case 3: dEventTime = Mid$(sTemp, 2, iStop - 3)
      Case 4: sEventText = Mid$(sTemp, 2, iStop - 3)
      Case 5: dStartTime = Mid$(sTemp, 2, iStop - 4)
      Case 6: dStopTime = Mid$(sTemp, 2, Len(sTemp) - 2)
      Case Else
    End Select
    sTemp = Mid$(sTemp, iStop + 1, Len(sTemp) - iStop)
  Next i

End Sub
```

Método *ParseName*

El método *ParseName* es otro método general de manejo de cadenas que vamos a utilizar para extraer el nombre del archivo del nombre de trayecto completo. Este método es un buen candidato para incluirlo en un módulo de clases. De hecho, aunque su nombre es *ParseName*, puede extraer el último elemento de cualquier lista delimitada por barras invertidas (\).

```
Function ParseName(sLineIn As String) As String

   Dim i As Integer, iStop As Boolean
   Dim sTemp As String

   sTemp = sLineIn
   iStop = False
   Do While iStop = False
     i = InStr(sTemp, «\»)
     If i = 0 Then
       iStop = True
       ParseName = sTemp
     End If
     sTemp = Mid$(sTemp, i + 1, Len(sTemp) - i)
   Loop

End Function
```

Método *LookForLogFiles*

El método *LookForLogFiles* es el controlador principal del procesamiento de los archivos de registro. Recupera todos los archivos de registro que encuentra y los coloca en una matriz (LogFiles). Después de recuperados todos los archivos, se podrán procesar uno por uno.

```
Sub LookForLogFiles()

   Dim LogFiles() As String, i As Integer

' Empezar la matriz LogFiles con una dimensión.
   ReDim LogFiles(1)

' Crear el trayecto completo para el archivo de registro.
   SetLogFileName

' Localizar el primer archivo de registro.
   LogFileName = Dir(LogFileName)

' Recuperar el balance de los archivos de registro en el directorio.
   i = 0
   Do While LogFileName <> «»
     If Len(LogFileName) > 0 Then
       LogFileName = LogDirectoryName & LogFileName
       LogFiles(i) = LogFileName

' Aumentar en uno el tamaño de la matriz
' manteniendo intacto su contenido actual.
       ReDim Preserve LogFiles(UBound(LogFiles) + 1)
```

```
            i = i + 1
        End If
        LogFileName = Dir
    Loop

    ' Procesar cada uno de los archivos de registro;
    ' si falla ReadLog, no eliminar el archivo de registro.
    For i = 0 To UBound(LogFiles) - 1
        If ReadLog(LogFiles(i)) Then Kill LogFiles(i)
    Next i

End Sub
```

Método *SetLogFileName*

El método *SetLogFileName* construye el nombre del archivo de registro. (Deberíamos cambiar este método para extraer el nombre del directorio en el que se encuentra el archivo de registro de Master.ini. Fallará si utilizamos el archivo Master.ini para indicar la ubicación de los archivos de registro.)

```
Sub SetLogFileName()
    LogDirectoryName = App.Path & «\»
    LogFileName = LogDirectoryName & «\» & «*.log»
End Sub
```

Clase clsLogFileAgent

Este pequeño módulo de clases ilustra muy bien la forma de tomar una aplicación no diseñada para automatización OLE y añadir dicha funcionalidad sin realizar excesivas modificaciones. Mientras trabajábamos en el supervisor del registro que se ha tratado anteriormente en este capítulo, pensábamos, ¿No sería interesante recuperar las estadísticas del programa ReadLogAgent y presentarlas? Así que modificamos nuestro módulo de clases.

Procedimientos Property Get

Este procedimiento Property Get simplemente devuelve el valor de la propiedad TotalNumberOfLogFilesRead de la aplicación.

```
Public Property Get TotalNumberOfLogFiles() As Long
    TotalNumberOfLogFiles = TotalNumberOfLogFilesRead
End Property
```

Este procedimiento Property Get devuelve el valor de la propiedad TotalNumberOfEntriesProcessed.

```
Public Property Get TotalNumberOfEntries() As Long
  TotalNumberOfEntries = TotalNumberOfEntriesProcessed
End Property
```

Este procedimiento Property Get devuelve el valor del control TextBox del formulario frmLogStorageAgent. ¡Vaya! ¿Podemos utilizar realmente un procedimiento de propiedad para devolver una propiedad «virtual» que sea realmente un control? ¡Estupendo!.

```
Public Property Get CurrentTimerInterval() As Long
  CurrentTimerInterval = _
    frmLogStorageAgent!txtCheckForLogTimerInterval
End Property
```

Método *StartLogStorageAgent*

Casi tendrá razón si piensa que este método no hace nada. Aunque no realiza ninguna acción, tiene una misión útil: este método se llama desde una aplicación cliente para arrancar la aplicación ReadLogAgent. Funciona bien porque cualquier referencia a un método o propiedad de un servidor OLE arranca dicho servidor.

```
Public Sub StartLogStorageAgent()

End Sub
```

Método *SetTmrCheckForLogFilesInterval*

Este método puede ejecutarlo una aplicación cliente para modificar el intervalo del temporizador.

```
Public Sub SetTmrCheckForLogFilesInterval _
  (CheckForLogTimerInterval As Long)

' Asegurarse de que el valor del temporizador es válido.
  If CheckForLogTimerInterval <= 10 Then
    CheckForLogTimerInterval = 10
  ElseIf CheckForLogTimerInterval > 60 Then
    CheckForLogTimerInterval = 60
  End If

' Definir el cuadro de texto con el valor del parámetro
' CheckForLogTimerInterval.
  frmLogStorageAgent!txtCheckForLogTimerInterval = _
    CheckForLogTimerInterval

' Calcular el número de pasos (ticks) del temporizador.
  CheckForLogTimerInterval = CheckForLogTimerInterval * 1000
```

```
    ' Actualizar el intervalo del temporizador.
      frmLogStorageAgent!tmrCheckForLogFiles.Interval = _
        CheckForLogTimerInterval

    ' Ocultar el botón cmdApplyNow.
    ' (¿Cómo ha cambiado la propiedad Visible? ¿Recuerda el
    ' procedimiento de evento Change para el control TextBox?)
      frmLogStorageAgent!cmdApplyNow.Visible = False
      DoEvents

End Sub
```

Programa de ejemplo: Supervisor del registro de rendimiento

Ningún sistema de supervisión del rendimiento tendría ningún valor sin un método para recuperar la información. Lo mismo ocurre con nuestro sencillo enfoque. Hemos creado la aplicación PerformanceLogMonitor (que se encuentra en el directorio PerformanceLogMonitor del CD adjunto) para mostrar la información de la base de datos Performance Log y proporcionar un cierto control sobre el servidor ReadLog.

Esta aplicación y las herramientas asociadas de administración del registro son un subconjunto de una aplicación que nuestra empresa va a comercializar. La aplicación se ampliará para proporcionar enlaces remotos con SQL Server, además de ofrecer muchas otras informaciones sobre las aplicaciones que se están ejecutando en el servidor.

Para poder construir la aplicación PerformanceLogMonitor es necesario tener una copia registrada de First Impression de Visual Components, Inc. Si no tiene First Impression y abre el proyecto en modo diseño, Visual Basic modificará el formulario (¡no guarde el proyecto al cerrarlo!).

También debe asegurarse de que las referencias del proyecto tengan los trayectos correctos. Seleccione Referencias en el menú Herramientas y asegúrese de que el trayecto es correcto para LogFileAgent (que debe apuntar a ReadLogAgent.tlb del directorio Utilities) y para CSUtilities (que debe apuntar a CSUtilities.dll del directorio Utilities).

En la Figura 8.7 se muestra la vista predeterminada del formulario. Al pulsar sobre un tipo de gráfico distinto en la lista se actualiza el gráfico.

Nota: *Como el procedimiento de evento* Click *del control de cuadro combinado (combo box) recupera realmente los datos, habrá que seleccionar una clase pulsando sobre dicho control, aunque ya esté seleccionada una clase.*

En la Figura 8.8 se muestra la ficha Tabla, que contiene un control de tipo Grid en el que se muestran las columnas utilizadas en el gráfico e información adicional.

La ficha Centro de control se muestra en la Figura 8.9. Esta ficha permite examinar lo que está haciendo el programa ReadLogAgent y tener un cierto control sobre él. Al pulsar sobre el botón Arrancar LogFileAgent se arranca el servidor remoto en caso de que todavía no esté ejecutándose. El botón es redundante porque el supervisor del registro de rendimiento arranca de forma automática la aplicación ReadLogAgent la primera vez que

Desarrollo orientado al rendimiento **197**

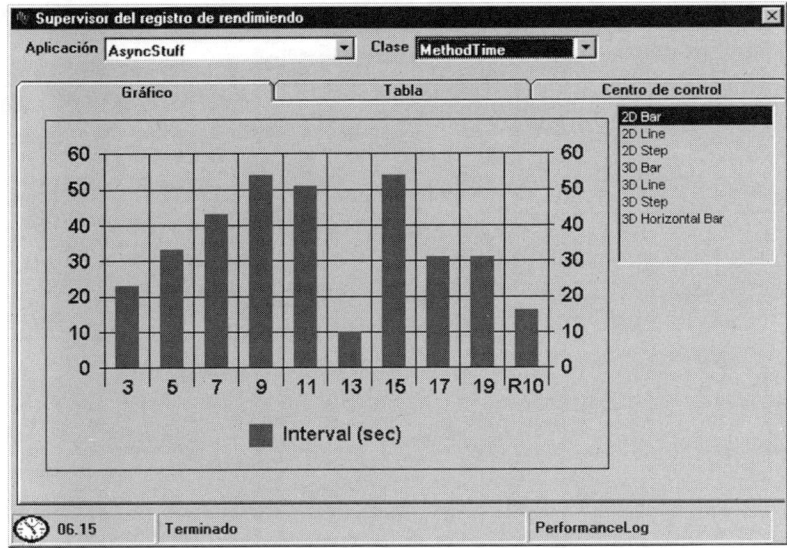

Figura 8-7. *Los gráficos los proporciona el control OCX First Impresion (Vcfi32.ocx), de Visual Components, Inc., que es muy potente y ofrece una interfaz excelente.*

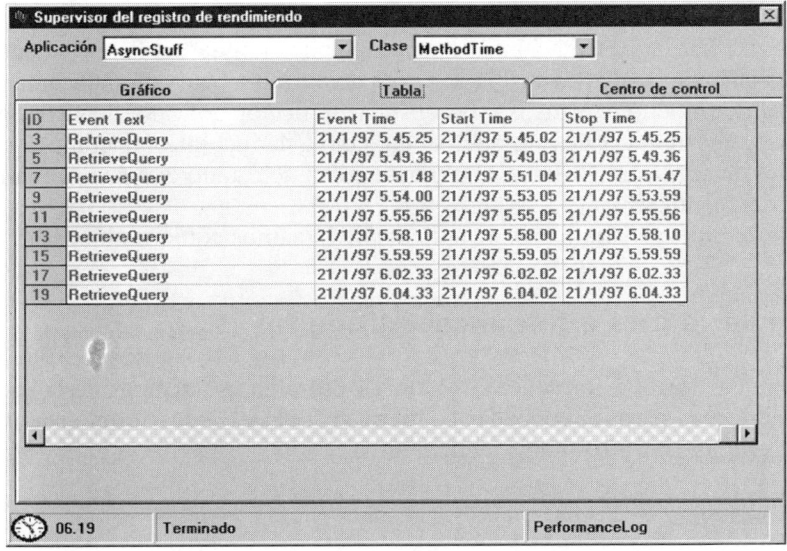

Figura 8-8. *Aquí se muestran los datos detallados de la base de datos.*

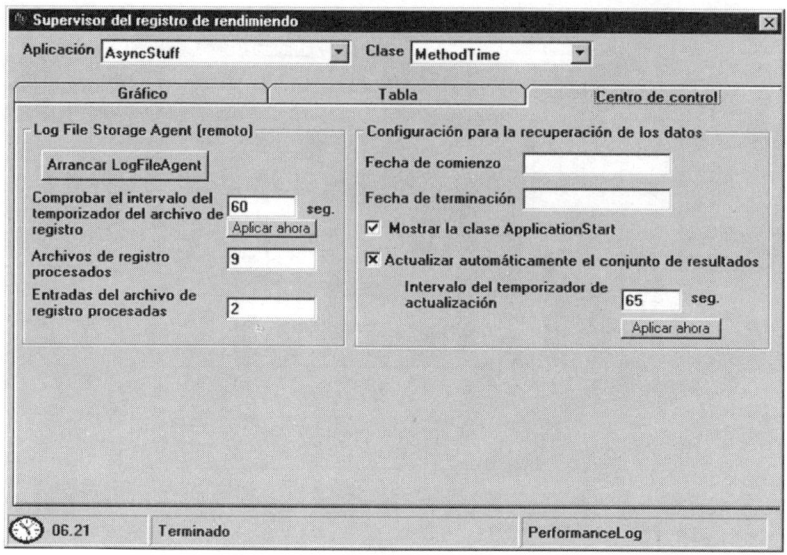

Figura 8-9. *Esta ficha nos permite controlar el programa ReadLogAgent, además de algunos criterios para la consulta a la base de datos.*

accede a una de sus propiedades. (No obstante, con este ejemplo se incluye el botón para ilustrar la manera de llevar a cabo la tarea de arrancar el servidor. En aplicaciones de producción no hará falta este botón.)

El marco (frame) Configuración para la recuperación de los datos de la derecha nos permite especificar las fechas de comienzo y de terminación para una consulta. También podemos desactivar la presentación de la clase ApplicationStart, a la que se accede siempre que arranca una aplicación. La casilla de verificación Actualizar automáticamente el conjunto de resultados nos permite actualizar la consulta en función del valor de un temporizador.

Estas configuraciones suponen el comienzo de una interfaz cómoda para los administradores de sistemas. Observe también la barra de estado que se encuentra en la parte inferior del formulario.

Profundicemos ahora en esta aplicación y veamos cómo funciona.

Formulario frmPerfomanceLogMonitor

El formulario frmPerformanceLogMonitor presenta estadísticas de la base de datos. Este formulario nos permite controlar en cierta medida el proceso del sistema de registro del rendimiento y filtrar los datos recuperados.

Declaraciones

La primera parte de la sección de declaraciones contiene las declaraciones normales, más unas declaraciones adicionales para nuestras dos bibliotecas de clases.

Desarrollo orientado al rendimiento **199**

```
Option Explicit
Dim objLogFileAgent As New clsLogFileAgent
Dim pnlTableToProcess As Panel
Dim pnlStatus As Panel
Dim objUtil As New clsUtilities

' Realiza el seguimiento del estado de una consulta.
' Form_Load lo define como False; StartQuery lo define como True.
Dim bQueryInProgress As Boolean

Dim ConnectString As String
Dim cnPerformanceLog As rdoConnection, _
   enPerformanceLog As rdoEnvironment
Dim rsPerformanceLog As rdoResultset

Dim i As Integer
```

Método *StartQuery*

El método *StartQuery* da comienzo a una nueva consulta. Lo hemos aislado aquí para poder llamarlo con facilidad. Su único parámetro es la instrucción SQL que recupera el conjunto de resultados.

```
Private Sub StartQuery(SQLStatement As String)

  pnlTableToProcess.Text = «PerformanceLog»
  pnlStatus.Text = «Ejecutando consulta»
  StatusBar1.Refresh

' Hacer que los controles de cuadrícula y gráfico sean invisibles
' porque este método sólo se ejecuta cuando un usuario comienza
' una nueva consulta. Definir también la cuadrícula como de una
' sóla fila para eliminar todos los datos actuales.
  grdPerformanceData.Visible = False
  chrtPerformanceData.Visible = False
  grdPerformanceData.Rows = 1

If bQueryInProgress Then
    rsPerformanceLog.Close
  End If

' Indicar que ha comenzado una consulta.
  bQueryInProgress = True

' Ejecutar el método OpenResultset.
  Set rsPerformanceLog = cnPerformanceLog. _
    OpenResultset(SQLStatement, , rdConcurRowver, rdAsyncEnable)
```

```
        pnlStatus.Text = «Consulta ejecutada, en espera de terminación»
        StatusBar1.Refresh

    ' Activar el control Timer y definir su intervalo. Este temporizador
    ' vuelve a comprobar el estado de la consulta. Cuando termine de
    ' ejecutarse la misma, el temporizador activará el método
    ' RetrieveQuery para recuperar el conjunto de resultados.
        tmrCheckExecuting.Enabled = True
        tmrCheckExecuting.Interval = 5000

    End Sub
```

Método *RetrieveQuery*

El método *RetrieveQuery* recupera el conjunto de resultados. Este método lo ejecuta el control de tipo Timer trmCheckExecuting cuando termina de ejecutarse la consulta.

```
        Sub RetrieveQuery()

           Dim sBuffer As String, TimeInterval As Long

           i = 1

        ' Recuperar el conjunto de resultados.
           Do While Not rsPerformanceLog.EOF

        ' Calcular el intervalo entre los instantes de comienzo y de
        ' terminación recuperados de la base de datos.
              TimeInterval = DateDiff _
                («s», rsPerformanceLog!StartTime, rsPerformanceLog!StopTime)

        ' Cargar sBuffer con los campos que deben cargarse en la cuadrícula.
        ' Utilizar después AddItem para cargar la siguiente fila de la
        ' cuadrícula con los datos.
              sBuffer = Str(rsPerformanceLog!ID) & Chr(9) _
                 & TimeInterval & Chr(9) _
                 & rsPerformanceLog!UserName & Chr(9) _
                 & rsPerformanceLog!EventText & Chr(9) _

                 & rsPerformanceLog!EventTime & Chr(9) _
                 & rsPerformanceLog!StartTime & Chr(9) _
                 & rsPerformanceLog!StopTime
              grdPerformanceData.AddItem sBuffer
              rsPerformanceLog.MoveNext
              DoEvents
              i = i + 1
           Loop
```

```
    pnlStatus.Text = «Actualizando gráfico»
    StatusBar1.Refresh

' Llevar los datos de la cuadrícula a la cuadrícula de First Impression.
    GridToDataGrid

' Hacer que la cuadrícula y el gráfico sean visibles. Estas líneas
' sólo son eficaces cuando el usuario ha empezado una nueva consulta.
' Cuando se repita la misma consulta, ya estarán visibles la
' cuadrícula y el gráfico.
    grdPerformanceData.Visible = True
    chrtPerformanceData.Visible = True

    If chkAutoRefreshResultSet.Value = 1 Then
       tmrRefreshResultSet.Enabled = True
    End If

    pnlStatus.Text = «Terminado»
    frmPerformanceLogMonitor.MousePointer = vbDefault

End Sub
```

Procedimiento de evento *cboClassDescription_Click*

Este procedimiento de evento se ejecuta cuando el usuario selecciona una clase del control cboClassDescription. Se encarga de controlar el proceso de consulta mediante la definición de la instrucción SQL y la ejecución del método *StartQuery*.

```
    Private Sub cboClassDescription_Click(Area As Integer)

       Dim SQLStatement As String, DateRestriction As String

' Si Area = 2 indica que el usuario ha pulsado sobre un elemento
' de la lista.
       If Area = 2 Then

' Procesar la consulta sólo si el usuario ha
' seleccionado un nombre de aplicación válido.
          If Len(cboApplicationName.Text) > 0 Then
             DateRestriction = «»

' Si el usuario ha especificado fechas de comienzo y de terminación,
' utilizarlas en la cláusula Where para delimitar el rango de fechas
' para la consulta.
             If Len(txtStartDate) > 0 And Len(txtEndDate) > 0 Then
                DateRestriction = « and (EventTime >= '« & txtStartDate
                DateRestriction = DateRestriction _
                   & «' and EventTime <= '« & txtEndDate & «') «
```

```
              End If
              SQLStatement = «select ID, EventText, EventTime, « _
                & «UserName, StartTime, StopTime from PerformanceLog « _
                & «Where (ApplicationName = '« & cboApplicationName.Text _
                & «' and ClassDescription = '« & cboClassDescription.Text _
                & «')»
              If Len(DateRestriction) > 0 Then
                SQLStatement = SQLStatement & DateRestriction
              End If

' Añadir la cláusula Order By a la instrucción SQL y ejecutar
' el método StartQuery.
              SQLStatement = SQLStatement & « order by ApplicationName»
              StartQuery SQLStatement

        End If
    End If

End Sub
```

En este instante hemos arrancado la consulta, pero ésta no ha devuelto ningún dato. Examine el procedimiento de evento *tmrCheckExecuting_Timer* en la página 204 para descubrir la forma de obtener los datos.

Procedimiento de evento *tmrCheckLogFileParameters_Timer*

Este temporizador se utiliza de forma rutinaria para recuperar las propiedades de la aplicación ReadLogAgent y proporciona un útil ejemplo de automatización OLE y Automatización remota. Este procedimiento de evento toma tres parámetros del objeto objLogFileAgent e introduce los valores en los controles de tipo Text correspondientes. Su mayor utilidad se obtiene cuando el servidor se ejecuta remotamente, porque se obtienen actualizaciones del estado de forma continua.

```
    Private Sub tmrCheckLogFileParameters_Timer()

      tmrCheckLogFileParameters.Enabled = False
      txtLogFilesProcessed = objLogFileAgent.TotalNumberOfLogFiles
      txtLogFileEntriesProcessed = objLogFileAgent.TotalNumberOfEntries
      txtCheckForLogTimerInterval = objLogFileAgent.CurrentTimerInterval
      tmrCheckLogFileParameters.Enabled = True

    End Sub
```

Procedimiento de evento *trmRefreshResultSet_Timer*

El procedimiento de evento *trmRefreshResultSet_Timer* sirve para actualizar periódicamente el conjunto de resultados. Se encarga de mantener el gráfico en un modo de actualización continua para el usuario de forma que siempre contenga datos actuales.

```
Private Sub tmrRefreshResultSet_Timer()

   tmrRefreshResultSet.Enabled = False
   pnlStatus.Text = «Actualizando resultados»
   StatusBar1.Refresh

' Activar o desactivar el temporizador en función del valor
' de la casilla de verificación Actualizar automáticamente
' el conjunto de resultados.
  If chkAutoRefreshResultSet.Value = 1 Then
    tmrRefreshResultSet.Enabled = True
  Else
    tmrRefreshResultSet.Enabled = False
  End If

' Comprobar si el conjunto de resultados es válido para poder
' ejecutar la segunda instrucción If sin errores.
  If bQueryInProgress = True Then

' Comprobar la propiedad Restartable del conjunto de resultados
' para determinar si la consulta puede volver a ejecutarse sin
' cerrar el conjunto de resultados. La repetición de la consulta
' actualiza el conjunto de resultados exactamente igual que si
' se hubiera utilizado OpenResultset de nuevo.
     If rsPerformanceLog.Restartable Then
        rsPerformanceLog.Requery

' Configurar el temporizador para comprobar el conjunto de
' resultados en 5 segundos, y recuperarlo si la consulta está
' completa.
        tmrCheckExecuting.Enabled = True
        tmrCheckExecuting.Interval = 5000

     End If
  End If

End Sub
```

Procedimientos de evento de modificación del texto

Estos dos procedimientos de evento utilizan una técnica que resulta adecuada para multitud de controles distintos. Siempre que el usuario introduce cualquier dato en el control, hace aparecer el botón Aplicar ahora adecuado. Así se avisa al usuario de que debe pulsar sobre ese botón para aplicar la modificación. Como se observará en los procedimientos de evento *ApplyNow*, el botón se hace invisible.

```
Private Sub txtCheckForLogTimerInterval_Change()
  cmdApplyNow.Visible = True
End Sub

Private Sub txtRefreshTimerInterval_Change()
  cmdApplyNowRefreshTimerInterval.Visible = True
End Sub
```

Procedimientos de evento *ApplyNow_Click*

El primer procedimiento de evento actualiza el intervalo del temporizador en la aplicación ReadLogAgent. La forma de conseguirlo es ejecutando el método *SetTmrCheckForLogFilesInterval* en el objeto objLogFileAgent y pasarle el nuevo intervalo del temporizador en segundos.

```
Private Sub cmdApplyNow_Click()

  cmdApplyNow.Visible = False
  objLogFileAgent.SetTmrCheckForLogFilesInterval _
    txtCheckForLogTimerInterval

End Sub
```

El siguiente procedimiento de evento actualiza la propiedad Interval de tmrRefreshResultSet. Observe que el temporizador se configura para 10 segundos o más.

```
Private Sub cmdApplyNowRefreshTimerInterval_Click()

  cmdApplyNowRefreshTimerInterval.Visible = False
  If txtRefreshTimerInterval > «10» Then
    tmrRefreshResultSet.Interval = txtRefreshTimerInterval * 1000
  End If

End Sub
```

Procedimiento de evento *Form_Unload*

Este procedimiento de evento ejecuta el método *ShutdownApplication* del objeto objUtil, que cierra el archivo de registro abierto por CSUtilities en el método *StartApplication*.

```
Private Sub Form_Unload(Cancel As Integer)
  objUtil.ShutdownApplication
End Sub
```

Procedimiento de evento *tmrCheckExecuting_Timer*

Este procedimiento de evento sirve para determinar si la consulta del conjunto de resultados rsPerformanceLog sigue ejecutándose. Si se ha completado, podremos recuperar el conjunto de resultados de la base de datos.

```
Private Sub tmrCheckExecuting_Timer()

  tmrCheckExecuting.Enabled = False
  pnlStatus.Text = «Comprobando resultados «
  StatusBar1.Refresh

' Si la consulta sigue ejecutándose, activar el temporizador porque
' todavía no está disponible el conjunto de resultados para su
' recuperación.
  If rsPerformanceLog.StillExecuting Then
    tmrCheckExecuting.Enabled = True

' Si la consulta ha terminado, recuperar el conjunto de resultados
' ejecutando el método RetrieveQuery. Observe las propiedades del
' temporizador antes y después de RetrieveQuery.
  Else
    pnlStatus.Text = «Recuperando resultados»
    StatusBar1.Refresh
    objUtil.LastEntryText = «RetrieveQuery»
    objUtil.StartTime = Now()
    RetrieveQuery
    objUtil.StopTime = Now()
  End If

End Sub
```

Procedimiento de evento *cboApplicationName_Click*

El procedimiento de evento *cboApplicationName_Click* se activa cuando un usuario selecciona una aplicación en el control cboApplicationName. Si la selección es válida, se hacen visibles la cuadrícula y el gráfico y se ejecuta después el método *SetClassDescriptionFilter* para rellenar el segundo control combinado (Combo). Observe que hacemos que el control SSTab1 sea visible antes de terminar el procedimiento.

```
Private Sub cboApplicationName_Click(Area As Integer)

  Dim SQLStatement As String

' Si Area = 2 indica que el usuario ha pulsado sobre un elemento
' de la lista.
  If Area = 2 Then
    If Len(cboApplicationName.Text) > 0 Then
      grdPerformanceData.Visible = False
      chrtPerformanceData.Visible = False
      SetClassDescriptionFilter cboApplicationName.Text
      SSTab1.Visible = True
```

```
        End If
    End If

End Sub
```

Procedimiento de evento *Form_Load*

El procedimiento de evento *Form_Load* realiza varias tareas rutinarias de arranque. La única línea que tiene un cierto interés en este procedimiento es *bQueryInProgress=False*. Esta propiedad se utiliza como indicador para mostrar si está en curso o no una consulta válida, que es información útil en el método *RetrieveQuery*.

Método *Init*

El método *Init* sirve para configurar la mayor parte de los valores de arranque de la aplicación, con las siguientes tareas:

- Configurar algunos parámetros del gráfico.
- Cargar el control lstChartType con los tipos de gráficos válidos.
- Configurar el control de tipo cuadrícula (grid).
- Ejecutar el método *StartApplication* del objeto objUtil.
- Activar el control rdcPerformanceLogList y crear el entorno y la conexión RDO.
- Otras funciones generales, como la definición de un temporizador y la configuración de las propiedades de visibilidad de algunos controles.

Resulta cómodo utilizar un método de arranque como *Init*. Podrá utilizarlo normalmente como hacemos aquí, y también ofrecerle al usuario un botón que, al pulsarlo, reinicialice la aplicación a su configuración de arranque. Para conseguir un control incluso mayor, este tipo de rutina puede descomponerse en varios métodos más pequeños, cada uno de los cuales se llame desde un método principal.

Método *SetClassDescriptionFilter*

Este método define la instrucción SQL para el control rdcPerformanceLogClassDescriptionList y después actualiza dicho control. De esta forma se muestra la información de clase correcta para la aplicación seleccionada.

```
Sub SetClassDescriptionFilter(ApplicationName As String)

  Dim SQLStatement As String

' Si chkShowApplicationClass es True, restringir la
' instrucción SQL con una cláusula Where para recuperar
' todas las clases excepto Application Started.
  If chkShowApplicationClass.Value = 0 Then
    rdcPerformanceLogClassDescriptionList.SQL = _
```

Desarrollo orientado al rendimiento **207**

```
        «select distinct ClassDescription » _
      & «from PerformanceLog order by ClassDescription»
   Else

   SQLStatement = «select distinct ClassDescription »
      SQLStatement = SQLStatement & «from PerformanceLog »
      SQLStatement = SQLStatement & «where (ApplicationName = '»
      SQLStatement = SQLStatement & ApplicationName & «' »
      SQLStatement = SQLStatement & «and ClassDescription not like »
      SQLStatement = SQLStatement & «'Application Started') »
      SQLStatement = SQLStatement & «order by ClassDescription»
      rdcPerformanceLogClassDescriptionList.SQL = SQLStatement
   End If

' Activar el control rdcPerformanceLogClassDescriptionList y
' ejecutar el método Refresh para construir el conjunto de
' resultados.
   rdcPerformanceLogClassDescriptionList.Enabled = True
   rdcPerformanceLogClassDescriptionList.Refresh

   cboClassDescription.Visible = True

End Sub
```

Procedimiento de evento *lstCharType_Click*

Este procedimiento de evento modifica el tipo de gráfico que se muestra en el control lstChartType, utilizando para ello una instrucción *Select Case* para obtener el tipo de gráfico seleccionado y restablecer el gráfico al tipo nuevo mediante la propiedad ChartType.

El procedimiento también define algunos valores predeterminados del gráfico.

```
   Private Sub lstChartType_Click()

      Dim ind%, colCount%, i%
      Dim j%

      chrtPerformanceData.Plot. _
         Axis(VtChAxisIdZ).AxisScale.Hide = False
      chrtPerformanceData.Plot. _
         SeriesCollection.Item(1).SeriesMarker.Show = False

      Select Case lstChartType.Text
        Case «2D Bar»
           chrtPerformanceData.ChartType = VtChChartType2dBar

        Case «2D Line»
           chrtPerformanceData.ChartType = VtChChartType2dLine
```

```
    Case «2D Step»
      chrtPerformanceData.ChartType = VtChChartType2dStep

    Case «3D Bar»
      chrtPerformanceData.ChartType = VtChChartType3dBar

    Case «3D Line»
      chrtPerformanceData.ChartType = VtChChartType3dLine

    Case «3D Step»
      chrtPerformanceData.ChartType = VtChChartType3dStep

    Case «3D Horizontal Bar»
      chrtPerformanceData.ChartType = VtChChartType3dHorizontalBar
      chrtPerformanceData.Plot. _
        Axis(VtChAxisIdZ).AxisScale.Hide = True

  End Select

End Sub
```

Método *GridToDataGrid*

Este método toma los datos del control de tipo Grid estándar (grdPerformanceData) y los copia en la cuadrícula (grid) de datos del gráfico.

```
Private Sub GridToDataGrid()

  Dim i As Integer, j As Integer

  grdPerformanceData.Col = 0
  chrtPerformanceData.RowCount = grdPerformanceData.Rows

' Cargar las etiquetas.
  For i = 1 To chrtPerformanceData.RowCount - 1
    grdPerformanceData.Row = i
    chrtPerformanceData.Row = i
    chrtPerformanceData.RowLabel = grdPerformanceData.Text
  Next i

' Cargar la cuadrícula del gráfico desde la cuadrícula estándar.
  For i = 1 To chrtPerformanceData.RowCount - 1
    For j = 1 To chrtPerformanceData.ColumnCount
      grdPerformanceData.Row = i
      grdPerformanceData.Col = j
      chrtPerformanceData.DataGrid.SetData i, j, _
        Val(grdPerformanceData.Text), False
```

```
      Next j
   Next i

' Probablemente no es necesario actualizar la cuadrícula,
' pero nunca viene mal.
   grdPerformanceData.Refresh

End Sub
```

Instrucciones preparadas y procedimientos almacenados

Esta sección está dedicada a una de las mejores partes de RDO: la utilización de *instrucciones preparadas* con procedimientos almacenados. La forma de implementar una instrucción preparada consiste en definir un objeto rdoPreparedStatement, que permite crear una definición de consulta preparada (que es algo así como una instrucción SQL compilada). Cómo se utilizan las propiedades de un objeto rdoPreparedStatement para definir una consulta, es posible crear una definición para una instrucción preparada sobre la marcha y modificar los parámetros más adelante durante la ejecución del programa.

Programa de ejemplo: Utilización de instrucciones preparadas con RDO

La aplicación de ejemplo PreparedStatements, que se encuentra en el directorio PreparedStatements del CD adjunto, utiliza RDO para ejecutar un procedimiento almacenado sobre SQL Server. Este procedimiento almacenado concreto toma un parámetro y devuelve un conjunto de resultados. No obstante, RDO permite ejecutar procedimientos almacenados que devuelvan más de un conjunto de resultados.

En la Figura 8.10 se muestra la interfaz de la aplicación. Introduzca el nombre de la aplicación que desee localizar en el recuadro Nombre de la aplicación, y pulse después sobre el botón Buscar ahora. Hasta ahora, nada nuevo. De hecho, tiene el mismo aspecto que cualquier otra aplicación. Sólo entre bastidores se puede ver qué es lo que hace distinta a esta aplicación.

Para utilizar esta aplicación debe seguir tres pasos básicos:

1. Crear la instrucción preparada en el procedimiento de evento *Form_Load* de frmMain.
2. Definir el parámetro que quiera buscar.
3. Ejecutar la instrucción preparada.

Formulario frmMain

El formulario frmMain es el único formulario de esta aplicación y contiene parte del código fuente de la misma.

210 Programación cliente/servidor con Microsoft Visual Basic

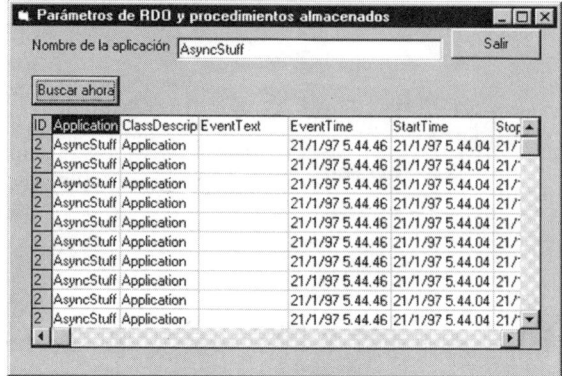

Figura 8-10. Aplicación PreparedStatements.

Procedimiento de evento *cmdRetrieveStatistics_Click*

El procedimiento de evento *CmdRetrieveStatistics_Click* llama al método *GetStatistics*, que ejecuta el procedimiento almacenado. A GetStatistics le pasamos el texto contenido en el control TextBox (llamado txtApplicationName).

```
Private Sub cmdRetrieveStatistics_Click()

  Me.MousePointer = vbArrowHourglass
  lblStatus = «Recuperando datos»

  GetStatistics sApplicationName:=txtApplicationName

  Me.MousePointer = vbDefault
  lblStatus = «»

End Sub
```

Procedimiento de evento *Form_Load*

El procedimiento de evento *Form_Load* ejecuta el método *ConnectDatabase*, que conecta con la base de datos y configura la instrucción preparada.

```
Private Sub Form_Load()
  ConnectDatabase
End Sub
```

Módulo modRDOStuff

Este módulo contiene la mayor parte del código real de la base de datos en la aplicación. Aquí también se definen las propiedades públicas para la aplicación.

Declaraciones

La sección de declaraciones es realmente sencilla. Observe las definiciones estándar de objetos para RDO. La única línea que es exclusiva de este ejemplo es la tercera instrucción, que crea una variable de objeto para la instrucción preparada.

```
Option Explicit
Public cn As rdoConnection, en As rdoEnvironment
Public psPerformanceLog As rdoPreparedStatement
Public sConnect As String
Public rs As rdoResultset
Dim ResultSetActive As Boolean
```

Método *ConnectDatabase*

Este método realiza todas las tareas de inicialización para la aplicación. Observe el extraño formato de la instrucción SQL cerca de la mitad de la rutina. Las llaves ({}) alrededor de la instrucción forman parte de la sintaxis SQL ODBC que permite especificar características particulares de una instrucción SQL. Las llaves deben rodear a toda la instrucción. Debe utilizarse el operador *Call* para ejecutar procedimientos almacenados que devuelvan valores o conjuntos de resultados. El parámetro de una instrucción SQL se identifica mediante el símbolo ?.

```
Sub ConnectDatabase()

  Dim sSQL As String

' Crear una referencia de objeto al entorno RDO.
  Set en = rdoEnvironments(0)

  sConnect = «DSN=clientserverbook;UID=sa;pwd=;»
  Set cn = en.OpenConnection(«», rdDriverNoPrompt, False, sConnect)

' Crear la instrucción SQL adecuada.
  sSQL = «{ call spperformancelogstandardquery (?)}»

' Crear la instrucción preparada. El primer parámetro suele
' contener una cadena que da nombre a la instrucción preparada.
' En este ejemplo sólo se crea una instrucción preparada y se
' deja el nombre en blanco. Puede que sea necesario definir la
' propiedad Direction de la instrucción preparada para indicar
' si un parámetro es un valor devuelto (rdParamReturnValue), un
' parámetro de entrada (rdParamInput), o un parámetro de salida
' de un conjunto de resultados.
  Set psPerformanceLog = cn.CreatePreparedStatement(«», sSQL)
```

```
' Indicar que no está activo un conjunto de resultados.
  ResultSetActive = False

End Sub
```

Método *GetStatistics*

Este método ejecuta la instrucción preparada.

```
Sub GetStatistics(sApplicationName As String)

  Dim i As Integer, sTemp As String

  frmMain!grid1.Rows = 1
  frmMain!grid1.Visible = False
  frmMain!grid1.Refresh

' Definir el parámetro 0 como el parámetro entrante sApplicationName.
  psPerformanceLog.rdoParameters(0) = sApplicationName

' Si está activo un conjunto de resultados, utilizar el método
' Requery para volver a ejecutar la consulta. De esta forma se
' actualiza el conjunto de resultados en caso de que hayan
' cambiado los datos subyacentes. También se utilizarán los
' valores nuevos de los parámetros de la consulta.
  If ResultSetActive Then
    rs.Requery

' Si no está activo un conjunto de resultados, ejecutar la
' instrucción preparada.
  Else
    Set rs = psPerformanceLog.OpenResultset()
    ResultSetActive = True
  End If

' Recuperar el número de filas del conjunto de resultados; el bucle
' For siguiente utiliza este valor como número de iteraciones que
' debe realizar.
  frmMain!grid1.Cols = rs.rdoColumns.Count

  frmMain!grid1.Row = 0

' Recuperar los nombres de las columnas del conjunto de resultados,
' y definir el título de cada columna de la cuadrícula como el
' nombre correspondiente del conjunto de resultados. (Esto no es tan
' eficiente como definir los nombres de las columnas de la
```

```
  ' cuadrícula durante el arranque, pero es más flexible. Esta
  ' técnica debe utilizarse cuando no se conozcan los nombres de las
  ' columnas antes de ejecutar el código SQL.)
    For i = 0 To rs.rdoColumns.Count - 1
      frmMain!grid1.ColWidth(i) = (frmMain.TextWidth(rs(i)) + 60)
      frmMain!grid1.Col = i
      frmMain!grid1.Text = rs(i).Name
    Next

    sTemp = «»

  ' Recuperar los datos del conjunto de resultados.
    Do While Not rs.EOF
      For i = 0 To rs.rdoColumns.Count - 1
        frmMain!grid1.ColWidth(i) = (frmMain.TextWidth(rs(i)) + 60)
        If Len(sTemp) = 0 Then
          sTemp = rs(i)
        Else
          sTemp = sTemp & Chr(9) & rs(i)
        End If
      Next

  ' Cargar la siguiente fila de la cuadrícula.
      If Len(sTemp) > 0 Then
        frmMain!grid1.AddItem sTemp
      End If

      rs.MoveNext
    Loop

    frmMain!grid1.Visible = True

  End Sub
```

Método *CloseResultSet*

Este método define el indicador ResultSetActive como *False* y cierra el conjunto de resultados. Siempre es una buena idea realizar limpieza después de terminar de utilizar un recurso.

```
  Sub CloseResultSet()

    ResultSetActive = False
    rs.Close

  End Sub
```

Procedimiento almacenado *dbo.spPerformanceLogStandardQuery*

A continuación se muestra el procedimiento almacenado. Este procedimiento se ejecuta sobre SQL Server, y hemos utilizado SQL Enterprise Manager para exportar el guión SQL y convertirlo en BuildIndexProcedure.sql, que se encuentra en el directorio raíz del CD adjunto.

Este procedimiento es sencillo y directo, toma un único parámetro y devuelve un único conjunto de resultados.

```
if exists (select * from sysobjects where id =
  object_id('dbo.spPerformanceLogStandardQuery')
  and sysstat & 0xf = 4)

drop procedure dbo.spPerformanceLogStandardQuery

GO
```

La siguiente línea crea el procedimiento mediante la instrucción *CREATE PROCEDURE* de Transact-SQL. El parámetro del procedimiento se define como @ApplicationName con un tipo varchar y una longitud de 255. Con el signo igual (=) y el asterisco (*) se define el valor predeterminado para el parámetro en caso de que no esté incluido. Esto significa que si omitimos el parámetro obtendremos todos los registros.

```
CREATE PROCEDURE spPerformanceLogStandardQuery
  @ApplicationName varchar(255) = '*'

AS
```

La acción de la consulta tiene lugar en la siguiente línea. El parámetro @ApplicationName se utiliza en la cláusula *Where*.

```
SELECT *
  FROM PerformanceLog
  WHERE ApplicationName like @ApplicationName
  ORDER BY ApplicationName

GO
```

9

Consejos interesantes sobre bases de datos y aplicaciones

Este capítulo está dedicado a enseñarle cómo hacer las cosas que los desarrolladores demandan en la actualidad y cómo utilizar las asombrosas nuevas capacidades que incorpora Visual Basic 4 y que harán su vida mucho más fácil. A la postre, estos consejos se convertirán en útiles herramientas para sus usuarios. Por ejemplo, vamos a explorar la forma de crear una interfaz fácil de usar con una metáfora de detalle, en la que los usuarios seguirán su camino a través de los datos con la técnica de apuntar y pulsar. En este ejemplo se utilizan objetos y colecciones entre bastidores para implementar el efecto de detalle.

En este capítulo vamos a examinar dos programas de ejemplo que ilustran la utilización de objetos. El primero de ellos, ObjectsGalore, no utiliza una base de datos, pero ilustra el principio del encapsulado con dos sencillos métodos. La parte interesante de esta aplicación es la utilización que hace de una colección para guardar los objetos de datos que se construyen al introducir información.

El segundo ejemplo, llamado PublisherClient, es algo más sofisticado, extrayendo datos de una base de datos para cargar la colección.

Muchos usuarios también quieren una aplicación para guardar sus preferencias y opciones individuales de ámbito de aplicación. No cabe duda de que cuando hay muchas personas utilizando el mismo sistema, esto se hace muy difícil. Le mostraremos la forma de utilizar el Registro de configuraciones y algunas sencillas instrucciones de Visual Basic para realizar esta tarea en sus aplicaciones.

En este capítulo también se incluye una aplicación de administrador de un fondo común (pool), que tiene gran demanda entre los desarrolladores. Esta aplicación muestra la forma de cargar y descargar de forma dinámica servidores OLE desde un fondo común de servidores. En la aplicación se utilizan muchas de las posibilidades de Visual Basic para ilustrar la forma de realizar esta tarea,

Objetos de datos inteligentes

Vemos ahora algo de lo que podemos hacer con la nueva tecnología de objetos de Visual Basic. Oímos muchos comentarios sobre la inclusión de reglas de negocios en un nivel intermedio en el que hablan las aplicaciones, pero ¿funciona realmente esta técnica? y ¿qué ventajas nos aporta?

Uno de los usos más atractivos que se le da a la tecnología de objetos es para encapsular datos y código (métodos) en un objeto, en lugar de llamar a una subrutina y pasarle un parámetro. Por ejemplo, la forma tradicional de imprimir un documento consiste en crear un procedimiento llamado *ImprimirAlgo* y pasarle el nombre del documento. Si quisiéramos utilizar este procedimiento para imprimir algo sobre un individuo llamado Ken, deberíamos llamar a la función con la siguiente sintaxis:

```
ImprimirAlgo Ken
```

Esta sintaxis es la tradicional en la programación de aplicaciones. Es necesario saber siempre qué hay que hacer y a quién hay que hacérselo. ¿Qué pasaría si el método (*ImprimirAlgo*) y los datos estuvieran incrustados en el mismo objeto? Si tuviéramos un método *ImprimirAlgo* en un objeto llamado Ken, podríamos llamarlo con la siguiente instrucción:

```
Ken.ImprimirAlgo
```

Otras ventajas de la tecnología de objetos se derivan de algunas de las herramientas que se incluyen con Visual Basic:

- El Examinador de objetos permite examinar los objetos cuando se trabaja en Visual Basic. No sólo muestra las clases de objetos reales sino también formularios, módulos y constantes incorporadas. Para acceder al Examinador de objetos basta con pulsar la tecla F2 en modo diseño.
- Regclean.exe arregla el Registro de configuraciones, eliminando y actualizando las entradas no válidas. Se encuentra en el directorio Tools\Pss del CD de Visual Basic.
- Ole2vw32.exe presenta información sobre los servidores OLE. Se encuentra en el directorio Tools\Pss del CD de Visual Basic.

Programa de ejemplo: Utilización de objetos para encapsular datos y código

La aplicación de ejemplo ObjectsGalore, que se encuentra en el directorio ObjectsGalore del CD adjunto, utiliza un formulario, como se muestra en la Figura 9.1.

Consejos interesantes sobre bases de datos y aplicaciones **217**

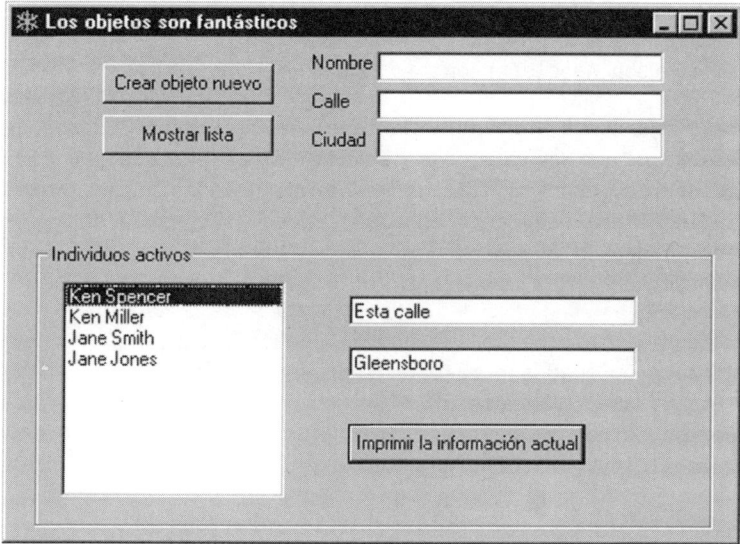

Figura 9-1. *Esta sencilla aplicación muestra el funcionamiento de los objetos de datos.*

Cada vez que el usuario introduce un nombre, calle y ciudad en la esquina superior derecha, al pulsar sobre el botón Crear objeto nuevo se crea una instancia de la clase cls-Person y se introduce el nombre del individuo en la lista de la sección Individuos activos. De hecho, la aplicación está incluyendo la información del individuo en una colección nada más crear la instancia del objeto. Al pulsar sobre un nombre de la lista se recupera el objeto de la colección y se muestra la calle y la ciudad en los cuadros de texto situados a la derecha de la lista.

Formulario frmObjectsAreWild

Este formulario proporciona la interfaz principal de la aplicación.

Declaraciones

Lo único que se declara en esta sección es nPersons como objeto collection (colección). Esta es la colección principal que va a contener todos los nombres.

```
Option Explicit
Dim nPersons As New Collection
```

Procedimiento de evento *cmdMakeNewObject_Click*

Este procedimiento de evento se produce cuando el usuario pulsa sobre el objeto Crear objeto nuevo.

```
Private Sub cmdMakeNewObject_Click()

   Dim rPerson As clsPerson

' Crear una nueva instancia de la clase clsPerson. Usamos aquí la
' palabra clave New porque no se creó el objeto con New al
' declararlo, técnica llamada «asociación anticipada» («early
' binding»). La siguiente instrucción es un ejemplo de «asociación
' postergada» («late binding»).
   Set rPerson = New clsPerson

' Guardar la información de nombre, calle y ciudad
' en las propiedades correspondientes de la clase.
   rPerson.Name = txtNameIn
   rPerson.Street = txtStreetIn
   rPerson.City = txtCityIn

' Cargar toda la clase en la colección nPersons.
' Como índice se utiliza la propiedad Name.
   nPersons.Add rPerson, rPerson.Name

' Añadir el nombre individual a la lista del formulario.
   lstIndividualList.AddItem rPerson.Name

' Vaciar los recuadros de introducción de texto.
   txtNameIn = «»
   txtStreetIn = «»
   txtCityIn = «»

End Sub
```

Procedimiento de evento *cmdPrintCurrent_Click*

Este procedimiento de evento ilustra la forma de pedirle a la clase que se imprima a sí misma.

```
Private Sub cmdPrintCurrent_Click()

   Dim s As String

' Crear un objeto de referencia para utilizar con la clase clPerson.
' No utilizamos la palabra clave New porque esta referencia va a
' apuntar a una instancia existente.
   Dim rPerson As clsPerson

' Asegurarse de que el usuario ha pulsado sobre una entrada válida
' de la lista.
   If lstIndividualList.ListIndex >= 0 Then
```

```
' Recuperar el nombre a partir de la lista, y guardarlo en la
' variable s.
    s = lstIndividualList.List(lstIndividualList.ListIndex)

' Definir una referencia que apunte al objeto almacenado en la
' colección nPersons. El nombre que se acabe de recuperar (contenido
' en la variable s) se utiliza como índice de la colección para
' recuperar el objeto.
    Set rPerson = nPersons(s)

' Indicarle al objeto (rPerson) que imprima esta información
' en el formulario (frmObjectsAreWild).
    rPerson.PrintAddress frmObjectsAreWild

  End If

End Sub
```

Procedimiento de evento *lstIndividualList_Click*

Este procedimiento de evento utiliza el método *DisplayAddress* de la clase clsPerson para mostrar la información en el formulario. Su funcionalidad es similar a la del procedimiento de evento *cmdPrintCurrent_Click*.

```
Private Sub lstIndividualList_Click()

  Dim s As String
  Dim rPerson As clsPerson

  s = lstIndividualList.List(lstIndividualList.ListIndex)
  Set rPerson = nPersons(s)

' Pasar a DisplayAddress los nombres de los controles que debe
' utilizar para mostrar los datos de calle y ciudad. DisplayAddress
' define la propiedad Text de estos dos controles directamente.
  rPerson.DisplayAddress txtStreet, txtCity

' Hacer visible el botón Imprimir la información actual.
  cmdPrintCurrent.Visible = True

End Sub
```

Procedimiento de evento *txtNameIn_LostFocus*

Este procedimiento de evento compara el nombre actual del cuadro de texto txtNameIn con la colección nPersons. Si el nombre ya se encuentra en la colección, se muestra un recuadro de mensaje, advirtiendo al usuario de que el nombre introducido ya existe.

Observe el código de tratamiento de errores. Es necesario incluir una rutina de tratamiento de errores en todos los procedimientos que utilicen una colección. Las colección en Visual Basic no devuelven códigos de error cuando se realiza una acción no válida, como pedir un elemento con un índice inexistente. En su lugar, Visual Basic simplemente emite un mensaje y se lo envía al usuario si no está definida una rutina de tratamiento de errores.

```
Private Sub txtNameIn_LostFocus()

  On Error GoTo txtNameInContinue
  If nPersons(txtNameIn).Name > «» Then
    MsgBox «Ha introducido un nombre duplicado en el recuadro Nombre»
  End If
  Exit Sub

txtNameInContinue:
  Exit Sub

End Sub
```

Clase clsPerson

La clase clsPerson sirve para guardar información sobre un individuo. Esta clase es sencilla, pero ilustra muy bien el tema que estamos tratando. Las propiedades para esta clase están definidas como se muestra en la Figura 9.2. No es necesario definir la propiedad Instancing, a menos que la aplicación sea un servidor fuera de proceso. Asegúrese de que la propiedad Public esté definida como *True*.

Declaraciones

La información sobre una persona se guarda en las siguientes propiedades.

```
Option Explicit
Public Name As String
Public Street As String
Public City As String
```

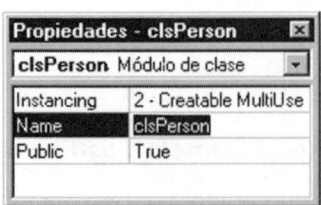

Figura 9-2. *Propiedades de la clase clsPerson.*

Método *DisplayAddress*

Este método es lo más sencillo que puede ser un método. Sólo hay que pasarle los objetos que van a mostrar la información y el método les pasará los datos. En el ejemplo se le pasan objetos de tipo cuadro de texto, pero también funcionaría con otros controles (como un cuadro combinado o un cuadro de lista), siempre que la acción predeterminada del control sea la de mostrar datos.

```
Sub DisplayAddress(StreetA As Object, CityA As Object)
   StreetA = Street
   CityA = City
End Sub
```

Método *PrintAddress*

El método *PrintAddress* también es extremadamente sencillo: se le pasa un formulario e imprime la información en el mismo.

```
Sub PrintAddress(FormA As Object)

   FormA.Print Street
   FormA.Print City
   FormA.Print Name

End Sub
```

Implementación de la metáfora de detalle

Una de las funciones más útiles que se encuentra en muchos sistemas es la posibilidad de «entrar en detalles» de un objeto a otro, que suele implicar el examen de algún tipo de información sobre el antecesor y ahondar en los detalles a un nivel inferior. Por ejemplo, los usuarios pueden examinar información sobre las ventas totales de un producto concreto y después querer saber qué aspecto tienen las ventas por cliente. Sólo hay un problema. Esta vez quieren información detallada sobre el cliente, pero ¿qué pasaría si la próxima vez quisieran los detalles de los productos por región? Además, ¿qué ocurre si algunos usuarios necesitan examinar habitualmente los detalles de los clientes mientras que otros examinan habitualmente los detalles de las regiones? La lista de posibilidades es interminable.

Lo primero que hay que considerar al desarrollar una solución que gestione estas cuestiones, es la forma de permitirle al usuario que seleccione qué examen quiere utilizar para las operaciones de detalle. Existen varias opciones:

- Menús desplegables con el botón derecho del ratón. Sólo hay que pulsar con el botón derecho sobre el objeto para definir las preferencias para las operaciones de detalle.
- Un cuadro de lista con las opciones de las preferencias. Esta implementación requiere más ocupación del espacio de la pantalla.

222 Programación cliente/servidor con Microsoft Visual Basic

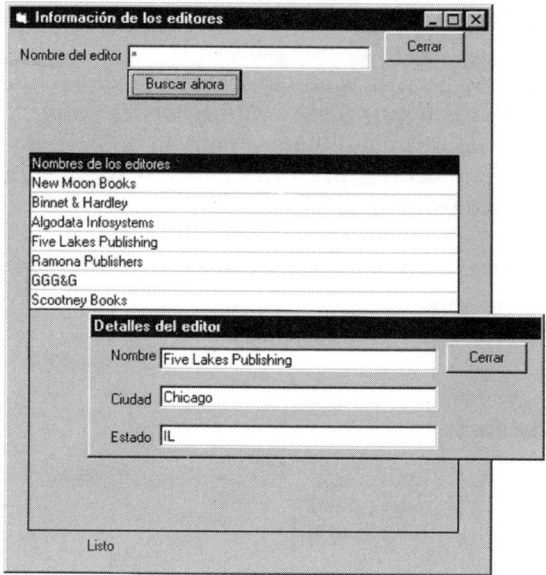

Figura 9-3. *Formularios Información de los editores y Detalles del editor.*

- Botones de opciones. Al igual que ocurre con los cuadros de lista, esta implementación funciona bien, pero también requiere más ocupación del espacio de la pantalla.

Programa de ejemplo: Aplicación de detalle

La aplicación de ejemplo PublisherClient (que se encuentra en el directorio BusinessRules1 del CD adjunto) utiliza la técnica de objetos del ejemplo anterior para demostrar cómo pueden utilizarse en una sencilla aplicación de detalle. Utiliza las capacidades de la regla de negocios para recuperar datos de una base de datos encapsulada en un sencillo servidor OLE. Es probable que la mayor parte de los lectores hayan construido una aplicación que tome un valor de un control y lo utilice para buscar datos relacionados con él. La obtención de datos de una cuadrícula o gráfico y la presentación de la información detallada pueden funcionar de igual manera.

El usuario puede introducir un asterisco (*) o un nombre en el cuadro de texto Nombre del editor. Al pulsar sobre el botón Buscar ahora se muestran en la cuadrícula los nombres resultantes de la consulta SQL. Al pulsar dos veces sobre un nombre se muestran los detalles de ese editor.

En la Figura 9.3 se muestra la aplicación con el formulario principal (Información de los editores) de fondo y el formulario de detalle (Detalles del editor) sobre él.

Aunque en este ejemplo se utilizan los métodos de nuestra clase para llevar a cabo algunas búsquedas sencillas en la base de datos, piense en lo sencillo que sería ocultar todo el engorroso código SQL en un nivel de objetos para su empresa. (No decimos aplicación, porque un nivel de objetos correctamente construido puede utilizarse una y otra vez en muchas aplicaciones distintas. De hecho, muchos desarrolladores quedarán aislados de todas las cuestiones SQL subyacentes.)

Con este ejemplo también se ilustra el concepto de la utilización de objetos para guardar temporalmente información de manera local y de proporcionar los métodos para trabajar con dicha información. Imagínese la posibilidad de encapsular el código para realizar los cálculos sobre la cuenta de alguien en un objeto que también contenga los detalles de la cuenta. Sólo tendría que hacer referencia al objeto y pedirle que realizara los cálculos él mismo.

Para poder construir o ejecutar la aplicación PublisherClient, hay que asegurarse de que los trayectos a las referencias del proyecto sean correctas para su sistema. Para ello, seleccione Referencias en el menú Herramientas, y asegúrese de que la referencia Publishers apunta a Publisher.exe en el directorio BusinessRules1. La referencia Splash Screen debe apuntar a Splash.exe en el directorio Splash, y CSUtilities debe apuntar a CSUtilities.dll en el directorio Utilities.

Con esta aplicación también se incluyen dos archivos de procesamiento por lotes para registrar (Register.bat) y eliminar el registro (UnRegister.bat) del servidor OLE. Es necesario ejecutar Register.bat antes de ejecutar PublisherClient por primera vez. Los archivos de procesamiento por lotes son fáciles de entender y siguen el mismo patrón que los archivos con los mismos nombres de la aplicación Rental Car (alquiler de coches) del Capítulo 10.

Register.bat contiene el nombre de la aplicación y el parámetro /regserver. Este parámetro hará que la aplicación se ejecute, se registre a sí misma y termine:

```
REM Se asume que todos los EXE de los servidores
REM se han construido en el mismo directorio.
«Publisher» /unregserver
«Publisher» /regserver
```

Observe que las primeras líneas contienen un comentario con respecto a la ubicación de los servidores. Esto se debe a que no se ha especificado trayecto con el nombre del servidor. La tercera línea intenta eliminar el registro del servidor mediante el parámetro /unregserver. La última línea registra realmente el servidor mediante el parámetro /regserver. El nombre de la aplicación va entre comillas por si se cambia e incluye espacios.

El programa UnRegister.bat es exactamente igual a Register.bat, excepto en que no tiene la línea /regserver.

```
REM Se asume que todos los EXE de los servidores
REM se han construido en el mismo directorio.
«Publisher» /unregserver
```

Veamos ahora cómo funciona esta aplicación de ejemplo.

Formulario frmPublishersInformation

Este formulario sirve para que el usuario especifique el texto de la consulta.

Procedimiento de evento *cmdFindNow_Click*

Este procedimiento de evento ejecuta el método del servidor para procesar la consulta y cargar los nombres en la cuadrícula. Toda la acción tiene lugar en la línea en la que se ejecuta el método *AddNames*. Hemos añadido una sencilla comprobación para asegurarnos de que el usuario no pulse el botón sin definir primero el criterio de búsqueda.

```
Private Sub cmdFindNow_Click()

  If Len(txtPublisherQuery) > 0 Then
    AddNames (objPublisher.LoadPublishers(sName:=txtPublisherQuery))
  Else
    MsgBox «Debe introducir una cadena de texto para » _
      & «que empiece la búsqueda» & Chr(13) & _
      «Introduzca un * si desea recuperar todos los registros»
  End If

End Sub
```

Procedimiento de evento *Form_Load*

El procedimiento de evento *Form_Load* define las propiedades de la cuadrícula.

```
Private Sub Form_Load()

  grdPublisher.Row = 0
  grdPublisher.Text = «Nombres de los editores»
  grdPublisher.ColWidth(0) = 6000

End Sub
```

Procedimiento de evento *Form_QueryUnload*

Este procedimiento de evento libera el objeto definiéndolo como *Nothing* (nada) cuando la aplicación empieza a cerrarse.

```
Private Sub Form_QueryUnload(Cancel As Integer, _
  UnloadMode As Integer)
  Set objPublisher = Nothing
End Sub
```

Procedimiento de evento *grdPublisher_DblCLick*

Este procedimiento de evento de detalle se activa cuando el usuario pulsa dos veces sobre un nombre de la cuadrícula. Observe que no se realiza ninguna comprobación para asegurar que el usuario no ha pulsado dos veces sobre la fila 0, que contiene la cabecera. En una aplicación real, tendría que asegurarse de que el usuario no pudiera ejecutar una consulta utilizando la información de cabecera para recuperar datos, a menos, por supuesto, que sea precisamente eso lo que quiere. Algunas aplicaciones de detalle hacen precisamente eso cuando obtienen información por región o por cualquier otro criterio.

```
Private Sub grdPublisher_DblClick()

  Dim sName As String
  Dim rPublisher As clsPublisherDetails

' Definir la columna actual en la cuadrícula a 0.
  grdPublisher.Col = 0

' Obtener el nombre del editor en la fila actual de la cuadrícula.
  sName = grdPublisher.Text

' Ejecutar el método LoadPublisher (en modClientMaster), que coloca
' la información del editor en la colección gaPublishers.
  If CheckIndex(sName:=sName) Then
     LoadPublisherRecord sName
  End If

' Definir la referencia al objeto en la colección gaPublishers.
' Para simplificar el ejemplo, hemos violado nuestra propia regla de
' utilizar una rutina de tratamiento de errores siempre que se emplea
' una colección. En el mundo real siempre deberá utilizarla.
  Set rPublisher = gaPublishers(sName)

' Mostrar la dirección del editor.
  rPublisher.DisplayAddress frmPublisherDetails!txtState, _
     frmPublisherDetails!txtCity, frmPublisherDetails!txtName

' Mostrar el formulario.
  frmPublisherDetails.Show

End Sub
```

El método *DisplayAddress*, al que se llama cerca del final de la rutina, también se ha utilizado en la aplicación ObjectsGalore de la página 216. Este ejemplo es ligeramente distinto porque no sólo le pasamos el nombre del control sino también la referencia completa, incluido el nombre del formulario. Lo hacemos así porque los controles se encuentran en un formulario distinto.

Procedimiento de evento *tmrLoadPublisherServer_Timer*

El procedimiento de evento *Timer* de esta aplicación se utiliza sólo durante el arranque, y su intervalo se define en 2 segundos aproximadamente. Este procedimiento de evento permite cargar muy rápidamente la aplicación y cargar después el servidor OLE Publisher. Dicho servidor se carga cuando se hace referencia a la propiedad City.

```
Private Sub tmrLoadPublisherServer_Timer()

  Dim sTemp As String

  tmrLoadPublisherServer.Enabled = False
  lblStatus = «Cargando Servidor de editores»
  DoEvents
  sTemp = objPublisher.City
  lblStatus = «Listo»

End Sub
```

Clase clsPublisherDetails

La clase clsPublisherDetails contiene las propiedades y métodos para un editor (publisher). Cuando se crea un objeto desde esta clase, dicho objeto contiene tanto la información sobre el editor (nombre, estado y ciudad), como los métodos para imprimir y mostrar su dirección.

Declaraciones

En la sección de declaraciones se declaran las propiedades de la clase clsPublisherDetails.

```
Option Explicit
Public Name As String
Public State As String
Public City As String
```

Método *DisplayAddress*

El método *DisplayAddress* es casi igual que el de la clase clsPerson del ejemplo ObjectsGalore, descrito en la página 216. La única diferencia está en que se ha cambiado la propiedad Street (calle) en esta clase por State (estado) y se ha añadido la propiedad Name (nombre).

```
Sub DisplayAddress(StateA As Object, CityA As Object, _
  NameA As Object)

    StateA = State
    CityA = City
    NameA = Name

End Sub
```

Método *PrintAddress*

Este método también es similar al utilizado anteriormente en la clase clsPerson. En esta ocasión se ha cambiado Street (calle) por State (estado).

```
Sub PrintAddress(FormA As Object)

   FormA.Print State
   FormA.Print City
   FormA.Print Name

End Sub
```

Módulo modMasterClient

Este módulo contiene las declaraciones de los objetos, el método de arranque (*Main*) y otros métodos diversos.

Declaraciones

Es esta sección de declara una nueva instancia de una colección que contendrá la clase clsPublisher, y se declara un objeto clsPublisher.

```
Option Explicit
Public gaPublishers As New Collection
Public objPublisher As New clsPublisher
```

Método *Main*

Lo único inusual que se hace en este método es utilizar un mensaje multilínea en la pantalla de presentación. Se utiliza sMessage para guardar el mensaje de título e introducir un retorno de carro (*chr(13)*) entre las dos líneas.

Una buena práctica de programación consiste en destruir explícitamente el objeto de pantalla de presentación (objSplash) cuando termina el procedimiento, como se hace aquí. El objeto debe desaparecer cuando el método se salga de ámbito, pero ¿qué ocurre si llevamos la instrucción *Dim* a la sección de declaraciones del módulo? Al destruir el objeto de forma explícita, ya no tendremos que preocuparnos por el ámbito de la propiedad.

```
Sub Main()

   Dim objSplash As New clsSplash
   Dim sMessage As String

   With objSplash
      .CopyRight = «Mi empresa de computadores, Inc.»
```

```
          sMessage = «Demostración de información de editor » _
             & Chr(13) & «que utiliza el servidor de reglas de negocios Publisher»
          .TextMessage = sMessage
          .TitleMessage = «Información del editor»
          .Splash
     End With

   frmPublishersInformation.Show
     DoEvents

     objSplash.SplashStop
     Set objSplash = Nothing

   End Sub
```

Método *AddNames*

Este método añade los nombres de los editores a la cuadrícula.

```
   Sub AddNames(sNames As String)

      Dim tNameList As String, i As Integer, tName As String

   ' Forzar a que la cuadrícula tenga una sola fila, la de título.
   ' De lo contrario, cada vez que se ejecutara este método
   ' las filas se añadirían a las que ya estaban en la cuadrícula.
      frmPublishersInformation!grdPublisher.Rows = 1

   ' Recorrer la lista de nombres hasta que esté vacía.
      tNameList = sNames
      Do While tNameList > «»

   ' Cada nombre de la lista está delimitado por un retorno de carro.
   ' Localizar la ubicación del siguiente retorno de carro de la lista.
         i = InStr(tNameList, Chr(13))

   ' Si no se encuentra el retorno de carro, salir del bucle.
         If i = 0 Then Exit Do

   ' Añadir el nombre a la cuadrícula.
         tName = Left$(tNameList, i - 1)
         frmPublishersInformation!grdPublisher.AddItem tName

   ' Si estamos al final de la lista, salir del bucle.
         If i >= Len(tNameList) - 1 Then Exit Do
```

```
' Eliminar el nombre que se acaba de recuperar de la lista.
  tNameList = Mid$(tNameList, i + 1, Len(tNameList) - (i + 1))

 Loop

End Sub
```

Método *LoadPublisherRecord*

Este método se llama cuando el usuario pulsa dos veces sobre la cuadrícula. Recupera un editor y guarda la información de ciudad y estado del mismo en la colección gaPublishers.

```
Sub LoadPublisherRecord(sName As String)

' Crear un objeto que contenga la información del editor.
  Dim rPublisher As clsPublisherDetails

  On Error GoTo LoadPublisherRecordError

  frmPublishersInformation.MousePointer = vbArrowHourglass

' Crear una nueva instancia de la clase clsPublisherDetails.
  Set rPublisher = New clsPublisherDetails

' Ejecutar el método LoadDemographics de la clase Publisher.
' A este método se le pasa el nombre del editor que se quiere
' recuperar.
  objPublisher.LoadDemographics sName:=sName

' Recuperar la información demográfica y
' guardarla en el nuevo objeto (rPublisher).
  rPublisher.Name = objPublisher.Name
  rPublisher.State = objPublisher.State
  rPublisher.City = objPublisher.City

' Añadir el objeto a la colección. No se incluye ningún tratamiento de
' errores porque se ha utilizado el método CheckIndex para validar
' la colección antes de llamar a este método.
  gaPublishers.Add rPublisher, rPublisher.Name

  frmPublishersInformation.MousePointer = vbDefault
  Exit Sub

LoadPublisherRecordError:
  MsgBox «Se ha producido un error durante la recuperación de los datos» & _
        Error$

End Sub
```

Método *CheckIndex*

Este método sirve para determinar si un editor ya está cargado en la colección. Si el editor existe, *CheckIndex* devuelve *False*; en caso contrario devuelve *True*. Parece lo contrario a lo que podría esperarse, pero en este caso tiene más sentido hacerlo así. Generalmente, quien hace la llamada querrá tomar alguna acción para los editores que todavía no están en la colección.

```
Public Function CheckIndex(sName As String) As Boolean

  On Error GoTo CheckIndexError

  CheckIndex = True
  If gaPublishers.Count > 0 Then
    If gaPublishers(sName).Name > «» Then
      CheckIndex = False
      Exit Function
    End If
  End If

  Exit Function

CheckIndexError:
  Exit Function

End Function
```

Programa de ejemplo: Encapsular la recuperación de datos de una base de datos en un servidor OLE

En la Figura 9.4 se muestra la interfaz de la aplicación Publisher (que se encuentra en el directorio BusinessRules1 del CD adjunto). Lo normal es no utilizar un formulario en una aplicación servidora, pero en algunos casos resulta útil. En esta aplicación utilizamos el objeto App para determinar en qué casos debemos mostrar un formulario.

La interfaz sólo se utiliza para comprobar el servidor. El formulario no aparece cuando se accede al servidor desde otra aplicación. Al pulsar sobre el botón Comprobar se ejecutan todos los métodos en el servidor.

Para poder construir o ejecutar la aplicación Publisher hay que asegurarse de que los trayectos de las referencias del proyecto sean correctas para su sistema. Para ello sólo tiene que seleccionar Referencias en el menú Herramientas y asegurarse de que la referencia Splash Screen apunta a Splash.exe en el directorio Splash. Después deberá asegurarse de que la referencia CSUtilities apunte a CSUtilities.dll en el directorio Utilities.

El módulo de clases de la aplicación contiene dos métodos:

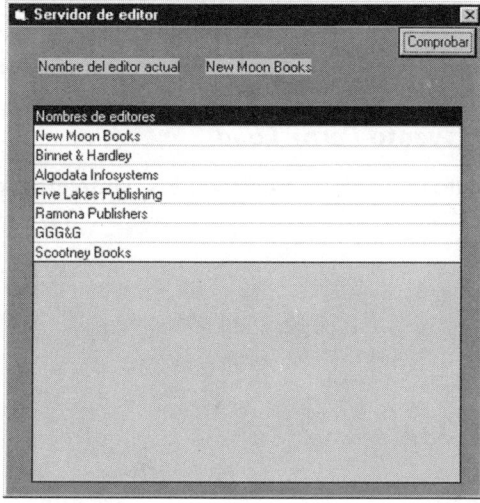

Figura 9-4. Interfaz de Publisher.

- *LoadPublishers* recupera un conjunto de resultados de la tabla Publisher y lo devuelve en forma de una cadena delimitada por retornos de carro.
- *LoadDemographics* recupera la información demográfica para un editor concreto de la tabla Publisher.

Formulario frmPublisherServer

El formulario frmPublisherSercer sólo sirve para comprobar el servidor OLE.

Procedimiento de evento *cmdLoadTest_Click*

El procedimiento de evento *cmdLoadTest_Click* ejecuta los dos métodos de la clase clsPublisher. El método *LoadDemographics* se comprueba con un nombre definido explícitamente en el código.

```
Private Sub cmdLoadTest_Click()

  Dim objPublisher As New clsPublisher

  objPublisher.LoadDemographics «New Moon Books»
  lblCurrentName = objPublisher.Name
  AddNames (objPublisher.LoadPublishers(sName:=»»))
  Set objPublisher = Nothing

End Sub
```

Método *AddNames*

El método *AddNames* es prácticamente igual al de la aplicación PublisherClient.

Procedimiento de evento *Form_Load*

En este procedimiento de evento se definen los parámetros de la cuadrícula.

```
Private Sub Form_Load()

  grdPublisher.Row = 0
  grdPublisher.Text = «Nombres de editores»
  grdPublisher.ColWidth(0) = 6000

End Sub
```

Clase clsPublisher

Esta clase es el corazón del servidor. Observe la cantidad de código que contienen sus métodos.

Declaraciones

La sección de declaraciones no contiene ninguna sorpresa.

```
Option Explicit

Public ConnectString As String
Public objUtilities As New clsUtilities

Public Name As String
Public City As String
Public State As String
Public PublisherError As String
```

Método *LoadPublishers*

El método *LoadPublishers* encapsula una búsqueda SQL para recuperar un conjunto de resultados de la tabla Publishers.

```
Public Function LoadPublishers(sName As String) As String

  Dim i As Long, j As Integer, tNameList As String

  On Error GoTo LoadPublishersError

  ' Si sName contiene cualquier cosa excepto espacios en blanco o
  ' un asterisco (*), pasarla por el método FixSqlString de la clase
```

```
' objUtilities. En caso contrario, utilizar una sencilla
' consulta SQL sin cláusula Where para recuperar todos los registros.
' Si no se realizan estas acciones, la aplicación podría fallar
' si sName es un asterisco (*).
  If Not (sName = «» Or sName = «*») Then
    sName = objUtilities.FixSQLString(sName)
    ConnectString = «Select pub_name from Publishers »
    ConnectString = ConnectString & «where pub_name = »
    ConnectString = ConnectString & «'» & sName & «'»
  Else
    ConnectString = «Select pub_name from Publishers »
  End If

' Abrir un conjunto de resultados.
  Set rsPublisher = cnPublisher.OpenResultset(ConnectString, , _
    rdConcurRowver)

' Si el conjunto de resultados contiene filas, añadir el nombre a
' la lista de nombres. (Si no está utilizando SQL Server, compruebe
' la información de ayuda de la base de datos sobre la propiedad
' RowCount. Puede que no funcione de la misma forma.)
  If rsPublisher.RowCount <> 0 Then
    Do Until rsPublisher.EOF
      tNameList = tNameList & rsPublisher(«pub_Name») & Chr(13)
      rsPublisher.MoveNext
    Loop
  End If

' Definir el valor que devolverá el método.
  LoadPublishers = tNameList
  Exit Function

LoadPublishersError:
  PublisherError = «Se ha producido un error durante la recuperación de los datos» _
    & vbCrLf & Error$

End Function
```

Método *LoadDemographics*

El método *LoadDemographics* también encapsula una búsqueda SQL. En esta ocasión, la búsqueda recupera información demográfica sobre un editor concreto.

```
Sub LoadDemographics(sName As String)

  On Error GoTo LoadDemographicsError
```

```
' Pasar sName por FixSQLString para corregirla.
  sName = objUtilities.FixSQLString(sName)

' Construir la consulta SQL.
  ConnectString = «Select * from Publishers where pub_name = »
  ConnectString = ConnectString & «'» & sName & «'»

' Abrir el conjunto de resultados sólo para este editor.
  Set rsPublisher = cnPublisher.OpenResultset(ConnectString, , _
     rdConcurRowver)

' Si se devuelve alguna fila (sólo debe haber una),
' definir las propiedades del método.
  If rsPublisher.RowCount <> 0 Then
    Name = rsPublisher(«pub_Name»)
    State = rsPublisher(«State»)

City = rsPublisher(«City»)
  End If

  Exit Sub
LoadDemographicsError:
  PublisherError = «Se ha producido un error durante la recuperación de los
                        datos» _
     & vbCrLf & Error$

End Sub
```

Módulo modMaster

Este módulo contiene el método de arranque (*Main*) y algunas declaraciones para los objetos de base de datos RDO.

Declaraciones

En esta sección se declaran las propiedades de la cadena de conexión a la base de datos, de la conexión y del entorno, además de las propiedades de un conjunto de resultados.

```
Option Explicit
Dim ConnectString As String
Public cnPublisher As rdoConnection, enPublisher As rdoEnvironment
Public rsPublisher As rdoResultset
```

Método *Main*

Main es el método de arranque.

Consejos interesantes sobre bases de datos y aplicaciones **235**

```
Sub Main()

' Construir la cadena de conexión. En una aplicación real, el
' ID de usuario y la contraseña deben pasarse como parámetros.
  ConnectString = «DSN=Publishers;UID=sa;PWD=;»

' Conectarse a la base de datos.
  Set enPublisher = rdoEnvironments(0)
  Set cnPublisher = enPublisher.OpenConnection(«», _
    rdDriverNoPrompt, False, ConnectString)

' Mostrar el formulario frmPublisherServer si la
' aplicación se arranca directamente.
  If Not App.StartMode = vbSModeAutomation Then
    frmPublisherServer.Show
  End If

End Sub
```

Seguimiento de las preferencias del usuario en el Registro de configuraciones

Una forma de abordar la conservación de los datos de preferencias del usuario consiste en utilizar la instrucción *SaveSetting* y la función *GetSetting* en Visual Basic para guardar las preferencias del usuario en el Registro de configuraciones. Ambos se han mencionado anteriormente cuando tratamos la utilización de archivos INI o del Registro de configuraciones para realizar el seguimiento de la ubicación de los archivos de base de datos de Access.

Cada vez que un usuario abre una aplicación, es posible definir las preferencias al mismo valor que tenían la última vez que se abrió la aplicación. Es recomendable utilizar un archivo INI, situado en el directorio raíz del usuario, en lugar del Registro de configuraciones, para guardar los datos de preferencias y de configuración. Este enfoque permite que la información esté disponible para la aplicación cada vez que el usuario se conecta, independientemente de la estación de trabajo que utilice.

El siguiente fragmento de código, que debe ejecutarse cada vez que el usuario mueve el formulario, guarda las propiedades Top y Left de un formulario llamado frmMain en la sección del usuario del Registro de configuraciones.

```
SaveSetting(appname:= «RentalCar», section:= «Last», _
  key:= «Top», setting:=frmMain.Top)
SaveSetting(appname:= «RentalCar», section:= «Last», _
  key:= «Left», setting:=frmMain.Left)
```

El siguiente fragmento de código recupera los valores guardados en el ejemplo anterior y define las propiedades adecuadas del formulario:

```
Dim iTop As Integer, iLeft As Integer
iTop = GetSetting(appname:= «RentalCar», section:= «Last», _
  key:= «Top», default:= «»)
iLeft = GetSetting(appname:= «RentalCar», section:= «Last», _
  key:= «Left», default:= «»)
if iTop > 0 And iLeft > 0 Then
  frmMain.Top = iTop
  frmMain = iLeft
end if
```

Otras herramientas para manejar el Registro de configuraciones son la instrucción DeleteSetting y la función GetAllSetting. Si desea utilizar más del Registro de configuraciones de lo que puede con las funciones e instrucciones incorporadas (como guardar valores de configuración para la aplicación que afecten a todos los usuarios), deberá utilizar las funciones API para manejo del Registro de configuraciones o utilizar un producto complementario como StorageTools de Desaware.

Administradores de fondo común (pool) para la Automatización remota

Esta es una idea fabulosa. Una aplicación de administración de fondo común suele ejecutarse en algún tipo de servidor y mantiene un «fondo común» de servidores OLE en ejecución. Otras aplicaciones pueden solicitar servicios de este fondo común, y el administrador del mismo pasa la referencia a uno de los servidores del fondo común. El administrador del fondo común puede rellenar los servidores del mismo tanto desde su propio sistema como desde servidores que se ejecutan remotamente mediante la Automatización remota.

La Edición empresarial de Visual Basic incluye un ejemplo de administrador de fondo común. La aplicación Pmgr_cli.vbp se encuentra en el directorio VbSamples\Remauto\Poolmngr del CD de Visual Basic o, si se instalan los ejemplos, en el directorio samples\remauto\poolmngr bajo el directorio en el que se haya instalado Visual Basic. Esta aplicación de ejemplo no está completa y utiliza un sistema de lista encadenada para realizar el seguimiento de sus servidores. Nos planteamos la posibilidad de mejorar este administrador de fondo común, pero decidimos optar por otra alternativa, que nos llevó a la creación de los proyectos PassPoolManager y PassPoolClient, que se encuentran en el directorio PoolManagerPassthru del CD adjunto. (Hemos utilizado la sencilla aplicación de ejemplo Pass Thru de Visual Basic como punto de partida.)

Estas aplicaciones de ejemplo le darán multitud de ideas sobre las posibilidades reales de las funciones de clases y de automatización OLE/Automatización remota en Visual Basic. Esta tecnología es tan potente que es absolutamente sorprendente. Todos los proyectos de clases de este libro pueden ampliarse para distintos objetivos (aplicaciones, administración, utilidades, etc.).

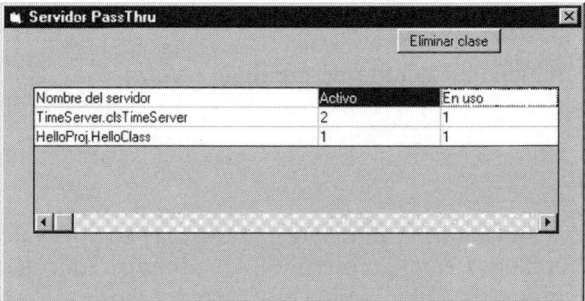

Figura 9-5. La aplicación PassPoolManager muestra todos los servidores OLE que están ejecutándose y el número de aplicaciones que los utilizan.

Programa de ejemplo: Administración de un fondo común de servidores OLE

La aplicación PassPoolManager proporciona una sencilla interfaz, como se muestra en la Figura 9.5. Este es uno de esos casos en los que hace falta una interfaz aunque la aplicación se ejecute en un servidor situado en cualquier otro lugar. La interfaz de esta aplicación muestra de forma continua estadísticas sobre los servidores OLE que el administrador de fondo común está administrando. La interfaz no sólo muestra el número de instancias de cada servidor que se están ejecutando, sino también el número de asociaciones a cada objeto que están activas y el número de servidores adicionales que pueden cargarse. De hecho, sería cómodo ponerle enlaces a esta aplicación para que la aplicación PerformanceLogMonitor pudiera utilizar esta información en su presentación.

Nota: Para poder ejecutar las aplicaciones PassPoolManager y PassPoolClient, es necesario ejecutar los servidores TimerServer.exe y Helo_svr.exe, que se encuentran en el directorio Utilities.

En la Figura 9.5 podemos apreciar que está activa una instancia de HelloClass y dos de clsTimeServer. También podemos ver que ambas clases tienen un cliente utilizándolas.

La base de esta aplicación la componen tres clases:

- clsServerDefinition se instancia una vez para cada servidor OLE definido en el administrador del fondo común.
- clsServerInstance se instancia una vez para cada instancia de un servidor que crea el administrador del fondo común. Esta clase se crea y mantiene dentro de la clase clsServerDefinition.
- clsPassThruPoolManager contiene métodos generales para el administrador del fondo común.

Módulo PassThruPoolManager

Este módulo contiene el método de arranque (*Main*) y algunos otros métodos de propósito general.

Método *Main*

El método *Main* lleva a cabo la mayor parte de las acciones de arranque del administrador del fondo común. Lee el archivo INI del administrador del fondo común y carga los servidores definidos. Cuando termina este método, todos los servidores y estructuras contenidas en el administrador del fondo común están activos y ejecutándose.

```
Sub Main()

    frmPassThruPoolManager.Show
    DoEvents
    objPoolManager.InitProjectArray
    DoEvents
    UpdateGrid

End Sub
```

Método *UpdateGrid*

Este sencillo método se ejecuta de forma periódica para actualizar la información que se muestra sobre los servidores activos y utilizados.

```
Sub UpdateGrid()

    Dim objServer As Object, strTemp As String

    ' Reinicializar el número de filas de la cuadrícula a 1.
    frmPassThruPoolManager!grdActiveServers.Rows = 1

    ' Desplazarse por todo el conjunto de servidores
    ' definidos (colDefinedServers).
    For Each objServer In objPoolManager.colDefinedServers

    ' Recuperar con objServer la información de los elementos
    ' de la colección, para construir la cadena que debe incluirse en la
    ' cuadrícula.
        With objServer
            strTemp = .strProgID & Chr(9) _
                & .intCurActiveCount _
                & Chr(9) & .intCurUseCount
            frmPassThruPoolManager!grdActiveServers.AddItem strTemp
```

```
        End With
    Next

End Sub
```

Método *IniStringGet*

El método *IniStringGet* recupera una cadena de un archivo INI.

```
Function IniStringGet(KeyString As String) As String

    Dim strIniBuffer As String * 255

    On Error GoTo gisErr

    Dim lRetLen As Long
    lRetLen = GetPrivateProfileString(mstrINI_POOL_MNGR_KEY, _
        KeyString, «», strIniBuffer, 255, mstrINI_POOL_MNGR_FILE_NAME)
    If lRetLen > 0 Then IniStringGet = Left$(strIniBuffer, lRetLen)

    GoTo gisExit

gisErr:
  DisplayError
  Resume gisExit

gisExit:
End Function
```

Método *IniStringSet*

El método *IniStringSet* actualiza un archivo INI.

```
Sub IniStringSet(KeyString As String, ValString As String)

    Dim sIniGroupKey As String

    On Error GoTo sisErr

    Dim lTmp As Long
    lTmp = WritePrivateProfileString(mstrINI_POOL_MNGR_KEY, _
        KeyString, ValString, mstrINI_POOL_MNGR_FILE_NAME)
    GoTo sisExit

sisErr:
  DisplayError
  Resume sisExit
```

```
    sisExit:
    End Sub
```

Clase clsPassThruPoolManager

Esta clase contiene la mayor parte del código para el administrador del fondo común.

Declaraciones

En esta sección se declaran las colecciones para los servidores activos y definidos. Estas dos colecciones son los mecanismos de almacenamiento principales para esta aplicación.

```
    Option Explicit
    Public colActiveServers As New Collection
    Public colDefinedServers As New Collection
```

Método *InitProjectArray*

El método *InitProjectArray* realiza la mayor parte de las tareas de arranque de la aplicación. Recupera los nombres de los servidores que se deben inicializar desde el archivo INI, los carga y actualiza las colecciones.

```
    Sub InitProjectArray()

      Dim strPrjSettings As String
      Dim bDone As Integer
      Dim i As Integer
      Dim j As Integer
      Dim intPtr1 As Integer, intptr2 As Integer

    ' Definir una referencia a la clase clsServerDefinition que
    ' va a utilizarse una vez para cada servidor que definamos.
      Dim objCurrentServer As clsServerDefinition

    ' Definir una nueva instancia de la clase clsServerInstance para
    ' utilizarla una vez para cada instancia de un servidor que creemos.
      Dim objCurrentInstance As New clsServerInstance

    ' Crear el nombre de archivo y el trayecto del archivo INI.
      mstrAppPath = App.Path
      mstrINI_POOL_MNGR_FILE_NAME = mstrAppPath & «\» & «Poolmngr.ini»

      i = 0
      While Not bDone
```

Consejos interesantes sobre bases de datos y aplicaciones

```
' Recuperar un elemento del archivo INI. Las claves del archivo INI
' se crean en el formato PoolSvr0, PoolSvr1, etc.
' Utilizar el contador i para incrementar el sufijo de la clave.
    strPrjSettings = IniStringGet(mstrINI_POOL_SVR_KEY & Format$(i))

' Comprobar si tenemos una entrada válida en el archivo INI
' (si el valor devuelto está vacío). Si es así, hemos acabado.
' Comprobar también el contador para verificar si hemos cargado
' algún servidor. Si no lo hemos hecho, ejecutar InitPoolSvrList
' para tener algo al menos. (En un sistema real de producción, no
' se debería incluir nada en la lista si no hay servidores
' definidos.)
    If strPrjSettings = «» Then
      If i = 0 Then
        InitPoolSvrList
      Else
        bDone = True
      End If

' En este instante tenemos una entrada válida en el archivo INI.
    Else

' Crear una instancia de la clase de definición del servidor.
      Set objCurrentServer = New clsServerDefinition

' Analizar la cadena del archivo INI.
      intPtr1 = 1
      intptr2 = InStr(intPtr1, strPrjSettings, «,»)
      If intptr2 > 0 Then objCurrentServer.strProgID _
        = Mid$(strPrjSettings, intPtr1, intptr2 - intPtr1)
      intPtr1 = intptr2 + 1
      intptr2 = InStr(intPtr1, strPrjSettings, «,»)

      If intptr2 > 0 Then objCurrentServer.intMinUseCount _
        = Val(Mid$(strPrjSettings, intPtr1, intptr2 - intPtr1))
      intPtr1 = intptr2 + 1
      intptr2 = InStr(intPtr1, strPrjSettings, «,»)
      If intptr2 > 0 Then objCurrentServer.intMaxUseCount _
        = Val(Mid$(strPrjSettings, intPtr1, intptr2 - intPtr1))
      intPtr1 = intptr2 + 1
      intptr2 = InStr(intPtr1, strPrjSettings, «,»)
      If intptr2 > 0 Then objCurrentServer.intCloseDelay _
        = Val(Mid$(strPrjSettings, intPtr1, intptr2 - intPtr1))
      intPtr1 = intptr2 + 1
      intptr2 = InStr(intPtr1, strPrjSettings, «,»)
      If intptr2 > 0 Then objCurrentServer.bLookAheadCreate _
```

```
                    = Val(Mid$(strPrjSettings, intPtr1, intptr2 - intPtr1))
                If intptr2 > 0 Then objCurrentServer.bShutdownMethod _
                    = Val(Mid$(strPrjSettings, intptr2 + 1))

    ' Crear varias instancias del servidor por cada
    ' definición INI que se haya incluido en
    ' objCurrentServer.intMinUseCount en el código anterior.
                For j = 0 To objCurrentServer.intMinUseCount - 1
                    AddInstance objCurrentServer
                Next j

    ' Añadir el objeto al conjunto de servidores definidos.
                colDefinedServers.Add objCurrentServer, _
                    objCurrentServer.strProgID

    ' Eliminar el objeto.
                Set objCurrentServer = Nothing
                i = i + 1
            End If

        Wend

    End Sub
```

Método *AddInstance*

El método *AddInstance* crea una instancia de un servidor OLE.

```
    Function AddInstance(objServer As Object) As Boolean

        Dim objInstance As clsServerInstance

        On Error GoTo AddInstanceError

        AddInstance = True

    ' Crear una nueva instancia de la clase clsServerInstance.
        Set objInstance = New clsServerInstance

    ' Crear la instancia de nuestro objeto. Colocar la referencia
    ' al objeto en la propiedad objHandle.
        Set objInstance.ObjHandle = CreateObject(objServer.strProgID)

    ' Ahora que el servidor OLE está ejecutándose,
    ' actualizar las propiedades de objInstance.
        With objInstance
            .strProgID = objServer.strProgID
```

```
     ' GetNewServerNode incrementa un contador
     ' y devuelve un nuevo número de instancia.
        .InstanceIDNumber = GetNewServerNode()
        .bInUse = False
        If objServer.intCloseDelay > 0 Then
           .DeallocTime = DateAdd(«n», objServer.intCloseDelay, Now)
        Else
           .DeallocTime = 0
        End If
     End With

  ' Actualizar la información objServer incrementando
  ' la propiedad intCurActiveCount. Utilizar AddInstanceNumber
  ' para añadir la información de la instancia obtenida de
  ' objInstance a objServer.
     With objServer
        .intCurActiveCount = .intCurActiveCount + 1
        .AddInstanceNumber objInstance.InstanceIDNumber
     End With

  ' Añadir la instancia (objInstance) al conjunto de
  ' servidores activos (colActiveServers).
     colActiveServers.Add objInstance, _
        Str$(objInstance.InstanceIDNumber)

     gResetGridTimer = True
     Set objInstance = Nothing
     Exit Function

AddInstanceError:
     AddInstance = False

End Function
```

Método *CloseOpenServers*

El método *CloseOpenServers* elimina todos los servidores activos utilizando un bucle *For*.

```
   Sub CloseOpenServers()

      Dim objCurrentInstance As Object

      On Error GoTo cosErr

      For Each objCurrentInstance In colActiveServers
         Set objCurrentInstance.ObjHandle = Nothing
      Next
```

```
        Exit Sub

cosErr:
  DisplayError
  Resume cosExit

cosExit:
End Sub
```

Método *RequestServer*

El método *RequestServer* lo utiliza una aplicación cliente para solicitar la referencia a un servidor. El cliente le pasa al método una cadena que identifica al servidor y un entero largo (long integer) para guardar el número de la instancia. El método devuelve el ID del objeto, así que debemos utilizar un parámetro para devolver el número de instancia.

```
Public Function RequestServer(strProgID As String, _
    lngInstanceNumber As Long) As Object

  Dim objCurrentServer As Object

  lngInstanceNumber = -1
  On Error GoTo RequestServerError

' Definir objCurrentServer como la definición del servidor que
' estamos buscando con strProgID. (Aquí es donde entra el tratamiento
' de errores. Si strProgID no es un índice válido se produce un
' error.)
  Set objCurrentServer = objPoolManager.colDefinedServers(strProgID)

' Si hemos llegado hasta aquí, tenemos una referencia de objeto
' válida.
  With objCurrentServer

' Salir si el número de instancia supera
' el máximo (intMaxUseCount).
    If .intCurActiveCount >= .intMaxUseCount Then
      Exit Function
    End If

' Añadir una nueva instancia si no se ha superado el número
' máximo de instancias y no hay servidores disponibles.
    If .intCurActiveCount <= .intMaxUseCount And _
       .intCurActiveCount <= .intCurUseCount Then
      AddInstance objCurrentServer
    End If
```

```
' Ejecutar el método FindFreeInstance para
' obtener una referencia de instancia libre.
    Set RequestServer = .FindFreeInstance(strProgID, lngInstanceNumber)

' Si tenemos un número de instancia válido, utilizar AddCurrentInUse
' para incrementar el contador en nuestra clase.
    If lngInstanceNumber >= 0 Then
       objCurrentServer.AddCurrentInUse
    End If

  End With

' Como no se puede actualizar un elemento de una colección,
' habrá que eliminar el objeto actual de la clase de
' servidores definidos y volver a añadirlo despúes.
    colDefinedServers.Remove objCurrentServer.strProgID
    colDefinedServers.Add objCurrentServer, objCurrentServer.strProgID

    Exit Function

RequestServerError:
    Exit Function

End Function
```

Método *RemoveServer*

El método *RemoveServer* elimina un servidor del conjunto de servidores definidos y elimina todas las instancias de los servidores que estuvieran ejecutándose.

```
Sub RemoveServer(strProgID As String)

  Dim objCurrentServer As Object

  On Error GoTo RemoveServerError

' Obtener una referencia de objeto al servidor.
  Set objCurrentServer = objPoolManager.colDefinedServers(strProgID)

' Eliminar todas las instancias.
  objCurrentServer.RemoveInstances

' Destruir la definición del servidor.
  Set objCurrentServer = Nothing

' Eliminar el servidor de la colección.
  objPoolManager.colDefinedServers.Remove strProgID
```

```
    Exit Sub

RemoveServerError:
    Exit Sub

End Sub
```

Método *DropServer*

El método *DropServer* reduce el valor actual de servidores en uso en objCurrent-Server.

```
Function DropServer(lngInstanceNumber As Long) As Boolean

    Dim objCurrentServer As Object
    Dim objCurrentInstance As Object
    Dim strProgID As String

    DropServer = False
    If lngInstanceNumber <= 0 Then Exit Function

    Set objCurrentInstance = objPoolManager.colActiveServers _
      (lngInstanceNumber)

    With objCurrentInstance
      .bInUse = True
      strProgID = .strProgID
    End With

    Set objCurrentServer = objPoolManager.colDefinedServers(strProgID)

    With objCurrentServer
      objCurrentServer.DecreaseCurrentInUse
    End With

    objPoolManager.colDefinedServers.Remove _
      objCurrentServer.strProgID
    objPoolManager.colDefinedServers.Add _
      objCurrentServer, objCurrentServer.strProgID

    DropServer = True
    Exit Function

DropServerError:

End Function
```

Clase clsServerDefinition

Esta clase sirve para definir cada servidor.

Declaraciones

Observará que las declaraciones concuerdan con los elementos que hemos recuperado del archivo INI.

```
Option Explicit

Public strProgID As String
Public intCurUseCount As Integer
Public intCurActiveCount As Integer
Public intMinUseCount As Integer
Public intMaxUseCount As Integer
Public intCloseDelay As Integer
Public bLookAheadCreate As Integer
Public bShutdownMethod As Integer

Dim colInstanceNumbers As New Collection
```

Con la última línea se declara una nueva colección para conservar los números de instancia. Esto es bastante interesante. Estamos en una clase que está guardada en una colección y estamos creando otra colección en esta clase. ¿Hasta dónde llega esta potencia? La belleza de la tecnología de objetos es que permite incluir cualquier cosa en un objeto y que es totalmente autocontenida.

Métodos *AddCurrentInUse* y *DecreaseCurrentInUse*

Los métodos *AddCurrentInUse* y *DecreaseCurrentInUse* simplemente aumentan o disminuyen la propiedad intCurUseCount.

```
Sub AddCurrentInUse()
   intCurUseCount = intCurUseCount + 1
End Sub

Sub DecreaseCurrentInUse()
   intCurUseCount = intCurUseCount - 1
End Sub
```

Método *AddInstanceNumber*

El método *AddInstanceNumber* utiliza el método *Add* para incluir un nuevo miembro en la colección. Esta colección (colInstanceNumbers) contiene todos los números de instancia para un servidor concreto. El número de instancia se utiliza para indexar el conjunto de servidores activos (colActiveServers).

```
Sub AddInstanceNumber(lInstanceNumber)
  colInstanceNumbers.Add Str(lInstanceNumber)
End Sub
```

Método *FindFreeInstance*

El método *FindFreeInstance* recupera un número de instancia libre. El bucle *For* es el corazón de este método. El bucle recorre todo el conjunto de números de instancia.

```
Function FindFreeInstance(strProgID As String, _
  lngInstanceNumber As Long) As Object

  Dim objIDCol, lngIDNumber As Long
  Dim objCurrentInstance As Object

  lngInstanceNumber = -1

  On Error GoTo FindFreeInstanceError

' Desplazarse por todo el conjunto de números de instancia
  For Each objIDCol In colInstanceNumbers
    If Val(objIDCol) > 0 Then
      lngIDNumber = Val(objIDCol)
      Set objCurrentInstance = _
        objPoolManager.colActiveServers(objIDCol)
      lngInstanceNumber = lngIDNumber

' Si el indicador bInUse es False, podremos utilizar esta instancia.
' Si es True, indica que la instancia está siendo utilizada.
      With objCurrentInstance
        If Not .bInUse Then
          Set FindFreeInstance = .ObjHandle

          .bInUse = True
          Exit For
        End If
      End With
    End If
  Next

  Exit Function

FindFreeInstanceError:
  Exit Function

End Function
```

Método *RemoveInstances*

El método *RemoveInstance* elimina todas las instancias de todos los servidores en ejecución que estén controlados por el administrador del fondo común. Este método resulta útil para cerrar el administrador del fondo común. Utilizamos de nuevo un bucle *For* para recorrer los números de instancia para un servidor.

```
Sub RemoveInstances()

   Dim objIDCol, lngIDNumber As Long
   Dim objCurrentInstance As Object
   Dim objCurrentServer As Object
   Dim objCurrentInstanceOfServer As Object
   Dim strProgID As String

   On Error GoTo RemoveInstancesError

' Desplazarse por todo el conjunto de números de instancia
   For Each objIDCol In colInstanceNumbers
     If Len(objIDCol) > 0 Then
       lngIDNumber = Val(objIDCol)
       Set objCurrentInstance = _
         objPoolManager.colActiveServers(objIDCol)
       With objCurrentInstance
         Set objCurrentInstanceOfServer = .ObjHandle

' La siguiente instrucción If ilustra un concepto que hemos
' incorporado en algunos de nuestros servidores OLE. Hemos creado
' un método de cierre que puede ejecutarse para indicarle a un
' servidor que queremos que termine. (Su mayor utilidad es cuando
' se tiene un servidor OLE con una interfaz que no se cierra de
' forma automática cuando se terminan todas sus conexiones.)
' Hemos tenido que crear un indicador en nuestro archivo INI para
' indicar si un servidor admite el método de cierre o no. Si lo
' admite, lo ejecutamos.

         If bShutdownMethod Then
            objCurrentInstanceOfServer.shutdown
         End If

         Set objCurrentInstanceOfServer = Nothing
       End With

' Eliminar de la colección la referencia al servidor.
       objPoolManager.colActiveServers.Remove (objIDCol)

     End If
   Next
```

```
        Exit Sub

    RemoveInstancesError:
        Exit Sub

    End Sub
```

Clase clsServerInstance

En esta sección se definen las propiedades públicas de la aplicación. Se trata de una clase corta, que sólo contiene las declaraciones de sus propiedades.

Declaraciones

```
    Option Explicit

    Public strProgID As String
    Public InstanceIDNumber As Long
    Public ObjHandle As Object
    Public DeallocTime As Date
    Public bInUse As Boolean
```

Formulario frmPassThruPoolManager

El formulario frmPassThruPoolManager no contiene código especialmente destacable. En su mayor parte, los métodos del formulario se limitan a ejecutar métodos de alguna de las clases o del módulo. El temporizador sirve para actualizar constantemente la cuadrícula con información sobre los servidores definidos y activos.

Programa de ejemplo: Cliente pass pool

Para poder construir o ejecutar la aplicación PassPoolClient, que también se encuentra en el directorio PoolManagerPassthru del CD adjunto, deberá asegurarse de que la referencia a PassPoolManager apunte a PassPoolManager.tlb en el directorio PoolManager-Passthru (para ello tendrá que seleccionar Referencias en el menú Herramientas).

En la Figura 9.6 se muestra la sencilla aplicación PassPoolClient que hemos creado a partir de uno de los ejemplos originales que vienen con Visual Basic. Esta aplicación utiliza las clases HelloClass y clsTimeServer. La verdadera diferencia en este ejemplo es que le pide a la aplicación PassPoolManager que le envíe una referencia a la aplicación que desea.

La interfaz del cliente utiliza dos botones para cada acción posible. El primer botón que debe pulsar es Conectar al servidor de saludos o Conectar al servidor horario. Esto botones llaman de hecho al administrador del fondo común y le piden que les pase un manejador del servidor solicitado. Si el administrador del fondo común devuelve una re-

Figura 9-6. Interfaz de la aplicación cliente de ejemplo.

ferencia válida, se muestra el botón de acción adecuado (Decir hola o Actualizar). Al pulsar sobre el botón de acción es cuando se ejecuta el método en el servidor solicitado.

Formulario frmClient

Este formulario contiene todo el código de la aplicación

Declaraciones

Las declaraciones de este formulario se crean como objetos genéricos, no como objetos de una clase específica.

```
Dim mobjPassThruSvr As Object
Dim mbPassThruSvrCreated As Integer
Dim objInterface  As Object
Dim bInterfaceOpen As Integer
Dim objServer As Object
Dim bServerOpen As Integer
Dim bSuccess  As Integer
Dim lngHelloInstanceNumber As Long
Dim lngTimeInstanceNumber As Long
```

Procedimiento de evento *cmdConnectServers_Click*

El procedimiento de evento *cmdConnectServers_Click* es para la matriz de control cmdConnectServers. Se utiliza el método *RequestServer* del administrador del fondo común para solicitar una referencia de objeto. Al método hay que pasarle el nombre de la clase completamente calificado (por ejemplo, «TimeServer.clsTimeServer»).

```
Private Sub cmdConnectServers_Click(Index As Integer)

  If cmdConnectServers(Index).Caption = «Conectar al servidor horario» Then
```

```
    ' Pedirle al administrador del fondo común un manejador de la clase
    ' clsTimeServer. Si la instrucción tiene éxito, objInterface contendrá
    ' una referencia de objeto válida a la clase clsTimeServer y
    ' lngTimeInstanceNumber será mayor que cero.
        Set objInterface = mobjPassThruSvr.RequestServer _
            («TimeServer.clsTimeServer», lngTimeInstanceNumber)
        bInterfaceOpen = True
        cmdUpdate.Visible = True

    Else

    ' Pedirle al administrador del fondo común un manejador de la clase
    ' HelloClass.
        Set objServer = mobjPassThruSvr.RequestServer _
            («HelloProj.HelloClass», lngHelloInstanceNumber)
        bServerOpen = True
        cmdSayHello.Visible = True

    End If

End Sub
```

Procedimiento de evento cmdSayHello_Click

El procedimiento de evento *cmdSayHello_Click* comprueba lngHelloInstanceNumber para asegurarse de que tiene un objeto válido. Si es así, podrá ejecutar cualquier método en el servidor.

```
    Private Sub cmdSayHello_Click()

      On Error GoTo shError

      If lngHelloInstanceNumber >= 0 Then lblHello = objServer.SayHello

      GoTo shExit

    shError:
      MsgBox Error$
      Resume shExit

    shExit:
    End Sub
```

Procedimiento de evento cmdUpdate_Click

El procedimiento de evento *cmdUpdate_Click* comprueba lngTimeInstanceNumber y termina si no es válido.

```
Private Sub cmdUpdate_Click()

  On Error GoTo cuError

  If lngTimeInstanceNumber = -1 Then GoTo cuError2

  labDate.Caption = objInterface.GetDate
  labTime.Caption = objInterface.GetTime

  GoTo cuExit

cuError:
  MsgBox Error$
  GoTo cuExit

cuError2:
  MsgBox «No es posible conectarse al servidor»
  GoTo cuExit

cuExit:
End Sub
```

Procedimiento de evento *Form_Load*

El procedimiento de evento *Form_Load* crea la referencia al administrador del fondo común.

```
Private Sub Form_Load()

  Set mobjPassThruSvr = _
    CreateObject(«PassPoolmanager.clsPassThruPoolManager»)
  DoEvents
  mbPassThruSvrCreated = True

End Sub
```

Procedimiento de evento *Form_Unload*

El procedimiento de evento *Form_Unload* ejecuta el método *DropServer* para las clases clsTimeServer y HelloClass, pasándole el número de instancia para cada clase, lo que libera el servidor. Si no se ejecuta *DropServer*, el administrador del fondo común mostrará una utilización más de un objeto de las reales.

```
Private Sub Form_Unload(Cancel As Integer)

  If bServerOpen Then _
    mobjPassThruSvr.DropServer lngHelloInstanceNumber
```

```
            If bInterfaceOpen Then _
                mobjPassThruSvr.DropServer lngTimeInstanceNumber

            Set objServer = Nothing
            Set objInterface = Nothing
            If mbPassThruSvrCreated Then Set mobjPassThruSvr = Nothing
            End

        End Sub
```

10

Programa de demostración de alquiler de coches de Microsoft

En este capítulo presentaremos una estupenda aplicación que Microsoft utiliza en muchas de sus demostraciones. La aplicación Rental Car (alquiler de coches) ilustra una buena cantidad de técnicas que pueden emplearse con Microsoft Visual Basic 4. Algunas de ellas son realmente fantásticas, pero hay otras que no es recomendable utilizar. Vamos a criticar la aplicación tal como está, lo que nos dará una oportunidad de examinar algunas de las cuestiones que se plantean en el mundo real al migrar de Visual Basic 3 a Visual Basic 4.

En este capítulo aprenderá a utilizar las siguientes posibilidades nuevas de Visual Basic en una aplicación cliente/servidor:

- La utilización de archivos por lotes tradicionales para registrar y eliminar el registro de servidores OLE.
- La utilización de una base de datos Jet o SQL Server con una aplicación.
- La creación de un origen de datos sobre la marcha.
- La ejecución de objetos de regla de negocios tanto en el cliente como en el servidor.

También aprenderá algunas otras tareas menores que puede abordar con Visual Basic, como ofrecerle realimentación al usuario o hacer un uso más eficaz de algunos controles de Visual Basic.

La utilización de esta aplicación nos brinda la oportunidad de describir cómo utilizar las tecnologías adicionales y de soporte de formas interesantes, aunque no se describen todas y cada una de las operaciones o métodos debido al tamaño y a la complejidad de la aplicación. De vez en cuando nos ocuparemos de un método sin mostrar el código en el libro. No obstante, el CD adjunto contiene todo el código.

Deberá prestar una especial atención a las clases Clerk (dependiente) y Manager (administrador) en el proyecto RentalObjects. En estas dos clases se encapsulan las reglas de negocios y los métodos para recuperar, actualizar y eliminar información de la base de datos. Con ellas se muestra la forma de utilizar un desarrollo a tres niveles para mejorar el desarrollo de aplicaciones. También ilustran la forma de utilizar los métodos *Connect* y *Disconnect* en una clase para arrancar y detener correctamente una conexión con una aplicación.

Instrucciones de instalación

Es posible ejecutar la aplicación utilizando Microsoft Access 7 (Jet 3.0) o Microsoft SQL Server 6 como motor de base de datos. Habrá que crear un origen de datos que apunte a la base de datos que se va a utilizar. El proceso de instalación es similar en ambos casos. Obviamente, resulta un poco más complicado configurar la aplicación para SQL Server, y habrá que convertir la base de datos de Access 7 incluida con la aplicación (Rental.mdb) a SQL Server. En las siguientes secciones se explican ambas soluciones con detalle.

Archivos incluidos

Los archivos de la aplicación de alquiler de coches se encuentran en el directorio RentalCarDemo del CD adjunto. Los subdirectorios contienen los siguientes archivos.

Subdirectorio	Descripción
Database	Rental.mdb es la base de datos en formato Access 7. Esta base de datos puede utilizarse directamente con Jet 3.0 o Access 7.
Doc	Los archivos de este directorio están disponibles tanto en formato RTF (Rich Text Format) como en formato Word 7. En Demonstration Script.rtf y Demonstration Script.doc se describe la forma de ejecutar el programa de demostración. Troubleshooting.rtf y Troubleshooting.doc le servirán de ayuda si tiene problemas para ejecutar la demostración.
Exe	Versiones ejecutables de las aplicaciones de alquiler de coches y archivos de soporte. Las aplicaciones cliente son Rental Clerk y Rental Manager.exe. Tanto Rental Connection como Rental Objects son servidores OLE y no deben ejecutarse directamente. En este directorio también se encuentran los programas por lotes para registrar las aplicaciones (Register.bat y UnRegister.bat).
Include	Archivo de recursos, archivo fuente de recursos, constantes de Visual Basic para los archivos de recursos, y un archivo por lotes para compilar el archivo de recursos.
Library-Connection	Archivos fuente del servidor OLE Rental Connection.
Library-Objects	Archivos fuente del servidor OLE Rental Objects.
Project-Clerk	Archivos fuente de la aplicación Rental Clerk.
Project-Manager	Archivos fuente de la aplicación Rental Manager.

La aplicación de alquiler de coches requiere un origen de datos ODBC que apunte a la base de datos que se va a utilizar. La aplicación se diseñó para que fuera capaz de crear el origen de datos ella misma, o para que permitiera crearlo por anticipado. No obstante, por culpa de un error en el proceso de creación automática, siempre habrá que crear el origen de datos de forma manual antes de ejecutar el programa por primera vez.

Utilización de un origen de datos Jet 3.0

Habrá que realizar las siguientes operaciones en el cliente:

1. Crear un origen de datos ODBC, llamado CarRentalDB, para la base de datos Rental.mdb mediante la aplicación ODBC del Panel de control.
2. Ejecutar Register.bat para registrar las aplicaciones. Este archivo se encuentra en el directorio RentalCarDemo\Exe.

Ahora ya se pueden ejecutar Rental Clerk.exe y Rental Manager.exe, seleccionando CarRentalDB en el cuadro de diálogo Origen de datos que aparecerá.

Utilización de un origen de datos SQL Server 6

El primer paso necesario para ejecutar la aplicación con SQL Server 6 consiste en copiar la información Rental.mdb a una base de datos de SQL Server 6. Para ello, primero habrá que crear una base de datos SQL Server que contenga los datos, como se describe en la sección «Construcción del esquema de base de datos en SQL Server» en la página 83. (Hemos utilizado un dispositivo de 5 Mb para contener esta base de datos durante la comprobación de la aplicación para este libro.) A continuación habrá que realizar las siguientes operaciones en el cliente.

1. Crear un origen de datos ODBC para la base de datos y llamarle CarRentalDB.
2. Abrir la base de datos Rental.mdb en Access 7.
3. Seleccionar la primera tabla en la ficha Tablas.
4. Seleccionar Guardar como/Exportar en el menú Archivo para acceder al cuadro de diálogo Guardar como..., que se muestra en la Figura 10.1.

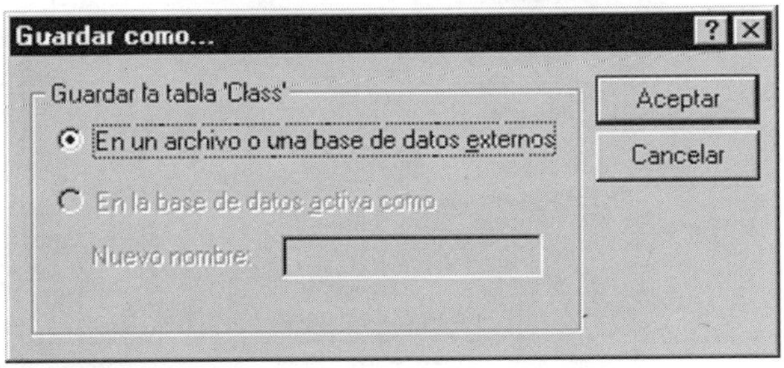

Figura 10-1. Cuadro de diálogo Guardar como.

258 Programación cliente/servidor con Microsoft Visual Basic

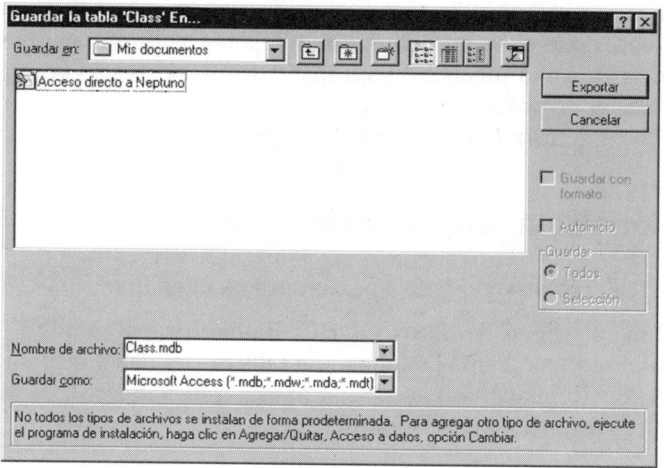

Figura 10-2. Cuadro de diálogo Guardar la tabla En...

5. Seleccionar En un archivo o una base de datos externa y pulsar sobre Aceptar para que aparezca el cuadro de diálogo Guarda la tabla En..., como se muestra en la Figura 10.2.
6. En la lista desplegable Guardar como, seleccionar Bases de datos ODBC ().
7. En el cuadro de diálogo Exportar que aparecerá, pulsar sobre Aceptar para aceptar el nombre predeterminado para la tabla en SQL Server. El nombre predeterminado es el mismo que el de la tabla actual.
8. En el cuadro de diálogo Orígenes de datos SQL que aparecerá, seleccionar el origen de datos CarRentalDB en la lista y pulsar sobre OK (véase la Figura 10.3).

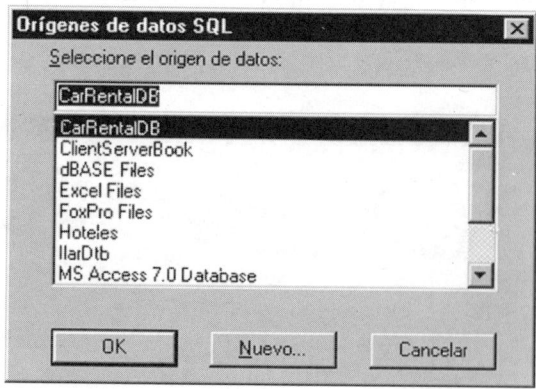

Figura 10-3. Cuadro de diálogo Orígenes de datos SQL.

9. Ahora aparecerá el cuadro de diálogo SQL Server Login, que solicita la información de conexión para el origen de datos seleccionado. Introduzca el nombre de conexión en el recuadro Login ID y la contraseña en el recuadro Password, pulsando luego sobre OK.
10. Repetir este proceso para todas las tablas de Rental.mdb y después cerrar Access.
11. Ejecutar Register.bat.

Ahora ya se pueden ejecutar Rental Clerk.exe y Rental Manager.exe, seleccionando CarRentalDB en el cuadro de diálogo Orígenes de datos que aparecerá.

Evitar el cuadro de diálogo Orígenes de datos durante el arranque

Se puede evitar que aparezca el cuadro de diálogo Orígenes de datos durante el arranque utilizando un parámetro en la línea de órdenes que sea un nombre de origen de datos válido. Esta es una posibilidad interesante para incluir en programas que necesiten información de configuración particular cuando arrancan. Si el programa no encuentra la información en un archivo INI o en la línea de órdenes, se le pedirá dicha información al usuario.

Para añadir un nombre de origen de datos a la línea de órdenes habrá que realizar las siguientes operaciones:

1. Crear un acceso directo (o icono del Administrador de programas en Microsoft Windows NT) para Rental Clerk.exe.
2. Después de la última comilla del destino del acceso directo, introducir el nombre completo del origen de datos, por ejemplo *«C:\Kens\RentalCarDemo\EXE\Rental Clerk.exe» CarRentalDB*. (Esta orden también puede ejecutarse desde el indicador del DOS.)

Si el objeto de negocios Clerk encuentra el origen de datos, no aparecerá ningún cuadro de diálogo. Si no se localiza el origen de datos, se creará un nuevo origen de datos en el computador en el que se ejecuta el objeto Clerk, que tendrá el nombre indicado en la línea de órdenes.

Ejecución local o remota de los objetos de negocios

Inicialmente, los objetos que contienen las reglas de negocios se configurarán para ejecutarse en el cliente, no en el servidor. El formulario Vigilante del alquiler de coches aparece en el cliente siempre que se ejecutan las aplicaciones Rental Clerk o Rental Manager. Este formulario lo crean las reglas de negocios incluidas en Rental Objects y aparece en el computador en el que se ejecutan los objetos.

Si se convierten los objetos Clerk y Manager a ejecución remota, el formulario Vigilante del alquiler de coches aparecerá en el servidor, no en el cliente. Esta es una demostración útil de cómo un objeto puede ejecutarse en un sistema y, con algunas pulsaciones del ratón, pasar a ejecutarse en un sistema distinto.

Para cambiar a ejecución remota de los objetos, asegúrese primero de haber completado los pasos indicados en la sección «Utilización de un origen de datos SQL Server 6»

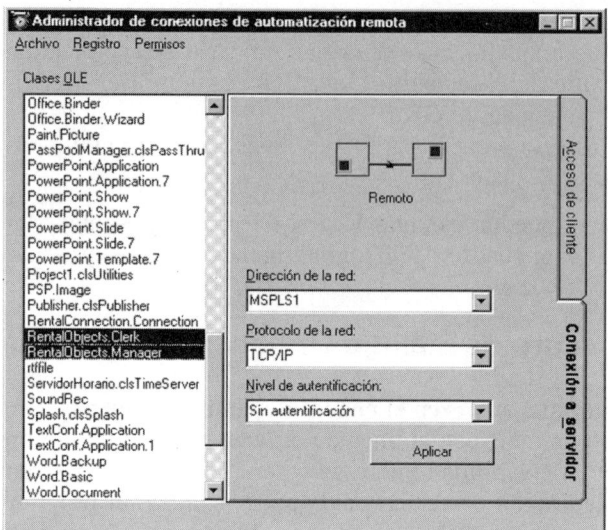

Figura 10-4. *Utilice el Administrador de conexiones de automatización remota para controlar varios parámetros relativos a la ejecución de las aplicaciones de Automatización remota.*

en la página 257. Copie después el subdirectorio RentalCarDemo\Exe al servidor y realice las siguientes operaciones en el mismo:

1. Cree un origen de datos ODBC, llamado CarRentalDB, para la base de datos Rental.mdb mediante la aplicación ODBC del Panel de control.
2. Ejecute Register.bat
3. Arranque el Administrador de automatización (en el grupo Visual Basic 4.0 se encuentra un icono del mismo).
4. Arranque el Administrador de conexiones de automatización remota. (En el grupo Visual Basic 4.0 se encuentra un icono del mismo.) Pulse sobre la ficha Acceso de cliente, seleccione la opción Permitir todas las creaciones remotas, y cierre después el Administrador de conexiones de automatización remota.

Realice las siguientes operaciones en el cliente:

1. Arranque el Administrador de conexiones de automatización remota (que se muestra en la Figura 10.4) desde el grupo Visual Basic 4.0.
2. En la lista Clases OLE, seleccione RentalObjects.Clerk y RentalObjects.Manager.
3. Introduzca el nombre del servidor en el cuadro Dirección de la red.
4. Seleccione un protocolo de red que esté ejecutándose en ambas máquinas.
5. Seleccione Sin autentificación en la lista Nivel de autentificación.
6. Seleccione Remoto en el menú Registro.
7. Cierre el cuadro de diálogo del Administrador de conexiones de automatización remota.

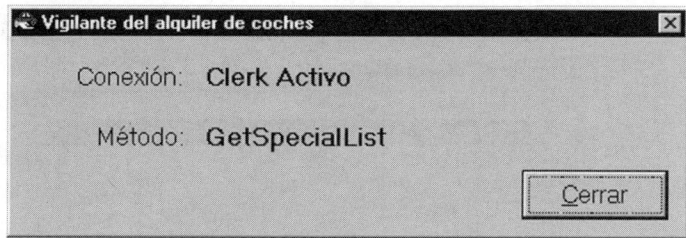

Figura 10-5. *El formulario Vigilante del alquiler de coches es un formulario de estado que presenta el servidor OLE.*

8. Ejecute Rental Clerk y Rental Manager para ver que el formulario Vigilante del alquiler de coches aparece en el servidor.

Volver a ejecución local

Devolver un servidor OLE a ejecución local es incluso más sencillo que convertirlo a ejecución remota. Deberá realizar las siguientes operaciones en el cliente:

1. Arranque el Administrador de conexiones de automatización remota (que se encuentra en el grupo Visual Basic 4.0).
2. En la lista Clases OLE, seleccione RentalObjects.Clerk y RentalObjects.Manager.
3. Seleccione Local en el menú Registro.
4. Cierre el cuadro de diálogo del Administrador de conexiones de automatización remota.
5. Ejecute Rental Clerk y Rental Manager para ver que el formulario Vigilante del alquiler de coches aparece en el cliente.

Puede que a estas alturas ya se haya dado cuenta de que algunos clientes pueden utilizar los objetos de negocios de manera local mientras que otros pueden utilizarlos de manera remota. Esto es sólo una parte del increíble poder de la Automatización remota.

Funcionamiento de la aplicación de alquiler de coches

Rental Clerk.exe y Rental Manager.exe son las aplicaciones para el usuario final. Cuando se arranca cualquiera de ellas aparece el formulario Vigilante del alquiler de coches, como se muestra en la Figura 10.5.

El formulario Vigilante del alquiler de coches se ejecutará localmente en el cliente, o remotamente en el servidor si éste se convierte a Automatización remota. Este formulario aparece durante todo el tiempo que estén ejecutándose las aplicaciones Rental Clerk o Rental Manager, y se actualiza constantemente para mostrar el estado de las actividades que esté realizando el servidor.

Después de que lleve un cierto tiempo el formulario Vigilante del alquiler de coches en pantalla, aparecerá el cuadro de diálogo Origen de datos, como se muestra en la Fi-

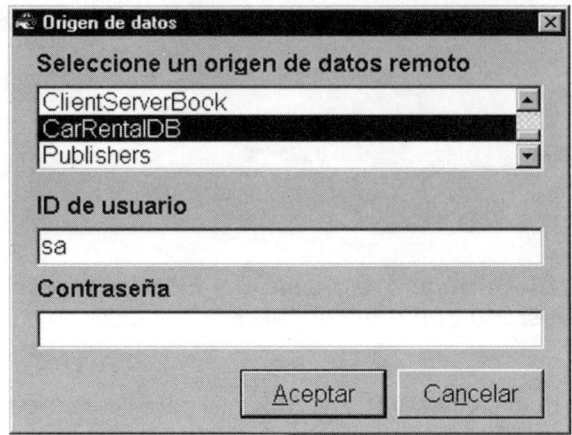

Figura 10-6.   *Formulario Origen de datos.*

gura 10.6. Es interesante indicar que todo el texto de este formulario (incluidas las etiquetas) se crea mediante un archivo de recursos.

Aplicación Rental Clerk

Si examina detenidamente el código de la aplicación Rental Clerk, se dará cuenta de que parte de su funcionalidad está simulada (el archivo del proyecto es Clerk.vbp y se encuentra en el directorio Project-Clerk). El objetivo de la aplicación es el de demostrar las posibilidades de Visual Basic 4, no resolver un problema del mundo real. Téngalo en cuenta cuando examinemos algunas de sus capacidades, entre las que se encuentran las siguientes:

- Búsqueda de un cliente.
- Verificación de la información del conductor.
- Selección de las fechas para el viaje del conductor.
- Selección del vehículo y del precio.
- Procesamiento de un pago mediante tarjeta de crédito (ficticio, por supuesto).

En la Figura 10.7 se muestra el formulario principal de Rental Clerk (Rent-A-Prize). La interfaz está construida mediante el control TabStrip.

Este programa ofrece información útil a los usuarios. En la Figura 10.8 de la página siguiente se muestra el formulario después de buscar un cliente, pasar a la ficha Conductores y pulsar sobre el botón Verificar para comprobar el estado de los conductores del cliente. La marca de verificación de la ficha Cliente es ahora verde para indicar que el proceso ha tenido éxito. El reloj de la ficha Conductores es amarillo, lo que indica que la verificación está en curso. El usuario puede seguir trabajando con la aplicación mientras se procesa la consulta y observar el cambio en el gráfico hasta convertirse en la marca de verificación verde si el proceso tiene éxito.

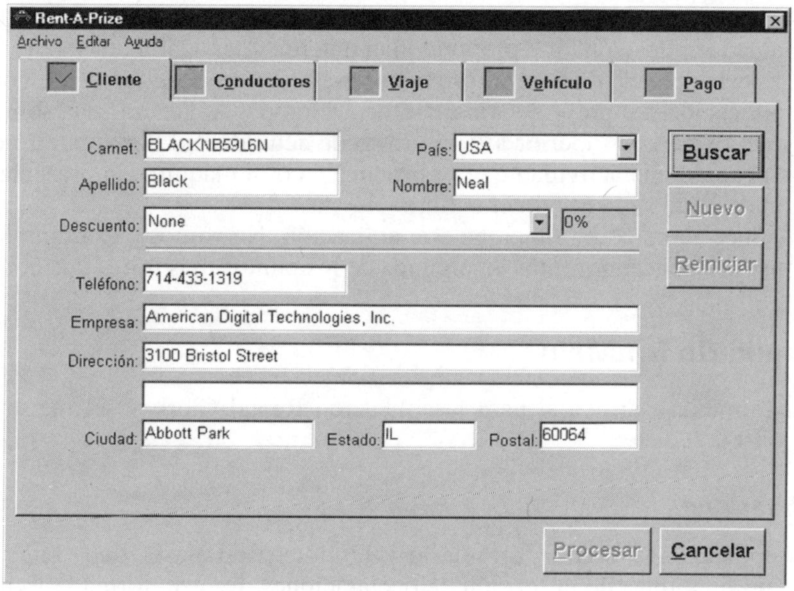

Figura 10-7. Formulario principal Rent-A-Prize.

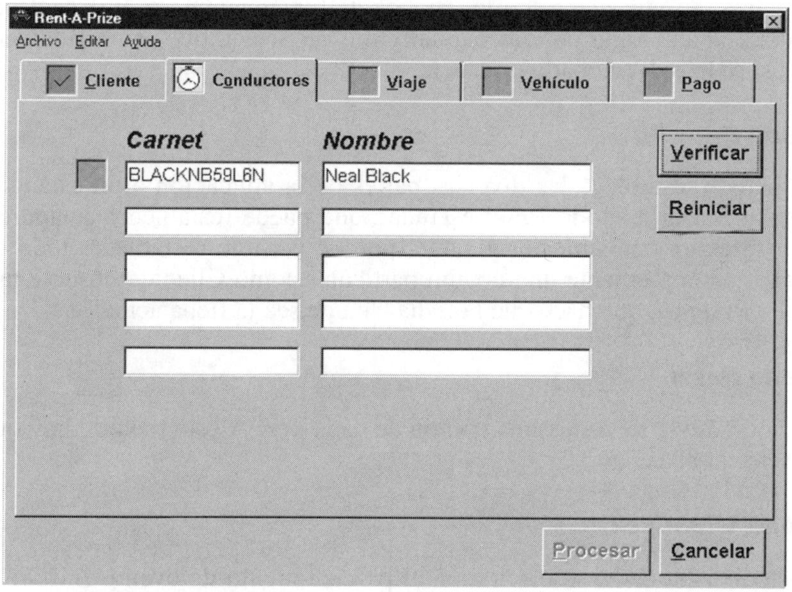

Figura 10-8. Ficha Conductores con la verificación de una consulta de conductor en curso.

Al usuario también se le presentan varios cuadros de diálogo de estado durante la ejecución de la aplicación, que proporcionan una realimentación constante. Siempre hay que equilibrar la presentación de información gráfica y de realimentación con el rendimiento de la aplicación. La presentación de información puede generar una sobrecarga significativa, que a veces es superior a la del resto de actividades. Por supuesto que, si el cliente está esperando una actividad que se produce en otra máquina, la presentación de la información de estado es virtualmente libre.

Veamos ahora cómo funciona esta aplicación. No vamos a examinarla línea por línea, sino que nos concentraremos en algunos de los puntos más útiles que contiene.

Formulario frmMain

Es el formulario principal para la aplicación Rental Clerk y se muestra en las Figuras 10.7 y 10.8.

Declaraciones

Toda aplicación, módulo, formulario y biblioteca de clases debe tener *Option Explicit* como primera línea de la sección de declaraciones. De esta forma se exige la declaración de todas las variables y propiedades que se utilicen. Esta línea se introduce de forma automática si se marca la opción Declaración de variables requerida en el cuadro de diálogo Opciones (al que se accede seleccionando Opciones en el menú Herramientas).

En la sección de declaraciones se declaran propiedades para realizar el seguimiento de varias actividades de la aplicación. Entre dichas propiedades se encuentra miMode, que realiza el seguimiento de los modos de funcionamiento, miKeepLocation, que hace lo propio para el lugar de viaje actual y miDateSelect, que es un Booleano con el que se indica si se ha seleccionado una fecha o no.

Método *ResetAll*

Este metodo restablece las diversas partes de la aplicación a un estado inicial. Observe que se utiliza un método *Reset* estándar, que puede restablecer cualquiera de las opciones. Este es un convenio interesante, porque permite restablecer todo como el método *ResetAll*, o simplemente una opción particular como Cliente. Observe también la última línea de *ResetAll*, que hace que la ficha Cliente sea la ficha actual.

Método *Reset*

El método *Reset* modifica una opción de cada vez. A este método hay que pasarle la opción seleccionada.

Método *VTabClick*

El método *VTabClick* se ejecuta en el procedimiento de evento *tsMain_Click* cuando el usuario pulsa sobre una ficha.

```
VTabClick tsMain.SelecterItem.Index
```

Observe la utilización de la constante global HOURGLASS para redefinir la propiedad MousePointer. Este hecho indica que la aplicación se ha traducido desde Visual Basic 3 o que un desarrollador acostumbrado a trabajar en Visual Basic 3 escribió esta parte de la aplicación y no estaba familiarizado con las constantes intrínsecas de Visual Basic 4. Es mejor utilizar las constante intrínsecas vbHourglass o vbArrowHourglass en lugar de una constante global. No es necesario declarar ninguna de ellas ni se crea código adicional innecesario, y ambas ofrecen una mayor compatibilidad con versiones futuras. Por supuesto que habrá que restablecer la propiedad MousePointer a *vbDefault* en lugar de a DEFAULT.

Observe la utilización del método *ZOrder* en la sexta línea del código: *garPicks(iPick).Zorder*. Este método cambia el Z-order para colocar el objeto encima de otros objetos. Si se utiliza el método con un parámetro igual a 1 el objeto se coloca al final del Z-order, mientras que cualquier otro valor o dejar el parámetro sin definir fuerza al objeto a situarse al frente.

Este método utiliza el índice (*iPick*) de la ficha pulsada para determinar la acción que debe llevar a cabo. Este método es básicamente el mismo que se ha visto en el método *Reset*. En este método se llaman varios otros métodos, en función del valor de *iPick*.

Método *DoCarCalc*

Este método calcula los precios de los coches. Aunque pueda parecer un buen candidato para llevarlo a una DLL, no es necesariamente mejor llevar este método a un servidor fuera del proceso, porque toda la información que utiliza es local a esta aplicación.

Procedimiento de evento *chkAdditional_Click*

Este procedimiento de evento recalcula el pago cuando se selecciona la casilla de verificación Añadir conductores en la ficha Pago.

Procedimiento de evento *chkInsurance_Click*

Al igual que el procedimiento de evento *chkAdditional_Click*, este procedimiento de evento ejecuta el método *DoPmtCalc* para recalcular el pago, incluido el seguro.

Procedimiento de evento *cmdCancel_Click*

El procedimiento de evento *cmdCancel_Click* reinicializa la aplicación ejecutando el método *ResetAll*.

Procedimiento de evento *cmdCarReserve_Click*

Este procedimiento de evento se ejecuta cuando el usuario pulsa sobre el botón Reservar. Las líneas sexta y séptima ejecutan métodos del objeto goClerk.

```
iRet% = goClerk.AddRental(garRental)
iRet% = goClerk.ReserveVehicle(lboCar.ItemData _
```

```
    (lboCar.ListIndex), garRental(rtlRentalID, 0), _
gsStartDate, gsEndDate)
```

El objeto goClerk resulta ser un servidor fuera del proceso (Rental Objects.vbp).

Procedimiento de evento *Reset*

Estos procedimientos de evento se activan cuando el usuario pulsa sobre un botón Reiniciar (cmdCarReset, cmdCustReset, cmdTripReset, cmdPmtReset ó cmdDrvReset). El código de cmdPmtReset es *Reset PIC_PMT*, que utiliza el método común *Reset*, pasándole una constante (PIC_CMT) que define la opción que debe reinicializarse.

Procedimiento de evento *cmdCustGet_Click*

Este procedimiento de evento recupera información del cliente. Observe la utilización del método general *SetTabImage* al principio y al final del método.

También viene al caso un comentario sobre la palabra clave *Me*. Esta palabra clave hace referencia al formulario cuyo código se ejecuta actualmente, que puede ser distinto al formulario que está más al frente en la pantalla. Por ejemplo, es posible que se ejecute código contenido en un formulario que no sea visible. Si hay otro formulario visible, podría asumirse erróneamente que la palabra clave *Me* hace referencia al formulario visible. *Me* siempre hace referencia al formulario desde el que se ejecuta el código.

```
SetTabImage PIC_CUST, TAB_WAIT
GetCustomerList Me
GetCustomerHistory garCustomer(rtlCustomerID, 0)
```

En la siguiente línea se muestra la forma de utilizar la matriz garCustHist para recuperar un elemento concreto. La constante rtlCustHistClassID hace referencia al elemento correcto de la matriz para recuperar el ID de la clase. El 0 del final de la línea sirve para tomar el primer elemento de la matriz.

```
glClassID = garCustHist(rtlCustHistClassID, 0)
SetTabImage PIC_CUST, TAB_GREEN
```

Procedimiento de evento *cmdDrvVerify_Click*

Este procedimiento de evento verifica el conductor. El método *VerifyDriver* se encuentra en el método Rental Objects.

Procedimiento de evento *cmdPmtVerify_Click*

Este procedimiento de evento verifica los pagos con tarjeta de crédito, presentando el formulario frmCredit. La verificación de la tarjeta se ejecuta realmente en el formulario cuando se introduce su número. Las dos últimas líneas de este método ponen en blanco el control txtCredit del formulario frmCredit y definen el foco en dicho control.

```
frmCredit!txtCredit = «»
frmCredit!txtCredit.SetFocus
```

Procedimiento de evento *cmdProcess_Click*

Este procedimiento de evento activa el formulario frmProcess con la ejecución del método *Start*.

```
frmProcess.Start
```

Este código demuestra la forma de ejecutar las tareas de arranque de un formulario sin utilizar el procedimiento de evento *Form_Load*. También demuestra cómo controlar el arranque de un formulario incluso si dicho formulario ya está cargado.

Procedimiento de evento *Form_Load*

Este es el famoso procedimiento de evento *Form_Load* de nuevo. A diferencia de la mayor parte de los programadores, nosotros preferimos no incluir demasiado código de arranque en este procedimiento, sino llevarlo a un método *Init*. También solemos utilizar un control Timer (como ya se ha visto anteriormente) para empezar algunas cosas de forma ordenada.

Este procedimiento de evento concreto realiza un montón de tareas de arranque. Todas las variables son, por supuesto, locales a este método y se utilizan en los diversos cálculos que tienen lugar durante el mismo.

El procedimiento de evento también coloca varios controles, inicializa las matrices de imágenes, recupera las listas iniciales de información del servidor, inicializa las cuadrículas, etc. ¿Qué podríamos hacer distinto aquí? Para principiantes, muchas de las cuadrículas y otros controles se encuentran en una ficha que no está visible durante el arranque. Estas configuraciones especiales podrían incluirse en un método independiente y ejecutarse mediante un temporizador, por ejemplo, 2 segundos después del arranque. También podríamos retardar la recuperación de las listas iniciales un segundo más o menos. (Recuerde, es más fácil criticar la aplicación de alguien que crear una aplicación perfecta uno mismo.)

Procedimiento de evento *Form_QueryUnload*

Este procedimiento de evento descarga todos los formularios y establece todos los objetos a *Nothing*. Dése cuenta de que también se ejecuta el método *Disconnect* en el objeto goRental para desconectarse elegantemente de la aplicación servidor.

Procedimiento de evento *grdOut_Click*

Este procedimiento de evento está asociado al objeto de cuadrícula grdOut, que muestra el calendario en la ficha Viaje. Su funcionamiento es muy sencillo. Si miDateSelect es *True*, se ejecuta la sección Case True, que indica que el usuario ya ha seleccionado una fecha de salida. Si miDateSelect es *False*, se ejecuta la sección Case False, que indica que el usuario está seleccionando una fecha de llegada. Después de que el usuario selecciona una fecha de salida o una fecha de llegada, miDateSelect se invierte (*True* pasa a ser *False* y viceversa).

Todo el código de cada una de las secciones Case es bastante tradicional. Observe los cambios en los colores de algunos controles al final de cada sección Case.

Procedimiento de evento *hsbMonth_Change*

El control hsbMonth es una barra de desplazamiento horizontal que sirve para cambiar el mes del calendario que aparece en la ficha Viaje. Nada nuevo aquí, excepto una buena forma de cambiar la presentación de un mes de forma incremental. Observe las comprobaciones que contiene el código para determinar si el número del mes ha superado el máximo (*giCurrentMonth = 13*) o el mínimo (*giCurrentMonth = 0*). También resulta interesante la ejecución del método *DoCalender* al final de este método. El control que debe utilizarse y la fecha construida en este método se pasan a *DoCalender*, que es quien crea realmente el calendario que se muestra.

Procedimiento de evento *lboClass_Click*

Este procedimiento de evento se activa cuando un usuario escoge una clase de vehículo (por ejemplo, «Económico») en el primer control combinado (lboClass) en los cuadros de selección Vehículo. En la cuadrícula Histórico del alquiler (grdCarHistory) de la ficha Vehículo el usuario puede ver de forma instantánea los tipos de coches que un cliente ha alquilado previamente.

Cuando el usuario selecciona una clase, este método obtiene los precios de la misma (GetRateList).

```
Me.MousePointer = HOURGLASS
glClassID = lboClass.ItemData(lboClass.ListIndex)
Me.MousePointer = HOURGLASS
GetRateList glClassID, glRateType
Me.MousePointer = HOURGLASS
```

Después se recuperan los vehículos disponibles (*GetAvailableVehicleList*).

El cuadro de texto txtCarRate se define mediante la función *Format$* y la propiedad garRate. La propiedad rtlRate es una constante utilizada como índice de la matriz garRate.

¿Por qué define este método el puntero del ratón como HOURGLASS después de cada acción? Generalmente, en aplicaciones como esta suele verse el puntero parpadeando de manera intermitente. Al incluir una instrucción para definir MousePointer después de llamar a cada método suelen curarse algunas idiosincrasias del puntero del ratón, aunque no es necesario en métodos bien diseñados.

Procedimiento de evento *tsMain_Click*

Este procedimiento de evento tiene lugar cuando el usuario pulsa sobre una ficha. Se llama al método *VTabCLick* y se le pasa el índice (Index) actual de la ficha.

Procedimiento de evento *txtDrvLicense_Change*

Este procedimiento de evento cambia el color de la ficha Conductores cuando el usuario introduce información en el control txtDrvLicense. Esta es una buena utilización de gráficos con poca sobrecarga para mantener al usuario informado sobre el estado de una aplicación.

```
If txtDrvLicense(Index) = «» Then
    SetDriverImage Index, TAB_NONE
Else
    SetDriverImage Index, TAB_WHITE
End If
```

Procedimiento de evento *txtLicense_Change*

Este procedimiento de evento se activa cuando el usuario introduce información en el cuadro Carnet (txtLicense) de la ficha Cliente. Si el control contiene información, se activa el botón Buscar (cmdCustGet). Cuando es posible, le damos a los controles un nombre que refleja su función.

Formulario frmCredit

Este es el formulario de procesamiento de la tarjeta de crédito.

Procedimiento de evento *txtCredit_Change*

Este procedimiento de evento realiza un trabajo interesante, en función de la longitud del texto que contiene el cuadro txtCredit. En ciertos puntos (4, 9 y 14) introduce un carácter de guión (-). Cuando el usuario introduce el último carácter (19), se completa el número y se ejecuta el método *VerifyPayment* del objeto goClerk.

La introducción automática de guiones puede ser desconcertante para el usuario. Si el usuario introduce los guiones de forma sistemática, habrá que añadir código en el evento KeyPress del control para ignorarlos, definiendo el parámetro keyascii como 0.

Formulario frmProcess

El código de este formulario no hace más que simular una acción.

Método *Start*

El método *Start* se ejecuta desde el formulario frmMain, y es una forma cómoda de iniciar una acción en un formulario antes o después de que se presente en pantalla. Este método realiza básicamente las acciones que suelen incluirse en el procedimiento de evento *Form_Load*. La instrucción *Me.Move* alinea este formulario con frmMain, que es una buena costumbre, ya que los usuarios se acostumbrarán a ver el formulario en el mismo lugar relativo cada vez que se ejecuta la aplicación.

```
Me.Move frmMain.Left + _
    (frmMain.Width - Me.Width) \ 2, _
    frmMain.Top + (frmMain.Height - Me.Height) \ 2
```

Después se inicializan algunos valores para el control ProgressBar1 y a continuación se muestra el formulario. Observe que activamos el temporizador en esta rutina para iniciar la simulación.

Procedimiento de evento *Timer1_Timer*

El procedimiento de evento *Timer1_Timer* simula el procesamiento real de una aplicación de alquiler de coches. Incrementa un contador de mensajes (iNextmsg) hasta que se procesen todos los mensajes. Una vez procesados todos los mensajes, oculta el formulario actual y después ejecuta el método *ResetAll* en frmMain.

Formulario frmSplash

Esta es la pantalla de presentación de la aplicación. Es una implementación directa de la utilización tradicional de las pantallas de presentación. (En el Capítulo 8 puede encontrarse una discusión sobre las pantallas de presentación.)

Clase CallBackClass

La funcionalidad de esta clase es bastante interesante. Funciona algo distinto al ejemplo de devolución de llamada (callback) que se incluye con Visual Basic. La clase debe iniciarse en la aplicación cliente mediante las siguientes operaciones:

1. Crear una instancia de CallBackClass en el método *Initialize*.

   ```
   Set goCallBack = New CallBackClass
   ```

2. Pasar la referencia recién creada al método *Connect* de la clase Connection:

   ```
   ret% = goRental.Connect(goCallBack)
   ```

Una vez terminadas estas dos acciones, el objeto Rental Connection tiene el manejador (goCallBack) de CallBackClass. Siempre que un método de objeto de la clase Rental Objects completa una acción, dicho método puede invocar el método *CallBack* de la clase CallBackClass. Es importante recordar que tanto el objeto Rental Connection como el objeto Rental Objects son servidores fuera del proceso (EXE). Cuando la aplicación pasa la referencia de objeto a la clase CallBackClass al método *Connect* del objeto Rental Connection, el método *Connect* pasa la referencia al objeto Rental Objects. De esta forma los métodos del objeto Rental Objects podrán acceder directamente al método *CallBack*.

Cuando se ejecuta el método *CallBack*, se le pasan dos parámetros: lContext y lReturn. lContext indica qué método ha invocado *CallBack*. lReturn indica el estado de dicho método.

Existen constantes de contexto (rtlCBVerifyDriver y rtlCBVerifyPayment) y constantes de retorno (rtlCBReturnOK, rtlCBReturnNotFound y rtlCBReturnTelcomERR) predeterminadas en el módulo basRentalConstants.

Método *CallBack*

Este método lo ejecutan los métodos de la clase Rental Objects cuando completan una acción. Es muy sencillo ampliar la funcionalidad del método *CallBack* para manejar varias tareas distintas que deba ejecutar un servidor remoto cuando completa un proceso.

Observe la utilización de los dos contextos en la instrucción *Select Case*. Las variables de retorno se comprueban dentro de cada sección *Case* por medio de una instrucción *If*.

```
Public Sub CallBack(lContext As Long, lReturn As Long)
    Dim X%

    Debug.Print «CallBack Context = «; _
        LoadResString(lContext + rtlCBContextOffset + rtlLangOffset)
    Debug.Print «CallBack Return = «; _
        LoadResString(lReturn + rtlCBReturnOffset + rtlLangOffset)
    Select Case lContext
        Case rtlCBVerifyDriver
            If lReturn = rtlCBReturnOK Then 'Ficha de conductor verde
                SetTabImage PIC_DRV, TAB_GREEN

                SetDriverImages
            Else
                'Cambiar la ficha de conductor a rojo
                'Presentar posiblemente el error en sReturn
            End If
        Case rtlCBVerifyPayment
            If lReturn = rtlCBReturnOK Then
                SetTabImage PIC_PMT, TAB_GREEN
            Else
                'Cambiar la ficha de pago a rojo
                'Presentar posiblemente un mensaje de error
            End If
    End Select
End Sub
```

Módulo Global

Este módulo es el cajón de sastre para las definiciones de propiedades.

Es recomendable sustituir todas las constantes del puntero del ratón y de color por las constantes incorporadas en Visual Basic. La instrucción *Global* también debe sustituirse por la instrucción *Public* para que el código esté más en consonancia con los nuevos convenios de Visual Basic.

Módulo basClerk

El módulo basClerk es el módulo principal de la aplicación Rental Clerk. Contiene el método de arranque *Main* y algunos otros métodos de propósito general.

Método *Main*

En este método, observe las modificaciones de un par de propiedades del objeto App. El objeto App es un objeto global, de propósito general, que contiene información sobre la aplicación actual. Puede utilizarse para modificar el título de la aplicación, comprobar si hay otra instancia ejecutándose y más. En esta aplicación, cambiamos dos de sus propiedades que afectan al rendimiento de los servidores OLE.

```
App.OleServerBusyTimeout = rtlOLEServerBusyDefault
App.OleRequestPendingTimeout = rtlOLERequestPendingDefault
```

El cambio en los valores de los fines de temporización (timeout) puede determinar si una aplicación funciona o fracasa constantemente en un entorno de producción.

El resto de acciones que tienen lugar en *Main* son realmente directas. Observe el sencillo control de la pantalla de presentación (frmSplash).

Método *Initialize*

Esta es la rutina de arranque general a la que se llama en *Main*. El método *Initialize* carga varios valores generales (como días de la semana, meses, etc.) y realiza algunas otras tareas de arranque. Es también aquí donde se produce la conexión a los objetos (Rental Connection, Rental Objects y CallBackClass) que van a realizar todo el procesamiento de fondo. Las conexiones se realizan en la instrucción *Set*, cerca del final de este método.

```
Set goRental = New Connection
Set goCallBack = New CallBackClass
sCmd = Trim$(Command)
If Len(sCmd) > 0 Then
   ret% = goRental.Connect(goCallBack, sCmd)
Else
   ret% = goRental.Connect(goCallBack)
End If
Set goClerk = goRental.Clerk
```

Algo interesante que hace esta rutina es tomar los argumentos de la línea de órdenes y enviarlos al método *Connect* del objeto Rental Connection (goRental). El único argumento legal en la línea de órdenes que acepta esta aplicación es un nombre de origen de datos válido. Si se pasa dicho nombre al método *Connect* la aplicación puede validarlo y saltarse el cuadro de diálogo Origen de datos.

Utilizamos la palabra clave *New* en las líneas *Set* porque estamos creando nuevas instancias de los objetos, no definiendo referencias a instancias existentes de los objetos. No se utilizó la palabra clave *New* al declarar las variables de objeto en el módulo Global.

Método *AddCustomer*

El método *AddCustomer* utiliza el método *AddCustomer* del objeto Rental Objects para añadir el cliente a la base de datos. Dicha operación se produce en la última línea del método. El resto del código carga la matriz garCustomer con la información del formulario.

Esta sencilla rutina ilustra la importancia de utilizar objetos OLE, porque todo el trabajo de actualizar la base de datos se realiza en una sola línea: *goClerk.AddCustomer (garCustomer)*.

Esta línea utiliza el método *AddCustomer*, que puede ejecutarse local o remotamente en un servidor. El usuario no tiene por qué saber qué objeto está ejecutándose. Ahora, supongamos que necesita una rutina por lotes para cargar clientes. ¿Lo adivina?. También podrá utilizar *AddCustomer* para esa operación, siempre que esté bien escrita y encapsulada, sin llamadas a métodos de otras clases o a la aplicación actual.

Método *DoCalender*

El método *DoCalender* toma dos parámetros: el nombre de un control de tipo cuadrícula y una variable de tipo variant que contiene la fecha de comienzo. Este método construye el calendario en el control de tipo cuadrícula de la ficha Viaje. Antes de utilizar este método con carácter general, habrá que añadirle un parámetro que contenga el nombre del control TextBox que debe definir, en lugar de definir el control txtTripCalMonth de frmMain directamente.

Método *GetAvailableVehicleList*

El método *GetAvailableVehicleList* recupera una lista de todos los vehículos que concuerdan con la información solicitada. La lista de vehículos se devuelve en la matriz garVehicle. El valor que devuelve *goClerk.GetAvailableVehicleList* es el número de vehículos de la lista. Por supuesto que un valor cero indica que no hay vehículos disponibles que concuerden con la solicitud.

```
giVehicles = goClerk.GetAvailableVehicleList _
    (garVehicle, gsStartDate, gsEndDate, glClassID)
```

El bucle *For* carga los vehículos en el control combinado lboCar. La propiedad ItemData también se carga en el control combinado, con el ID (identificador) del vehículo [*garVehicle(rtlAVehicleID, x%)*]. ItemData resulta útil porque permite asignar un número propio (como un ID de vehículo) a un elemento de un control combinado o de lista. Lo normal es que el valor asignado a ItemData sea un campo clave. Cuando se recupere el elemento sobre el que se ha pulsado en una lista, podrá utilizase ItemData para recuperar el campo clave y cargar directamente el registro correspondiente de la base de datos.

Método *GetClassList*

Este método es prácticamente idéntico a *GetAvailableVehicleList*, excepto en que devuelve una lista de clases de coches.

```
giClasses = goClerk.GetClassList(garClass)
```

Método *GetCustomerHistory*

Este método es similar al resto de métodos *Get*. Esta vez se recupera el histórico de alquileres de un cliente. Pasamos el ID del cliente (custid) al método Get*CustomerHistory* del objeto goClerk, y este método devuelve el historial de dicho cliente en la matriz garCustHist.

```
giCustHists = goClerk.GetCustomerHistory(garCustHist, custid, 100)
```

Una particularidad interesante de este método es la utilización de un comentario para mostrar los nombres de las columnas de la cuadrícula. Esto resulta cómodo cuando se utiliza el método *AddItem*, ya que hay que pasarle los valores de las columnas por orden, separados por un tabulador (chr(9)).

Después de recuperar el historial, vaciamos las filas actuales de la cuadrícula con el primer bucle *For*. Observe que el bucle retrocede desde el número de filas de la cuadrícula hasta 2. (Se detiene en 2 porque 0 es la cabecera de la cuadrícula y la fila 1 está vacía.)

Otra forma rápida de inicializar una cuadrícula con menos código consiste en definir el número de filas de la cuadrícula a 1, como en *frmMain!grdCarHistory.Rows = 1*. Este código simplemente trunca la cuadrícula después de la primera fila, que suele contener la cabecera.

El segundo bucle *For* carga la cuadrícula. Después de realizar esta operación, el código elimina la fila número 1 (que de hecho es la segunda fila) de la cuadrícula. Esta fila no se eliminó en el primer bucle *For*.

Método *GetCustomerList*

Este método emplea el método *GetCustomerList* del objeto goClerk para recuperar una lista de clientes que concuerden con la entrada existente en el control txtLicense de frmMain. También podría llamarse a *GetCustomerList* y pasarle el nombre o el apellido, o una combinación de nombre, apellido y carnet. De esta forma se conseguiría un método de recuperación flexible.

Si la primera instrucción *If* tiene éxito, *GetCustomerList* devuelve un valor mayor que cero, que indica el número de clientes devueltos. Después el segundo *If* comprueba si el ID del cliente es mayor que cero. Si es así, se carga el formulario desde la matriz.

```
If goClerk.GetCustomerList(garCustomer, frm.txtLicense.Text) > 0 Then
    If goClerk.GetCustomer(garCustomer, _
        garCustomer(rtlCustomerID, 0)) Then
```

Método *GetDiscountList*

Este método recupera una lista de descuentos utilizando el método *GetDiscountList* del objeto goClerk. (A estas alturas ya se habrá dado cuenta de que goClerk contiene el motor de recuperación de todos los elementos relacionados con la función clerk.)

```
giDiscounts = goClerk.GetDiscountList(garDiscount)
```

Método *GetLocationList*

Este método recupera las ubicaciones de los viajes mediante el método *GetLocationList* del objeto goClerk.

```
giLocations = goClerk.GetLocationList(garLocation)
```

Método *GetRateList*

Este método recupera las tarifas mediante el método *GetRateList* del objeto goClerk.

```
giRates = goClerk.GetRateList(garRate, classid, ratetype)
```

Método *GetSpecialList*

Este método recupera la información especial, como cualquier tarifa especial, mediante el método *GetSpecialList* del objeto goClerk.

```
giSpecials = goClerk.GetSpecialList(garSpecial)
```

Métodos *SetTabImage* y *SetDriverImage*

Estos métodos cambian la imagen de varias partes de frmMain.

Método *SetDriverImages*

Este método cambia los colores de la ficha Conductor para cada conductor de la lista. La imagen cambia para reflejar si el conductor es válido o no. Observe que la forma de determinar si un conductor concreto es correcto o no es mediante la longitud de su número de carnet. Si el carnet tiene más de seis caracteres, se identificará como correcto. (En el mundo real generalmente hace falta un proceso de verificación algo más exigente.)

Método *RentalComplete*

Este método comprueba el estado de todas las fichas verificando su imagen. Si todas ellas están definidas como TAB_GREEN, el valor devuelto será *True*. De lo contrario, el valor devuelto será *False*.

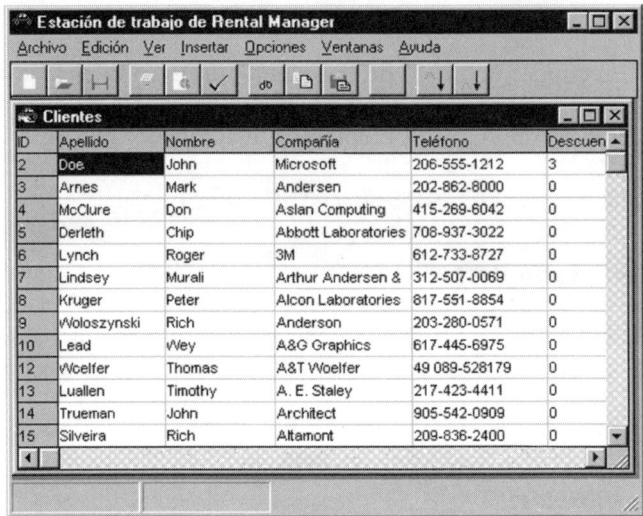

Figura 10-9.   *Interfaz general de la aplicación Rental Manager.*

Aplicación Rental Manager

La aplicación Rental Manager sirve para recuperar listas de elementos de la base de datos. Presenta todas las listas en el mismo formato, mediante un control de tipo cuadrícula. En la Figura 10.9 se muestra la lista de clientes (Customers), que aparece al seleccionar Clientes en el menú Ver.

En la Figura 10.10 se muestran las vistas en mosaico de Clientes, Clases de vehículos, Especiales del administrador, Tasas de descuento, Tarifas y Alquileres. Para ver las vistas en mosaico, seleccione Mosaico en el menú Ventanas.

Nota: La mayor parte de las opciones de menú Archivo, Edición y Ayuda no tiene código escrito para realizar ninguna tarea en esta aplicación de ejemplo. La barra de herramientas tampoco funciona. Sólo se incluyen por motivos estéticos.

Formulario frmMgr

Se trata de un formulario MDO, que contiene todos los formularios hijos cuando están abiertos.

Procedimiento de evento *MDIForm_Load*

El procedimiento de evento *MDIForm_Load* realiza muchas actividades de arranque, como el redimensionado de las propiedades. Observe que en la tercera línea se crean ocho instancias del formulario View en la matriz de control View.

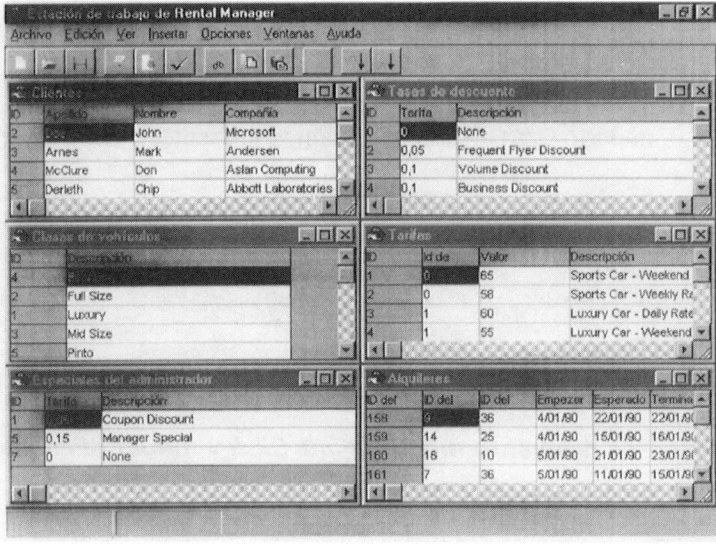

Figura 10-10. La aplicación Rental Manager con varias vistas abiertas.

```
ReDim View(8)
```

Puede que ésta sea la primera vez que tiene que utilizar una matriz de control que se componga de formularios. Si es así, esta aplicación proporciona un ejemplo práctico de su uso.

La matriz ViewInfo contiene información sobre cada formulario, como la indicación de si dicho formulario se ha cargado o no. Esto *es muy importante,* porque no resulta agradable intentar acceder a un formulario en una matriz de control que no se haya cargado.

```
ReDim ViewInfo(8)
```

El primer bucle *For* carga una matriz de control del objeto de menú mnuViews.

```
For x% = 1 To 8
    Load mnuViews(x%)
Next x%
```

En el resto del método se definen las propiedades Caption de los menús y de la matriz ViewInfo, se carga la matriz de control mnuOptionsFontName y se cargan las imágenes de la barra de herramientas desde el control ImageList1 de tipo ImageList.

Procedimiento de evento *mnuOptionsFontName_Click*

Hemos intentado por todos los medios dejar esta aplicación en su estado original, pero, caramba, ¡teníamos que cambiar algo o no seríamos programadores! La primera vez que utilizamos la orden Fuente del menú Opciones, generó un error. El código original está entre comentarios en la última línea de este método (sólo en el archivo fuente).

Con algo de trabajo conseguimos que funcionara. Si el usuario cambia una fuente, recorremos todos los formularios y comprobamos la propiedad Loaded de la matriz ViewInfo. Si el formulario está cargado, cambiamos su fuente. Es realmente sencillo.

```
Dim i As Integer
  For i = 0 To 8
    If ViewInfo(i).Loaded Then
      View(i)!grdMaint.Font.Name = mnuOptionsFontName(index).Caption
    End If
  Next i
```

Procedimientos de evento *mnuEditFind_Click* y *mnuEditFindNext_Click*

Al pulsar sobre Buscar en el menú Edición se arranca el formulario de búsqueda (frmSearch). Al pulsar sobre Buscar siguiente se ejecuta directamente el método *FindIt* si está definida la cadena de búsqueda. De lo contrario se ejecuta el método *mnuEditFind_Click* para iniciar una nueva búsqueda.

Procedimiento de evento *mnuViews_Click*

Este procedimiento de evento abre un nuevo formulario View cuando el usuario selecciona la opción del menú Ver correspondiente. El valor del índice que se le pasa a la rutina es el que identifica el número de la opción del menú seleccionada. La instrucción *Select Case* utiliza este índice para verificar la propiedad Loaded de la matriz ViewInfo.

```
Select Case ViewInfo(index).Loaded
Case True
    View(index).Show
Case False
    Load View(index)
    View(index).Tag = index
    View(index).Caption = ViewInfo(index).Caption
    ViewInfo(index).Loaded = True
    FillView (index)
    View(index).Show
End Select
```

Si el formulario ya está cargado (Case True), simplemente lo mostramos, lo que es casi instantáneo. Si el formulario no está cargado (Case False), lo cargamos, definimos los valores adecuados, rellenamos el formulario con datos mediante el método *FillView* y lo mostramos.

Procedimientos de evento *mnuWArrange_Click*, *mnuWCascade_Click* y *mnuWTile_Click*

- En el menú Ventanas, al seleccionar la orden Organizar iconos se organizan los iconos de las vistas minimizadas.
- La orden Cascada distribuye los formularios View abiertos en cascada.
- La orden Mosaico distribuye los formulario View abiertos en mosaico horizontal.

Procedimiento de evento *Toolbar1_Click*

Este procedimiento de evento se activa cuando el usuario pulsa sobre una de las herramientas de la barra de herramientas. No obstante, no olvide que este código está desactivado en esta aplicación. Recuerde, ¡es una aplicación de demostración!

Módulo MgrCode

Este es el módulo de código de la aplicación, que contiene la mayor parte de los métodos básicos.

Método *FillView*

Este método carga la vista indicada por el valor del índice que se le pasa al ejecutarlo. A continuación se muestran las dos primeras opciones Case:

```
Select Case index
Case CUSTOMER
    GetCustomerList View(index).grdMaint
    View(index).Show
Case RENTAL
    GetRentalList View(index).grdMaint
    View(index).Show
```

El funcionamiento de este código es realmente mágico. A cada uno de los métodos utilizados para recuperar una lista se le pasa el manejador del control Grid: *View(index).grdMaint*. Así, el método puede recuperar información mediante el método adecuado del servidor OLE (como goClerk.GetCustomerList) y después actualizar directamente la cuadrícula (grid). Una vez actualizado, *FillView* muestra el formulario.

Es posible simplificar esta rutina aún más eliminando la línea utilizada para mostrar el formulario. ¿Por qué? ¡porque de todas maneras se muestra en mnuViews!

Método *FindIt*

Este método busca la cadena de búsqueda en la propiedad ActiveControl del formulario frmMgr. En su forma actual no funciona. Nos parece que el problema es que el método busca en la propiedad Text del control Grid. No funciona porque esta propiedad sólo devuelve los valores actuales de fila y columna. Para que funcionara de verdad sobre un control Grid, el método debería recorrer todas las filas y columnas, comprobando cada una de ellas.

Métodos *Get*

Los métodos *Get* son todos prácticamente iguales. Su funcionamiento es el siguiente:

1. Se recupera la lista de elementos del objeto goClerk. (¿Recuerda estas rutinas de la aplicación Rental Clerk?)
2. Se configura la cuadrícula.
3. Se carga la cuadrícula con los datos.

No vamos a entrar aquí en los detalles de cada uno de los métodos, pero hemos incluido una lista de los mismos por completitud:

- *GetClassList*
- *GetCustomerList*
- *GetDiscountList*
- *GetRateList*
- *GetRentalList*
- *GetSpecialList*
- *GetVehicleList*

Método *Initialize*

El método *Initialize* es el método de configuración principal de la aplicación, como en la aplicación Rental Clerk de la página 162.

Método *Main*

Este es el método de arranque. Activa el método *Initialize* y después crea las referencias a los objetos. También ejecuta el método *Connect*, pasándole la referencia a CallBack-Class.

```
Set goRental = New Connection
Set goCallBack = New CallBackClass
ret% = goRental.Connect(goCallBack)
Set goClerk = goRental.Clerk
Set goManager = goRental.Manager
```

Observe la forma de crear las referencias goClerk y goManager. Realmente se está definiendo la referencia mediante el objeto Rental Connection. Compruebe la clase Rental Connection y verá una referencia creada a los objetos Clerk y Manager. En Main sólo estamos definiendo una referencia a dichas referencias creadas en el otro servidor. Observe la ausencia de la palabra clave *New* en las dos últimas líneas Set.

Lo último que se hace en este método es cargar frmMgr y mostrarlo.

Módulo Global

Este módulo es similar al módulo Global (Clerk.glo) de la aplicación Rental Clerk. El módulo contiene las declaraciones generales para toda la aplicación.

Algunas de las declaraciones son exactamente iguales a las de la aplicación Rental Clerk. En una aplicación real, sería mucho mejor llevar estas declaraciones comunes a un módulo común, como Rental Constants.

Clase CallBackClass

La clase CallBackClass no tiene ninguna funcionalidad en la aplicación Rental Manager, pero se incluye por completitud. Recuerde, cuando arranca la aplicación, al método *Connect* de la clase Connection del servidor Rental Connection hay que pasarle una referencia al método *CallBack*. Los métodos asíncronos de la clase Rental Objects utilizan el método *CallBack* para que la aplicación llamante sepa cuándo ha terminado una tarea.

Declaraciones

Ninguna

Método *CallBack*

Este es un método de devolución de llamada (callback) muy sencillo, que comprueba el parámetro lContext y verifica el conductor o el pago, según corresponda.

Formulario frmSearch

Los métodos de este formulario de búsqueda sólo se utilizan para definir las opciones de la búsqueda. Toda la funcionalidad está en el método *FindIt* del módulo MgrCode. La utilización de un formulario para definir las opciones y la inclusión de todo el código de acción en un módulo global o, mejor incluso, en una clase, es una buena práctica de programación y facilita la reutilización del código.

Procedimiento de evento *cmdcancel_Click*

Este procedimiento de evento se supone que debe cancelar la búsqueda. Entonces, ¿por qué define la cadena de búsqueda global (*gFindString*) y el indicador de comprobación de mayúsculas/minúsculas antes de terminar? Para funcionar correctamente, lo único que debería hacer este botón es restablecer todas las variables a sus valores originales y descargar el formulario.

Formulario frmMaint

El formulario frmMain sirve para crear instancias de los formularios View.

Todos los formularios View están basados en este formulario. Cuando se declara la matriz de control View en el módulo Global, se está declarando una instancia de este formulario:

```
Global View() As New frmMaint
```

Cada vez que se utiliza la instrucción *Load* para crear un nuevo formulario View, la instancia se crea en ese instante.

Esta forma de tratamiento de los formulario como objetos abre nuevas posibilidades a las aplicaciones. Ahora es posible determinar cuántos formularios va a necesitar cada usuario durante la ejecución de la aplicación. Pueden crearse formularios bajo demanda que sean réplicas del formulario maestro.

Procedimiento de evento *Form_QueryUnload*

El procedimiento de evento *Form_QueryUnload* contiene código interesante que parece como el principio de una rutina Guardar. Este código comprueba la propiedad Dirty de la matriz ViewInfo para un formulario, para determinar si dicho formulario ha cambiado.

```
If ViewInfo(Me.Tag).Dirty Then
```

Por supuesto que la aplicación tiene que mantener la propiedad Dirty. Este método no guarda realmente la información en un archivo, pero ofrece algunas ideas sobre la forma de implementar dicha operación.

Procedimiento de evento *Form_Unload*

Este procedimiento de evento define la propiedad Deleted siempre que se descarga un formulario:

```
ViewInfo(Me.Tag).Deleted = True
```

Este procedimiento de evento sería un lugar ideal para encapsular el siguiente código:

```
ViewInfo(Me.Tag).Dirty = True
```

Procedimiento de evento *grdMaint_GotFocus*

Cuando la cuadrícula *grdMaint* tiene el foco, este procedimiento de evento simplemente la trae al frente de los formularios visibles en la aplicación:

```
frmSearch.ZOrder 0
```

> **Utilización de formularios MDI**
>
> El objeto de formulario MDI admite la utilización del método *Arrange* para organizar de forma automática los hijos del formulario MDI principal. A continuación se muestra la sintaxis para utilizar el método:
>
> ```
> <NombreFormularioMDI>.Arrange <argumento>
> ```
>
> En la siguiente tabla se muestran los argumentos del método.
>
> | Constante de Visual Basic | Valor | Descripción |
> |---|---|---|
> | vbCascade | 0 | Distribuye en cascada todos los formularios hijo. |
> | vbTileHorizontal | 1 | Distribuye en mosaico horizontal todos los formularios hijo. |
> | vbTileVertical | 2 | Distribuye en mosaico vertical todos los formularios hijo. |
> | vbArrangeIcons | 3 | Organiza los iconos de los formularios MDI hijos minimizados. |
>
> Los tres primeros argumentos (del 0 al 2) trabajan sobre formularios hijo no minimizados. El último argumento (3) trabaja sobre formularios hijo minimizados.
>
> Observará en la aplicación Rental Car que se utiliza la sintaxis antigua de Visual Basic 3. Las constantes están definidas en el módulo Global para todas las acciones *Arrange* MDI. Por ejemplo, la constante TILE_HORIZONTAL vale 1, exactamente igual que la constante incorporada vbTileHorizontal. Es recomendable utilizar las constantes incorporadas siempre que sea posible.

Módulos comunes

La aplicación Rental Car contiene varios módulos comunes utilizados por más de una subaplicación. Estos módulos le dan coherencia y facilidad de mantenimiento a toda la aplicación.

Rental Constans.bas La aplicación Rental Car contiene un módulo común denominado basRentalConstants, que incluye algunas ideas útiles. Por ejemplo, compruebe la utilización de constantes públicas para especificar la ubicación de un elemento concreto dentro de una matriz multidimensional (por ejemplo, rtlAVehicleID).

Object Constants.bas Otro módulo de constantes utilizado por varias aplicaciones es basObjectConstans.

RentLib.res   Este es el archivo de recursos utilizado por la aplicación Rental Car. Para construir un archivo de recursos es necesario utilizar ciertas herramientas que se incluyen con los compiladores de C++, como Microsoft Visual C++ y Borland C++. También puede utilizarse VBAssist de Sheridan Software. Esta última posibilidad es más recomendable y menos costosa para los que todavía no tienen un compilador de C++. También hay que resaltar que los archivos de recursos para Windows de 32 bits tienen una estructura distinta a los archivos de recursos de 16 bits, así que habrá que asegurarse de utilizar la herramienta adecuada para el entorno de diseño específico.

Aplicación Rental Connection

La aplicación Rental Connection la utilizan el resto de subaplicaciones como punto de conexión único a la base de datos y para proporcionar la mayor parte de los métodos relacionados con la base de datos. En este módulo se utilizan algunos trucos interesantes para ofrecerle al usuario una lista de los orígenes de datos ODBC entre los que elegir. El módulo también puede crear un origen de datos sobre la marcha si es necesario.

Formulario frmDSN

Este formulario presenta una lista de orígenes de datos válidos en el sistema en el que se ejecuta el servidor Rental Connection. El usuario debe seleccionar uno de ellos.

Compruebe la utilización del archivo de recursos en este formulario. La acción tiene lugar en el procedimiento de evento *Form_Load*, en el que se utilizan las cadenas del archivo de recursos para definir el título del formulario y las leyendas (captions) de varias etiquetas.

Clase Connection

Esta clase contiene el método *Connect*, que sirve para realizar la conexión a la base de datos. En esta clase también se utilizan los procedimientos de evento *Class_Initialize* y *Class_Terminate*.

Procedimiento de evento *Class_Initialize*

Este procedimiento de evento define nuevas instancias de los objetos Clerk y Manager. Las instancias no se crean realmente hasta que se hace referencia a los objetos por primera vez.

Procedimiento de evento *Class_Terminate*

Este procedimiento de evento activa el método *Disconnect* para cerrarlo todo antes de salir.

Método *Connect*

El método *Connect* realiza la conexión a la base de datos. Acepta varios parámetros

- El primer parámetro (ocb) es la referencia de objeto al objeto CallBack en la aplicación cliente.
- El segundo parámetro es opcional y debe contener un nombre de origen de datos válido.
- Los parámetros segundo y tercero también son opcionales y pueden contener un nombre de usuario y una contraseña.

Si al método sólo se le pasa el parámetro necesario, presentará el formulario frmDSN para que el usuario seleccione un origen de datos. Es interesante mencionar que los orígenes de datos que se le presentan al usuario son los que están ejecutándose en el mismo sistema que el objeto Rental Connection, que puede ser un sistema remoto.

Con la siguiente instrucción se recupera una lista de orígenes de datos válidos:

```
icount = Clerk.GetDataSourceList(grecDSN)
```

El método *GetDataSourceList* devuelve el número de orígenes de datos encontrados e incluye dichos nombres en grecDSN.

Método *Disconnect*

Este método ejecuta el método *Disconnect* en los objetos Clerk y Manager y después define las referencias de los objetos a *Nothing*.

Módulo basRtlMain

Este módulo contiene dos métodos para comprobar varias partes de las aplicaciones servidoras.

Aplicación Rental Objects

La aplicación Rental Objects contiene la mayor parte de las reglas de negocios para la aplicación de demostración de alquiler de coches. Rental Objects es un buen ejemplo de cómo aislar las reglas de negocios de otras partes de la aplicación y crear objetos de negocios reutilizables.

Formulario frmObjectWatch

Este formulario muestra el estado del servidor cuando se realizan varias acciones. La presentación de información como ésta en un servidor remoto puede que no siempre sea una buena idea. A veces resulta útil disponer de información de estado actualizada, pero también puede ralentizar la aplicación. ¿Qué ocurre si alguien cierra la aplicación cuando un cliente está conectado?

Formularios frmStatus1 y frmStatus2

En estos dos formularios se presenta el estado de una acción. La acción se simula mediante el temporizador de ambos formularios. Tiene un cierto interés la utilización del objeto CallBackClass.

La línea del procedimiento de evento *Timer1_Timer* del formulario frmStatus1 ejecuta el método CallBack en la aplicación cliente:

```
basRentalServerMain.goCB.CallBack _
    CLng(rtlCBVerifyDriver), CLng(rtlCBReturnOK)
```

¿Qué ocurre aquí? La propiedad goCB de basRentalServerMain se define como la referencia de objeto de CallBackClass (objCB) en el método *Connect* para las clases Clerk ó Manager. ¿Recuerda cuando pasamos la referencia a CallBackClass al método *Connect* del objeto Connection en la aplicación Clerk? El método *Connect* entonces llamaba al método *Clerk.Connect* y le pasaba la referencia de objeto junto con el origen de datos, nombre de usuario y contraseña.

Ahora que tenemos una referencia al objeto CallBackClass, podemos ejecutar sus métodos directamente. Asombroso.

Clase Clerk

Vamos a entrar en más detalles en las clases Clerk y Manager. Ambas clases contienen montones de código relacionado con bases de datos y con automatización OLE que merece la pena explorar.

La clase Clerk contiene las funciones que necesita la aplicación Rental Clerk.

Todos los métodos que empiezan por *Get* devuelven una lista al programa que los llama. La lista se devuelve en una matriz que el método llamante puede utilizar para manejar los elementos individuales.

Declaraciones

Aquí se declaran el entorno RDO necesario y los objetos de la conexión. También se declara el objeto ocb para conservar la referencia a CallBackClass en la aplicación cliente.

```
Dim env As rdoEnvironment      'Entorno global (espacio de trabajo)
Dim cn As rdoConnection        'Conexión global (db)
Dim ocb As Object
```

Procedimiento de evento *Class_Initialize*

Este procedimiento de evento crea una referencia (env) al entorno RDO. También presenta el formulario frmObjectWatch y carga los dos formularios de estado (frmStatus1 y frmStatus2).

```
Private Sub Class_Initialize()
    Set env = rdoEnvironments(0)
    frmObjectWatch.Show
    WatchObject rtlObjClerk, rtlObjMsgInit
    Load frmStatus1
    Load frmStatus2
End Sub
```

Procedimiento de evento *Class_Terminate*

Este procedimiento de evento desconecta y hace limpieza.

```
Private Sub Class_Terminate()
    If bConnected Then Disconnect
End Sub
```

Método *Connect*

El método *Connect* conecta a la base de datos utilizando sDSN y otros parámetros. En este método también se crean las referencias a CallBack.

```
Public Function Connect( _
    objCB As Object, _
    sDSN As String, _
    sUserID As String, _
    sPassword As String _
    ) As Boolean
    Dim sConnect As String
    Dim sDriver As String
    On Error GoTo ConnectError
    WatchMethod rtlMetConn
    'Construir la cadena DSN a partir de los parámetros
    sConnect = ConcatDSN(sDSN, sUserID, sPassword)
    Set cn = env.OpenConnection(«», rdDriverNoPrompt, False, sConnect)
    Set ocb = objCB
    Set basRentalServerMain.goCB = objCB
    sDriver = GetODBCDriver(sDSN)
    SetODBCDriver sDriver
    Connect = True
    bConnected = True
    WatchObject rtlObjClerk, rtlObjMsgConnected
    Exit Function
ConnectError:
    On Error GoTo 0
    Select Case rdoErrors.Item(rdoErrors.Count - 1).Number
        Case 0
            'Suponer un error ODBC
```

```
                'Crear el origen de datos predeterminado y conectarse a él
                CreateDefaultDS sDSN
                sConnect = ConcatDSN(sDSN, sUserID, sPassword)
                Resume
            Case 40005
                'Cadena de conexión no válida (Error 40005)
                Debug.Print «Cadena de conexión no válida (Error 40005)»
                Debug.Print «sConnect = »; sConnect
            Case 40054
                'Parámetro no válido
                Debug.Print «Parámetro no válido (Error 40054)»
                Debug.Print «sConnect = »; sConnect
        End Select
        WatchMethod rtlMetConn, rtlMetMsgError
        WatchObject rtlObjClerk, rtlObjMsgError
        Connect = False
        bConnected = False
End Function
```

Método *Disconnect*

Este es el método *Disconnect* que lo apaga todo. Observe el bucle *For* que ejecuta el método *Close* sobre todas las conexiones RDO abiertas. Es un buen truco para utilizar en otras aplicaciones.

```
For i = env.rdoConnections.Count - 1 To 0 Step -1
    env.rdoConnections(i).Close
Next i
'Cerrar el entorno
env.Close
```

El método *CallBack* debe completarse antes de ejecutar el método *Disconnect*, porque la referencia a CallBackClass se destruye cerca del final del método *Disconnect*.

```
Set ocb = Nothing
Set basRentalServerMain.goCB = Nothing
```

Método *GetDataSourceList*

Este es un buen candidato para incluirlo en CSUtilities. Este método recupera la lista de orígenes de datos actuales en un sistema.

Se utiliza la función de ODBC *SQLDataSources* para recuperar los orígenes de datos. La lista se incluye en el parámetro Record que se le pasa al método.

```
If SQLAllocEnv(lHenv) <> -1 Then
    sDataSource = String(32, 32)
```

```
        sDescription = String(255, 32)
        'Obtener el primer DSN
        bDefaultDSN = False
        sDefaultDSN = LoadResString(rtlDefaultDSN + rtlLangOffset) _
            & Chr(0)
        sDefaultDSN = sDefaultDSN & Space$(32 - Len(sDefaultDSN))
        nRet = SQLDataSources(lHenv, 2, sDataSource, Len(sDataSource), _
            nDataSourceLen, sDescription, Len(sDescription), _
            nDescriptionLen)
    Do While nRet = 0 Or nRet = 1
        Record(rtlDSName, icount) = sDataSource
        Record(rtlDSDescription, icount) = sDescription
        If Not bDefaultDSN And sDefaultDSN = sDataSource Then _
            bDefaultDSN = True
        sDataSource = String(32, 32)
        sDescription = String(255, 32)
        'Obtener el siguiente DSN
        nRet = SQLDataSources(lHenv, 1, sDataSource, _
            Len(sDataSource), nDataSourceLen, sDescription, _
            Len(sDescription), nDescriptionLen)
        icount = icount + 1
        ReDim Preserve Record(rtlDSLastField, icount)
    Loop
```

Método *CreateDefaultDS*

Este es otro método útil que crea una entrada en los orígenes de datos. Las siguientes líneas construyen la cadena de definición del origen de datos.

```
    sDSOptions = «DBQ=» & App.Path & «\» _
        & LoadResString(rtlDefaultMDB + rtlLangOffset)
    sDSOptions = sDSOptions & Chr(13) & «DefaultDir=» & App.Path
    sDSDriver = LoadResString(rtlMDBDriver + rtlLangOffset)
```

La siguiente línea registra el origen de datos:

```
    rdoRegisterDataSource sDSName, sDSDriver, True, sDSOptions
```

Método *ConcatDSN*

El método *ConcatDSN* contruye la cadena DSN y la devuelve.

Método *GetODBCDriver*

El método *GetODBCDriver* comprueba si el nombre del origen de datos (dsn) que se le pasa existe en el sistema actual. Observe que utiliza el método *GetDataSourceList* de esta clase para recuperar la lista de nombres de orígenes de datos válidos.

```
GetDataSourceList dsnlist
```

Una vez que tenemos la lista, la recorremos comparando el nombre del origen de datos pasados como parámetro (dsn) con todos los elementos de la lista.

```
iubound = UBound(dsnlist, rtlDSName + 1)
For i = 0 To iubound
    If dsnlist(rtlDSName, i) = dsn Then
        GetODBCDriver = dsnlist(rtlDSDescription, i)
        Exit For
    End If
Next i
```

Método *SetODBCDriver*

Este método define las opciones del controlador ODBC en función del controlador utilizado, que puede ser Access o SQL Server. Observe la forma de definir las propiedades globales para manejar los diferentes caracteres comodín para cada controlador.

Métodos *Get*

Todos los métodos *Get* de esta clase son funcionalmente similares. Cada uno de ellos recupera un conjunto de resultados de la base de datos y lo devuelve en la matriz que se le pasa como parámetro. En cada método, el valor devuelto es el número de elementos del conjunto de resultados.

El método *GetCountryList* es un buen ejemplo de un método que recupera una lista sencilla. Otros métodos que devuelven listas sencillas son *GetDiscountList*, *GetSpecialList*, *GetLocationList* y *GetClassList*.

El método *GetCountryList* ilustra una nueva forma de cargar una matriz con datos. En primer lugar se carga la matriz (Record) con todas las filas del conjunto de resultados en una instrucción, utilizando el método *GetRows* sobre el conjunto de resultados (rs). *GetRows* devuelve varias filas de una vez. Hay que especificar como parámetro el número de filas que se devuelven. Las filas se colocan en una matriz bidimensional. En nuestro ejemplo, el parámetro Record es una variable de tipo variant que se convierte en una matriz cuando la rellena *GetRows*. La siguiente línea utiliza la función *Ubound* para determinar el número de filas de Record. Se añade 1 al total porque los índices de la matriz empiezan en cero.

Observe cómo la instrucción *If* inmediatamente anterior a estas dos líneas comprueba las propiedades EOF y BOF del conjunto de resultados. Así se puede determinar si van a devolverse filas válidas antes de ejecutar *GetRows*.

```
Public Function GetCountryList(Record As Variant) As Integer
    Dim icount As Integer
    Dim rs As rdoResultset
    WatchMethod rtlMetGetCountryL
    Set rs = cn.OpenResultset _
        («Select CountryName from Country order by CountryName»)
```

```
        'Set rs = cn.OpenResultset(«{call spGetCountryList}»)
        If Not rs.EOF And Not rs.BOF Then
            Record = rs.GetRows(rtlGetRowsMax)
            icount = UBound(Record, 2) + 1
        Else
            icount = 0
        End If
        rs.Close
        GetCountryList = icount
    End Function
```

Los otros métodos *Get* también devuelven listas, pero utilizan otros parámetros para seleccionar los elementos devueltos. Por ejemplo, en el siguiente fragmento de código del método *GetCustomer* podemos ver que utiliza un ID de cliente y un parámetro opcional. Si existe el ID del cliente, el método devolverá sólo ese cliente. Si no existe, el método devolverá todos los clientes, pero sólo cargará el primer cliente encontrado. Este método también devuelve un valor Boolean para indicar si ha tenido éxito o no.

```
    Public Function GetCustomer( _
        ByRef Record As Variant, _
        Optional ByVal CustomerID _
        ) As Boolean
```

Más adelante en el método podemos comprobar la existencia del ID de cliente con la función *IsMissing* y construir después la instrucción *Where* adecuadamente.

```
    If IsMissing(CustomerID) Then
        swhere = «»
    Else
        swhere = « and CustomerID = » & Str$(CustomerID)
    End If
```

El método *GetCustomerList* es una rutina de propósito general para devolver una lista de clientes. El conjunto de resultados está basado en los parámetros opcionales que se le pasan al ejecutarlo.

```
    Public Function GetCustomerList( _
        ByRef Record As Variant, _
        Optional ByVal DriversLicence As Variant, _
        Optional ByVal FirstName As Variant, _
        Optional ByVal LastName As Variant _
        ) As Long
```

El método anterior es similar al resto de métodos *Get*, con la única salvedad de tener más parámetros opcionales de los que ocuparse.

Método *UpdateCustomer*

Este método actualiza un registro de cliente, e ilustra muy bien la forma de utilizar la orden *Update* de SQL para actualizar un conjunto de resultados.

En primer lugar se da comienzo a una transacción sobre la conexión, y después se carga la propiedad sUpdate con la instrucción SQL completa.

```
cn.BeginTrans
sUpdate = «Update Customer set FirstName='» & _
    Record(rtlCustomerFName, 0) & «',» & _
    «LastName='» & Record(rtlCustomerLName, 0) & _
    «',DriversLicense='» & Record(rtlCustomerDLicense, 0) & «',» & _
    «AddressLine1='» & Record(rtlCustomerAdd1, 0) & _
    «',AddressLine2='» & Record(rtlCustomerAdd2, 0) & «',» & _
    «City='» & Record(rtlCustomerCity, 0) & «',Region='» & _
    Record(rtlCustomerRegion, 0) & «',» & _
    «Country='» & Record(rtlCustomerCountry, 0) & «',PostalCode='» _
    & Record(rtlCustomerPCode, 0) & «',» & _
    «Phone='» & Record(rtlCustomerPhone, 0) & «',CompanyName='» & _
    Record(rtlCustomerCName, 0) & «',» & _
    «DiscountID=» & Record(rtlCustomerDiscountID, 0) & _
    « Where CustomerID = « & Record(rtlCustomerID, 0)
```

A continuación se ejecuta la instrucción SQL con el método *Execute*.

```
cn.Execute sUpdate
```

El resto del método cierra la transacción. Si la propiedad RowsAffected devuelve 1, podremos confirmar (commit) la transacción. En caso contrario, habrá que anularla (roll back).

```
If cn.RowsAffected = 1 Then
    bReturn = True
    cn.CommitTrans
Else
    bReturn = False
    cn.RollbackTrans
End If
```

También podemos hacer un *rollback* si entramos en el gestor de errores.

Método *AddCustomer*

Este método añade un nuevo registro de cliente a la base de datos, y es un buen ejemplo de la utilización del método *Insert* de SQL para introducir filas en un conjunto de resultados. La ejecución directa de órdenes SQL es la forma más rápida de realizar alguna operación en la mayor parte de las ocasiones, pero se tiene menos control.

La principal diferencia que existe entre este método y *UpdateCustomer* es que *AddCustomer* utiliza la instrucción SQL como parámetro del método *Execute*, en lugar de utilizar una propiedad como sUpdate. Observe la diferencia estructural entre la instrucción *Insert* y la instrucción *Update*.

```
cn.Execute «insert into customer (« & _
    «FirstName, LastName, DriversLicense, AddressLine1, _
    AddressLine2, « & _
    «City, Region, Country, PostalCode, Phone, CompanyName, _
    DiscountID) « & _
    «values ('« & Record(rtlCustomerFName, 0) & «', '« & _
    Record(rtlCustomerLName, 0) & «', '« & _
    Record(rtlCustomerDLicense, 0) & «', '« & _
    Record(rtlCustomerAdd1, 0) & «', '« & _
    Record(rtlCustomerAdd2, 0) & «', '« & _
    Record(rtlCustomerCity, 0) & «', '« & _
    Record(rtlCustomerRegion, 0) & «', '« & _
    Record(rtlCustomerCountry, 0) & «', '« & _
    Record(rtlCustomerPCode, 0) & «', '« & _
    Record(rtlCustomerPhone, 0) & «', '« & _
    Record(rtlCustomerCName, 0) & «', « & _
    Record(rtlCustomerDiscountID, 0) & «)»
```

Métodos predeterminados

Existen dos métodos de propósito general para definir valores predeterminados en las variables de tipo variant destinadas a contener registros. El método *DefaultCustomer* inicializa una variable variant como matriz de clientes si dicha variable está vacía. El método *DefaultRental* inicializa una variable variant como matriz de alquileres si dicha variable está vacía.

Método *AddRental*

El método *AddRental* utiliza un enfoque distinto para añadir un registro que utiliza la instrucción *Insert* de SQL. Este método abre la tabla Rental y le añade un nuevo registro para el cliente actual, que ha recibido como parámetro. El método también devuelve el RentalID (identificador de alquiler) del nuevo registro en el registro que se le pasa.

En esta ocasión creamos un conjunto de resultados a partir de la tabla Rental. La instrucción *Select* que se muestra a continuación devuelve todas las filas en un cursor Keyset. Sería mejor restringir el número de filas con una cláusula *Where* o utilizar una instrucción preparada y definir la propiedad MaxRows como 1.

```
cn.BeginTrans
Set rs = cn.OpenResultset(«select * from rental», _
    rdOpenKeyset, rdConcurLock)
```

Una vez que tenemos el conjunto de resultados, utilizamos el método *AddNew* para crear un nuevo registro. Después de definir la propiedad CustomerID (identificador de cliente) al campo ID de cliente actual obtenido del parámetro entrante, podremos utilizar el método *Update* para actualizar la base de datos.

```
With rs
    .AddNew
    !CustomerID = Record(rtlRentalCustomerID, 0)
    .Update
End With
```

Después de actualizar la base de datos, utilizamos la propiedad Bookmark para definir el registro actual como el que acabamos de crear. La propiedad LastModified devuelve una marca (bookmark) al registro creado.

```
rs.Bookmark = rs.LastModified
```

A continuación confirmamos la transacción.

```
cn.CommitTrans
```

La siguiente línea de este ejemplo de código recupera el RentalID (identificador de alquiler) del nuevo registro y lo incluye en el parámetro entrante.

```
Record(rtlRentalID, 0) = rs(«RentalID»)
```

Este enfoque es distinto a utilizar la instrucción *Insert* de SQL. Resulta útil en este ejemplo, en el que queremos añadir un nuevo registro y después recuperar un valor desde el mismo.

Método *UpdateRental*

Este método es similar al método *AddRental*, excepto en que busca un registro según la columna RentalID y realiza una actualización.

El método *Edit* pone el registro actual en modo de actualización, para que pueda modificarse. El método *Update* que se encuentra al final de la secuencia actualiza la base de datos.

```
If Not rs.BOF And Not rs.EOF Then
    With rs
        .Edit
        !CustomerID = Record(rtlRentalCustomerID, 0)
        !VehicleID = Record(rtlRentalVehicleID, 0)
        !RentalBegin = Record(rtlRentalBegin, 0)
        !ExpectedEnd = Record(rtlRentalExpected, 0)
        !RentalEnd = Record(rtlRentalEnd, 0)
        !Rate = Record(rtlRentalRate, 0)
        !Discount = Record(rtlRentalDiscount, 0)
```

```
                !Total = Record(rtlRentalTotal, 0)
                !Damage = Record(rtlRentaldamage, 0)
                .Update
            End With
            cn.CommitTrans
            UpdateRental = True
        Else
            cn.RollbackTrans
            UpdateRental = False
        End If
```

Clase Manager

La clase Manager es similar a la clase Clerk por lo que respecta a las técnicas que utiliza. Emplea los métodos *Connect* y *Disconnect* para realizar las mismas funciones que los métodos con los mismos nombres en la clase Clerk. Las funciones *Get* también funcionan de la misma forma, excepto que la mayor parte de ellas no son tan complicadas como las de la clase Clerk.

Método *RemoveRental*

El método *RemoveRental* elimina una fila concreta de la tabla Rental. La fila se identifica mediante el parámetro RentalID. Observe que se utiliza la instrucción *Delete* de SQL para realizar esta acción.

```
    Public Sub RemoveRental(ByVal RentalID As Long)
        WatchMethod rtlMetRemoveRental
        cn.Execute «Delete * from Rental where RentalID = » & _
            Str$(RentalID)
    End Sub
```

Método *AddRate*

El método *AddRate* tiene un rasgo interesante. Se utiliza la siguiente línea para determinar si el conjunto de resultados puede actualizarse.

```
    If rs.Updatable Then
```

La propiedad Updatable devuelve *True* si el conjunto de resultados puede actualizarse o *False* en caso contrario.

Módulo basRentalServerMain

Método *Main*

Este es el método de arranque para el ejecutable. Realmente no hace casi nada, a menos que la constante TEST sea *True*. TEST es una constante de compilación condicional y sólo se utiliza durante la compilación de la aplicación. Si TEST es *True*, el código incluido emite un pitido y ejecuta el método *TestClerk* para comprobar la funcionalidad de la aplicación.

```
#If TEST Then
    Beep
    TestClerk
#End If
```

11

Administración de bases de datos y aplicaciones

En este capítulo se presentan varios consejos que pueden ayudarle a administrar las aplicaciones y las bases de datos cliente/servidor. No se trata de un manual en profundidad de Microsoft SQL Server, Microsoft Windows NT u otras herramientas, sino un repaso de técnicas que nos han parecido útiles.

En este capítulo se tratan los siguientes temas:

- Instalación de aplicaciones.
- Administración de bases de datos a alto nivel.
- Utilización de SQL-DMO para administrar SQL Server.
- Manejo de los problemas en los registros de las transacciones de base de datos y temas relacionados.
- Tratamiento de los errores de fin de temporización de las transacciones.
- Utilización del motor de base de datos Jet y cómo puede afectar al espacio en disco local.
- Supervisión del rendimiento de SQL Server.
- Empleo de utilidades personalizadas para la migración de aplicaciones antiguas a sistemas cliente/servidor.
- Captura de errores en las aplicaciones cliente.
- Entender el significado real de algunos códigos de error de Visual Basic y la forma de buscarlos.
- Utilización de compilación condicional.
- Utilización de archivos de ayuda para reducir el número de llamadas al servicio de asistencia.

Instalación de aplicaciones

¿Dónde deben instalarse las maravillosas aplicaciones cliente/servidor? El ejecutable y los archivos de soporte (EXE, DLL, OCX, etc.) pueden colocarse en un directorio en el servidor, o en el disco fijo del cliente. Ambas soluciones tienen sus ventajas. Con la colocación de los archivos en el servidor se consigue que su actualización sea algo más sencilla, pero puede tener un impacto negativo sobre el rendimiento. Con su colocación en el cliente se mejora el rendimiento, pero puede que su administración sea mucho más difícil.

La mejor solución para los 90 consiste en colocar los archivos en el cliente y utilizar un paquete de administración de red, como System Management Server para administrarlos. También pueden servir de ayuda las nuevas propiedades de la aplicación que están disponibles en Microsoft Visual Basic cuando se crea un EXE o DLL. (Para acceder a dichas propiedades habrá que seleccionar la opción Crear archivo EXE o Crear archivo DLL de OLE y pulsar sobre Opciones.) Para facilitar la administración, existen varios métodos que permiten recuperar estas propiedades. Por ejemplo, ahora es posible incorporar a los archivos la información de versión y otras informaciones.

También tendrá que plantearse la cuestión de cómo instalar su software. Podrá utilizar alguna de las opciones que se indican a continuación:

- Productos de terceros fabricantes (por ejemplo, Install Shield, Echelon, etc.).
- Asistente de instalación de Visual Basic.
- Programas de instalación personalizados escritos en Visual Basic.
- Programas de instalación personalizados escritos en otros lenguajes.
- Instalación manual o archivos BAT.
- Cualquiera de las anteriores o todas ellas con una herramienta como System Management Server.

Sea cual sea la estrategia que escoja, el sistema de administración de la red deberá poder utilizarla, y deberá ser fácil de administrar y de reconfigurar.

Consejos sobre la administración de bases de datos

Es necesario realizar varias tareas en el sistema para asegurarse de que funcione satisfactoriamente todo el tiempo. A los usuarios no les agradará demasiado que el sistema se interrumpa a intervalos frecuentes o perder algunos de sus valiosos datos. La siguiente lista incluye algunos elementos que deberá aprender bien.

- DBCC (Database Consistency Checking; Comprobación de la coherencia de la base de datos).
- Copias de seguridad rutinarias.
- Administración de dispositivos.
- Administración de base de datos.
- Administración del registro de las transacciones.
- Transact-SQL.

SQL Enterprise Manager, ISQL/w y otras herramientas de SQL Server le serán de gran ayuda. En la siguiente sección se muestra un sencillo ejemplo (¿hemos dicho sencillo?) de utilización de SQL-DMO (Distributed Management Objects; Objetos para la administración distribuida) para automatizar muchas tareas de administración típicas.

Utilización de SQL-DMO para gestionar SQL Server

Las bases de datos cliente/servidor suelen ofrecer potentes funciones no disponibles en base de datos de escritorio como Microsoft Access, FoxPro, Paradox o dBase. Estas funciones no sólo pueden utilizarse en el desarrollo de aplicaciones, sino que también permiten facilitar la automatización de la administración.

Algunas funciones, como los cursores, tienen que ver con el rendimiento, mientras que otras, como MAPI, añaden una nueva funcionalidad a las aplicaciones. Ocurre que muchas funciones están pensadas para una cosa, pero pueden utilizarse para otra. Por ejemplo, puede utilizarse MAPI para permitir que una aplicación utilice el correo, pero MAPI también resulta útil como método de transporte de consultas y resultados hacia y desde sistemas remotos.

En esta sección vamos a introducir algunas de las funciones más habituales en la administración de una base de datos remota. De hecho, la utilización óptima de las funciones es crítica para el éxito de las aplicaciones. Por ejemplo, los cursores son importantes porque proporcionan funcionalidad y maximizan el rendimiento. La utilización de cursores en las versiones anteriores de Visual Basic era, como poco difícil, pero con Visual Basic 4 es posible utilizar cursores sin llegar a ser consciente de ello. Esta utilización implícita de cursores puede que no sea óptima para una aplicación concreta. Por supuesto que la utilización explícita de cursores no es tan sencilla como la implícita, pero sigue siendo mucho más fácil que antes.

Por otra parte, SQL-DMO es una herramienta útil para la administración de bases de datos. SQL-DMO permite construir, de una forma rápida, montones de herramientas para automatizar muchas tareas que habitualmente se realizan a mano o mediante Transact-SQL. SQL-DMO puede llamarse desde Visual Basic o desde cualquier aplicación, como Excel, que pueda utilizar servidores de automatización OLE. En esta sección le enseñaremos a utilizar SQL-DMO para añadir algunas herramientas eficaces de administración de bases de datos a sus aplicaciones.

Fundamentos de SQL-DMO Los objetos de SQL-DMO proporcionan una interfaz de 32 bits con las interioridades de SQL Server que todos los programadores de Visual Basic pueden utilizar. Las utilidades que se incluyen con SQL Server, como SQL Enterprise Manager, están basadas en estos objetos. De hecho, SQL Server exponen todas las funciones disponibles a través de sus interfaz, lo que quiere decir que cualquier cosa que pueda hacerse con SQL Enterprise Manager podrá hacerse por programa con SQL-DMO.

Para poder utilizar SQL-DMO es necesario incluir la biblioteca de tipos SQL-DMO en el proyecto de Visual Basic. Para ello, basta con seleccionar Referencias en el menú Herramientas de Visual Basic y seleccionar Microsoft SQLOLE Object Library. Si esta entrada no aparece en la lista, habrá que pulsar sobre el botón Examinar y seleccionar SQLOLE32.TLB en el directorio SQL60\DLL. (Este directorio se encuentra en el servidor en el que se haya instalado SQL Server.)

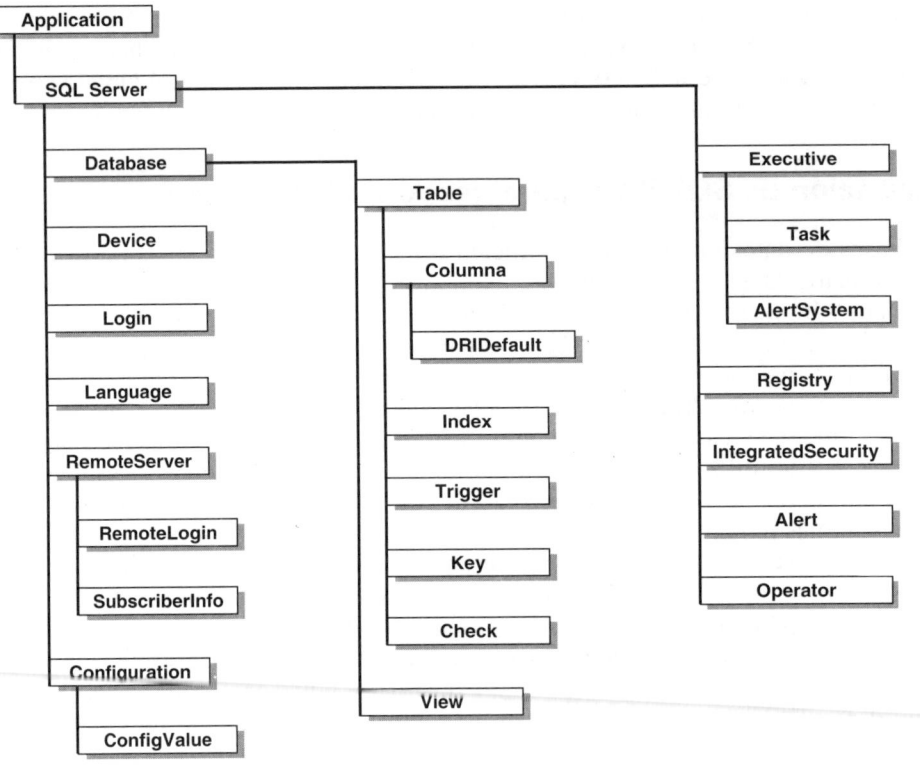

Figura 11-1. Modelo de objetos de SQL-DMO.

A continuación se indican algunos de los archivos de soporte para programar SQL-DMO con Visual Basic:

- SQLOLE32.TLB - la biblioteca de tipos.
- SLQOLE32.DLL - el servidor en el proceso.
- SQLOLE.REG - el archivo de registro de SQL-DMO.
- SQLOLE.HLP - el archivo de ayuda para SQL-DMO.

El archivo de ayuda contiene documentación útil sobre la funcionalidad de SQL-DMO. Todos estos archivos se encuentren en el directorio SQL60\DLL (en caso de una instalación de SQL Server en el directorio predeterminado).

Por supuesto que la programación con objetos de automatización OLE es sencilla gracias a sus modelos de objetos, y SQL-DMO no es ninguna excepción. En la Figura 11.1 se muestra el modelo de objetos de SQL-DMO. Si va a desarrollar aplicaciones basadas en este modelo, será recomendable que tenga una copia a mano. SQL Server es un producto potente y complejo. Como resultado de ello, el modelo de objetos es extenso, en especial cuando se tienen en cuenta todas las propiedades y los métodos.

Tratamiento de errores   El tratamiento de errores puede ser especialmente problemático con SQL-DMO. Por ejemplo, si se utiliza una rutina de tratamiento de errores y se produce un error, la ejecución del programa pasará a dicha rutina. Para corregir el problema, puede que haya que ejecutar otro método de SQL-DMO o modificar una propiedad de SQL-DMO dentro de la rutina. No obstante, al hacerlo así se anula la posibilidad de tratar los errores que surjan de la ejecución mientras se está en la rutina de tratamiento.

La forma más sencilla de solucionar este dilema consiste en realizar la comprobación de errores en línea. Cuando falla una operación de SQL-DMO, se define la propiedad Number del objeto Err. Comprobando esta propiedad justo después de cada llamada es posible determinar si la llamada ha tenido éxito y, en caso contrario, qué es lo que ha fallado. Para activar el tratamiento de errores en línea, incluya la siguiente instrucción al principio de cada procedimiento en el que quiera incorporarlo.

```
On Error Resume Next
```

Esta versión de la instrucción *On Error* le indica a Visual Basic que ignore todos los errores en el procedimiento y continúe la ejecución con la siguiente línea. Como se ha incluido el código de tratamiento de errores en la siguiente línea, todo es correcto, si se manejan todos los errores posibles. Le recomendamos encarecidamente que utilice la estructura *Select Case* con una cláusula *Case Else* obligatoria para el tratamiento de los errores en línea. De esta forma, aunque se olvide de un número de error específico en *Select Case*, la instrucción *Case Else* se ocupará de él.

Al manejar SQL-DMO, los errores pueden venir de una de estas tres fuentes:

- Tabla sysmessages (mensajes del sistema).
- DB-Library.
- SQL-DMO.

Los más frecuentes son los errores SQL-DMO y, por suerte, disponen de constantes de error que hacen que su seguimiento sea mucho más sencillo. La utilización de estas constantes en lugar de números de error explícitos también hará que el código sea muchísimo más legible. Las constantes de error se encuentran en la Microsoft SQLOLE Object Library, y pueden examinarse seleccionando SQLOLE_ERROR_TYPE en el Examinador de objetos.

Los números de errores de SQL-DMO están agrupados por categoría. Como hay 10 categorías aproximadamente, resulta sencillo determinar a qué categoría pertenece un error concreto. Basta con utilizar el operador *And* entre el número de error SQL-DMO y la constante SQLOLE_ECAT_MASK. El resultado, que se determinará mejor mediante una estructura Select Case, será de valor igual a una de las categorías.

Se habrá dado cuenta de que los errores de SQL-DMO en tiempo de ejecución son fatales, así que, si no se incluye un tratamiento para ellos, Visual Basic lo hará (terminando la aplicación). Más información sobre el tratamiento de errores cuando se utiliza SQL-DMO puede encontrarse en el archivo de ayuda de SQL-DMO, llamado Sqlole.hlp, buscando *Error Handling* (tratamiento de errores). Este archivo se encuentra en el directorio Sql60\Dll.

Declaración de objetos SQL-DMO   Visual Basic 4 admite la asociación anticipada (o asignación vtable) de objetos OLE, que es la que permite utilizar la palabra clave *New* al declarar una instancia de un objeto. La utilización de la palabra clave *New* es más rápida que la declaración genérica alternativa de un Object o la utilización de la función *CreateObject*. Para aprovechar esta inyección de velocidad adicional, sólo hay que declarar las instancias de los objetos con la palabra clave *New*, como en `Dim OMiSQLServer As New SQLOLE.SQLServer`.

Conexión a un SQL Server Para poder utilizar SQL-DMO es necesario conectarse a un SQL Server en la aplicación. Hacen falta tres datos para conectarse a un SQL Server: el nombre del servidor, un ID (identificador) de conexión y una contraseña. Ciertos métodos y propiedades, como los asociados con la réplica y la administración de tareas, sólo están disponibles para usuarios con privilegios de administrador. Asegúrese de que el ID de conexión que utilice tenga privilegios suficientes para las tareas que debe realizar.

Después de conectarse con éxito (el SQL Server especificado existe y está funcionando, y el ID y la contraseña son correctos), el objeto SQLServer y todos su objetos hermanos serán válidos y estarán disponibles para su uso.

Es posible ejecutar objetos que desconecten el objeto SQLServer del servidor (por ejemplo, el método *Disconnect* del objeto SQLServer). Si ejecuta uno de estos métodos, tendrá que volver a conectarse a SQL Server para utilizar el objeto SQLServer de nuevo.

Utilización de colecciones SQL-DMO utiliza profusamente las colecciones, y es por medio de dichas colecciones que puede realizar gran parte del trabajo útil. Una base de datos, una tabla, un campo o un índice se añaden mediante la colección adecuada.

Para añadir un objeto, deberá crear una nueva instancia del mismo y definir las propiedades que quiera que tengan valores específicos. A continuación tendrá que utilizar el método *Add* para añadir el objeto a la colección adecuada, con la siguiente sintaxis:

```
ObjectCollection.Add NewObject
```

La eliminación de un objeto de una colección es incluso más fácil; basta con utilizar el método *Remove* y especificar el nombre del objeto o su ordinal (la posición que ocupa el objeto dentro de la colección). Si opta por utilizar el ordinal, tenga en cuenta que las colecciones empiezan por 1, no por 0. Utilice alguno de los siguientes formatos:

```
ObjectCollection.Remove ObjectName
ObjectCollection.Remove ObjectOrdinal
```

Si lo prefiere, puede eliminar el objeto directamente:

```
Object.Remove
```

Como ocurre con otras colecciones de Visual Basic, las colecciones de SQL-DMO permiten utilizar la estructura *For Eeach...Next*, lo que facilita el recorrido por una colección, como se muestra en el siguiente código:

```
For Each ODatabase in OMiSQLServer.Database
   lstInfo.AddItem ODatabase.Name
Next ODatabase
```

Actualización de la información de la caché La información de la jerarquía SQL-DMO se conserva en una caché local en el sistema cliente, y puede quedar obsoleta si otro usuario (o procedimiento almacenado) la modifica. Es por ello que existe el método *Refresh* para actualizar la información local.

Cuando se examina el método *Refresh* para una colección de SQL-DMO, se descubre que, a diferencia de la mayor parte de los otros métodos *Refresh* de Visual Basic, acepta un parámetro Boolean. (Esta información se encuentra en *Programming SQL-DMO*, en el Microsoft SQL Server Programmer's Toolkit.) Si su valor es *True*, este parámetro le indica a Visual Basic que vuelva a inicializar toda la jerarquía. Después de un *Refresh*, todas las referencias a los objetos subyacentes no serán válidas. La buena noticia es que la jerarquía estará actualizada. Si su valor es *False*, Visual Basic sólo libera los objetos de la jerarquía que se hayan eliminado (y que no serían utilizables en ningún caso). Actualiza SQLServer, pero no los objetos subyacentes en la jerarquía. En otras palabras, todas las referencias a los objetos subyacentes seguirán siendo válidas (siempre que el objeto no se haya eliminado), pero puede que no estén actualizadas.

Limpieza Cuando se termina de utilizar un objeto SQLServer, debe liberarse la memoria asociada con él, definiendo para ello la variable del objeto como *Nothing*:

```
Set OMiSQLServer = Nothing
```

En el mundo de recursos escasos de Windows, es una buena práctica de programación liberar todo lo que ya no se necesite.

Programa de ejemplo: Utilización de SQL-DMO

La aplicación SqlDmo se encuentra en el directorio SqlDmoManager del CD adjunto. Esta aplicación emula el comportamiento de la aplicación SQL Service Manager incluida con SQL Server, como se muestra en la Figura 11.2, y muestra la forma de controlar SQL Server por programa mediante SQL-DMO (véase la Figura 11.3 de la página siguiente).

Figura 11-2. *La aplicación SQL Service Manager incluida con SQL Server.*

304 *Programación cliente/servidor con Microsoft Visual Basic*

Figura 11-3. *Nuestra simulación del SQL Service Manager con SQL-DMO.*

Para poder construir o ejecutar esta aplicación (que debe ejecutarse en el servidor en el que se haya instalado SQL Server), habrá que asegurarse de que el proyecto contenga una referencia válida a Microsoft SQLOLE Object Library, como se describe en «Fundamentos de SQL-DMO» en la página 299.

Módulo Module1

Este módulo contiene las declaraciones globales.

Declaraciones

La segunda línea del código siguiente le indica a Visual Basic que utilice asociación anticipada (el método más rápido posible) para crear una instancia del objeto SQLOLE. El objeto se declara globalmente para que pueda utilizarse en toda la aplicación.

```
Option Explicit
Global OMySQLServer As New SQLOLE.SQLServer
Global DefDir As String

Global Const None As Integer = 0
Global Const Stopped As Integer = 3
Global Const Paused As Integer = 2
Global Const Running As Integer = 1
Global Const Starting As Integer = 4
Global Const Stopping As Integer = 5
Global Const Color As Integer = 1
Global Const Gray As Integer = 2
Global Const Depressed As Integer = 3
```

Formulario Form1

Form1 es el formulario de arranque de la aplicación. Contiene todo el código, excepto las declaraciones globales que están en Module1.

Procedimiento de evento *cmdConnect_Click*

Después de especificar un nombre de servidor y el ID de conexión y la contraseña de SQL Server, el usuario debe pulsar sobre el botón Conectar para establecer una conexión con SQL Server. Este procedimiento utiliza la información introducida para solicitar una conexión con SQL Server.

```
Private Sub cmdConnect_Click()

' Informar a Visual Basic de que el tratamiento de errores va
' a realizarse en línea. Sin el tratamiento en línea o cualquier
' otra forma de tratamiento de los errores, un error hará que
' la aplicación termine, porque todos los errores SQLOLE son
' fatales.
  On Error Resume Next

  cmdConnect.Enabled = False
  MousePointer - vbHourglass
  Dim sServerName As String
  Dim sLogin As String
  Dim sPassword As String
  lblStatus = «Intentando conectar con SQL Server...»
  lblStatus.Refresh
  sServerName = txtServer
  sLogin = txtLogin
  sPassword = txtPassword

' Conectar al servidor.
  OMySQLServer.Connect ServerName:=sServerName, _
    Login:=sLogin, Password:=sPassword

  If Err <> 0 Then
    Select Case Err

' El servidor ya está ejecutándose, así que
' podemos ignorar el error y continuar.
      Case -2147211500

' El ID del usuario o la contraseña no son válidos.
      Case -2147217502
        MsgBox «Ha fallado la conexión»
```

```
            cmdConnect.Enabled = True
            Exit Sub

' Se ha producido algún otro error.
        Case Else
            MsgBox «Error desconocido»
            Exit Sub

    End Select
 End If

' Después de conectarse con éxito, ya es seguro activar el
' temporizador sin miedo a generar errores.
    Timer1.Enabled = True
    MousePointer = vbDefault

End Sub
```

Procedimiento de evento *Combo2_Change*

El siguiente procedimiento de evento actualiza el estado cada vez que cambia el control combinado.

```
Private Sub Combo2_Change()
   UpdateStatus
End Sub
```

Procedimiento de evento *Form_Load*

El procedimiento de evento *Form_Load* define la propiedad de directorio predeterminado (DefDir) y carga el control combinado.

```
Private Sub Form_Load()

   DefDir = App.Path

' Si la aplicación se arranca desde el raíz,
' no se añade un «\» a App.Path.
   If Right(DefDir, 1) <> «\» Then
      DefDir = DefDir & «\»
   End If

   Combo2.AddItem «SQLExecutive»
   Combo2.AddItem «SQLServer»
   Combo2.ListIndex = 1

End Sub
```

Procedimiento de evento *Form_Unload*

Este procedimiento de evento cierre el objeto SQL Server y lo libera.

```
Private Sub Form_Unload(Cancel As Integer)
   OMySQLServer.Close
End Sub
```

Procedimientos de evento *lblStop_DblClick, lblPause_DblClick* y *lblStart_DblClick*

Como pulsar dos veces sobre el control Label o pulsar una vez sobre el semáforo pueden iniciar la misma actividad, es más eficiente utilizar las subrutinas StopServer, PauseServer y StartServer que incluir el código dos veces.

```
Private Sub lblStop_DblClick()
   StopServer
End Sub

Private Sub lblPause_DblClick()
   PauseServer
End Sub

Private Sub lblStart_DblClick()
   StartServer
End Sub
```

Método *StopServer*

El método *StopServer* apaga SQL Server.

```
Sub StopServer()

   On Error Resume Next

   MousePointer = vbHourglass

' Determinar el tipo de servicio.
   Select Case Combo2
      Case «SQLServer»

' El método Status devuelve el estado actual de SQL Server.
' (También está disponible para el objeto Executive.)
' El servidor sólo puede detenerse si está en pausa o ejecutándose
         Select Case OMySQLServer.Status
            Case Paused
```

```
            OMySQLServer.Shutdown
          Case Running
            OMySQLServer.Shutdown
          Case Else
            MsgBox «SQL Server debe estar en pausa o » & _
               «ejecutándose para poder detenerlo», , «SQL Server»
        End Select

' Sólo un administrador puede detener SQL Server. Este error
' aparecerá si la información de la conexión no tiene los
' privilegios adecuados para apagar SQL Server. No ocurre lo
' mismo con la pausa de SQL Server (cualquier usuario puede
' realizarla).
        If Err = -2147215500 Then
          MsgBox Err.Description
          MousePointer = vbDefault
          Exit Sub
        End If

' Executive sólo puede detenerse si está ejecutándose.
      Case «SQLExecutive»
        Select Case OMySQLServer.Executive.Status
          Case Running
            OMySQLServer.Executive.Stop
          Case Else
            MsgBox «SQL Executive debe estar ejecutándose para poder
                   deternerlo», , _
               «SQL Server»
        End Select

    End Select

    MousePointer = vbDefault

End Sub
```

Método *PauseServer*

Este método produce una pausa de SQL Server.

```
    Sub PauseServer()

      MousePointer = vbHourglass

      Select Case Combo2
```

```
    ' SQL Server sólo puede pausarse si está ejecutándose.
       Case «SQLServer»
         Select Case OMySQLServer.Status

           Case Running
             OMySQLServer.Pause
           Case Else
             MsgBox «SQL Server debe estar ejecutándose para poder pausarlo», , _
               «SQL Server»
         End Select

       Case «SQLExecutive»
         MsgBox «SQL Executive no puede pausarse», , «SQL Server»

   End Select

   MousePointer = vbDefault

End Sub
```

Método *StartServer*

El método *StartServer* arranca SQL Server. (Todos estos métodos se parecen mucho, ¿no es cierto?)

```
Sub StartServer()

   MousePointer = vbHourglass

   Select Case Combo2
     Case «SQLServer»
       Select Case OMySQLServer.Status
         Case Stopped
           OMySQLServer.Start
         Case Paused
           OMySQLServer.Continue
         Case Else
           MsgBox «SQL Server debe estar detenido o en pausa » & _
             «para poder arrancarlo o continuar», , «SQL Server»
       End Select

     Case «SQLExecutive»
       Select Case OMySQLServer.Executive.Status
         Case Stopped
           OMySQLServer.Executive.Start
```

```
            Case Else
                MsgBox «SQL Executive debe estar detenido para poder arrancarlo»,
                    «SQL Server»
            End Select
        End Select

        MousePointer = vbDefault

    End Sub
```

Procedimiento de evento *Picture1_MouseDown*

Ahora vamos a examinar un pequeño ejemplo de cómo utilizar algunos gráficos en nuestras aplicaciones. Muchas de las aplicaciones disponibles en la actualidad utilizan gráficos activos sobre los que se puede pulsar para iniciar acciones. ¿Cómo funcionan estos gráficos?

La mayoría de estas aplicaciones utilizan gráficos que contienen *puntos activos (hot spots)*. Un punto activo es básicamente una zona que se ha definido y sobre la que el usuario puede pulsar para activar una acción. Este procedimiento de evento utiliza la instrucción *Select Case* para comprobar la posición Y del ratón cuando el usuario pulsa sobre cualquier lugar de Picture1.

```
    Private Sub Picture1_MouseDown(Button As Integer, _
        Shift As Integer, X As Single, Y As Single)

    ' En función del lugar del semáforo sobre el que pulse
    ' el usuario, ejecutar uno de los procedimientos.
        Select Case Y
            Case 405 To 588
                StopServer
            Case 576 To 900
                PauseServer
            Case 1030 To 1236
                StartServer
        End Select

    End Sub
```

Procedimiento de evento *Timer1_Timer*

En lugar de incluir el código directamente en la rutina del temporizador, se llama a una subrutina independiente, que también se llama desde el procedimiento de evento *Combo2_Change*.

```
    Private Sub Timer1_Timer()
        UpdateStatus
    End Sub
```

Método *UpdateStatus*

SQL-DMO proporciona control por programa tanto de SQL Server como de SQL Executive. SQL Server y SQL Executive son servicios independientes de NT y pueden arrancarse y detenerse de manera independiente. El siguiente procedimiento refleja el estado actual del servicio seleccionado.

```
Sub UpdateStatus()

  On Error Resume Next

  Static LastServerStatus As Integer
  Static LastExecutiveStatus As Integer
  Static sServiceStatus As String

' En la siguiente instrucción Select Case se incluyen
' sentencias If para no incurrir en la sobrecarga de
' cargar una imagen que ya esté cargada.
  Select Case Combo2

    Case «SQLServer»
      Select Case OMySQLServer.Status
        Case Stopped
          If LastServerStatus <> Stopped Then
            Picture1 = LoadPicture(DefDir & «red.bmp»)
            LastServerStatus = Stopped
            sServiceStatus = «detenido»
          End If
        Case Starting
          If LastServerStatus <> Starting Then
            Picture1 = LoadPicture(DefDir & «green.bmp»)
            LastServerStatus = Starting
            sServiceStatus = «arrancando...»
          End If
        Case Stopping
          If LastServerStatus <> Stopping Then
            Picture1 = LoadPicture(DefDir & «red.bmp»)
            LastServerStatus = Stopping
            sServiceStatus = «deteniéndose...»
          End If
        Case Paused
          If LastServerStatus <> Paused Then
            Picture1 = LoadPicture(DefDir & «yellow.bmp»)
            LastServerStatus = Paused
            sServiceStatus = «en pausa»
          End If
```

```
          Case Running
            If LastServerStatus <> Running Then
              Picture1 = LoadPicture(DefDir & «green.bmp»)
              LastServerStatus = Running
              sServiceStatus = «ejecutándose»
            End If
          Case Else
            If LastServerStatus <> None Then
              Picture1 = LoadPicture(DefDir & «none.bmp»)
              LastServerStatus = None
              sServiceStatus = «»
            End If
        End Select

      Case «SQLExecutive»
        Dim vTempVar As Variant
        vTempVar = OMySQLServer.Executive.Status

  If Err = -2147201022 Then
          MsgBox «Es necesario tener una conexión válida a un » & _
            «SQL Server para poder manipular su SQL Server», , _
            «SQLExecutive»
          Combo2.ListIndex - 1
          Exit Sub
        End If

' No hace falta incluir un caso Paused (en pausa) porque
' SQLExecutive sólo puede estar detenido o ejecutándose.
        Select Case vTempVar
          Case Stopped
            If LastExecutiveStatus <> Stopped Then
              Picture1 = LoadPicture(DefDir & «red.bmp»)
              LastExecutiveStatus = Stopped
              sServiceStatus = «detenido»
            End If

          Case Running
            If LastExecutiveStatus <> Running Then
              Picture1 = LoadPicture(DefDir & «green.bmp»)
              LastExecutiveStatus = Running
              sServiceStatus = «ejecutándose»
            End If

          Case Starting
            If LastExecutiveStatus <> Starting Then
              Picture1 = LoadPicture(DefDir & «green.bmp»)
```

```
              LastExecutiveStatus = Starting
              sServiceStatus = «arrancando...»
           End If

        Case Stopping
           If LastExecutiveStatus <> Stopping Then
              Picture1 = LoadPicture(DefDir & «red.bmp»)
              LastExecutiveStatus = Stopping
              sServiceStatus = «deteniéndose...»
           End If

        Case Else
           If LastExecutiveStatus <> None Then
              Picture1 = LoadPicture(DefDir & «none.bmp»)
              LastExecutiveStatus = None
              sServiceStatus = «»
           End If

     End Select

  End Select

' mostrar el estado de SQL Server en la etiqueta (label).
  If sServiceStatus <> «» Then
     lblStatus = «El servicio está » & sServiceStatus
  Else
     lblStatus = «»
  End If

End Sub
```

Registros de transacciones de la base de datos y problemas relacionados

¿Qué ocurre cuando se llena un registro de transacciones de una base de datos? Lo más probable es que los usuarios reciban un mensaje de error del tipo *Failed to allocate disk space for a work table in database 'tempdb'. (No se ha conseguido asignar espacio de disco para una tabla de trabajo en la base de datos 'tempdb'.)* La base de datos tempdb sirve para guardar tablas temporales que se generan durante las operaciones normales. Cuando se llena esta base de datos o su registro de transacciones, los usuarios verán un error cuando la aplicación que utilizan emita una instrucción SQL que utilice tempdb.

Estos errores también pueden aparecer cuando se llene el registro de transacciones para la base de datos que están utilizando. Estos errores nos plantean dos cuestiones:

- ¿Cómo podemos anticiparnos a este problema y prevenir su aparición?
- ¿Cómo lo solucionamos cuando se produce?

Ambas cuestiones son bastante fáciles de solucionar. El Performance Monitor (Supervisor del rendimiento) de Windows NT puede vigilar el tamaño de la base de datos y de sus dispositivos de registro. Habrá que establecer una alerta sobre estos dos valores para advertir al administrador de la base de datos cuando los dispositivos estén a punto de llenarse. También puede utilizarse Performance Monitor para ejecutar la orden de vaciado del registro o de expansión de la base de datos.

Otra solución sería utilizar la nueva función de programación de SQL Server Executive para ejecutar de forma periódica un programa que compruebe el tamaño de los registros y lleve a cabo la acción adecuada.

Arreglar un registro de transacciones lleno también es realmente sencillo. La orden DUMP TRANSACTION de Transact-SQL tiene varias opciones que es necesario entender antes de utilizarlas. Los detalles de estas opciones pueden encontrarse en el archivo Transact-SQL Reference Help, al que se accede seleccionando Transact-SQL Help en el menú Help (ayuda) de ISQL/w (buscar DUMP).

Fines de temporización de las transacciones

Otro error que puede aparecer es el número 40002, que indica: S1T00: [Microsoft][ODBC SQL Server Driver]Timeout expired.

El error de fin de temporización suele producirse cuando algo provoca que un conjunto de resultados esté en pausa demasiado tiempo entre operaciones y supere el valor de fin de temporización definido. Este error puede estar producido por diversas causas, entre las que se incluyen la sobrecarga del motor de base de datos, errores en la red, errores severos, etc., todos los cuales le provocarán un gran pesar.

La solución al problema no pasa necesariamente por aumentar el valor del fin de temporización, sino por descubrir la causa real del problema y corregirla. Aumentar el valor del fin de temporización suele enmascarar el problema real y ser el origen de más problemas.

Jet y espacio en disco

Los Recordset de tipo hoja de respuestas dinámica (dynaset) construyen el keyset en la estación de trabajo cliente en la que se ejecuta la aplicación. Si no se tiene cuidado, esta operación puede desbordar el directorio Temp del disco fijo. Los Recordset de tipo instantánea (snapshot) también construyen el keyset en el cliente y cargan los datos en su directorio Temp. Es posible minimizar el impacto sobre el cliente controlando siempre el ámbito de las consultas y no permitiendo nunca que alguien solicite una consulta de una tabla completa, a menos que dicha tabla sea muy pequeña.

Es una buena idea definir una cantidad mínima de espacio libre en disco en las estaciones de trabajo clientes y después supervisar con frecuencia el espacio libre en disco. Con System Management Server o con cualquier otra herramienta esta tarea puede realizarse diariamente y llevar a cabo la acción adecuada.

Supervisión del rendimiento de SQL Server

Performance Monitor es una potente herramienta para Windows NT que sirve para realizar el seguimiento del rendimiento de sistemas que se ejecutan sobre Windows NT. Performance Monitor está basado en una arquitectura abierta que permite que vendedores y desarrolladores de empresa incluyan sus propios objetos en su base de datos. SQL Server incluye un archivo de configuración de Performance Monitor para algunos de sus propios objetos. Para acceder a las opciones preconfiguradas sólo hay que pulsar sobre el icono SQL Performance Monitor del grupo Microsoft SQL Server en el Administrador de programas.

Performance Monitor también es una herramienta de acceso remoto que puede funcionar desde cualquier sistema basado en Windows NT de la red, o que se conecte a la red mediante el Remote Access Service (RAS; Servicio de acceso remoto) u otro método de acceso remoto. Performance Monitor puede supervisar más de un SQL Server de cada vez, ofreciéndole a un administrador de sistemas la posibilidad de realizar el seguimiento de varios criterios críticos de rendimiento sobre varios sistemas simultáneamente.

Performance Monitor también puede presentar sus estadísticas en forma gráfica o de informe, supervisar los valores de alerta y activar ciertas acciones cuando se superan, y guardar valores en un archivo de registro. Performance Monitor debe estar ejecutándose para realizar cualquiera de sus acciones, incluyendo las funciones de registro y alerta.

Para conseguir más información sobre Performance Monitor, consulte la documentación de Windows NT, el *Windows NT Resource Kit*, y *NT Server: Management and Control* de Ken Spencer (Prentice-Hall, 1996).

Utilidades caseras para la migración

Un tema que suele pasarse por alto con frecuencia durante el traspaso de sistemas antiguos a sistemas cliente/servidor (o durante el desarrollo de un sistema cliente/servidor) es la variedad de tareas que deben realizarse, que van desde el filtrado de los archivos de datos existentes hasta la migración de los datos desde el sistema antiguo hasta el nuevo. La mayor parte de los programadores recurren a lenguajes de procesamiento por lotes o a cualquier otro método familiar para realizar estas tareas sin pensar demasiado en Visual Basic.

Con frecuencia Visual Basic resulta ser la forma mejor y más flexible de crear herramientas para estas tareas, como se ilustra en los siguientes ejemplo. Cada una de estas herramientas se ha utilizado realmente durante diferentes proyectos. Algunas de ellas se crearon en unos pocos minutos, y otras en un par de horas. El convertidor All-In-1 (Todo en uno) tardó 10 días en desarrollarse.

Construcción de una base de datos de Access a partir de un diccionario de PowerHouse

Nuestro programa DBBuilder surgió de un proyecto cliente/servidor en el que hacía falta migrar archivos planos (en formato Record Management System o RMS) desde un VAX hasta SQL Server. El objetivo era el de duplicar el sistema de archivo plano existente en un formato relacional. Así podríamos crear sofisticados informes en las primeras fases del proyecto y disponer de unas bases estables para la migración de los datos al sistema nuevo. Al principio nos parecía una tarea difícil, hasta que nos dimos cuenta de que podíamos realizarla con Visual Basic.

El primer paso consistió en construir una estructura en SQL Server que se correspondiera con la estructura de archivo en el VAX. Generalmente, esta tarea supone la creación manual de tablas, columnas, etc., que con 100 archivo o más, rápidamente se convierte en una pesadilla. Nuestra solución fue la de construir un generador de bases de datos en Visual Basic que leyera el formato existente y construyera una base de datos de Access, que después podríamos pasar a SQL Server mediante el Upsizing Wizard de Microsoft.

Tardamos menos de una semana en construir esta herramienta. Con ella y el Upsizing Wizard realizamos la migración de la estructura de datos en dos semanas aproximadamente. Ahora, alguien podría decir, «Se podría haber construido la estructura a mano en ese tiempo», lo que es cierto. Pero, ¿qué pasaría si alguien cambiara la estructura del sistema de archivo RMS? Con nuestra solución, sólo haría falta ejecutar DB-Builder y el Upsizing Wizard de nuevo. Además, la siguiente aplicación que necesite este tipo de conversión será trivial (y podrá crearse en un tiempo mínimo) contando con esta utilidad.

Transferencia automática de datos (RunFiles)

¿Qué ocurre con el traspaso de los datos del sistema antiguo a la base de datos nueva? Esta tarea ni siquiera se menciona en la mayoría de los libros sobre bases de datos cliente/servidor, pero es una tarea necesaria.

RunFiles es un programilla fabuloso escrito originalmente en Visual Basic 3 y traducido posteriormente a Visual Basic 4. No utiliza demasiado las nuevas posibilidades de Visual Basic 4, pero es esencial para llevar datos de un sistema VAX/VMS a Windows NT y SQL Server. Utilizamos Pathworks 4.1 en el sistema VAX/VMS como interfaz de red para Windows NT para acceder a su sistema de disco compartido. RunFiles no se presenta en este libro, pero está incluido en el directorio RunFiles del CD adjunto.

Mientras creábamos esta aplicación nos surgió un pequeño problema: los archivos antiguos estaban almacenados en archivo RMS en el sistema VAX/VMS. Para copiarlos a Windows NT utilizamos PowerHouse (de Cognos), para exportar los datos a sencillos archivos de texto delimitado en el sistema VMS. Algunos registros de los archivos resultantes superaban el límite de 250 caracteres por línea de PowerHouse, así que tuvimos que dividir los registros en varias líneas, utilizando la secuencia :/ como delimitador del final del registro lógico. Ahora, ¿cómo vamos a recomponer estos registros para importarlos en SQL Server? Creamos un pequeño programa, llamado SplitFix que lee un archivo y genera un archivo nuevo, recomponiendo todas las filas.

Para indicarle al programa RunFiles los archivos que debían procesarse con SplitFix, creamos un pequeño archivo de texto (Copyindx.txt) que contiene el nombre de archivo de origen y la palabra *Split*.

El programa RunFiles lee Copyindx.txt y construye una matriz, que utiliza para comprobar el estado de cada archivo (si está dividido o no) y para construir el archivo de registro de error. El funcionamiento general de RunFiles se indica en los siguientes pasos:

1. Labores de inicialización.
2. Comprobar si existe algún archivo TBL*.FLG en el directorio compartido del VAX.
3. Si existen archivos indicadores (.FLG), copiar el archivo de texto de cada uno de ellos a Windows NT.
4. Ejecutar SplitFix sobre el archivo, si es necesario.

5. Arrancar el procedimiento por lotes para cargar SQL Server.
6. Volver al paso 2 y continuar.
7. Después de haber copiado todos los archivos, eliminar los archivos indicadores utilizados en esta ejecución.

Beneficios de la solución con RunFiles   Puede que se esté preguntando el motivo de crear una base de datos que contiene la misma estructura de archivos que los datos antiguos, ya que de todas formas se van a reestructurar todas las aplicaciones de negocios. Teníamos varias razones para utilizar este proceso:

- Los datos se actualizaban cada noche, con lo que nos encontrábamos con una base de datos nueva cada mañana.
- Se capturaron todos los errores de entrada, lo que permitió empezar a limpiar los datos antiguos incluso durante el diseño del nuevo sistema. Por ejemplo, fuimos capaces de encontrar valores incorrectos en los datos, limpiar los diversos archivos maestros del cliente y corregir muchas otras cuestiones relacionadas con los datos.
- Podíamos llevar con facilidad los datos a la nueva estructura de base de datos y crear procedimientos para automatizar el traspaso. Esto nos permitió llevar con facilidad los datos antiguos al sistema nuevo cuando éste entró en funcionamiento, traspasando incluso parte de los datos mientras el sistema antiguo seguía utilizándose.
- Los informes que eran difíciles o imposibles de generar con el antiguo formato se volvieron fáciles de generar con herramientas de informes, como Access.
- El personal podría empezar a utilizar las nuevas herramientas de manera inmediata.

SplitFix es el útil programa que creamos para recomponer los archivos con varios registros. Lo ejecuta RunFiles sobre archivos específicos.

Puede que piense que este programa será muy lento, pero se equivoca. El código de SplitFix no aparece en este libro, pero está incluido en el directorio SplitFix del CD adjunto.

Corrección de los problemas del servidor OLE

Al crear servidores OLE en Visual Basic, puede que de vez en cuando se encuentre con problemas que afectan tanto a servidores en el proceso como a servidores fuera del proceso. Uno de dichos problemas suele ocurrir cuando el servidor OLE sufre modificaciones que lo hacen incompatible con la aplicación cliente. Esta incompatibilidad suele descubrirse cuando se intenta utilizar el servidor OLE en una aplicación.

Este problema aparece cuando se modifica un método o propiedad de tal forma que la hacen incompatible con la versión antigua (por ejemplo, si se cambia el nombre del proyecto). Cambiar un nombre de clase también puede traerle muchos quebraderos de cabeza. La incompatibilidad también puede producirse cuando se introduce una entrada Servidor OLE compatible en la ficha Proyecto del cuadro de diálogo Opciones (al que se accede desde el menú Herramientas).

Las incompatibilidades son de por sí bastante malas cuando aparecen mientras se comprueba un servidor, pero, imagine lo que ocurriría si hay 1000 usuarios utilizando una aplicación que depende del servidor OLE y se compila la nueva versión sobre el servidor de producción. Compliquemos aún más la situación, y supongamos que ha estado trabajando hasta tarde y creado un servidor incompatible que no da ningún problema de compilación. Los usuarios llegan a la mañana siguiente y no funciona nada. Tendría que atender las llamadas de entre 100 y 1000 usuarios al servicio de asistencia.

Existen multitud de causas posibles y de soluciones, y también una serie de medidas que pueden adoptarse para prevenir la aparición del problema:

1. No cambie los parámetros o valores de retorno de ningún método público o procedimiento Property. En su lugar, cree un método nuevo añadiéndole una extensión al nombre.
2. No cambie el Nombre del proyecto o la Descripción de la aplicación de un servidor OLE existente.
3. Cree un método *StartApplicacion* en todos los servidores OLE. Asegúrese de que este método necesita el nombre de la aplicación cliente, y escríbalo en un archivo de registro maestro. Este sería un buen lugar para utilizar las utilidades de la aplicación de ejemplo CSUtilities.
4. Compruebe, compruebe y vuelva a comprobar cualquier modificación que realice a un servidor OLE antes de ponerlo en producción.
5. Utilice SourceSafe o cualquier otro paquete de administración de código fuente para realizar el seguimiento de las versiones del programa.
6. Realice una copia de seguridad del ejecutable del servidor original antes de sustituirlo.

Deberá tomar incluso más precauciones si experimenta algún problema con un servidor. Si el servidor se compila correctamente, los problemas suelen aparecer cuando se intenta acceder a sus propiedades o métodos desde una aplicación cliente. Puede que le aparezcan uno o varios mensajes de error que indican algún tipo de error OLE. A continuación se indican algunas posibles soluciones que puede probar:

- Compruebe las referencias al servidor desde la aplicación cliente, seleccionando para ello Referencias en el menú Herramientas.
- Elimine el registro del servidor original ejecutándolo con la opción */Unregserver* en la línea de órdenes. Registre después el servidor nuevo ejecutándolo con la opción */Regserver* en la línea de órdenes. En Visual Basic, cargue la aplicación cliente y seleccione Referencias en el menú Herramientas para establecer una referencia al servidor.
- Elimine la entrada Servidor OLE compatible en la ficha Proyecto del cuadro de diálogo Opciones. (Seleccione para ello Opciones en el menú Herramientas.) Recompile la aplicación servidora y compruebe la aplicación cliente de nuevo.
- Puede que tenga que recurrir a métodos poco recomendables para corregir un problema OLE. Por ejemplo, si fallan todas las soluciones anteriores, es posible que tenga que editar el archivo VBP de la aplicación cliente y eliminar a mano la referencia al servidor OLE. Para esto hace falta volver a establecer la referencia en el cliente.

Salvo la primera solución, todas las demás requieren que se recompilen *todas* las aplicaciones cliente que utilizan el servidor OLE. No se trata de una tarea trivial y no debe tomarse a la ligera. Si utiliza la solución con CSUtilities descrita en la página 141, podrá utilizar la opción de compilación automática de Visual Basic con una lista generada a partir de la base de datos PerformanceLog para recompilar las aplicaciones. Pero, por supuesto, en ese caso tendrá que utilizar una herramienta como System Management

Server para actualizar las aplicaciones. También deberá comprobar las aplicaciones exhaustivamente antes de distribuirlas.

Captura de los errores en la aplicación cliente

El comportamiento predeterminado de Visual Basic cuando encuentra un error consiste en presentar un número de error sin una descripción del mismo y después terminar bruscamente la aplicación. Este comportamiento no sólo es traumático para el usuario final, sino que también puede ser traumático para el sistema. Puede que los archivos queden abiertos, y que las transacciones de la base de datos se dejen en un estado indeterminado (ni confirmadas ni canceladas).

Aunque la mayoría de los errores se introducen durante el desarrollo del sistema, no son los únicos. Aunque se pudiera escribir código perfecto, algunos errores son inevitables. Por ejemplo, si la aplicación permite que el usuario guarde archivos en disquete, puede que el usuario olvide insertar el disquete, lo que generará un error en tiempo de ejecución. En sus aplicaciones van a producirse errores, así que ¿qué piensa hacer con ellos?

Algunos lenguajes de programación cuentan con lo que se denomina tratamiento de errores global. La falta de un sistema de tratamiento de errores global incluido con Visual Basic 4 supone un reto de desarrollo. Para protegerse frente a errores en tiempo de ejecución, es necesario añadir código para el tratamiento de errores en todos los procedimientos de evento y módulos de código de cierta importancia. Esta solución puede llegar a ser bastante tediosa, porque una aplicación cliente/servidor típica puede contener cientos de módulos de código y procedimientos de evento. El tiempo que se tarda en introducir y comprobar un buen código de tratamiento de errores puede ser similar al necesario para codificar el resto de la aplicación.

En la Figura 11.4 se muestra el cuadro de diálogo de error estándar de Visual Basic. Cuando el usuario pulsa sobre el botón Aceptar, la aplicación termina.

Simplificación del tratamiento de los errores

La inclusión de código de tratamiento de errores en cada uno de los procedimientos de una aplicación escrita en Visual Basic es una tarea tan tediosa, que la mayoría de las apli-

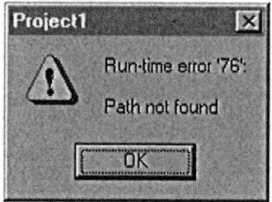

Figura 11-4. *Cuadro de diálogo de error predeterminado de Visual Basic.*

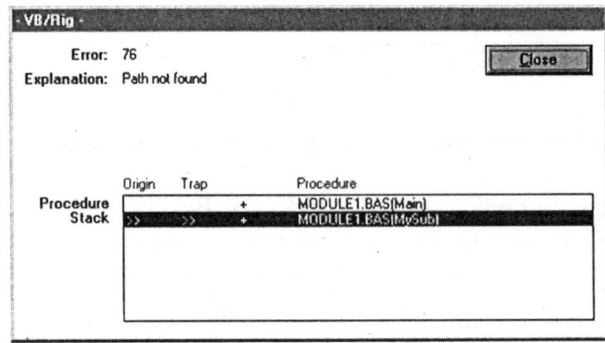

Figura 11-5. *El cuadro de diálogo de error de VB/Rig presenta mucha más información que el mensaje predeterminado que muestra VisualBasic para la misma condición de error.*

caciones se comercializan sin un tratamiento de errores adecuado. ¿No sería agradable que hubiera una forma de introducir los procedimientos de tratamiento de errores automáticamente? Bueno, existe una, utilizando VB/Rig de Avanti Software. La utilización de VB/Rig no significa que no haya que escribir ningún código de tratamiento de errores, pero sí que simplifica mucho la tarea.

Las rutinas de tratamiento de errores que introduce VB/Rig están bien documentadas y, cuando se selecciona la opción adecuada, incluso contienen una instrucción *Select Case* para rellenar con código de tratamiento de errores personal. La utilización de VB/Rig afectará tanto al tamaño como a la velocidad de ejecución de la aplicación, pero su efecto no es distinto al que se produciría si escribiera las mismas rutinas de tratamiento de errores por sí mismo. Teniendo en cuenta la ganancia en rendimiento fiable, es un buen compromiso.

En la Figura 11.5 se muestra el cuadro de diálogo de error estándar de VB/Rig.

Depuración selectiva

No todo el tratamiento de errores se crea de igual manera y VB/Rig lo sabe. Permite seleccionar las rutinas que deben procesarse (deben incorporar código de tratamiento de errores) y en qué medida deben procesarse, y después le permite hacer sus propias modificaciones. VB/Rig está disponible en versiones estándar y profesional, pero ambas permiten tomar la decisión de no instalar tratamiento de errores en una rutina concreta.

La selección específica de rutinas es más sencilla en la versión profesional, que permite escogerlas de manera individual desde un cuadro de lista. En la versión estándar es necesario incluir el siguiente comentario en la primera línea de los procedimientos que no se quieran procesar:

```
' +++ VB/Rig Skip +++
```

Registro de los errores

Una de las características más útiles de VB/Rig es su capacidad de registrar los errores en un archivo de disco. El nombre del archivo puede especificarse en el archivo INI de la aplicación, o simplemente se puede dejar que VB/Rig utilice su nombre predeterminado, Errorlog.err. El archivo de error es un archivo ASCII delimitado por comas, que contiene una lista con la hora a la que se ha producido el error, la rutina que se estaba ejecutando en ese instante, y una instantánea de la pila de procedimientos de Visual Basic. Esta es una característica especialmente útil si la aplicación va a estar en manos de usuarios que informan de los problemas simplemente como «se rompió», y no copian ninguna información ofrecida por la aplicación sobre lo que ha ido mal.

Limitaciones

La utilización de VB/Rig tiene dos contrapartidas. La primera es específica del producto y la segunda es específica del tratamiento de errores en Visual Basic:

- Una vez que un proyecto de Visual Basic se ha procesado con unas determinadas opciones, no es posible cambiar dichas opciones sin eliminar el procesamiento (una operación automática) y reprocesar el proyecto con las nuevas opciones. Esta limitación puede ser especialmente frustrante si se ha añadido código personal de tratamiento de errores al introducido por VB/Rig.
- La segunda contrapartida no tiene que ver con VB/Rig, sino con la forma que tiene Visual Basic de implementar el tratamiento de errores. Todo el código de tratamiento de errores puede hinchar enormemente el código del proyecto, en ocasiones hasta un 30 a 40 por ciento. Por desgracia, gran parte de ese código adicional se ejecuta durante el funcionamiento normal de la aplicación, así que VB/Rig ralentiza un poco la ejecución.

¿Cómo funciona VB/Rig? VB/Rig añade un módulo de código y un formulario a la aplicación. El módulo de código contiene funciones de soporte para las características en tiempo de ejecución de VB/Rig. El formulario es el cuadro de diálogo de error de VB/Rig, que sustituye al cuadro de mensaje predeterminado de Visual Basic en caso de que se produzca un error para el que no exista tratamiento. El cuadro de diálogo de VB/Rig proporciona información adicional, como una descripción verbal del error y del procedimiento en el que se ha producido, en lugar de sólo un número. Además, después de informar del error, la aplicación sigue funcionando (un complemento estupendo si el error no era fatal).

VB/Rig abre después los archivos incluidos en el proyecto de Visual Basic y escribe su código directamente en ellos. Por último, VB/Rig realiza el seguimiento del flujo de ejecución de la aplicación, mediante el mantenimiento de una pila de llamadas a procedimientos. VB/Rig coloca un identificador a cada procedimiento al principio del mismo y, cuando se llama al procedimiento, el identificador se envía a la pila de VB/Rig. Cuando la ejecución regresa del procedimiento, su nombre se eliminar de la pila de llamadas a procedimientos de VB/Rig. Aquí es donde se consume parte del tiempo de procesamiento adicional.

¿Qué aspecto tiene una aplicación procesada por VB/Rig? El siguiente es un ejemplo del código original.

```
Sub MySub()
  Dir «d:»
End Sub
```

El siguiente es el mismo código una vez procesado por VB/Rig.

```
Sub MySub()
'+++ VB/Rig Begin Push +++
Const VBRIG_PROC_ID_STRING = «+MySub»
Dim VBRigErr As Long, VBRigErrMsg As String
On Error GoTo MySub_VBRigErr
Call VBRig_Error(VBRIG_PUSH_PROC_STACK, 0, «», _
  VBRIG_MODULE_ID_STRING, VBRIG_PROC_ID_STRING)
'+++ VB/Rig End +++
  Dir «d:»
'+++ VB/Rig Begin Pop +++
Call VBRig_Error(VBRIG_POP_PROC_STACK, 0, «», _
  VBRIG_MODULE_ID_STRING, VBRIG_PROC_ID_STRING)
Exit Sub

'==============
MySub_VBRigErr:
'--------------
VBRigErr = Err
VBRigErrMsg = Error$
Call VBRig_Error(VBRIG_SHOWLOG_ERROR, VBRigErr, _
    VBRigErrMsg, VBRIG_MODULE_ID_STRING, VBRIG_PROC_ID_STRING)
Call VBRig_Error(VBRIG_POP_PROC_STACK, 0, «», _
    VBRIG_MODULE_ID_STRING, VBRIG_PROC_ID_STRING)
Exit Sub
'+++ VB/Rig End +++
End Sub
```

Debemos mencionar aquí que VB/Rig no hace nada que no pueda hacerse personalmente. De hecho, por una apuesta de que no era posible ofrecer tratamiento global de errores en Visual Basic, uno de los autores desarrolló una solución similar, aunque menos completa, para demostrar la viabilidad del tratamiento global de errores en Visual Basic. Igual que ocurre con muchos productos para Visual Basic de terceros fabricantes, el precio de VB/Rig hace que el desarrollo de una versión propia sea una tarea poco práctica. No obstante, VB/Rig es un producto excelente que le ahorrará muchísimo tiempo y le permitirá construir aplicaciones mejores.

Errores no capturables

Algunos errores como el Error 28, «Out of stack space», no son capturables. Es necesario comprobar con todo rigor este tipo de errores, o la aplicación puede fallar por motivos inexplicables. Muchos de estos tipos de errores pueden evitarse utilizando prácticas de

Figura 11-6. Este error es el resultado de utilizar un nombre de columna no válido (Author) en una consulta SQL.

programación adecuadas. Por ejemplo, para evitar el Error 28, no utilice recursión y minimice otras acciones del tipo de procedimientos con una gran profundidad de anidamiento, que pueden utilizar todo el espacio de pila del sistema.

Errores generales de la aplicación

En la Figura 11.6 se muestra un error típico que se puede producir en una aplicación. Este error concreto es probable que se produzca después de comprobaciones exhaustivas. (Cuando se permite que los usuarios introduzcan datos, como un nombre de columna, que se incorporan en una instrucción SQL.) Estos tipos de errores son difíciles de detectar y exigen que se utilice un tratamiento de errores extremadamente detallado.

Los errores como el que aparece en la Figura 11.7 pueden aparecer por muchas razones.

El código de tratamiento de errores debe hacer un trabajo realmente bueno de prevención o captura de todos los errores. Entre dichos errores se encuentran los errores típicos de Visual Basic, como el que se muestra en la Figura 11.4, los errores específicos de ODBC, como el que se muestra en la Figura 11.6 y otros asociados a un objeto específico, como el que se muestra en la Figura 11.7.

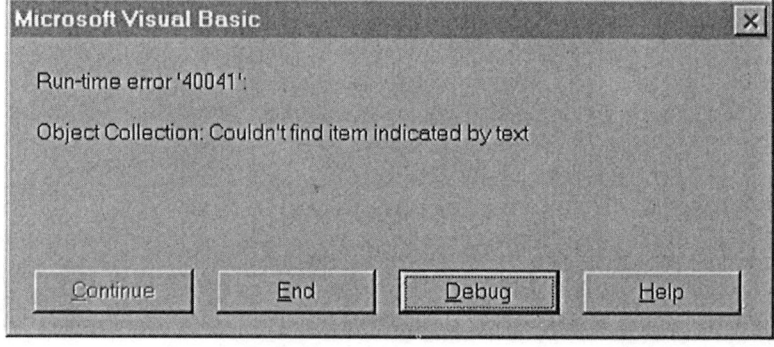

Figura 11-7. Este error es el resultado de algún tipo de problema en la utilización de una colección.

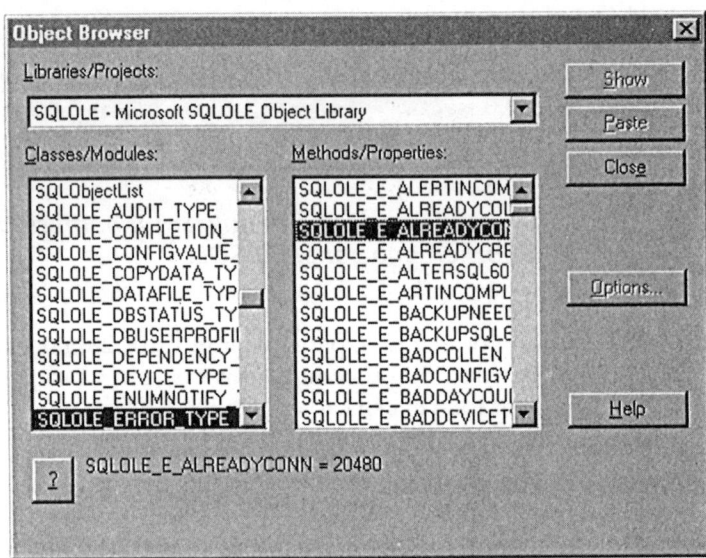

Figura 11-8. Examinador de objetos en el que se muestra la clase SQLOLE-ERROR-TYPE.

Números de error y Visual Basic

Algunos aspectos del tratamiento de errores no animan precisamente a utilizarlo. La relación entre los valores de error, que encontrará si examina el valor numérico del objeto Err, y las constantes que aparecen en el Examinador de objetos, son un buen ejemplo de la incoherencia que convierte en problemático el tratamiento de errores.

Por ejemplo, en una de nuestras aplicaciones de ejemplo comprobamos el error SQLOLE_E_ALREADYCONN. Durante el diseño de la aplicación se produjo el número de error -2147201024. Esto es lo que vimos en la ventana de depuración después de algunas pruebas.

```
debug.print err
-2147201024
debug.print err.description
This server object is already connected.
```

Empezamos a buscar la constante adecuada, para incluirla en la rutina de tratamiento de este número de error. Para ellos examinamos la Microsoft SQLOLE Object Library con el Examinador de objetos. Encontramos la clase SQLOLE_ERROR_TYPE, que parecía un buen candidato. Por la descripción del mensaje de error se puede encontrar la constante SQLOLE_E_ALREADYCONN, como se muestra en la Figura 11.8.

Observe el valor de la constante de error SQLOLE_E_ALREADYCONN. El Examinador de objetos muestra un valor de 20480, mientras que el objeto Err ha devuelto un valor de -2147201024. A efectos de tratamiento de errores dentro de Visual Basic, -2147201024 es igual a 20480, ¿por qué?.

Para entender completamente lo que ocurre entre bastidores en Visual Basic, es necesario realizar una breve expedición al mundo de la aritmética binaria y hexadecimal. Este viaje no es tan malo como pudiera parecer, ya que la Calculadora de Windows en modo Científica (que se configura en el menú Ver), nos ayudará en gran medida a simplificar el proceso. En la Calculadora, introduzca -2147201024 y seleccione la opción Bin. La pantalla mostrará el valor binario en 32 bits, 10000000000001000101000000000000. Como el objeto Err de Visual Basic guarda los valores en forma de enteros largos (long integer), y como los enteros largos son valores con signo en Visual Basic, el 1 de más a la izquierda se interpreta como un número negativo.

Seleccionemos ahora la opción Hex para presentar el mismo número como valor hexadecimal: 80045000.

Observe que al seleccionar Hex aparecen las opciones de tamaño de palabra y está marcada Dword. Si selecciona Word, mostrando el valor en 16 bits, en lugar de en 32 bits, la pantalla mostrará sólo las cuatro cifras menos significativas, ó 5000. Pero 5000 en base 16 es precisamente 20480 en base 10. Por tanto, a efectos de resolución de error, podemos concluir que Visual Basic utiliza sólo los 16 bits menos significativos del número del objeto Err y eso es lo que hace que -2147201024 sea igual a 20480 en Visual Basic.

¿Dónde ha ido a parar el signo menos? Este es el valor 20480 en binario: 0101000000000000. Hemos añadido un 0 al principio para completar las 16 cifras. Los enteros (integer) de Visual Basic son también valores con signo, pero como la cifra inicial no es un 1, el número se interpreta como positivo.

Compilación condicional

La compilación condicional es una de las nuevas características de Visual Basic 4 que más apreciarán los desarrolladores que vengan de trabajar con lenguajes compilados como C. La compilación condicional funciona mediante construcciones que permiten tomar decisiones en tiempo de compilación, como la de utilizar las declaraciones de la API de 16 o de 32 bits.

En el ejemplo tradicional de utilización de la compilación condicional se demuestra la forma de diferenciar entre plataformas de 16 y de 32 bits mediante las llamadas API adecuadas. Además de para diferenciar entre aplicaciones Win16 y Win32, la compilación condicional también puede servir para activar o desactivar el código de depuración. De esta forma se reduce el tamaño del archivo EXE de la aplicación y la sobrecarga que supone dicho código. También puede utilizarse la compilación condicional para tratar cualquier decisión que deba tomarse en tiempo de compilación. Otro ejemplo del mundo real lo proporciona VB/Rig.

VB/Rig ofrece la posibilidad de registrar los errores en un archivo, mediante la utilización de llamadas API de Windows. Estas llamadas están declaradas en el módulo de código que VB/Rig añade a la aplicación. Pero, como Visual Basic puede ejecutarse en plataformas tanto de 16 como de 32 bits, y como las declaraciones API son distintas para cada plataforma, debemos tener una forma de determinar para qué sistema se está realizando la compilación, y utilizar después la API adecuada. La determinación se realiza mediante la variable intrínseca Win32. Win32 es una constante Boolean que vale *True* si el entorno de desarrollo de Visual Basic es de 32 bits y *False* en caso contrario. Es conveniente mencionar que también existe una variable intrínseca Win16 y que siempre tiene el valor opuesto a Win32.

La capacidad de modificar el flujo del compilador se consigue mediante la construcción *#If...Then...#Else...#End If*. El signo de sostenido (#) que va antes de las palabras clave es una indicación de que lo que sigue es una directiva del compilador. Es necesario para que Visual Basic pueda distinguir entre esta construcción y una instrucción *If...Then...Else...End If* normal.

El código siguiente viene de VB/Rig y ofrece una buena demostración de la utilización de la compilación condicional para separar las secciones de código de 16 y 32 bits.

```
' =====================
' Windows API functions
' =====================
#If Win32 Then
Const LB_SETTABSTOPS = &H192
Const LB_SETHORIZONTALEXTENT = &H194
Const EM_SETTABSTOPS = &HCB

Declare Function vbrig_GetProfileString Lib «kernel32» _
    Alias «GetProfileStringA» (ByVal lpAppName As String, _
    ByVal lpKeyName As String, ByVal lpDefault As String, _
    ByVal lpReturnedString As String. ByVal nSize As Long) _
    As Long
Declare Function vbrig_GetPrivateProfileString Lib «kernel32» _
    Alias «GetPrivateProfileStringA» (ByVal lpAppName As String, _
    ByVal lpKeyName As String, ByVal lpDefault As String, _
    ByVal lpReturnedString As String, ByVal nSize As Long, _
    ByVal lpFileName As String) _
    As Long
Declare Function vbrig_SetTabstops Lib «user32» _
    Alias «SendMessageA» (ByVal hwnd As Long, _
    ByVal wMsg As Long, ByVal wParam As Long, _
    lParam As Long) _
    As Long
Declare Function vbrig_SetHorizScrollBar Lib «user32» _
    Alias «SendMessageA» (ByVal hwnd As Long, _
    ByVal wMsg As Integer, ByVal wParam As Long, _
    lParam As Long) _
    As Long
#Else
Const WM_USER = 1024
Const LB_SETTABSTOPS = WM_USER + 19
Const LB_SETHORIZONTALEXTENT = WM_USER + 21
Const EM_SETTABSTOPS = WM_USER + 27

Declare Function vbrig_GetProfileString Lib «kernel» _
    Alias «GetProfileString» (ByVal lpAppName As String. _
    ByVal lpKeyName As String, ByVal lpDefault As String, _
    ByVal lpReturnedString As String, ByVal nSize As Integer) _
    As Integer
```

```
    Declare Function vbrig_GetPrivateProfileString Lib «kernel» _
      Alias «GetPrivateProfileString» (ByVal lpAppName As String, _
      ByVal lpKeyName As String. ByVal lpDefault As String, _
      ByVal lpReturnedString As String, ByVal nSize As Integer, _
      ByVal lpFileName As String) _
      As Integer
    Declare Function vbrig_SetTabstops Lib «user» _
      Alias «SendMessage» (ByVal hwnd As Integer, _
      ByVal wNsg As Integer, ByVal wParam As Integer, _
      lParam As Any) _
      As Long
    Declare Function vbrig_SetHorizScrollBar Lib «user» _
      Alias «SendMessage» (ByVal hwnd As Integer, _
      ByVal wMsg As Integer, ByVal wParam As Integer, _
      lParam As Any) _
      As Long
    #End If
```

Cuando el código anterior se compila en una plataforma de 32 bits, se declaran las llamadas API de kernel32 y de user32, pero cuando se compila en una plataforma de 16 bits se declaran las llamadas API de kernel y de user.

Otro buen uso de la compilación condicional es para construir aplicaciones que manejen diferentes formatos de números, como número de teléfono normales frentes a internacionales. Algunas veces resulta cómodo almacenar todos los datos en un campo de texto y utilizar la compilación condicional para seleccionar el código adecuado que debe utilizarse para presentar los datos.

Utilización de archivos de ayuda

Ciertas características de un producto son tan útiles que los usuarios acaban por esperarlas. Por ejemplo, muchas personas compran un coche dando por supuesto que va a venir con transmisión automática. Cuando los usuarios de sus aplicaciones necesiten ayuda, el primer lugar en el que buscarán es en el archivo de ayuda en línea, sensible al contexto de Windows que, obviamente, deberá proporcionarles.

Hay muchas formas de crear archivos de ayuda de Windows. Las opciones van desde la más fundamental [incorporar códigos directamente en un documento RTF (equivalente a programas en ensamblador) y pasar manualmente el resultado por el compilador de ayuda] hasta utilizar un paquete de 1000 dólares en el que se pulsa el tipo de elemento deseado y se introduce el texto, y el software se encarga del resto del trabajo. Vamos a examinar ambas opciones y una alternativa intermedia.

Transmisión de ayuda completamente manual

El compilador de ayuda de Windows está ampliamente difundido, estando incluido en prácticamente todas las herramientas de desarrollo, incluido Visual Basic. Las únicas complicaciones en el proceso manual de creación de un archivo de ayuda de Windows son el número de pasos necesarios y el nivel de detalle del que hay que preocuparse. Escriba el texto en cualquier procesador de texto capaz de guardar en Rich Text Format (RTF). Al final, éste será el archivo que se importará en el compilador de ayuda. Para indicarle al compilador de ayuda lo que debe hacer con el archivo, tendrá que incluir códigos, como *$#K+*, al principio de cada línea que dé comienzo a un nuevo tema. Los archivos de ayuda tienen multitud de opciones y montones de estos códigos, por lo que no resulta divertido trabajar con ellos en modo completamente manual. Esto es lo que representan los códigos que se acaban de mencionar:

```
$    Título
#    Tema
K    Palabara clave
+    Buscar
```

Además de un archivo RTF, es necesario un archivo de proyecto de ayuda (HPJ), que le indica al compilador de ayuda cuestiones como el título del archivo de ayuda, la información de copyright, qué botones de navegación deben mostrarse, si debe comprimir o no el archivo de ayuda, y qué archivos RTF deben incorporarse en el archivo de ayuda. El archivo HPJ es un archivo de texto ANSI estándar.

Una vez creado un archivo HPJ, y al menos un archivo RTF que contenga el texto de ayuda y los códigos para el compilador de ayuda, se invocará dicho compilador pasándole el nombre del archivo HPJ:

```
C:\VB\HC\HC31 C:\OurHelpFiles\First.hpj
```

El compilador de ayuda obtendrá entonces más información sobre el archivo de ayuda que debe construir examinando la información incluida en el archivo HPJ. Un archivo HPJ sencillo podría tener el siguiente aspecto:

```
[Options]
Root = C:\OurHelpFiles
TITLE = Nuestro primer proyecto de ayuda
Compress = 0              ; 0 = No comprimir
Warning = 3               ; 3 = Informar de todos los errores
Report = 1                ; 1 = Informar del progreso de la compilación
ERRORLOG = First.Log      ; guardar los errores en este archivo de texto
Copyright = Copyright (c) 1996 by Ken Miler, Inc.
Contents = Contenido

[Files]
First.rtf

[Config]
BrowseButtons()           ; Permitir la navegación
[Map]
Contenido 0
Primer tema 5
Segundo tema 10
Tercer tema 15
```

Los valores del mapa (map) deben incluirse en la propiedad *HelpContextID* de los controles de Visual Basic para proporcionar un acceso directo a un tema para la ayuda sensible al contexto.

¿Se ha cansado de cambiar de marchas a mano? ¿piensa que debe haber una forma mejor? La hay.

Transmisión de ayuda automática básica de tres velocidades

El coche familiar viene con una transmisión automática básica, que es un compromiso razonable entre funcionalidad, coste y rendimiento. Lo mismo ocurre con el *Microsoft Windows 95 Help Authoring Kit* (Microsoft Press, 1995). Lo primero que hay que decir sobre este libro y el CD adjunto es que no sólo son para Windows 95. Las herramientas incluidas permiten crear archivos de ayuda para todas las versiones de Windows, incluidos Windows 3.1, Windows 95 y Windows NT.

Tendría que estar loco para optar por la solución manual cuando existe esta herramienta a ese precio. De hecho, aunque decida utilizar un generador de ayuda con más funciones, merece la pena tener este libro por sus explicaciones concisas y los sencillos ejemplos de los detalles técnicos que se esconden detrás de los archivos de ayuda de Windows, y de la forma de aprovechar las nuevas posibilidades de WinHelp 4.0. El CD contiene el Microsoft Help Workshop, que se muestra en la Figura 11.9, y que es la última encarnación del compilador de ayuda de Windows con una interfaz GUI.

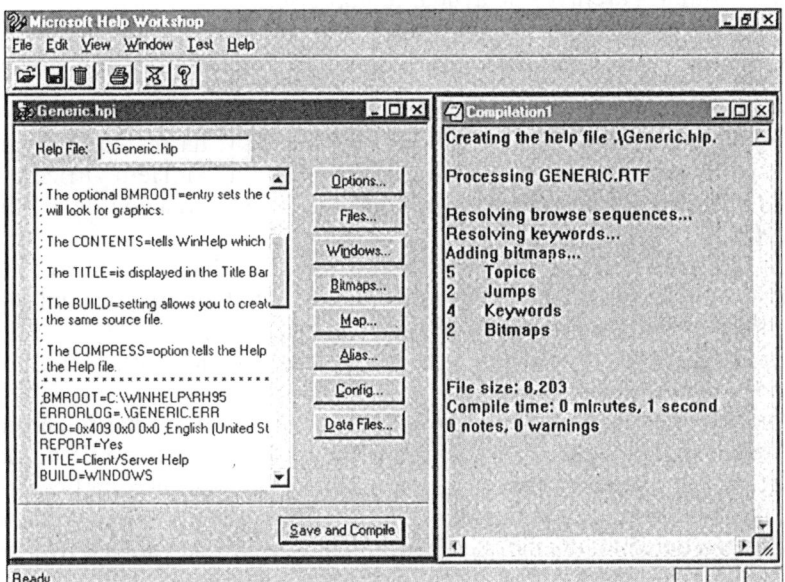

Figura 11-9. La interfaz gráfica de Microsoft Help Workshop simplifica en gran medida el agrupamiento de los dispares componentes que pueden incorporar los archivos de ayuda.

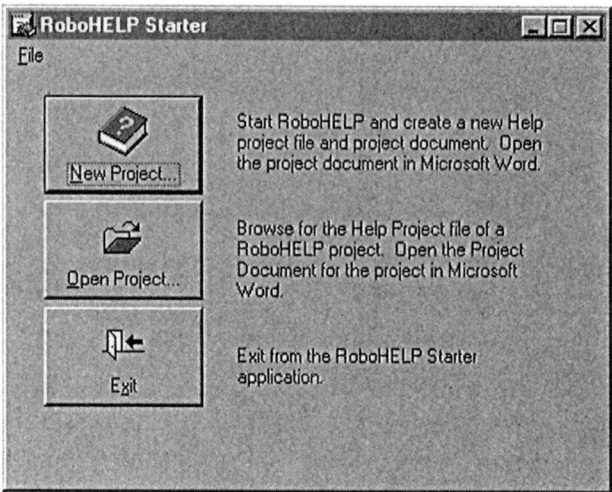

Figura 11-10. *Al pulsar sobre New Project se arranca una instancia de Microsoft Word, que obtiene el texto para el archivo de ayuda.*

En lugar de entrar en más detalles sobre el *Microsoft Windows 95 Help Authoring Kit*, preferimos darle este sencillo consejo, sea cual sea la solución que acabe por utilizar para construir sus archivos de ayuda: ¡cómprelo!.

Transmisión de ayuda automática de cinco velocidades con turbo

Teniendo en cuenta la complejidad de los archivos de ayuda de Windows que pueden construirse con RoboHELP, su fabricante, Blue Sky, ha realizado un trabajo verdaderamente fabuloso en hacer que su uso sea sencillo. La WinHelp Office Suite viene incluso con un vídeo en el que se demuestran las bases de la creación de archivos de ayuda con RoboHELP.

En la Figura 11.10 se muestra cómo RoboHELP hace que la creación de archivos de ayuda sea tan sencilla. Este cuadro de diálogo inicial elimina cualquier posible confusión sobre lo que va a ocurrir cuando se haga una selección.

En la Figura 11.11 se puede apreciar lo sencillo que resulta seleccionar el entorno de destino para el archivo de ayuda.

Aunque algunos complementos en los menús de Word permiten realizar actividades como crear puntos activos (hot spots) o añadir temas, la barra de herramientas plegable de RoboHELP es mucho más cómoda. Sólo hay que pulsar con el botón derecho sobre el título de la barra de herramientas y ésta se pliega por completo. Una segunda pulsación con el botón derecho y la barra de herramientas estará de vuelta y lista para utilizar.

Hemos visto algunas herramientas para la generación de archivos de ayuda que se atascaban con los voluminosos archivos de ayuda necesarios para una aplicación cliente/servidor. Pueden llegar a tardar tanto en compilar (horas) que nos cansamos de esperar y abandonamos. RoboHELP no sólo es más fácil de utilizar, sino que, además, es significativamente más rápido que los generadores de ayuda basados en macros.

Administración de bases de datos y aplicaciones 331

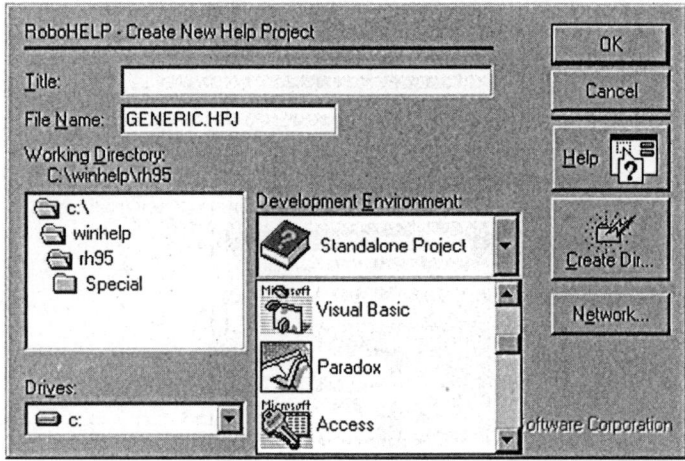

Figura 11-11. *La selección de un Entorno de desarrollo (Development Environment) le permite a RoboHelp añadir características específicas del producto.*

Uno de los beneficios de utilizar Visual Basic, es que RoboHELP puede crear automáticamente un archivo llamado <proyecto>.ghc, que contiene declaraciones de constantes globales para la asignación de los enteros de los temas. De esta forma, la referencia por programa a un tema específico resulta trivial. El archivo GHC se crea además del archivo <nombreapl>.hh estándar que contiene las asignaciones de los temas. Puede utilizarse el contenido de cualquiera de estos dos archivos para definir la propiedad de cualquier control para la ayuda sensible al contexto.

Antes de concluir, debemos mencionar una innovación en RoboHELP que lo hace especialmente interesante para los programadores en Visual Basic. Se trata de un control OLE personalizado que facilita en gran medida la tarea de proporcionar ayuda sensible al contexto en los proyectos de Visual Basic.

Hay que hacer que el control OLE SmartHelp de RoboHELP esté disponible para el proyecto de Visual Basic, seleccionando para ello Controles personalizados en el menú Herramientas. Si se aceptan los parámetros predeterminados durante la instalación, Smthlp32.ocx se encontrará en el directorio WinHelp\Rh95.

Después de añadir el control al proyecto, incluya un botón Ayuda directamente en cada formulario para el que desee ofrecer ayuda sensible al contexto. RoboHELP tiene la consideración de proporcionar un cuadro de diálogo (véase la Figura 11.12 en la página siguiente) que sirve para examinar un archivo de ayuda asociado y seleccionar después el tema que debe presentarse. También se dispone de un botón Preview (Presentación preliminar), que permite echar un vistazo rápido al tema para asegurarse de que es el adecuado. Cuando el usuario pulsa sobre el botón Ayuda, se presentará el tema seleccionado.

RoboHELP tiene tal cantidad de funciones que se necesitaría un libro entero para tratarlas en detalle. WinHelp Office viene con varios volúmenes bien escritos.

332 Programación cliente/servidor con Microsoft Visual Basic

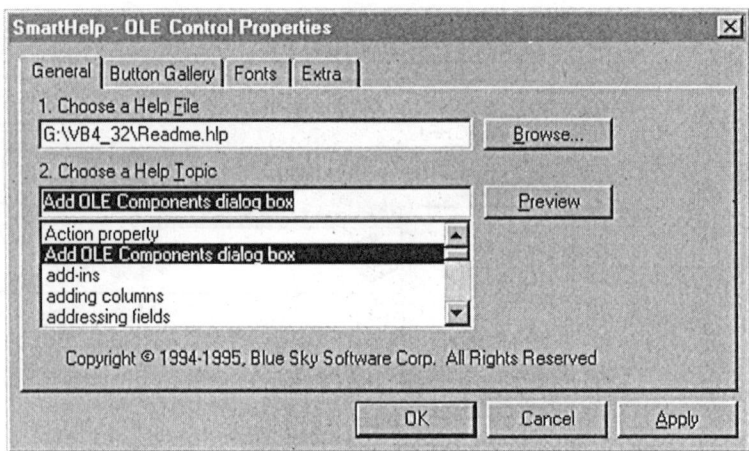

Figura 11-12. Cuadro de diálogo Propiedades de control SmartHelp-OLE, al que se accede pulsando dos veces sobre el elemento (Personalizado) en la ventana Propiedades de Visual Basic.

Apéndice

Información de contacto con el vendedor y herramientas adicionales

Información de contacto con el vendedor

En la siguiente tabla se incluye la información de contacto para los vendedores que han creado las herramientas que se han utilizado en este libro.

Empresa	Producto	Descripción
Avanti Software 800-329-8889	VB/Rig Pro y PinPoint	Herramientas para la depuración y el ajuste del rendimiento.
Logic Works, Inc. 800-78-ERWIN	ERwin	Herramienta para el desarrollo de bases de datos, que utiliza diagramas de relaciones entre entidades.
Blue Sky Software 619-459-6365	WinHelp Office RoboHELP	Herramientas para el desarrollo de archivos de ayuda de Windows.
Visual Components 913-599-6500	First Impression y OCX Formula One	Controles Graphics y cuadrícula Active X.

Herramientas adicionales

Quisiéramos mencionar varios productos que el tiempo no nos ha permitido incluir en el libro. Seguro que los incluiremos en la actualización para Visual Basic 5. Hemos trabajado con estas herramientas y nos parecen de un enorme valor. Escoja sus herramientas con cuidado, y sus aplicaciones cantarán y bailarán.

Empresa	Producto	Descripción
Lead Technologies 704-332-5532	LeadToolsOCX32	Potente conjunto de funciones gráficas que permite manejar imágenes.
Desaware 408-371-3530	Storage Tools	Permite leer y escribir en el formato de archivo OLE (la misma estructura de archivo utilizada en Microsoft Office y otros productos). También incluye un conjunto de herramientas para manejar el Registro de configuraciones en Windows 95 y NT.
Sheridan Software Systems, Inc. 516-753-0985	sp_Assist	Util para crear y administrar consultas SQL y procedimientos almacenados.

ÍNDICE

Nota: los números de página en cursiva indican figuras y tablas.

Caracteres especiales
" (comillas dobles), evitar, 70
(signo de sostenido), directiva del compilador, 326
' (comilla simple)
   evitar, 70
   traducción para SQL, 144
3D Check Box, control enlazado, 129
3D Panel, control enlazado, 129

AddCurrentInUse, método, 247
AddCustomer, método, 273, 292-293
AddInstance, método, 242-243
AddInstanceNumber, método, 247-248
AddNames, método, 228, 232
AddRate, método, 295
AddRental, método, 293-294
Administración de fondos comunes de servidores, 237-250
Administración de proyectos, 31-35
   control de versiones, 44-45
   programación, 44
Administradores de fondo común, servidores OLE, 236
Algoritmos, definición, 37
Animación, pantalla de presentación, 159-160
Aplicaciones
   arranque, 149-150
   detención, 153
   instalación, 298
ApplyNow_Click, procedimiento de evento, 204
ApplyNowRefreshTimerIntenval_Click, procedimiento de evento, 204
Archivo BuildIndexProcedure.sql, 85
Archivos de ayuda, creación
   manualmente, 327-29
   Microsoft Windows95 Help Authoring Kit, 329
   RoboHELP, 330-332
Archivos INI
   escritura, 146-147, 239
   lectura, 145-146, 238
Archivos MDB, seguimiento, 75-76
AsyncStuff, aplicación de ejemplo, 180-185

Automatización OLE. *Véase también* Automatización remota
   Aplicación de ejemplo CaracGeo, 97-99
   ejemplo con Microsoft Excel, 95-97
   programa de ejemplo con Visio, 106-126
Automatización remota. *Véase también* Automatización OLE
   Administrador de automatización, 103-106
   Administrador de conexiones de automatización remota, 105-106
   administradores de fondo común, 236
   creación de un servidor, 103
   ejecución de un servidor, 103-106
   ejemplo de utilización, 4-5
   operaciones asíncronas, 27-28, 179

basClerk, módulo, 272-275
Bases de datos Access, migración a SQL Server, 52-53
Bases de datos remotas
   almacén de datos, 52
   conexión a, programa de ejemplo, 77-82
   datos redundantes, 50-52
   fiabilidad del sistema, 49-50
   modeladores de datos, 52
   requisitos de tiempo de disponibilidad, 50
   tiempo de respuesta, local frente a remoto, 48-49
Bases de datos
   bloqueo, 23-24
   carga por lotes, 87-91
   fin de temporización de las transacciones, 314
   herramientas de desarrollo, 333
   interfaz con, 12
   registros, 313-314
   remotas, 68
   servidores SQL, administración con SQL-DMO, 299-313
basObjectConstants, módulo, 281
basRentalConstants, módulo, 281
basRentalServerMain, módulo, 295-296
basRtlCMain, módulo, 285
Batch, aplicación de ejemplo, 87-93

BeginTrans, método, 174
Bibliotecas de clases, 68
Bibliotecas de objetos, 57
Bloqueo
   ajuste fino, 25
   bases de datos, 23
   campos, 24
   filas, 24
   fin de temporización, 24
   Nivel de extensión del bloqueo (Lock Escalation Level), 25
   número de reintentos, 24
   opciones, 25
   páginas, 23-24
   punto muerto, 24
   tablas, 23
Botones
   activación/desactivación, 114-115
   creación, 132-133
   tratamiento de las pulsaciones, 112-114, 132
Bucles, cláusulas Where de SQL en lugar de, 69

Cadenas delimitadas por comas, análisis, 192
CallBack, método, 271, 281
CallBackClass, clase, 270-271, 281
Campos, bloqueo, 24
cboApplicationName_Click, procedimiento de evento, 205
cboClassDescription_Click, procedimiento de evento, 201-202
cboCountry_Click, procedimiento de evento, 169
cboCountry_GotFocus, procedimiento de evento, 169-170
cboMyList_Click, procedimiento de evento, 139
CD adjunto, aplicaciones de ejemplo. *Véase también* programas de ejemplo
   AsyncStuff, 180-185
   Batch, 87-91
   Controll, 131-133
   Country, 169-170
   CSUtilities, 141-153
   CSUtilitiesTester, 154-155
   ejemplo Country, 167-174
   ejemplo Test, 164-166
   Main, 77-83
   ObjectsGalore, 216-222
   PassPoolClient, 250-254
   PassPoolManager, 237-250
   PerformanceLogMonitor, 196-209
   PreparedStatements, 209-214
   programa MoveList, 134-141
   Publisher, 230-235
   PublisherClient, 222-230
   ReadLogAgent, 186-196
   RegisterODBC, 60-62
   Rental Car demo, 257-261
   Rental Clerk, 262-275
   Rental Connection, 284-285
   Rental Manager, 276-284
   Rental Objects, 285-296
   SetTable, 106-126
   Splash, 161-164
   SqlDmo, 303-313
CD. *Véase* CD adjunto, aplicaciones de ejemplo
Centrado en objetos, 6
CetCustomerHistory, método, 274
CheckBox, control enlazado, 128-129
CheckIndex, método, 330
CheckStaticTableStatus, método, 171-173
chkAdditionaLClick, procedimiento de evento, 265
chkInsurance_Click, procedimiento de evento, 265
Ciclo de vida del desarrollo de sistemas (SDLC; Systems Development Life Cycle), 36
clases
   CallBackClass, 270-271, 281
   Clerk, 286
   clsLogFileAgent, 194
   clsPassThruPoolManager, 240
   clsPerson, 220
   clsPublisher, 232
   clsPublisherDetails, 226
   clsServerDefinition, 247
   clsServerInstance, 250
   clsSplash, 162
   Connection, 285
   Manager, 295
Class_Initialize, procedimiento de evento, 284, 286-287
Class_Terminate, procedimiento de evento, 284, 287
ClearObjects, método, 111
Clerk, clase, 286
Cliente pass pool, 250-254
Clientes OLE, 96
Clientes, limitaciones de recursos, 129-30
ClientServerBook mdb, archivo, 85
CloseOpenServers, método, 243-244
CloseResultSet, método, 213
clsLogFileAgent, clase, 194
clsPassThruPoolManager, clase, 240
clsPerson, clase, 220
clsPublisher, clase, 232
clsPublisherDetails, clase, 226
clsServerDefinition, clase, 247
clsServerInstance, clase, 250
clsSplash, clase, 162
clsUtilities, módulo de clase, 141-143
cmdApplyNow_Click, procedimiento de evento, 187
cmdButton_Click, procedimiento de evento, 154-155
cmdButtons_Click, procedimiento de evento, 132
cmdCancel_Click, procedimiento de evento, 265
cmdcancel_Click, procedimiento de evento, 281
cmdCarReserve_Click, procedimiento de evento, 265
cmdClose_Click, procedimiento de evento, 110, 140

cmdConnect_Click, procedimiento de evento, 305-306
cmdConnectServers_Click, procedimiento de evento, 251-252
cmdCreateDatasource_Click, procedimiento de evento, 61-62
cmdCustGet_Click, procedimiento de evento, 266
cmdDrvVerify_Click, procedimiento de evento, 266
cmdFindNow_Click, procedimiento de evento, 224
cmdGoCountry_Click, procedimiento de evento, 87-91
cmdGoState_Click, procedimiento de evento, 91
cmdLoadLest_Click, procedimiento de evento, 231
cmdMakeNewObject_Click, procedimiento de evento, 217-218
cmdMakeTables_Click, procedimiento de evento, 170
cmdMoveList_Click, procedimiento de evento, 136
cmdMoveListBack_Click, procedimiento de evento, 136
cmdMoveListToForm_Click, procedimiento de evento, 136
cmdNewButton_Click, procedimiento de evento, 132-33
cmdPmtVerify_Click, procedimiento de evento, 266-267
cmdPrintCurrent_Click, procedimiento de evento, 218-219
cmdProcess_Click, procedimiento de evento, 267
cmdRetrieveCountries_Click, procedimiento de evento, 183
cmdRetrieveStatistics_Click, procedimiento de evento, 210
cmdSayHello_Click, procedimiento de evento, 252
cmdSetTable_Click, procedimiento de evento, 112-114
cmdUpdate_Click, procedimiento de evento, 252-253
cnCountryConnection, propiedad, 88
Code Profiler, 178
Columnas, control enlazado, 128
Combo2_Change, procedimiento de evento, 306
Comilla simple (')
 evitar, 70
 traducción para SQL, 144
Comillas dobles ("), evitar, 70
Comillas, evitar, 70
Commandl _Click, procedimiento de evento, 165
CommitTrans, método, 174
Comodines, evitar, 70
Compilación condicional, 325-327
ConcatDSN, método, 289
Conectividad abierta en bases de datos (ODBC). *Véase* ODBC (Open Database Connectivity; Conectividad abierta en bases de datos)
Conjuntos de resultados, 16-18
Connect, método, 285
ConnectDatabase, método, 211-212
Connection, clase, 284
Consejos sobre el desarrollo
 bases de datos remotas, 68
 bibliotecas de clases, 68
 bucles, cláusulas Where de SQL en lugar de, 69
 carga de formularios durante el arranque, 68
 cláusulas Where de SQL, 69
 comillas, evitar, 70
 comodines, evitar, 70
 disparadores (triggers), DRI en su lugar, 70
 espacio en disco, 70
 Execute, método, 69
 ExecuteSQL, método, 69
 Filter, propiedad, cláusulas Where de SQL en lugar de, 69
 Find, método, cláusulas Where de SQL en lugar de, 69
 instrucciones SQL, 69
 localización del código, 68
 manejadores de errores, 68
 marcadores, 70
 mejora con transacciones, 69
 procedimientos almacenados, DRI en su lugar, 70
 Refresh, método, evitar, 69
 rehacer la vinculación cuando cambie la estructura, 69
 rendimiento
 Seek, método, cláusulas Where de SQL en lugar de, 69
 Select *, evitar, 70
 tablas de base de datos ODBC, acceso más rápido a ellas, 69
 tablas pequeñas, acceso más rápido a ellas, 69
 tablas, unión, 69
Consultas
 herramientas para, 53
 rendimiento, 175
Contacto con el vendedor de First Impression, 333
Contacto con el vendedor de LeadToolsOCX32, 334
Contacto con el vendedor de OCX Formula One, 333
Contacto con el vendedor de PinPoint, 333
Contacto con el vendedor de RoboHELP, 333
Contacto con el vendedor de sp_Assist, 334
Contacto con el vendedor de Storage Tools, 334
Contacto con el vendedor de WinHelp Office, 333
Control enlazado de casillas de verificación, 128-129
Control enlazado de cuadros de texto, 128-129
Controles ActiveX, 79
Controles enlazados
 3D Check Box, 129
 3D Panel, 129
 casillas de verificación, 129
 CheckBox, 128
 columnas, 128
 cuadros de lista, 129
 cuadros de texto, 129
 DBCombo, 128
 DBGrid, 128
 DBList, 128
 gráficos, 129
 Image, 129
 inserción de objetos OLE, 129

Controles enlazados *(cont.)*
  Label, 128
  leyendas (Captions), 129
  Masked Edit, 129
  OLE Container, 129
  PictureBox, 129
  Rich TextBox, 129
  TextBox, 129
Controles OLE. *Véase* controles ActiveX
Controll, aplicación de ejemplo, 131-133
Convenios de asignación de nombres, 72
Convenios de codificación
  indicadores globales, 72
  métodos, 72
  módulos de clase, 72
  nombres de proyectos, 72
  objetos, 72
Country, aplicación de ejemplo, 169-170
CreateDatasource, método, 148-149
CreateDefaultDS, método, 289
CSUtilities, aplicación de ejemplo, 144
CSUtilitiesTester, 154-155
CSUtilitiesTester, aplicación de ejemplo, 154-155
Cuadrículas, 167-174
Cuadro de diálogo de error predeterminado de Visual Basic, 319
Cuadro de diálogo SQL Server Login, 80
Cuadros de diálogo
  Error predeterminado de Visual Basic, 319
  Guardar como, 257
  Guardar tabla en, 258
  Opciones de EXE, 46, 104
  Opciones de ODBC, 177
  Opciones de Visual Basic, 102
  Orígenes de datos SQL, 258
  Propiedades (Explorador de Windows), 46
  Propiedades de Control StatusBar, 92
  SQL Server Login, 80
Cuadros de lista
  control enlazado, 128-129
  programa de ejemplo, 167-174
  rellenar desde una base de datos, 22
CursorDriver, propiedad, constantes de datos remotos, 20-21
Cursores de base de datos
  bidireccional, 20
  de desplazamiento hacia adelante, 20
  dinámico, 20
  estático, 20
  keyset, 20
  lado del cliente, 19
  lado del servidor, 19
  rendimiento, 175
  SQL-DMO, 299
Cursores, base de datos. *Véase* cursores de base de datos

DAO (Objetos de acceso a datos; Data Access Objects)
  programa de ejemplo, 87-91
  técnicas de acceso en Visual Basic 4, 9-10
dbcboVisitorList_Click, procedimiento de evento, 114
DBCombo, control enlazado, 128
DBGrid, control enlazado, 128
DBGrid, control
  definición de propiedades, 79
  falta en la barra de herramientas, 78
DBList, control enlazado 128
dbo.spPerformanceLogStandardQuery, procedimiento almacenado, 214
DecreaseCurrentInUse, método, 247
DefaultCustomer, método, 293
DefaultRental, método, 293
Definiciones de variables, 74-75
Demostración de alquiler de coches
  aplicación Rental Clerk, 264-269
  aplicación Rental Connection, 284-285
  aplicación Rental Manager, 276-284
  aplicación Rental Objects, 285-288
  archivos, 256-257
  ejecución local frente a remota de los objetos de negocios, 261
  evitar el cuadro de diálogo Origen de datos, 259-261
  instalación, 256-259
  origen de datos Jet 3.0, 257
  origen de datos SQL Server 6, 256
Desarrolladores
  formación, 36
  responsabilidad, 34
Desarrollo rápido de aplicaciones (RAD; Rapid Application Development), 38
Diseño de la interfaz de usuario, 47, 62-64
DisableCmdButtons, método, 114-115
Disconnect, método, 285, 288
Disparadores (triggers), 14-16
  herramientas para, 52-53
  sustitución por DRI, 16, 70
DisplayAddress, método, 221, 226
Dispositivos de base de datos, 84
DoCalender, método, 273
DoCarCalc, método, 265
Documento de normas, 70-71
Documentos de especificaciones, 41-42
DRI (Integridad referencial declarativa; Declarative Referential Integrity), 16
DropServer, método, 246

Einstein, Albert, 76
EnableCmdButtons, método, 115
encapsulado
  datos y código, 216-221
  recuperación de datos desde servidores OLE, 230-234
enCountry, propiedad, 88

Índice **339**

ERwin, contacto con el vendedor, 333
Espacio en disco, 70
Esquema de base de datos, construcción en SQL Server, 83-86
Esquema, construcción en SQL Server, 83-86
Examinador de objetos, 216
Execute SQL, método, 69
Execute, método, 69

Fases del diseño
    diseño conceptual, 39
    diseño físico, 40
    diseño lógico, 40
    diseños futuros, 40
Filas, bloqueo, 24
FillView, método, 279
Filter, propiedad, cláusulas Where de SQL en lugar de, 69
Fin de temporización, bloqueo, 24-25
Find, método, cláusulas Where de SQL en lugar de, 69
FindFreeInstance, método, 248
FindIt, método, 279-280
Fondos comunes de servidores, programa de ejemplo de administración, 236-250
Form_Activate, procedimiento de evento, 140
Form_Load, procedimiento de evento
    aplicación AsyncStuff, 183
    aplicación Batch, 92-93
    aplicación Country, 170
    aplicación MoveList2, 140-141
    aplicación MoveListl, 137
    aplicación PassPoolClient, 259
    aplicación PerformanceLogMonitor, 206
    aplicación PreparedStatements, 210
    aplicación Publisher, 232
    aplicación PublisherClient, 224
    aplicación Rental Clerk, 267
    aplicación SetTable, 114
    aplicación Splash, 161
    aplicación SqlDmo, 306
Form_QueryUnload, procedimiento de evento, 224, 267, 282
Form_Unload, procedimiento de evento
    aplicación PassPoolClient, 253-254
    aplicación PerformanceLogMonitor, 204
    aplicación ReadLogAgent, 188
    aplicación Rental Manager, 282
    aplicación SqlDmo, 307
Forml, formulario, 132-133, 164-166, 305-313
Formularios MDI, 283
Formularios
    carga durante el arranque, 68
    diseño automatizado, 62-64
    Forml, 132-133, 164-166, 305-313
    frmAsyncStuff, 180-185
    frmClient, 251-254

frmCredit, 269
frmDSN, 284
frmListAndGridDemo, 168-174
frmLoadDatabase, 87-91
frmLogStorageAgent, 187-188
frmMain, 135-137, 138-139, 209-210, 264-269
frmMaint, 281-282
frmMgr, 276-279
frmObjectsAreWild, 217-220
frmObjectWatch, 285
frmPassThruPoolManager, 250
frmPerformanceLogMonitor, 198-209
frmProcess, 269-270
frmPublisherServer, 231-232
frmPublishersInformation, 223-226
frmRegisterDataSource, 60-62
frmSearch, 281
frmSecondary, 140-141
frmSetTable, 109-115
frmSplash, 161, 270
frmStatus2, 286
frmStatusl, 286
frmUtilityTester, 154-155
herramientas de generación, 69
MDI, 283
siempre encima, 143
frmAsyncStuff, formulario, 180-185
frmClient, formulario, 251-254
frmCredit, formulario, 269
frmDSN, formulario, 284
frmListAndGridDemo, formulario, 168-174
frmLoadDatabase, formulario, 87-91
frmLogStorageAgent, formulario, 187-188
frmMain, formulario, 135-137, 138-139, 209-210, 264-269
frmMaint, formulario, 281-282
frmMgr, formulario, 276-279
frmObjectsAreWild, formulario, 217-220
frmObjectWatch, formulario, 285
frmPassThruPoolManager, formulario, 250
frmPerformanceLogMonitor, formulario, 198-209
frmProcess, formulario, 269-270
frmPublisherServer, formulario, 223-226
frmPublishersInformation, formulario, 223-226
frmRegisterDataSource, formulario, 60-62
frmSearch, formulario, 281
frmSecondary, formulario, 140-141
frmSetTable, formulario, 109-115
frmSplash, formulario, 161, 270
frmStatus2, formulario, 286
frmStatusl, formulario, 286
frmUtilityTester, formulario, 154-155
Función de detalle, 221-230

Get, métodos, 280
GetAvailableVehicleList, método, 273

GetClassList, método, 274
GetCustomerList, método, 274, 280
GetDataSourceList, método, 288-289
GetDiscountList, método, 275, 280
GetLocationList, método, 275
GetODBCDriver, método, 289-290
GetRateList, método, 275
GetSpecialList, método, 275
GetStatistics, método, 212-213
Global, módulo, 271-272, 281
Gráficos
    control enlazado, 128-129
    en las pantallas de presentación, 159-160
    herramientas, 333-334
grdMaint_GotFocus, procedimiento de evento, 282
grdOut_Click, procedimiento de evento, 267-268
grdPublisher_DblClick, procedimiento de evento, 225-226
GridToDataGrid, método, 208
Guardar como, cuadro de diálogo, 257
Guardar tabla en, cuadro de diálogo, 258

Herramientas de depuración, 319-322, 333. *Véase también* tratamiento de errores
Herramientas
    consultas SQL, 334
    depuración, 333
    desarrollo de bases de datos, 333
    Diseñador de formularios de datos, 63-64
    ERwin, 64, 333
    First Impression, 333
    formato de archivo OLE, 334
    generación de formularios, 63-64
    gráficos, 334
    LeadToolsOCX32, 334
    OCX de Formula One, 333
    Pinpoint, 333
    procedimientos almacenados, 334
    RoboHELP, 333
    sp_Assist, 334
    Storage Tools, 334
    VB/Rig, 333
    VBAssist, 64
    WinHelp Office, 333
Heurísticos, definición, 37
Holdlock, opción, 25
hsbMonth_Change, procedimiento de evento, 268

ID del usuario de red, recuperación, 147-148
IDEF1X, 52
Image, control enlazado, 129
Indicadores globales, convenios de codificación, 72
IniStringGet, método, 239
IniStringSet, método, 239-240
Init, método, 183-184, 187-188, 206
Initialize, método, 272-273, 280

InitProjectArray, método, 240-242
Instrucciones preparadas, 209
Instrucciones preparadas, utilizadción con RDO, 209-214
Integridad referencial declarativa (DRI), 16
Integridad referencial, 16

Jet (Joint Engine Technology), 56
    16-bit frente a 32-bit, 57
    espacio en disco, 314

Knuth, Donald, 73

Label, control enlazado, 128
lblPause_DblClick, procedimiento de evento, 307
lblStart_DblClick, procedimiento de evento, 307
lblStop_DblClick, procedimiento de evento, 307
lboClass_Click, procedimiento de evento, 268
Lenguaje de consulta estructurado (SQL; Structured Query Language). *Véase* SQL (Structured Query Language; Lenguaje de consulta estructurado)
Limitaciones de recursos, 129-130
Llamada a procedimiento remoto (RPC; Remote Procedure Call), 102
LoadDemographics, método, 233-234
LoadPublisherRecord, método, 229
LoadPublishers, método, 232-233
LoadVisitorTables, método, 123-125
Localización de código, 68
LookForLogFiles, método, 193-194
lstChartType_Click, procedimiento de evento, 207-208
lstIndividualList_Click, procedimiento de evento, 219

Main, método
    aplicación Country, 171
    aplicación PassPoolManager, 238
    aplicación Publisher, 234-235
    aplicación PublisherClient, 227-228
    aplicación Rental Clerk, 272
    aplicación Rental Manager, 280
    aplicación Rental Objects, 295-296
    aplicación Splash, 162
MakeCountryTable, método, 173-174
MakeStateTable, método, 173-1741
Manager, clase, 293
Mantenimiento del software, 74
MAPI, operaciones asíncronas, 27-28
Marcadores, 70
Masked Edit, control enlazado, 129
Matrices de control
    adición de elementos en tiempo de ejecución, 131-134
    creación, 130
    descarga, 130
    desplazamiento, 137-141
    modificación del padre, 134-137
    precaución, 112-114

MDIForm_Load, procedimiento de evento, 276-277
Mensajes
    control StatusBar, 91-93
    presentación al usuario, 91-93
    registro, 151-152
Métodos
    AddCurrentInUse, 247
    AddCustomer, 273, 292-293
    AddInstance, 242-243
    AddInstanceNumber, 247-248
    AddNames, 228-229, 232
    AddRate, 295
    AddRental, 293-294
    BeginTrans, 174
    CallBack, 271, 281
    CheckIndex, 230
    CheckStaticTableStatus, 171-173
    ClearObjects, 111
    CloseOpenServers, 243-244
    CloseResultSet, 213
    CommitTrans, 174
    comprobación, 154-155
    ConcatDSN, 289
    Connect, 285, 287-288
    ConnectDatabase, 211-212
    convenios de codificación, 72
    CreateDatasource, 148-149
    CreateDefaultDS, 289
    DecreaseCurrentInUse, 247
    DefaultCustomer, 293
    DefaultRental, 293
    DisableCmdButtons, 114
    Disconnect, 285, 288
    DisplayAddress, 221, 226
    DoCalender, 273
    DoCarCalc, 265
    DropServer, 246
    EnableCmdButtons, 115
    FillView, 279
    FindFreeInstance, 248
    FindIt, 279-280
    Get, 280
    GetAvailableVehicleList, 273
    GetClassList, 274, 280
    GetCustomerHistory, 274
    GetCustomerList, 274, 280
    GetDataSourceList, 288-289
    GetDiscountList, 275, 280
    GetLocationList, 275
    GetODBCDriver, 289-290
    GetRateList, 275, 280
    GetSpecialList, 275
    GetStatistics, 212-213
    GridToDataGrid, 208-209
    IniStringGet, 239
    IniStringSet, 239-240
    Init, 183-184, 187-188, 206
    Initialize, 272-273, 280
    InitProjectArray, 240-242
    LoadDemographics, 233-234
    LoadPublisherRecord, 229
    LoadPublishers, 232-233
    LoadVisitorTables, 123-125
    LookForLogFiles, 193-194
    Main
        aplicación Country, 171
        aplicación PassPoolManager, 238
        aplicación Publisher, 234-235
        aplicación PublisherClient, 227-228
        aplicación Rental Clerk, 272
        aplicación Rental Manager, 280
        aplicación Rental Objects, 295-296
        aplicación Splash, 162
    MakeCountryTable, 173-174
    MakeStateTable, 173-174
    OpenConnection, 176
    OpenDatabase, 176
    OpenLogFile, 152-153
    OpenRecordset, 176
    ParseLine, 192
    ParseName, 192-193
    PauseServer, 308-309
    PrintAddress, 221, 227
    rdoRegisterDataSource, 62
    ReadLog, 189-191
    Refresh, evitar, 69
    RemoveInstances, 249-250
    RemoveRental, 295
    RemoveServer, 245-246
    RentalComplete, 275
    RequestServer, 244-245
    Reset, 264
    ResetAll, 264
    RetrieveQuery, 182-183, 200-201
    RollbackTrans, 174
    Seek, cáusulas Where de SQL en lugar de, 69
    SetClassDescriptionFilter, 206-207
    SetLogFileName, 194
    SetMousePointer, 143-144
    SetODBCDriver, 290
    SetTabImage, 275
    SetTheTable, 117-123
    SetTmrCheckForLogFilesInterval, 195-196
    ShutdownApplication, 153
    Splash, 163-164
    SplashComplete, 166
    SplashStop, 164
    Start, 269-270
    StartApplication, 149-150
    StartLogStorageAgent, 195
    StartQuery, 181-182, 199-200
    StartServer, 309-310

Métodos *(cont.)*
   StartVisio, 125
   StopServer, 307-308
   tmrCheckForLogFiles_Timer, 188
   txtCheckForLogTimerInterval_Change, 188
   UpdateCustomer, 292
   UpdateGrid, 238-239
   UpdateRental, 294-295
   UpdateStatus, 311-313
   UT_IniRead, 145-146
   UT_IniWrite, 146-147
   UT_NetUserID, 147-148
   UT_OnTop, 143
   VTabClick, 264-265
   WriteLogEntry, 151-152
   WriteLogToDatabase, 191
Migración
   bases de datos de Access a SQL Server, 52-53
   datos, 47
mnuEditFind_Click, procedimiento de evento, 278
mnuEditFindNext_Click, procedimiento de evento, 278
mnuOptionsFontName_Click, procedimiento de evento, 277-278
mnuViews_Click, procedimiento de evento, 278
mnuWArrange_Click, procedimiento de evento, 279
mnuWCascade_Click, procedimiento de evento, 279
mnuWTile_Click, procedimiento de evento, 279
Modelo de servicios, 11-13
Modelos de objetos, 13-14
modListAndGrid, módulo, 170-171
modLogStorage, módulo, 188-189
modMaster, módulo, 234
modMasterClient, módulo, 227
Modos de seguridad, programa de ejemplo con SQL Server, 82-83
modRDOStuff, módulo, 210-211
modSplash, módulo, 161-162
modSplashTester, módulo, 166
modTableSetting, módulo, 115-117
Modulel, 304
   modVisioConstants, 125
   MoveListSupport, 138
   PassThruPoolManager, 238
   RentLib.res, 284
Modulel, módulo, 304
Modulo MgrCode, 279-280
Módulos de clase, convenios de codificación, 72
Módulos
   basClerk, 272-275
   basObjectConstants, 283
   basRentalConstants, 283
   basRentalServerMain, 295-296
   basRtlCMain, 285
   clsUtilities, módulo de clase, 141-143
   Global, 271-272, 281
   MgrCode, 279-280

modListAndGrid, 170-171
modLogStorage, 188-189
modMaster, 234
modMasterClient, 227
modRDOStuff, 210-211
modSplash, 161-162
modSplashTester, 166
modTableSetting, 115-117
modVisioConstants, módulo, 125-126
MoveList2, aplicación de ejemplo, 137-141
MoveListl, aplicación de ejemplo, 134-137
MoveListSupport, módulo, 138
MSRDC, control
   definición de propiedades, 79
   falta de la barra de herramientas, 78
Multitarea, 179-180

Nivel de extensión del bloqueo (Lock Escalation Level), 25
Niveles, 11
Nolock, opción, 25
Nombres de archivos, extracción a partir de los trayectos, 192-193
Nombres de proyectos, convenios de codificación, 72
Nombres de trayectos, análisis, 192-193
Normas de desarrollo
   convenios de asignación de nombres, 72
   convenios de codificación
     indicadores globales, 72
     métodos, 72
     módulos de clases, 72
     nombres de proyectos, 72
     objetos, 72
   definiciones de propiedades, 74-75
   definiciones de variables, 74-75
   documento de normas, 70-71
   mantenimiento del software, 74
   optimización, 72-74
   referencia a bases de datos locales, 75-76
   tratamiento de errores, 76
Now(), función, 178

ObjectsGalore, aplicación de ejemplo, 216-220
Objetos de datos inteligentes, 216
Objetos de datos remotos (RDO; Remote Data Objects). *Véase* RDO (Remote Data Objects; Objetos de datos remotos)
Objetos de pantalla de presentación, 160-164
Objetos OLE, inserción
   control enlazado, 128-129
Objetos Recordset
   orígenes de datos ODBC, 23
   selección de un tipo, 22
   tipo hoja de respuestas dinámica (dynaset), 22
   tipo instantánea (snapshot), 21-22
   tipo tabla (table), 21

Objetos
  convenios de codificación, 72
  eliminar, 111
  examinar, 216
ODBC (Open Database Connectivity; Conectividad abierta en bases de datos)
  compatibilidad con, 5
  orígenes de datos
    actualización sobre varios clientes, 59-62
    actualización, 148-149
    con objetos Recordset, 23
    creación, 148-149
    información del Registro de configuraciones, 62
  registros de seguimiento, 176-177
  restricción sobre el Recordset de tipo tabla, 22
  tablas de base de datos, acceso más rápido a ellas, 69
  técnicas de acceso en Visual Basic 4, 9-10
OLE Container, control enlazado, 129
Ole2vw32.exe, archivo, 216
Opciones de EXE, cuadro de diálogo, 46, 104
Opciones de ODBC, cuadro de diálogo, 177
Opciones de Visual Basic, cuadro de diálogo, 102
Opciones, bloqueo, 25
OpenConnection, método, 176
OpenDatabase, método, 176
OpenLogFile, método, 152-153
OpenRecordSet, método, 176
Operaciones asíncronas, 27-28, 180-185
Optimización, 72-74
Orientado a objetos. *Véase* Centrado en objetos
Orígenes de datos SQL, cuadro de diálogo, 258

Páginas, bloqueo, 23-24
Paglock, opción, 25
Pantallas de presentación
  animación y gráficos, 159-160
  centrar, 160
  presentación de la temporización, 158-159
  programas de ejemplo, 160-166
  terminación por el usuario, 160
Paráfrasis de Einstein de una frase de Occam, 76
Parámetros, en procedimientos almacenados, 18
ParseLine, método, 192
ParseName, método, 192-193
PassPoolClient, aplicación de ejemplo, 250-254
PassThruPoolManager, módulo, 238
PauseServer, método, 308-309
Performance Monitor (Supervisor del rendimiento), 314-315
PerformanceLogMonitor, aplicación de ejemplo, 196-209
PictureBox, control enlazado, 129
Picture1_MouseDown, procedimiento de evento, 310
Plan de la consulta, 18
Preferencias del usuario, seguimiento con el Registro de configuraciones, 235-236

PreparedStatements, aplicación de ejemplo, 209-214
PrintAddress, método, 221, 227
Procedimientos almacenados, 14-16
  ejecución, 16
  herramientas adicionales, 334
  herramientas para, 52-53
  instrucciones preparadas, 209
  sustitución por DRI, 16, 70
Procedimientos de evento
  ApplyNow_Click, 204
  ApplyNowRefreshTimerInterval_Click, 204
  cboApplicationName_Click, 205-206
  cboClassDescription_Click, 201-202
  cboCountry_Click, 169
  cboCountry_GotFocus, 169-170
  cboMyList_Click, 139
  chkAdditional_Click, 265
  chkInsurance_Click, 265
  Class_Initialize, 284, 286-287
  Class_Terminate, 284, 287
  cmdApplyNow_Click, 187
  cmdButton_Click, 154-155
  cmdButtons_Click, 132
  cmdCancel_Click, 265
  cmdcancel_Click, 281
  cmdCarReserve_Click, 265-266
  cmdClose_Click, 110, 140
  cmdConnect_Click, 305-306
  cmdConnectServers_Click, 251-252
  cmdCreateDatasource_Click, 61-62
  cmdCustGet_Click, 266
  cmdDrvVerify_Click, 266
  cmdFindNow_Click, 224
  cmdGoCountry_Click, 87-91
  cmdGoState_Click, 91
  cmdLoadTest_Click, 231
  cmdMakeNewObject_Click, 217-218
  cmdMakeTables_Click, 170
  cmdMoveList_Click, 136
  cmdMoveListBack_Click, 136
  cmdMoveListToForm_Click, 136
  cmdNewButton_Click, 132-133
  cmdPmtVerify_Click, 266-267
  cmdPrintCurrent_Click, 218-219
  cmdProcess_Click, 267
  cmdRetrieveCountries_Click, 183
  cmdRetrieveStatistics_Click, 210
  cmdSayHello_Click, 252
  cmdSetTable_Click, 112-114
  cmdUpdate_Click, 252-253
  Combo2_Change, 306
  Command1_Click, 164-165
  dbcboVisitorList_Click, 114
  dbo.spPerformanceLogStandardQuery, procedimiento almacenado, 214

Procedimientos de evento *(cont.)*
  Form_Load
    aplicación AsyncStuff, 183
    aplicación Batch, 92-93
    aplicación Country, 170
    aplicación MoveList2, 140-141
    aplicación MoveList1, 137
    aplicación PassPoolClient, 253
    aplicación PerformanceLogMonitor, 206
    aplicación PreparedStatements, 210
    aplicación Publisher, 232
    aplicación PublisherClient, 224
    aplicación Rental Clerk, 267
    aplicación SetTable, 114
    aplicación Splash, 161
    aplicación SqlDmo, 306
  Form_QueryUnload, 224, 267, 282
  Form_Unload
    aplicación PassPoolClient, 253-254
    aplicación PerformanceLogMonitor, 204
    aplicación ReadLogAgent, 188
    aplicación Rental Manager, 282
    aplicación SqlDmo, 307
  FormActivate, 139
  grdMaint_GotFocus, 282
  grdOut_Click, 267-268
  grdPublisher_DblClick, 224-225
  hsbMonth_Change, 268
  lblPause_DblClick, 307
  lblStart_DblClick, 307
  lblStop_DblClick, 307
  lboClass_Click, 268
  lstChartType_Click, 207-208
  lstIndividualList_Click, 219
  MDIForm_Load, 276-277
  mnuEditFind_Click, 278
  mnuEditFindNext_Click, 278
  mnuOptionsFontName_Click, 277-278
  mnuViews_Click, 278
  mnuWArrange_Click, 279
  mnuWCascade_Click, 279
  mnuWTile_Click, 279
  Picture1_MouseDown, 310
  Property Get, procedimiento, 194-195
  Property Let, procedimiento, 162-163
  Reset, 266
  SetActiveForm, 139
  StopTime Property Let, procedimiento, 149
  Timer1_Timer, 270, 310
  tmrCheckExecuting_Timer, 184-185, 204-205
  tmrCheckLogFileParameters_Timer, 202
  tmrCheckStaticTableStatus_Timer, 170
  tmrFormShow_Timer, 166
  tmrLoadPublisherServer_Timer, 225-226
  tmrRefreshResultSet_Timer, 202-203
  tmrSplash_Timer, 161

  Toolbar1_Click, 279
  tsMain_Click, 268
  txtDrvLicense_Change, 269
  txtLicense_Change, 269
  txtNameIn_LostFocus, 219-220
Programa de ejemplo con Visio, utilización, 106-126
Programa de ejemplo de cuadrículas, 166-174
Programas de ejemplo. *Véase también* CD adjunto, aplicaciones de ejemplo
  ' (comilla simple), traducción para SQL, 144
  administración de fondos comunes de servidores, 236-250
  aplicación de detalle, 222-230
  aplicaciones
    arranque, 149-150
    detención, 153
  archivos INI
    escritura, 146-147
    lectura, 145-146
  automatización OLE con Visio, 106-126
  base de datos remota, conexión, 77-82
  base de datos, carga por lotes, 87-91
  botones
    activación/desactivación, 114-115
    creación, 132-133
    tratamiento de la pulsación, 112-114, 132
  cliente pass pool, 247-254
  CSUtilitiesTester, 154-155
  cuadrículas, 166-174
  cuadros de lista, 166-174
  DAO, 87-91
  eliminación de objetos, 111
  encapsulado
    datos y código, 216-221
    recuperación de datos desde un servidor OLE, 230-235
  formularios, siempre encima, 143
  ID del usuario de red, recuperación, 147-148
  instrucciones preparadas, utilización con RDO, 209-214
  matrices de control, 112-14
    adición en tiempo de ejecución, 131-134
    desplazamiento, 137-141
    modificación del padre, 134-137
  mensajes
    control StatusBar, 91-93
    presentar al usuario, 91-93
    registro, 152-153
  modos de seguridad, SQL Server, 82-83
  objetos de pantalla de presentación, 160-164
  operaciones asíncronas, 180-186
  orígenes de datos ODBC
    actualización sobre varios clientes, 60-62
    actualización, 148-149
    creación, 148-149
  pantallas de presentación, 164-166

Programas de ejemplo *(cont.)*
   puntero del ratón, definición, 143-144
   RDO, 87-91
      consulta asíncrona con, 180-186
      utilización de instrucciones preparadas, 209-214
   realimentación del usuario, 110
   registros
      apertura, 152-153
      creación, 152-153
      envío al servidor, 186-196
      escritura, 151-152
      revisión, 196-209
   SQL-DMO, 303-314
   temporización de eventos, detención, 149
   utilidades cliente/servidor, 141-155
Property Get, procedimientos, 194
Property Let, procedimientos, 162-163
Propiedades (Explorador de Windows), cuadro de diálogo, 46
Propiedades de control StatusBar, cuadro de diálogo, 92
Propiedades
   cnCountryConnection, 88
   definición en procedimientos, 74-75
   definiciones, 74-75
   enCountry, 88
   RsCountryIn, 88
Publisher, aplicación de ejemplo, 230-235
PublisherClient, aplicación de ejemplo, 222-227
Puntero del ratón, definición, 143-144
Puntos muertos, 24

RAD (Rapid Application Development; Desarrollo rápido de aplicaciones), 38
RDO (Remote Data Objects; Objetos de datos remotos)
   bases de datos remotas, 68
   creación de instancias de objetos, ejemplo, 87-91
   instrucciones preparadas, 209-214
   operaciones asíncronas, 180-185
   programa de ejemplo, 87-91
   selección de cursores de base de datos, 20-21
   técnicas de acceso a bases de datos, 58
rdoRegisterDataSource, método, 61-62
rdUseIfNeeded, constante, 21
rdUseOdbc, constante, 21
rdUseServer, constante, 21
ReadLog, método, 189-191
ReadLogAgent, aplicación de ejemplo, 186-196
Realimentación del usuario, 110-111
Referencia a bases de datos locales, 75-76
Refresh, método, evitar, 69
regclean.exe, archivo, 216
RegisterODBC, aplicación de ejemplo, 60-62
Registro de configuraciones (Windows 95)
      seguimiento de las preferencias del usuario, 235-236

Registros
   apertura, 152-153
   base de datos, 313-314
   creación, 152-153
   envío al servidor, 186-196
   error, 321
   escritura en, 151-152
   mensaje, 151-52
   revisión, 196-209
   seguimiento 0BDC, 176-177
RemoteData, control
   bases de datos remotas, 68
   operaciones asíncronas, 179
   selección de cursores de base de datos, 20-21
RemoveInstances, método, 249-250
RemoveRental, método, 295
RemoveServer, método, 245-246
Rendimiento
   bases de datos remotas, 68
   Code Profiler, 178
   conexiones de base de datos, 175-176
   consultas, 175
   cursores de base de datos, 175
   función Now(), 178
   función *timeGetTime*, 178
   mejora con transacciones, 69
   multiproceso, 179-180
   operaciones asíncronas, 179-180
   pantallas de presentación, 158-160
   percepciones del usuario, 158-160
   Performance Monitor (Supervisor del rendimiento), 314-315
   registros de seguimiento ODBC, 176-177
   seguimiento, 185-186
   SQL Server, supervisión, 315
   tiempo de ejecución, seguimiento, 177-178
   transacciones, 174-175
RentalComplete, método, 275
RentLib.res, módulo, 284
Réplica
   definición, 25
   en SQL Server 6, 26-27
   metáfora publicar y suscribir, 26-27
   requisitos de memoria, 25-26
Requery, método, restricción sobre Recordset, 22
RequestServer, método, 244-245
Reset, método, 264
Reset, procedimiento de evento, 266
ResetAll, método, 264
RetrieveQuery, método, 182-183, 200-201
Rich TextBox, control enlazado, 129
RollbackTrans, método, 174
RPC (Remote Procedure Call; Llamada a procedimiento remoto), 102
RsCountryIn, propiedad, 88

SDLC (Systems Development Life Cycle; Ciclo de vida del desarrollo de sistemas), 36
Seek, método, cláusulas Where de SQL en lugar de, 69
Select *, evitar, 70
Select, instrucciones
   construcción y comprobación, 81
   en procedimientos almacenados, 18
Servicios de datos, 12
Servicios de negocios, 11-12
Servicios de usuario, 11
Servidores OLE
   administradores de fondo común, 236
   configuración de las opciones, 101-102
   creación, 100
   definición, 95-96
   ejecución en un computador independiente (*véase* Automatización remota)
   módulos de clases, 99
      propiedad Instancing, 100-101
   mostrar información acerca de, 216
   multiproceso, simulación, 99
   servidores en el proceso, 99
   servidores fuera del proceso, 99
   solución de problemas, 317-319
      depuración selectiva, 320
      programa VB/Rig, 319-322
   tratamiento de errores
      captura de los errores en tiempo de ejecución, 319
      código para tratamiento de errores, generación automática, 319-320
      errores generales de la aplicación, 323
      errores no capturables, 322-323
      números de error, 324-325
      registro de los errores, 321
SetActiveForm, procedimiento de evento, 139
SetClassDescriptionFilter, método, 206-207
SetLogFileName, método, 194
SetMousePointer, método, 143-144
SetODBCDriver, método, 290
SetTabImage, método, 275
SetTable, aplicación de ejemplo, 106-115
SetTheTable, método, 117-123
SetTmrCheckForLogFilesInterval, método, 195-196
ShutdownApplication, método, 153
Signo de sostenido (#),directiva del compilador, 326
Sistema cliente/servidor
   configuración típica, 3-6
   definición, 2-3
Soluciones multinivel, 10-12
Sp_Assist, 53
Splash, aplicación de ejemplo, 160-164
Splash, método, 163-164
SplashComplete, método, 166
SplashStop, método, 164
SQL (Structured Query Language; Lenguaje de consulta estructurado)

almacenamiento en la base de datos, 14
cláusulas Where, 69
herramientas de administración de consultas, 334
instrucciones *Join*, 69
instrucciones, disparadores (triggers) y procedimientos almacenados en lugar de, 69-70
instrucciones, paso a las bases de datos, 69
scripts (guiones), generación, 86
SQL Server 6
   contraseñas, 83
   migración de bases de datos de Access a, 52-53
   supervisión del rendimiento, 314-315
   ventajas, 6-10
SQL Servers
   arranque, 309-310
   detención, 307-308
   modos de seguridad, 82
   pausa, 308-309
SQL-DMO
   actualización de las caches, 303
   biblioteca de tipos, 299
   colecciones, 302
   conexión a un SQL Server, 302
   cursores de base de datos, 299
   declaración de objetos, 301-302
   documentación, 300
   eliminación, 303
   programa de ejemplo, 303-313
   tratamiento de errores, 301
SqlDmo, aplicación de ejemplo, 305-307, 310
Start, método, 269-270
StartApplication, método, 149-150
StartLogStorageAgent, método, 195
StartQuery, método, 181-182, 199-200
StartServer, método, 309-310
StartVisio, método, 125
StatusBar, control, 91-93
StopServer, método, 307-308
StopTime Property Let, procedimiento, 149

Tablas
   bloqueo, 23
   objetos Recordset, 21-22
   pequeñas, acceso más rápido a ellas, 69
   rehacer la vinculación cuando cambie la estructura, 69
   temporales locales, 21
   unión, 69
Tablock, opción, 25
Tablockx, opción, 25
Técnicas de acceso a bases de datos
   16-bit frente a 32-bit, 57
   carga por lotes, programa de ejemplo, 87-91
   control Data, cambios en Visual Basic 4, 57
   control RemoteData, 57
   DAO, cambios en Visual Basic 4, 57

Técnicas de acceso a bases de datos *(cont.)*
   Jet (Joint Engine Technology), 56
   ODBC (Open Database Connectivity; Conectividad abierta en bases de datos)
      definición, 58
      orígenes de datos, 59-62
      RDO, 58
      rendimiento, 176
      SQL, 58
      VBSQL, 59
Temporización de eventos, detención, 149
Test, aplicación de ejemplo, 164-166
TextBox, control enlazado, 129
Tiempo de ejecución, seguimiento, 178
timeGetTime( ), función, 178
Timer1_Timer, procedimiento de evento, 310
tmrCheckExecuting_Timer, procedimiento de evento, 184-185, 204-205
tmrCheckForLogFiles_Timer, método, 188
tmrCheckLogFileParameters_Timer, procedimiento de evento, 202
tmrCheckStaticTableStatus_Timer, procedimiento de evento, 170
tmrFormShow_Timer, procedimiento de evento, 166
tmrLoadPublisherServer_Timer, procedimiento de evento, 225-226
tmrRefreshResultSet_Timer, procedimiento de evento, 202-*203*
tmrSplash_Timer, procedimiento de evento, 161
Toolbar1_Click, procedimiento de evento, 279
Transacciones
   anidadas, 175
   deshacer, 175
   diferencias entre bases de datos, 174
   mejora del rendimiento con, 69
   método *BeginTrans*, 174
   método *CommitTrans*, 174
   método *RollbackTrans*, 174
Tratamiento de errores. *Véase también* herramientas de depuración
   captura de los errores en tiempo de ejecución, 319
   errores generales de la aplicación, 323
   errores no capturables, 322-323
   generación automática de código, 319-320
   números de error, 324-325
   protección frente a errores, 76
   registro de los errores, 321

SQL-DMO, 299-302
   ubicación manual, 68
tsMain_Click, procedimiento de evento, 268
txtCheckForLogTimerInterval_Change, método, 188
txtDrvLicense_Change, procedimiento de evento, 269
txtLicense_Change, procedimiento de evento, 269
txtNameIn_LostFocus, procedimiento de evento, 219-220

UpdateCustomer, método, 292
UpdateGrid, método, 238-239
UpdateRental, método, 294-295
UpdateStatus, método, 311-313
Updlock, opción, 25
Upsizing Wizard for Access, 52
UT_IniRead, método, 145-146
UT_IniWrite, método, 146-147
UT_NetUserID, método, 147-148
UT_OnTop, método, 143
Utilidades cliente/servidor
   Programa de ejemplo CSUtilities
      aplicaciones, arranque, 149-150
      aplicaciones, detención, 153
      archivos de registro, creación, 152-153
      archivos de registro, escribir en, 151-152
      archivos INI, escritura, 146-147
      archivos INI, lectura, 145-146
      arcuivos de registro, apertura, 152-153
      formularios, siempre encima, 143
      ID del usuario de red, recuperación, 147-148
      mensajes, registro, 151-152
      origen de datos ODBC, actualización, 148-149
      origen de datos ODBC, creación, 148-149
      puntero del ratón, definición, 143-144
      temporizadción de eventos, detención, 149
   programa de ejemplo CSUtilitiesTester, métodos de comprobación, 154-155
Utilidades para la migración
DBBuilder, 315
RunFiles, 316-317

Variables, definición en procedimientos, 74-75
VB/Rig, 319-322, 333
VTabClick, método, 264-265

WriteLogEntry, método, 151-152
WriteLogToDatabase, método, 191-192